“十三五”国家重点图书出版规划项目

华侨华人与中国梦研究　总主编◎贾益民

OVERSEAS
CHINESE
EDUCATION
AND CHINESE
CULTURAL
HERITAGE

华文教育与中华文化传承

胡培安　陈旋波／著

社会科学文献出版社
SOCIAL SCIENCES ACADEMIC PRESS (CHINA)

总序 （一）
华侨华人与中国梦[*]

国务院侨务办公室主任　裘援平

党的十八大以来，以习近平同志为总书记的新一届中央领导集体提出了实现中华民族伟大复兴的中国梦奋斗目标，开辟了中国特色社会主义发展的新境界。实现中国梦，成为当代中国高昂的主旋律和精神旗帜，是包括华侨华人在内的炎黄子孙共同的愿景与追求，需要海内外中华儿女勠力同心、共创辉煌。

一　华侨华人为开辟中华民族伟大复兴的光明前景作出了重大贡献

近代以来，一代又一代华侨华人，秉承中华民族优秀传统，发扬爱国爱乡的赤子情怀，支持中国革命、建设和改革伟大事业，在中华民族史册上写下了光辉篇章。

华侨华人是中国革命事业的无私奉献者。从 19 世纪中叶开始，中国陷入半殖民地半封建社会的深渊。以孙中山为代表的民主革命先行者为"亟拯斯民于水火，切扶大厦之将倾"，以海外华侨为依靠力量创立了兴中会、同盟会，开启了中国近代民族民主革命，在黑暗中点燃了振兴中华的希望。在辛亥革命运动中，海外侨胞不惜倾家荡产，不畏流血牺牲，在建立革命组织和传播革命舆论中，在援助革命事业和参与武装斗争中，都发挥了极为重要的作用，孙中山先生盛赞华侨为"革命之母"。中国共产

---

[*]　此文发表于《求是》2014 年第 6 期，经作者允许，作为《华侨华人与中国梦研究》丛书总序（一）。

党的诞生，标志着中国革命进入新民主主义阶段。海外侨胞声援五四反帝爱国运动，参与北伐和抗日战争，投身国内解放战争，融入救国救民的统一战线，或捐款献物，或舆论宣传，或参军参战，甚至献出宝贵生命，其德其情感人至深。毛泽东同志为陈嘉庚先生题写的"华侨旗帜，民族光辉"，是对爱国华侨重大贡献的高度评价。历史证明，华侨华人是反帝反封建、争取民族独立解放的重要力量，为中华民族从屈辱走向复兴立下了不朽功勋。

华侨华人是中国建设和改革事业的积极参与者。新中国成立后，面对祖国百废待兴、百业待举，以李四光、严济慈、华罗庚、周培源、钱三强、钱学森、邓稼先等为代表的一大批海外华侨科学家毅然回国，在极其艰苦的条件下呕心沥血，创造出举世瞩目的科学成就。为帮助国家摆脱外汇严重短缺困境，海外侨胞投资兴业、捐款汇款，侨汇成为当时国家非贸易外汇收入的重要来源。改革开放初期，外界怀疑排斥，外资观望徘徊，是海外华侨华人和港澳同胞率先回国投资兴业，带来资金、技术、人才和先进的管理经验，有力推动了中国改革开放进程。时至今日，侨资仍然是我国引进外资的主体，侨港澳企业约占我国外资企业总数70%，投资约占我国实际利用外资总额60%以上。华侨华人专业人士始终是我国引进高端人才的主体，我国"千人计划"引进的人才中，94%以上是华侨华人。近几年来，华侨华人捐赠兴办公益事业和扶贫济困的善款达800多亿元人民币，惠及教育、医疗卫生、交通、文化体育、社会福利等多个领域。凡遇国家遭受大的自然灾害，他们也总是首先站出来慷慨解囊。历史证明，我国改革开放和现代化建设事业取得伟大成就，海外华侨华人功不可没。

华侨华人是中国和平统一大业的坚定支持者。长期以来，广大华侨华人以民族大义为重，在涉及国家主权、尊严和领土完整等重大问题面前，旗帜鲜明地支持中国政府的立场和主张。他们通过各种渠道，向住在国政要和主流媒体等宣传介绍我方针政策，争取国际社会理解和支持，积极营造有利于维护和促进祖国统一的国际环境。他们在80多个国家和地区成立170多个"反独促统"组织，在全球范围持续开展多层次"反独促统"运动，通过各种途径与台湾岛内民众联系，推动两岸各领域交流合作，促进巩固两岸关系的感情基础、民意基础和社会基础，为推动两岸关系和平发展作出了积极努力。他们以特有方式支持中国申办奥运会、世博会，为反对"台独""东突""藏独"等分裂势力干扰挺身而出，全力维护中国主权和民族尊严。历史证明，促进祖国统一、维护领土完整，是华侨华人的光荣传统。

二 华侨华人中蕴藏着实现中华民族伟大复兴的强大力量

习近平总书记指出，实现中国梦必须走中国道路，弘扬中国精神，凝聚中国力量。遍布世界各地的数千万华侨华人，具有赤忱的爱国情怀、雄厚的经济实力、丰富的智力资源、深厚的人脉资源，是实现中华民族伟大复兴的一支重要力量。

华侨华人是走好中国道路的重要支撑。走好中国道路，必须高举和平、发展、合作、共赢的旗帜，抓住和用好我国发展的重要战略机遇期。当前，经济全球化面临结构性调整，新一轮科技和产业革命孕育兴起，人才和科技作为第一生产力的作用愈发凸显。海外华侨华人中有数百万专业人才，涵盖当今世界大多数高新科技领域。海外华商总资产逾数万亿美元。随着经济全球化的发展和我国改革开放的深入，海外侨胞跨国流动发展事业的趋势日益增强，参与中国现代化建设的意愿十分强烈，与国内的联系、交流、合作更加紧密。按照互利共赢的原则，加强对侨资投向引导，吸引华侨华人高层次创新创业人才为国服务，对于我国加快转变经济发展方式、实施创新驱动发展战略、全面建成小康社会有着重要意义。

华侨华人是弘扬中国精神的重要载体。以爱国主义为核心的民族精神和以改革创新为核心的时代精神，是全体中华儿女的强大精神支柱。海外华侨华人是中华文明和民族精神的重要继承者、传播者和展示者。随着中国综合国力和国际地位的提升，华侨华人与祖（籍）国联系更加紧密，民族认同和文化认同显著增强，对展示中华文化魅力愿望强烈。遍布世界各地的 2 万所中文学校，数万个华侨华人社团，数百家华文媒体，独具特色的唐人街、中餐馆和中医诊所，红红火火的"春节"等民族节庆活动，都直观地向世界传递着中国文化气息，成为展示中华文化和中国形象的重要平台和窗口。鼓励海外华侨华人传承中华文化，积极支持他们开展人文交流，弘扬自强不息、厚德载物、诚实守信、吃苦耐劳的伟大民族精神，对增强中华文化的亲和力、感召力和影响力，具有十分重要的意义。

华侨华人是凝聚中国力量的重要源泉。中华民族是具有强大凝聚力的大家庭，炎黄子孙是血脉相连的命运共同体，团结海内外中华儿女同圆共享中国梦，能最大限度地引起广大侨胞的强烈共鸣，最大限度地调动广大侨胞的爱国热情，最大限度地汇集民族复兴的巨大能量。华侨华人不仅是中华民族的组成部分，也是沟通中国与世界的桥梁与纽带，是凝聚中国力量不可或缺的重要成员。他们既通晓中外语言文化，又熟悉中外政治社会环境，期盼各国与中国保持友好关系，并愿意为此不懈努力。通过他们向各国政府和民众介绍中国国情，宣传中国理念，讲述中国故事，对增进外部世界对华认知，积累实现中国梦的正能量有重要意义。

三　以实现中国梦为历史使命努力开创侨务工作新局面

党的十八大和十八届三中全会的召开，为侨务工作全面协调可持续发展提供了新的历史机遇。新时期侨务工作要以凝聚侨心侨力、同圆共享中国梦为主题，以推动国家侨务事业科学发展为主线，着力构建大侨务发展格局，着力健全大侨务工作体系，着力加强战略谋划、整体布局和统筹协调，努力培育好、保护好、调动好侨务资源，为实现中华民族伟大复兴作出应有的贡献。

以中国梦引领侨务工作，必须促进中国梦与侨胞梦有机结合。中国梦承载着海内外中华儿女的共同福祉和共同追求，是最能激起华侨华人强烈共鸣的精神旗帜。要把华侨华人振兴中华的强烈意愿与实现中国梦更好地对接起来，以中华民族波澜壮阔的奋斗史为主线，深入阐释中国梦丰富的时代内涵，最大限度地唤起华侨华人的爱国爱乡热忱，最大限度地增强华侨华人的文化自信和民族自豪感，最大限度地激励华侨华人为实现民族复兴贡献智慧和力量。要把华侨华人过上美好生活的个人愿望与实现中国梦更好地对接起来。积极引导华侨华人深刻认识中国梦与个人梦、国家梦、民族梦的内在关联。始终做到密切联系侨、真心对待侨、紧紧依靠侨、有效服务侨，为他们创造更多发展机遇与合作机会，帮助他们积极提升整体素质和社会地位，让他们共享祖（籍）国经济社会发展成果，实现自身事业的更大发展，培育永续绵延的侨务资源。要把华侨华人长期生存发展需要与实现中国梦更好地对接起来。中国坚持走和平发展道路，愿意同世界各国友好交流合作，与国际社会共同推动建设持久和平、共同繁荣的和谐世界，这是中国梦的应有之义，与世界各国人民的美好梦想是相通的。应当鼓励华侨华人积极融入各国主流社会，树立良好形象，积极开展中外友好交流活动，推动不同族群和睦相处、不同文明交融互鉴。

以中国梦引领侨务工作，必须努力促进海内外中华儿女大团结。要坚持联谊、服务、引导相结合，以共同的事业、共同的文化、共同的情感为纽带，促进海内外中华儿女大团结，促进华侨华人长期生存发展，促进我国同世界各国友好合作关系，促进我国现代化建设和祖国统一。要以华侨华人代表人士为重点，以骨干社团为依托，培育政治上有影响、社会上有地位、经济上有实力、专业上有造诣，能在各领域发挥积极作用的对华友好力量，鼓励他们促进中外友好合作，传扬中华优秀文化。

以中国梦引领侨务工作，必须加强和谐侨社建设。推动建设和睦相融、合作共赢、团结友好、充满活力的和谐侨社，是促进侨胞长期生存发展的需要，也是展示海外华侨华人和中国文明形象的需要。要围绕促进华侨华人与住在国民众和睦相融、实现华侨华人社会团结友爱两大主线，以多种形式增进与华侨华人和海外侨社的联系，加强和谐侨社理念的宣传，教育引导华侨华人自觉遵守住在国法律，尊重当地民族宗教习俗，坚持守法文明经商，参与当地公益事业，充分展现华侨华人"守法诚信、举止文明、关爱社会、团结和谐"新形象。鼓励和引导侨社加强团结协作，发挥骨干侨团和侨领带动作用，增强服务侨社功能，努力提升海外侨社的凝聚力和影响力。

以中国梦引领侨务工作，必须切实维护侨胞合法权益。要适应侨情发展变化，倾听华侨华人合理诉求，关心侨胞生存发展状况，研究广大华侨华人最关心最直接最现实的利益问题，着力解决涉侨突出问题，不断完善涉侨政策法规，维护侨胞正当合法权益，实现好发展好广大侨胞的根本利益，让广大华侨华人感受到日益强大的祖（籍）国给予的关爱。

总序 （二）
华侨华人：实现中华民族伟大复兴的重要力量

贾益民

2010 年 7 月 25 日，时任中共中央政治局常委、国家副主席的习近平在北京人民大会堂出席海外华裔及港澳台地区青少年"中国寻根之旅"夏令营开营仪式并发表重要讲话，指出：团结统一的中华民族是海内外中华儿女共同的"根"，博大精深的中华文化是海内外中华儿女共同的"魂"，实现中华民族伟大复兴是海内外中华儿女共同的"梦"。2012 年 11 月 29 日，中共中央总书记、中国国家主席习近平在国家博物馆参观"复兴之路"展览时，首次提出并阐释了"中国梦"的内涵。他指出，实现中华民族伟大复兴，就是中华民族近代以来最伟大的梦想。到中国共产党成立 100 年时全面建成小康社会的目标一定能实现，到新中国成立 100 年时建成富强民主文明和谐的社会主义现代化国家的目标一定能实现，中华民族伟大复兴的梦想一定能实现。2014 年 6 月 6 日，中共中央总书记、国家主席习近平在北京会见第七届世界华侨华人社团联谊大会代表并发表重要讲话，再次强调："团结统一的中华民族是海内外中华儿女共同的根，博大精深的中华文化是海内外中华儿女共同的魂，实现中华民族伟大复兴是海内外中华儿女共同的梦。共同的根让我们情深意长，共同的魂让我们心心相印，共同的梦让我们同心同德，我们一定能够共同书写中华民族发展的时代新篇章。"习近平总书记的讲话充分说明，华侨华人是实现中华民族伟大复兴的不可缺少的重要力量。

同祖同根，血浓于水。华侨华人的命运与中华民族的兴衰息息相关。自鸦片战争之后一百多年里，追求中华民族的独立、富强、民主、文明，追赶和实现现代化，实现中华民族的伟大复兴，就成为中国人，以至全球华侨华人梦寐以求的理想，也是全球华侨华人情之所牵、魂之所系的乡愁与历史心结。在近现代以来追求与实现"中国梦"的历史进程中，华侨华人与中国人民从来就是齐心协力、同舟共济的命运共同体，做出了巨大的历史贡献。"中国梦"作为实现国家繁荣富强、民族团结和谐、人民幸福安康的民族复兴伟业，是一项艰巨复杂的历史任务，需要全中国人民、全世界华侨华人的共同努力。"中国梦"不仅是中国人的梦，也是全球华侨华人的梦。自习近平总书记提出"中国梦"以来，全球华侨华人反应强烈，兴奋不已。习近平总书记指出：我们不仅致力于中国自身发展，也强调对世界的责任和贡献；不仅造福中国人民，而且造福世界人民。"中国梦"的实现过程为世界华侨华人社会发展创造了历史性机遇，必将带动世界各国华侨华人社会的大发展，同时也必将为世界各国经济社会发展注入动力。正因为这样，所以在实现"中国梦"的历史进程中，世界各国华侨华人的力量与积极参与是显著、独特和不可替代的。同时，这也给我们提出了一些列新的重大研究课题。显而易见，研究华侨华人与"中国梦"的关系，揭示并阐释华侨华人在中华民族伟大复兴进程中的地位与作用，充分发挥华侨华人在实现"中国梦"的新的伟大历史进程中的作用，无疑是具有多重意义与重大学术价值的。有鉴于此，我们在国家有关部门的支持下，组织有关学术力量，开展"华侨华人与中国梦"专题研究，以此形成了这套丛书，并被评选列入"十三五"国家重点图书出版规划项目。

本套丛书包含 10 个专题，每个专题形成一本专著，聚合一体形成了关于"华侨华人与中国梦"的系统研究成果。这些研究专题及专著如下。

1.《华侨华人与中国现代化进程》

中国现代化建设进程中，华侨华人作为中国的独特优势和重要资源，是推进中国现代化建设的独有而不可替代的力量。本专题及专著主要研究华侨华人、中国人民与中国现代化建设进程是一个积极互动的整体，论述了鸦片战争后一个多世纪以来华侨华人在中国现代化进程中所做出的重大历史贡献及其非凡历程，研究其助推中国现代化建设的原因、目的、特点与条件。首先，回顾了鸦片战争后为了救亡图存，拯救黎民于水火之中，华侨华人中出现的远渡重洋寻求强国之理的先驱。从戊戌六君子到康有为梁启超到辛亥革命前东渡日本的中国知识分子乃至辛亥革命后赴西方寻求救国之方的华侨华人，他们不惜倾家荡产积极投身于祖国革故鼎新、兴利除弊的伟大革命洪流。辛亥革命与新民主主义革命的历史事实印证了孙中山先生"华侨是革命之母"的赞叹与评价。其次，分析并阐释了华侨华人在此革命进程中彰显的功能与价值。新中国成立后，华侨华人积极回国支援、参与祖国建设，从大批华侨华人知识分子到研制"两弹一星"科学家，从改革开放以来华侨华人投资大陆参与经济建设到捐资祖国教育事业造福桑梓培育新人，从为祖国树立积极正面形象、为中国改革开放发展营造良好的国际环境到在其他各领域的积极参与和广泛助力，全方位论述了华侨华人对中国现代化建设的支持与贡献。再次，论述了改革开放之后华侨华人进一步推动中国现代化进程、实现中华民族伟大复兴之巨大贡献。立足中国改革开放，看华侨华人在现代化进程中的价值功能，他们是建设与改革事业的积极参与者。其一，华侨华人为中国建设和改革事业播撒新的思想观念。其二，华侨华人为中国建设和改革事业提供先进技术。其三，华侨华人为中国建设和改革事业给予资金支持。其四，华侨华人为中国建设和改革事业赢得了新的良好的国际环境。其五，华侨华人不仅是爱国统一战线构建的重要力量，更是促进祖国和平统一大业的坚定支持者。他们真诚拥护"一国两制"，是坚决反对"台独、藏独、疆独"的有生力量。其六，华侨华人是走好中国道路的重要支撑之一，为开辟中国道路做出了巨大贡献。其七，从弘扬中国精神传播中华文化的向度看，华侨华人是弘扬中国精神的重要载体，是传播中国文化的重要载体，是联结中国与世界各国友谊的坚强纽带，是维护和发展中国与世界各国友好关系的重要力量。复次，阐释了国兴侨兴的现代化互动进程中，华侨华人助力"中国梦"之基本特质，其中包括华侨华人与祖籍国国民的同根同宗同魂的血肉联系，身在海外心系中华的历史情结，国兴侨兴、国强侨强的命运共同体特质，华侨华人参与"中国梦"的路径嬗变与多样化态势等内容。最后，论述了华侨华人作为推进中国现代化建设的重要力量，也是现代化成果独特的获益主体，已经并将持续受惠于现实与未来的中国现代化成就。中国政府对华侨华人参与现代化的多重优惠待遇与保护政策，反映了中国改革开放的成果多层面惠及了华侨华人终极价值关怀。总之，本专题形成的专著彰显了华侨华人在"中国梦"实现过程中的独特价值。他们推动中国现代化建设的原因、目的，以及在此进程中彰显的功能价值对当今社会进一步加强中国与华侨华人的双向互动，推动中国现代化进程，实现中华民族的伟大复兴具有重大意义。

2.《海外华商与中国经济发展》

海外华商是指拥有华人背景，同时由个人股份掌握工商企业的海外工商企业经营者。他们除了涉及传统的金融、商贸与制造业外，也积极开拓博彩、娱乐等新兴市场，他们在世界经济中占有举足轻重的地位，甚至有人将海外华商与阿拉伯人和犹太人并称为世界移民族群的三大金融力量。本专题及专著从华商的起源、发展、成熟，到融入中国经济发展，系统地展示了一幅恢弘庞大的海外华商发展历史画卷。首先铺开了一幅海外华商产生及发展的历史蓝图，并对发展过程中形成的商帮与商会组织进行了较细致的综述；其次论述了海外华商对促进中国民族工商业成长及推动近现代中国经济发展发挥的巨大作用；再次全面展示了海外华商在"一带一路"战略背景下的社会地位，体现其在"一带一路"建设中创造的价值。海外华商已经是中国经济发展的重要组成部分，"中国梦"的构筑与"世界华商"相辅相成，不可分割。海外华商以其自强不息的精神、融会东西方文化的魄力、进行企业管理理念变革创新的决心，同中国改革开放后经济发展及"一带一路"建设一同跨步向前，成为中国经济发展的有力推动者和见证者。《海外华商与中国经济发展》的研究范围包括了人们通常所说的"海外华商"和在大陆地区创办或者从事"三资企业"经营的港澳台以及海外地区的华侨华人，收集数据资料范围囊括了北宋时期到现代的华人华侨，涉及面广，行文逻辑明确，具有一定的深度和广度，其目的是打造一部"华商世界"的百科全书。

3.《华侨华人与中华民族精神》

本专题及专著以中华民族精神在华侨华人生活过程与中华民族实现"中国梦"的现代化进程中之传承与嬗变、整合与传播、创新与重构为基本线索，论述了中华民族精神的实质、内核、特质、价值与现代性展开。第一，反思了华侨华人在现实生活实践中对中华民族精神的依赖与守持、承接与再造的创新历程。第二，分析阐述了实现"中国梦"必须走中国道路、弘扬中国精神、凝聚中国力量的历史必然性。遍布世界各地的数千万华侨华人，其赤忱的爱国情怀、坚韧的民族精神沉淀在雄厚的经济实力、丰富的智力资源、深厚的人脉资源之中，从而成为实现中华民族伟大复兴的一支重要力量。第三，论述了华侨华人是弘扬中国精神的重要载体。以爱国主义为核心的民族精神和以改革创新为核心的时代精神，是全体中华儿女的强大精神支柱。第四，阐释了海外华侨华人是中华文明和民族精神的重要继承者、传播者和展示者。随着中国综合国力和国际地位的提升，华侨华人与祖（籍）国联系更加紧密，民族认同和文化认同显著增强，展示中华文化魅力愿望强烈。第五，阐释了在华侨华人现代化全球性生存实践中通过现实与精神的跨文化对话，凸显出中华民族精神的融通、变迁与创构。第六，以"精神反观"的思维方式，审视了华侨华人对中华民族精神的认同与反思和批判性扬弃，以及对中华民族精神的丰富与拓展。第七，论述了鼓励海外华侨华人传承中华文化，积极支持他们开展人文交流，弘扬自强不息、厚德载物、诚实守信、吃苦耐劳的伟大民族精神，对增强中华文化的亲和力、感召力和影响力，具有十分重要的意义；揭示了以华侨华人为人格化载体的中华民族精神，在实现"中国梦"伟大历史进程中的文化价值。

4. 《华人社团与中华文化传播》

本专题及专著基于华侨华人在中华文化传播中的多重角色和双重定位，从宏观与微观、历史与现实结合的角度，对作为海外华人社会三大支柱之一的华人社团与中华文化传播的关联性和互动性进行了系统研究，探索了发挥海外华侨华人在扩大中华文化国际影响力、增强中国软实力、助力"中国梦"中的特殊作用的机制问题。第一，揭示了本专题的研究旨趣，凝炼问题意识，回顾学术史背景，对研究对象、方法与关键概念进行界定。第二，系统梳理华人社团历史发展脉络与学界的现实分类，指出迄今为止华人社团的历史发展脉络经历了华人社团的草创、本土化、再华化的三阶段，并在融会贯通所有研究成果的基础上提出自己对于华人社团的分类系统。第三，在运用传播学的方法理论，对地缘性华人社团、血缘性华人社团、业缘性华人社团、宗教慈善类华人社团、文化类华人社团、华人新移民社团六类华人社团传播中华文化的具体机制进行实证研究的基础上，揭示各类华人社团传播中华文化的特点及其"和而不同"的整体风格。第四，在对各类华人社团传播中华文化机制研究的基础上，进一步探讨各类华人社团传播中华文化的共同旨趣，指出在20世纪50年代海外华人本土化的历史过程中，海外华人认同产生了重大转变。海外华人在建立起对居留国的国籍认同的同时，依然保留并传承了对中华文化的认同，尤其建构起各国"华族"认同。因此，从海外华人跨国主义的角度审视海外华人各类社团传播中华文化活动的社会功能，可以说，建构跨国华族，是其共同旨趣。在此基础上，第五，深入讨论具有上述共同目的性的海外华人社会传播中华文化活动，对于助力"中国梦"的价值意义。海外华人社团通过传播中华文化的方式建构跨国华族，实际也就是中华文化价值观共建与共享的世界性文化工程，而根据中华文化价值观的"差序格局"，我们可以推演出中华文化价值观的同心圆推展模式。换言之，中华文化传播的核心目标在于中华文化价值观推展与中华文化软实力的提升，而中华文化软实力的提升将有助于中华民族伟大复兴的"中国梦"的实现。因此，华人社团传播中华文化的社会活动，对开展侨务公共外交、实现中华民族伟大复兴，具有不容忽视的助力作用。

5.《华文教育与中华文化传承》

本专题及专著主要研究海外华文教育与中华文化的传承关系，主要立足于海外华文教育自身理论建设和海外华文教育实践的需要，运用教育学、历史学、语言学和文化学等学科理论，并结合实证分析方法，对海外华文教育诸环节过程与中华文化传承之间的内在联系与运行机制进行深入探讨，并揭示不同时空下中华文化传承的形态和发展趋向。在学科知识建构层面，厘清华文教育的性质、内容、功能与目标，探索中华文化的学理内涵和基本精神，初步确立了中华文化传承框架下的华文教育学基础。在理论层面，概括华文教育中华文化传承实践的内在规律，凸显华文教育的中华性、文化性和教化性，提炼了华文教师培育、华文教育组织机构建设、华语教学和体验性培训等领域的理论问题，为华文教育的文化传承提供理论借鉴。在华文教育史及华文教育思想层面，梳理华文教育与中华文化传承传播之间的历史脉络，着重分析不同时空背景下华文教育与中华文化传承传播之间的逻辑与历史关系，揭示把握华文教育之中华文化传承传播的现代性、当下性与创新性。在实践操作层面，探讨华文教育传承中华文化的方法和途径，深入剖析华文教育组织机构、教师、教材、学生在文化传承过程中所发挥的功能和作用，总结华文教育中华文化传承传播实践的历史经验。本专题及专著的显著特色是采用"动态和静态结合、历史与现实兼顾"的方法，全方位、多角度地探析了海外华文教育与中华文化传承传播的关系，在理论上厘清了基本内涵，并做出新的价值阐释，同时结合汉语国际传播与华文教育的历史与现实，着力探索和总结海外华文教育与中华文化传承传播方面的经验，以作为海外华文教育文化传承传播建设的参考。

6. 《华文教育与华侨华人发展》

本专题及专著从教育的继承与传播功能对族群形成与发展的作用出发，围绕海外华文教育与华侨华人生存发展之间的互动伴生关系，探讨华文教育在助力华侨华人实现"中国梦"过程中的核心功能；概括了华文教育中语言教学的时代性特征与地域性特征，分析了华文教学对华侨华人民族气质养成与民族意识培养的核心作用；以共同文化特征为切入点，描写了华文教育文化教学的内容变迁，分析了华侨华人的文化共性，共同文化特征的建构特性，以及在不同地域的文化教学中华侨华人形象的共通性与差异性；探讨了海外华侨华人的从业特征，分析了华文教育中职业技能教学的内容、特点和趋势，以及从古代到现代，职业技能教学助力华侨华人在所在国就业与生存所起的重要作用；以各国华文教育政策的变迁与动态发展为视点，分析了在争取华文教育这一公民权利的努力与抗争中，华侨华人身份不断强化，华侨华人族群意识在一定程度上日益加强的现象；以"中国寻根之旅""中华文化大赛""中华文化大乐园"等已经成为华文教育重要平台的品牌活动为对象，分析了此类活动对华侨华人形成共同心理素质、提升民族身份认同的特殊作用。华文学校是华文教育的核心载体。本专题及专著从华文学校创办及管理、华文师资队伍建设、华裔子弟培养的角度，分析了华侨华人对海外华文学校薪火相传、生生不息的重大贡献和不懈努力。在此基础上，同时分析了华文教育对促进华侨华人社会与主流社会和谐相处的特殊作用，并提出基于"中国梦"的海外华文教育新使命，全面分析华文教育对华侨华人共同实现"中国梦"的不可替代的功能，对全面实现"中国梦"这一中华民族的宏伟事业具有的重要意义。

7.《全球化视野下的侨务公共外交——构建情感共同体，实践"中国梦"》

作为一项立足于中国侨务资源、依托于侨务工作的国家公共外交工程，我国侨务公共外交尚处于探索期。本专题及专著以全球化为切入视角，探索中国侨务公共外交的实践路径：侨务公共外交虽然是"中国特色"的公共外交路径，却置身于全球化的大背景之下，需要融合中国特色与世界趋势两者，否则难以真正践行和实现公共外交的沟通交流目的。在此基础上，本专题及专著以情感共同体的营造出发，从宗教、地方政府、海上丝绸之路三个层面探索了中国侨务公共外交在今后实践过程中可以切入的具体领域。首先，从全球化的视角切入研究主题，认为在全球化的大浪潮中实现"中国梦"是中华民族的奋斗目标，也是中国发展侨务公共外交的前提基础和必要逻辑。其次，对侨务公共外交问题的缘起和基本概念及其内涵进行了探讨，对现有的研究成果进行了回顾和分析。再次，分别从文化全球化、人口全球化和情感全球化的三个层面对公共外交和侨务公共外交的深层影响进行论述：文化全球化是公共外交得以全面兴起的世界现象，是公共外交所代表的"软力量"愈发重要的现实基础；人口全球化（国际移民）则是侨务公共外交得以发挥力量的世界趋势，是侨务公共外交可以实践的基本；情感全球化是本专题研究所提出的新观点和新视角，要解决的是侨务公共外交实践的切入路径。"情感共同体"概念的提出，不仅仅是为侨务公共外交的实践在全球化大趋势下寻找一个可行的切入点，也不单单是把海外华侨华人纳入大中华的"情感共同体"，而且是要借助侨务公共外交，以海外华侨华人为辐射圈，营造"亲"中国的全球情感共同体。最后，分别从宗教情感、地方"乡情"和21世纪海上丝绸之路来分别论述侨务公共外交的情感运用策略。实际上，这三个层次之间没有明显的逻辑联系，但在侨务公共外交实践中形成了独特的互助逻辑。宗教认同与国家认同之间的张力是海外华侨华人所面临的一大身份冲突（或互融），对具象化的故乡的情怀与思念是对虚拟的国家意境的真实呈现。因此地方政府在侨务公共外交实践中无疑具备了发挥能动性的基础。"一带一路"是中国政府在 21 世纪提出的国家发展大战略的重要内容，这条走出去的道路的先驱和实践主体往往就是广大的海外华侨华人群体，他们在经济利益上的追求很明确，在情感上与中国的认同需要我们的经营，而研究以海外华侨华人主要聚集地即 21 世纪海上丝绸之路沿线国家为主要讨论对象，对侨务公共外交可以在实现"一路"倡议上做出的贡献做出初步探讨，也为今后更为全面地思考侨务公共外交在"一带一路"整体战略中的实践意义奠定基础。

8.《华侨华人：中国与周边国家的桥梁》

党的十八大以来，党中央积极运筹外交全局，突出周边在我国发展大局和外交全局中的重要作用，开展了一系列重大外交活动。2013 年 10 月，国家主席习近平在周边外交工作座谈会上强调：要更加奋发有为地推进周边外交，为我国发展争取良好的周边环境，使我国发展更多惠及周边国家，实现共同发展，让命运共同体意识在周边国家落地生根。周边地区是华侨华人的主要聚居地，仅东南亚地区的华侨华人就占全球华侨华人总数七成左右，华侨华人在当地经营日久，根基稳固，拥有丰富政治、经济、文化资源，是我国开展周边外交、推进周边合作的重要战略依托。在政治交往领域，华侨华人是中国改善同周边国家关系的重要管道和动力；在经贸合作领域，周边国家的华商是中国外商投资的先驱，也是住在国开展对华贸易的主要力量；在文化与人员往来领域，华侨华人具有融通中外的优势，是两国人文交流的重要实践者、促进者、资助者。当前，"一带一路"倡议正处在建设的关键期，周边国家是"一带一路"建设的重要方向，当地华侨华人具有与中国合作的历史经验和主观意愿，必将在推动中国与周边国家政策沟通、贸易畅通、设施联通、资金融通、民心相通方面发挥独特作用。本专题及专著以中国和平崛起时代下周边国家华侨华人与中国联系不断增强为背景，基于当前我国致力于周边外交和公共外交的基本判断，综合应用多学科理论与方法，在详细评估周边国家华侨华人生存环境、资源及文化认同的基础上，深入论证和分析华侨华人在中国同东盟、日本、韩国、俄罗斯、中亚关系中的角色，探讨其独特优势及行为作用，总结华侨华人在中国与周边国家关系中的重要地位与重大意义。

9.《多元视角下的海外华侨华人社会发展》

作为生活在海外的中国人及其后裔，华侨华人与祖（籍）国血脉、心灵乃至利益相通，是我国的一种独特资源。近代以来，华侨华人为我国的社会发展和建设做出了重要贡献。新中国成立以后，华侨华人为我国的社会主义建设贡献良多；尤其是改革开放以来，海外华侨华人成为我国经济成长的重要推动力量；除助力我国的经济腾飞之外，海外华侨华人同样也在政治上给予我们积极的呼应，目前已成为支持祖（籍）国和平统一、反分裂的一支独特力量，是实现中华民族伟大复兴的"中国梦"的重要助力。本专题及专著在对海外华侨华人社会发展与祖（籍）国实现"中国梦"之间的逻辑关系进行分析的基础上，围绕近些年有关华侨华人较受关注的重点或热点问题展开了较为系统的专题研究，分别涉及政治参与、族群关系、认同、新移民、华裔新生代、跨国网络、和谐侨社等问题，论述了海外华侨华人社会发展与"中国梦"的关系。一是对海外华侨华人社会发展历史进行了简单梳理，概述了各个历史时期我国对外交往、移民的特点以及海外华侨华人社会形成的基本情况；二是对近代以来华侨华人对祖（籍）国"中国梦"的参与实践展开了分析，探讨了华侨华人与"中国梦"之间的逻辑关系，从"1840～1949"、"1949～20 世纪末"以及"新世纪以来"三个时期展开探讨，认为近代以来中国从"半殖民地"走向民族解放、从积贫积弱走向自立自强、从领土分离走向和平回归，百余年"中国梦"的变迁集中体现为三个主题：独立、富强和统一，而在各个时期，华侨华人也以各种方式积极投入到祖（籍）国"中国梦"的实践中。目前，在新世纪追求"统一"和"自信"的中国梦的过程中，华侨华人仍将发挥积极而独特的作用。本专题及专著的突出特色在于将历史研究与现实考察相结合，理论探讨与实证分析相结合。无论是对华侨华人与"中国梦"逻辑关系的分析，还是分专题问题的探讨，都注重将历史背景与现实发展、理论探讨与实证分析相结合，文中不少资料依托田野调查而来，如对华人认同现状、新移民现状、华裔新生代现状的分析等内容都包含许多依靠实地调研得到的新的资料，一方面极大地充实了研究内容，另一方面也突出了研究的实践性意义。尤其除理论探讨之外，还有涉侨问题的思考及对策建议，如如何做新移民工作、争取华裔新生代、构建和谐侨社等，相关内容对政府涉侨部门决策有一定参考意义。

10.《华侨华人与侨乡发展》

中华民族有着热爱祖国、眷恋故土的文化传统，一代又一代的华侨华人在海外奋斗的同时也不忘回报乡梓、建设家乡。"中国梦"以一种精神动力和凝聚力，将推动海内外中华儿女为实现中华民族的复兴、国家强盛而不断奋斗。"中国梦"将华侨华人的恋乡之情升华成为更为纯粹的爱国主义精神，将华侨华人的爱国主义与侨乡的发展建设相结合。本专题及专著秉持实证研究与思辨研究相结合的原则，采取实地研究、文献研究、调查研究等研究方式，通过探究华侨华人与侨乡经济、社会、文化等各项事业发展的内在关联，归纳华侨华人对侨乡发展的作用，进一步分析在华侨华人影响下侨乡发展的地域差异和重点侨乡发展模式的异同，探讨华侨华人在侨乡实现"中国梦"的途径，并就侨乡发展的政策保障提出具体的建议。第一是对华侨华人引导侨乡发展的多元分析。其一，华侨华人与侨乡经济发展。在梳理华侨华人海外移民历程及其与侨乡的形成和演变关系、回顾华侨华人与侨乡历史关联的基础上，重点考察新中国成立后，特别是改革开放以来，华侨华人通过资本、技术对侨乡经济建设、管理水平和技术进步、消费经济的形成和壮大、产业结构的演变和优化所做出的巨大贡献。其二，华侨华人与侨乡社会发展。探究华侨华人在侨乡社会结构的演化，诸如人口结构、家庭结构、社会组织结构等方面演化所起的影响，华侨华人在侨乡社会管理的变革，侨乡教育、慈善，以及医疗、基础设施建设等社会公共事务方面所发挥的作用。其三，华侨华人与侨乡文化发展。探究华侨华人对侨乡建筑风貌、民俗、艺术、语言、社会心理等方面产生的影响，华侨华人对侨乡旅游业发展、侨乡独具特色旅游资源的形成，以及侨乡旅游消费、旅游形象推广的助益等问题，考察华侨华人对侨乡文化资源保护所做出的贡献。第二是对华侨华人影响下的侨乡引领发展的地域差异分析。主要是建构侨乡发展差异性评价指标体系，比较分析在华侨华人影响下，侨乡发展的地域差异的特征及其原因，考察这种地域发展差异与华侨华人的相关性。第三是对典型侨乡发展模式的比较。通过文献阅读和侨乡访谈调研，结合所选择 12 个侨乡的发展实践，将重点侨乡发展模式归结为晋江模式（沿海老侨乡的转型模式）、开平模式（旅游转向发展模式）、青田模式（沿海发达地区山区侨乡发展模式）、瑞丽模式（边境侨乡发展模式）和容县模式（资源向产业联动转型发展模式）。第四是分析"中国梦"背景下侨乡差异性发展模式，主要是"一带一路"国家发展战略视角下侨乡发展的机遇与挑战分析，即如何借"中国梦"之势发挥侨乡先导作用，借华侨华人之力拓侨乡振兴之路，借社会转型机遇促侨乡繁荣发展，借侨乡乐土共筑华侨华人"中国梦"，并提出传统侨乡和新侨乡发展的新思路。第五是研究并提出"中国梦"背景下侨乡发展的保障措施，主要从政治、经济、文化方面等探究华侨华人在侨乡实现"中国梦"的途径及保障措施，并就如何发挥华侨华人优势，实现侨乡可持续发展提出具体建议。

以上专题研究还只是初步的，其中难免存在某些理论缺陷和不足，还有许多重大理论与实践问题需要做更深入的研究和探讨。我们期待大家一起参与研究和讨论，助推华侨华人积极参与"中国梦"的伟大实践，为实现中华民族伟大复兴的"中国梦"做出积极贡献！

本课题的完成及丛书的出版得到了国务院侨务办公室裘援平主任的大力支持与指导，并应允将她发表在 2014 年《求是》杂志第 6 期上的《华侨华人与中国梦》一文作为本丛书的总序言。在此，我谨代表课题组所有成员并以我本人的名义向裘援平主任表示衷心感谢！同时，衷心感谢为本课题的完成及丛书的出版给予支持和帮助的所有专家学者、各级领导和我的同事们，尤其特别感谢社会科学文献出版社谢寿光社长和他的同事们给予的具体指导和帮助！

是为序。

2017 年 6 月 9 日于华侨大学

摘　要

　　海外华文教育与中华文化传承的关系是一个重大课题。本书立足于海外华文教育自身理论建设和海外华文教育实践的需要，运用教育学、历史学、语言学和文化学等学科理论，并结合实证分析的方法，对海外华文教育诸环节过程与中华文化传承之间的内在联系与运行机制进行了深入的探讨，并揭示不同时空下中华文化传承的形态和发展趋向。在学科知识建构层面，厘清华文教育的性质、内容、功能与目标，探赜中华文化的学理内涵和基本精神，初步确立了中华文化传承框架下的华文教育学基础。在理论层面，概括华文教育中华文化传承实践的内在规律，凸显华文教育的中华性、文化性和教化性，提炼华文教师培育、华文教育组织机构建设、华语教学和体验性培训等领域的理论问题，为华文教育的文化传承提供理论借鉴。在华文教育史及华文教育思想层面，梳理华文教育与中华文化之间的历史脉络，着重分析不同时空背景下华文教育与中华文化传承之间的逻辑与历史关系，揭示把握华文教育之中华文化传承的现代性、当下性与创新性。在实践操作层面，探讨华文教育传承中华文化的方法和途径，深入剖析华文教育组织机构、教师、教材、学生在文化传承过程中所发挥的功能和作用，总结华文教育中华文化传承实践的历史经验。本书同时结合汉语国际传播与华文教育的历史经验和现实问题，提出了一些可资决策层参考的建议。

　　关键词：海外　华文教育　中华文化　传承

Abstract

The relationship between overseas Chinese education and Chinese cultural heritage is an important issue. This book is based on the needs of the theory construction and practice of overseas Chinese education, the use of education, history, linguistics and culture theory, combined with the method of empirical analysis, probes into the internal relations and operation mechanism of overseas Chinese education and the process of Chinese culture, and reveals the form and development of Chinese culture in the trend of different time and space. In the field of construction of knowledge, the book clarifies the nature, content, function and goal of Chinese education, and inquires into the theoretical connotation and basic spirit of Chinese culture, initially establishing the pedagogy of Chinese education under the framework of Chinese cultural Heritage. In theory, the book epitomizes the inherent law of general the practice of Chinese cultural heritage, highlighting the Chinese character, cultures and moralization of Chinese education, refining the theory problems in the field of Chinese teachers cultivation, Chinese education organization construction, Chinese teaching and the experiential training, which provides a theoretical reference for the Chinese cultural heritage education. In the history of Chinese education and the thoughts of Chinese education, the book makes a historical analysis between Chinese education and Chinese culture, focuses on the analysis of historical and logic relationship between different backgrounds of Chinese education and Chinese culture, reveals the modernity, immediacy and innovation of Chinese cultural heritage in the Chinese education. In application field, the book explores the methods and ways of Chinese cultural heritage education, and in-depth analyses of the roles of the Chinese education organization, teachers, teaching materials, students playing in the process of cultural heritage, summarizes the historical experience of Chinese education in the practice of Chinese cultural heritage. At the same time, this book combines with the historical experience and practical problems of Chinese international communication and Chinese education, and puts forward some suggestions.

keywords: Overseas; Chinese Education; Chinese Culture; Heritage

目　录

Contents

第一章　导言：海外华文教育与中华文化传承的关系

　　中华文明是世界四大文明古国中唯一未发生断裂的文明。"没有中断过的文化，在地球上只有我们一份。"① 与古巴比伦、古埃及、古印度中断甚至消失的文明相比，中华文明由于得天独厚的地理环境、强有力的中央政府、统一的文字尤其是以儒家思想为核心的价值观，尽管屡次遭受外族入侵，但始终保持着坚韧的历史延续性。对此梁启超认为这是由于中华民族"确信我们是世界人类的优秀分子，不能屈服在别的民族底下。这便是我们几千年来能够自立的根本精神"②。著名历史学家钱穆先生说："中国文化是世界上绵延最久展扩最大的文化，只以五千年来不断绵延不断展扩之历史事实，便足证明中国文化优异之价值。"③ 中华文化是中华民族生生不息的不竭动力，千百年来，中华儿女无论身在何处，始终不忘维护和发扬固有文化，设庠序修六礼，养正于蒙，笃学践行。

　　中国海外移民史是一部中华民族流离播迁的历史，也是一部中华文化坚守与传承的历史。关于世界华侨华人数量和分布的历史变化，华侨史专家庄国土认为：中国人大规模向海外移民始于16世纪末，到17世纪初世界华人数量有十余万人，主要分布在东南亚各地；19世纪中叶以后，大规模华工出国从根本上改变了世界华侨华人的分布状况，北美、拉丁美洲、大洋洲和欧洲都出现数量不等的以华工为主的华人社区；到20世纪

---

① 庞朴：《中国文化十一讲》，中华书局，2008，第63页。
② 梁启超：《辛亥革命之意义与十年双十节之乐观》，见《梁启超全集》，北京出版社，1999，第3379页。
③ 钱穆：《历史教育几点流行的误解》，《教育》2010年第6期。

50 年代初，世界华侨华人有 1200 万～1300 万人；20 世纪 70 年代以来，大规模的中国新移民决定性地改变了世界华侨华人高度集中于东南亚的格局，到 2008 年世界华侨华人总数超过 4500 万人，东南亚华侨华人的比例降为 73%，而北美、欧洲、澳洲和日本、韩国的华侨华人数量激增①。根据国务院侨办最新统计，截至 2014 年，海外华侨华人数量已达 6000 多万人，分布在世界 198 个国家和地区②。在中国海外移民的历史进程中，华侨教育应运而生，以传授中华语言文化为直接目标的教育活动逐渐萌生、发展和壮大，最终形成今日蔚为大观的世界华文教育盛景。海外华文教育滥觞于 1729 年荷印巴达维亚华侨成立的明诚书院，其间历经传统私塾、新式学堂、补习机构和现代华校等办学组织形式，从无到有，从小到大，如今已成为遍布世界近两百个国家和地区、拥有 2 万多所华校和数百万学生的庞大教育体系。

从世界移民史角度看，传承本民族的语言文化是移民社会的普遍现象，它关涉移民自身民族身份建构的重大问题。除了华侨华人社会之外，印裔（印度移民及其后裔）、墨西哥裔的移民社会也极为重视其本民族的语言文化传承，然而，与印裔、墨西哥裔的民族语言文化教育相比，海外华文教育呈现一种惊人的生命力，其根植之深、韧性之强、覆盖之远是前两者所难以比拟的。海外印裔近 1000 万，但其民族语言文化教育却逐渐衰微。兹以马来西亚印裔为例。2014 年，马来西亚全国总人口 3019 万，其中印裔占人口总数的 7.7%，是继土著和华族之后的第三大族群。马来西亚印裔的民族语言主要是泰米尔语，这种语言已有 2500 年历史，带有浓厚的印度教文化气息，是印裔民族文化认同的标志。马来西亚印裔长期以来也重视泰米尔语文教育，创办泰米尔语学校，吸引印裔子弟学习民族语文，然而，尽管马来西亚印裔人口不断增长，泰米尔语学校却呈下降趋势，接受泰米尔语教育的印裔青少年比例偏小。资料显示，1957 年马来西亚国内有 880 所泰米尔语小学，到了 2011 年只有 523 所提供 6 年的泰

---

① 庄国土：《世界华侨华人数量和分布的历史变化》，《世界历史》2011 年第 5 期。
② 《海外华侨华人数量有 6000 多万，分布在世界 198 个国家和地区》，新华网，2014 年 3 月 5 日，http://news.xinhuanet.com/politics/2014-03/05/c_126225434.htm，最后访问日期：2016 年 10 月 22 日。

米尔语文教育。2011 年，马来西亚总共有 10.8 万学生在泰米尔语小学念书，这一数字仅占马来西亚印裔子弟的 55%，这意味着高达 45% 的其他印裔子弟放弃民族语文教育，进入英语或马来语学校就读①。墨西哥裔人数以美国为最，已达 1160 万人。1968 年由墨西哥裔学生倡导的"奇卡诺学生运动"，抵制民族同化，要求提高西班牙语的教学地位，扩大双文化交流。该运动一方面促使美国政府当年通过了"双语教育法案"（Bilingual Education Act），大力发展墨西哥移民区的西班牙语教育，另一方面导致了大量墨西哥裔移民自我封闭于西班牙裔社区，拒绝接受英语教育，最终不得不从事毫无技术含量的工作而落入社会底层。美国墨西哥裔移民对于本民族语言文化的态度出现了极端的分化：在亚利桑那州，移民"墨守"西班牙裔社区，自动摒绝英语教育，而在加利福尼亚州已经融入美国社会的墨西哥裔移民又迅速舍弃西班牙语教育②。从印裔、墨西哥裔海外移民社会的民族语言文化教育状况可以看出，尽管传承本民族的语言文化是移民社会的普遍现象，但移民社会能否在积极融入当地主流文化的同时始终不渝地坚持本民族语言文化的传承则另当别论。事实上，中国移民对本民族语言文化的热爱、执着和忠诚在世界移民史上是独一无二的，海外华侨华人一方面学习当地语言文化，积极融入当地社会，另一方面坚持不懈地开展华文教育，传承中华语言文化，历经挫折而不屈，屡遭坎坷而不馁，创造了世界移民教育史上的奇迹。

　　海外华文教育与中华文化传承的关系是一个重大课题，其中关涉了华侨华人的历史变迁、中国海外移民的语言文化认同、中华文化的海外传播乃至地缘的政治经济文化及中外关系等宏大叙事，同时也涉及海外华文教育的组织机构、教师、学生、教材与中华文化之传承关系等诸多重要的具体问题。研究海外华文教育与中华文化传承之间的关系具有重要性和迫切性。（1）海外华文教育实践的需要。随着中国的和平崛起，世界掀起"汉语热"，海外华文教育也出现空前盛况，在华侨华人社会结构发生重

---

① 洪丽芬：《马来西亚印度人社群研究——以印度人社群语言状况为例》，《南洋问题研究》2011 年第 4 期。

② 赵敏：《试论 60 年代以来美国墨西哥裔的身份认同》，硕士学位论文，复旦大学历史学系，2006，第 23 页。

大变化的新形势下如何正确把握华文教育方向、实现华文教育中华文化传承目标无疑是当今华文教育实践面临的最重大的现实问题。探讨海外华文教育与中华文化传承之间的关系，对于保证华文教育发展方向、实现华文教育目标具有重要的现实指导意义。（2）华文教育理论自身建设的需要。华文教育的历史实践已将近 300 年，但无论是华侨华人史还是中国教育史，所涉及的内容或局限于华侨华人办学过程的一般描述，或简单化约为教学理论问题，而长期缺失对华文教育的理论总结和规律性揭示，这严重影响了华文教育学科的完整性、科学性，并进一步给华文教育实践带来了主观随意性和经验主义。中华文化传承是华文教育的核心和灵魂，是华文教育最重要的理论问题，审视和阐释海外华文教育与中华文化传承之间的关系，完整准确地认识华文教育的精神实质，对于华文教育的学理建构和学术指向具有重大的理论价值。（3）中华文化"走出去"战略及其实践的需要。中华文化"走出去"是当代中国的战略决策，它通过提高文化软实力和文化影响力，提升中国形象，抵消中国"威胁"论，为中国赢得国际话语权，促进世界文化繁荣和人类文明进步，但当前的文化"走出去"实践在文化传播理念、内容、方式、策略等方面仍存在一定的问题和挑战，主要表现在缺少文化自觉与自信、文化产品和推介方式落后、文化隔阂和文化防御严重等。近 300 年的华文教育实践已为中华文化的海外传播提供了丰富的历史经验、历史知识和历史智慧，归纳和提炼海外华文教育传承中华文化的历史经验，在海外华文教育与中华文化"走出去"战略之间建立相关的知识联系、承传历史智慧，对于中华文化"走出去"战略及其实践具有重要的理论和实践意义。（4）实现中华民族伟大复兴的"中国梦"的需要。华侨华人中蕴藏着实现中华民族伟大复兴的重大力量，华侨华人是弘扬中国精神的重要载体，探讨海外华文教育与中华文化传承之间的关系有助于认识和理解海外华侨华人社会是如何承继热爱祖国、自强不息、厚德载物的民族精神，如何体现以改革创新为核心的时代精神，对于增强中华文化的亲和力、感召力和影响力，汇集民族复兴的巨大力量具有十分重要的意义。

海外华文教育与中华文化传承关系的研究课题应该在以下诸领域充分展开，其学术成果将有助于建立华文教育学科的知识谱系，有助于总结和提炼华文教育之传承中华文化的历史经验和内在规律，有助于进一步理解和阐释华文教育的文化传承现象，从而最终有助于为海外华文教育的中华文化传承实践提供理论指导。在学科知识建构层面，厘清华文教育的性质、内容、功能与目标，探赜中华文化的学理内涵和基本精神；在华文教育史及华文教育思想层面，梳理华文教育与中华文化之间的历史脉络，把握华文教育之中华文化传承的现代性与当下性；在实践操作层面，探讨华文教育在文化传承过程中教育组织机构、教师、教材、学生所发挥的功能和作用，总结华文教育中华文化传承实践的历史经验；在理论层面，概括华文教育中华文化传承实践的内在规律，为华文教育的文化传承提供理论借鉴。

第一节　华文教育的定义与性质

一　"华文教育"名称沿革及华文教育的定义

华文教育自诞生以来，其内涵和外延随着华侨华人社会的变迁及教育的性质而不断变化。最初清政府根据《奏定学堂章程》准予海外侨校立案，对其称"华侨学堂"或"中华学堂"，将海外侨校开展的教育笼统称为"华侨学务"。中华民国成立以后，颁布了一系列有关政策法规，"华侨教育"和"侨民教育"的名称正式出现。1913 年 2 月北洋政府颁定的《领事管理华侨学务规程》尚沿袭清代"华侨学务"的名称，到 1929 年所颁布的《领事经理华侨教育行政规程》和《华侨教育设计委员会组织条例》则直接以"华侨教育"命名。1933 年国民政府教育部批准侨务委员会制订的《侨民教育实施纲要》用的是"侨民教育"的名称。尽管民国时期"华侨教育"和"侨民教育"并称，但 30 年代以后各种法规文件及新闻文稿多用"侨民教育"指称。1949 年以后，"华侨教育"和"侨民教育"名称为海峡两岸沿用。50 年代初中国大陆尚可见"侨民教育"之称，后来基本使用"华侨教育"，1955 年万隆会议上中国和印度尼西亚签订了《关于双重国籍问题的条约》之后，"华侨教育"仍然广泛使用。台湾则普遍用"侨民教育"的名称（简称"侨教"）。1952 年，台湾"侨务委员会"召开全球侨务会议，确立侨教之基本政策，提出："奖励侨民教育，并扶植海外文化事业，俾侨胞均能继承祖国文化之优良传统。"①此后"侨民教育"在台湾一直沿用至 20 世纪 70 年代。

"华文教育"的完整名称最早见于 20 世纪 50 年代的马来亚联合邦。1954 年，马来亚联合邦华社为反对歧视"侨教"的《1952 年教育法令》，董教总及马华公会联合召开会议，成立"马华华文教育中央委员会"。1955 年新加坡摆脱殖民统治获得自治，当时的劳动阵线联合政府重视华人的民族语言文化教育，成立了一个"华文教育调查委员会"，并于 1956 年出台了旨在平等对待各民族语言的《华文教育委员会报告书》。此后"华文教育"之称不胫而走，成为指称世界范围内华侨华人中华语言文化教育的普遍用法。70 年代以后，鉴于华侨华人社会结构的演化和华裔新生代的崛起，侨民教育的性质已发生重大变化，台湾遂开始使用"华语文教育"名称，如"世界华语文教育学会""台湾华语文教育学会"等均以此命名，并一直沿用至今。台湾的"华语文教育"在外延上不但涵盖"华文教育"的内容，还包含了面向非华裔开展的汉语教育。在欧美、大洋洲，则大多称为"中文教育"。20 世纪 60～70 年代，由于众所周知的原因，中国大陆无暇关注海外华社，直到改革开放后，才真正接触正处于复兴期的世界华文教育，并一直使用"华文教育"名称，目前该名称得到世界各地华社的普遍认同和广泛使用。

关于"华文教育"的定义，20 多年来学界有多种看法。林蒲田（1995）认为："华文教育系华人在入籍国对华侨、华人子女以及其他要求学习中文的人士施以中华民族语言文化的教育，也包括境内开办的面向海外的华文教育。"② 该定义涵括了华文教育的实施主体、教育对象和教学内容，首次将国内开展的面向海外的相关教育活动纳入华文教育范畴，扩大了教育范围，指出教育对象除了华侨华裔子女外还包括"其他要求学习中文的人士"，教育内容为"中华民族语言文化"。贾益民（1998）在《华文教育学学科建设刍议——再论华文教育学是一门科学》一文中

---

① 转引自姚兰《六十年台湾海外侨民教育之沿革》，《海外华文教育》2015 年第 2 期。
② 林蒲田主编《华侨教育与华文教育概论》，厦门大学出版社，1995，第 8 页。

对华文教育的学科性质和特点进行了系统的厘定，指出："所谓华文教育，是指以母语或第一语言非汉语的海外华侨华人为主要教学对象（也包括少数非华裔学生）开展的中国语言文化教育，在有的国家或地区（主要是欧美）又称中文教育。'华文教育'的英文表述是 The Education of Chinese Language and Culture。"① 此界定着重从教育对象、教育内容及语言教学性质等方面厘清了华文教育的质的规定性，通过对其与"对外汉语教学"的比较辨证，凸现了华文教育中华文化教化的本质属性，并由此确立了华文教育学科的基本框架和理论基点，对华文教育学科建设具有重要的指导意义。李方（1998）将华文教育界定为"对海外华侨华人子女在居住地实施的中华民族通用的现代汉语语言文化教育"，并认为华文教育的主要任务是培养具有中华文化特质，能适应当地情况的华侨华人青年一代，使之能在当地更好地生存与发展。对华侨华人来说，华语教育是必要的，但不是最主要的，更重要的是文化教育，中华文化的教育②。该定义尽管也突出了华文教育的中华文化教育特质，但其过于强调"现代汉语语言"的教学内容以及将华文教育局限于"在华侨华人居住地实施"，显然有些自我设限。丘进（2000）则结合不同的办学主体和办学地点把华文教育分为"国内华文教育""国外华文教育""国内对外华文教育"三种类型③，后来又提出"大华文教育"的理念，将"境外生教育、海外办学、汉语推广、华侨华人研究"全部纳入华文教育范畴，增扩了华文教育的外延。李嘉郁（2004）将华文教育视为涵盖教学、教育、研究及侨务工作在内的宏大概念，作为"海外华侨华人施行民族语言与文化教育之主要方式"仅仅是华文教育的功能之一④。这些看法着眼点各有侧重，华文教育的内涵和外延也不一样，但都从不同侧面揭示了华文教育的实质。

　　事实上，界定"华文教育"并非易事。华侨华人社会之血缘、语言、

---

① 贾益民：《华文教育学学科建设刍议——再论华文教育学是一门科学》，《暨南学报》（哲学社会科学版）1998 年第 4 期。

② 李方：《海外华文教育管见》，《语言文字应用》1998 年第 3 期。

③ 丘进：《认清特点　把握机遇》，《海外华文教育》2000 年第 1 期。

④ 李嘉郁：《论华文教育的定位及其发展趋势》，《华侨华人历史研究》2004 年第 4 期。

文化等方面结构的复杂性，华文教育实施主体的多元性以及教育内容的丰富性，这些因素都影响了对"华文教育"概念边界的厘定。概念是反映事物本质属性的思维形式，关键是要把握华文教育的本质属性。

二　华文教育的性质

华文教育的基本要素是"海外华侨华人""中华语言文化""教育"，根据这三个要素之间的相互作用和内在联系，我们认为华文教育的本质属性是"中华性"、"文化性"和"教化性"。

（一）中华性

华文教育的主要对象是海外华侨华人及其子女，即华文教育的中华性。

目前的海外华侨华人群体存在着诸种类型。（1）华侨，即长期居住在国外的中国籍公民，在所在国有长期居住权，但持中国护照。华侨主要集中在欧美地区、日本和泰国、菲律宾等东南亚国家，其中有些是新侨，有些是长期不愿入籍的老华侨。（2）华人，即持有外国护照、保持了中华民族特征的人，他们常是加入外国籍的第一、第二代华人。广义上的华人也包括华裔。（3）华裔，即在国外的中国人的后裔，他们是华侨或外籍华人的后代，均取得了所在国国籍，是具有中国血统的外国籍人。华裔的构成极为复杂，既有第一、第二代华侨华人的后裔，也有数代乃至数十代华侨华人的后裔，后者因长期的民族融合而与当地人毫无分别。笔者认为，对于这部分华裔的认定，应采取"自认血统"的原则，即当事人若承认自己有华人血统即可视为华裔。东南亚华侨华人史表明，泰国、菲律宾、缅甸乃至印度尼西亚等国家经过长期的民族融合，许多当地居民拥有华人血统①。因此，对华裔的认定采取"自认血统"的原则，有利于扩大华文教育的对象，提高华文教育的辐射力和影响力。

华文教育的主要对象涵括了从新华侨、中国新移民到已在海外居住数代乃至数十代的华裔，此对象群体的复杂性、多元性是显而易见的。"中

---

① 如印度尼西亚已故前总统瓦希德曾承认自己的华裔身份，其先祖是福建省泉州晋江人陈金汉，明代永乐年间随郑和下西洋定居爪哇岛。另外，笔者在东南亚曾多次询问当地青少年是否有华裔血统，他们常常用"a little 或 a bit"作偏于肯定的回答。

华性"是一个具有包涵力、融合力的概念，用以整合华文教育诸种不同的对象，所谓"中华性"指的是在海外不同程度的具有中华民族认同倾向的特质，这种特质有时体现为极强烈的以"国家"为中心的地域认同（如华侨），有时体现为以"文化"为中心的生活、思维认同（如华人），有时则体现为以"血缘"为中心的亲情认同（如华裔），这三种认同倾向常常互相重叠和交叉。华文教育的中华性特征一方面使"华文教育"与"汉语国际教育"（对外汉语教学）分道扬镳，"汉语国际教育"主要针对不具有中华性的外国人，即在国家、文化和血缘均不具有中华民族认同倾向特质的"非我族类"，另一方面也使华文教育区别于国内对母语非汉语的少数民族的汉语教育，后者的对象虽然具有中华民族认同倾向特质，但对其开展的教育不属于海外教育的范畴。然而，在华文教育具体实践中，华文教育的对象显然更为广泛。由于海外华侨华人经历了从"落叶归根"到"落地生根"的历史变迁，在海外华人融入当地主流社会的进程中，一些国家（如泰国、印度尼西亚、缅甸）的华裔在身份认同、生活方式和价值观诸方面与当地民族日益趋近，他们既是汉语国际教育体系（包括孔子学院和孔子课堂）的受教育者，也是华文教育的重要对象。因此，中华性的建构功能和形成机制具有动态性特征。作为大华文教育的一部分，汉语国际教育有时凸显了鲜明的华文教育特质，这在东南亚一些国家表现得相当突出。

（二）文化性

华文教育的主要内容是汉语言基础上的中华文化，即华文教育的文化性。

华文教育的首要任务是华语教学，就是培养和提高海外华侨华人及其子女的华语能力。华文教育的实施者根据海外华侨华人的不同类型和华语言基础，对其施以包括华语作为母语、第一语言或第二语言的差异性语言教学。与汉语国际教育（对外汉语教学）仅仅把"文化知识"视为汉语教学的交际文化要素截然不同，华文教育不但要讲授语言教学中的交际文化知识要素，更注重中华文化知识和价值精神的系统性传播。除了中华文化基本知识教学外，华文教育更为重视对海外华侨华人及其子女进行中华民族精神、中华伦理、道德和价值观等文化核心内容的认知教育、体验教育和认同教育。华语知识和能力是"器用"，中华文化是"道体"，文化性构成了华文教育区别于汉语国际教育的本质规定性。

（三）教化性

华文教育的主要过程是在向海外华侨华人传授中华语言文化知识的同时施以种种感化、熏陶、濡染，使他们转识为智、达事明理、潜移默化，并使之对中华民族的价值取向、伦理观念、理想人格和审美情趣产生不同程度的体认，即华文教育的教化性。

中国传统社会教化的主要目的是"化民成俗"与"学做圣贤"，其内容包括人文、伦理、道德及其规范，其方式是动员家庭、家族、学校及其他多种社会力量共同参与，并用以作为规范个人道德、确立正确价值观的伦理教化和心灵启迪。教化是通过上行而化成以下，类似于中国古代儒家人格培育之"涵养本心""扩充仁义""修己安人"的教育感化过程。华文教育是一种倾向明确、目的鲜明的教化活动，它旨在引导和影响受教育者趋向中华文化价值立场，从而产生中华文化认同感和归属感。

第二节　华文教育的中华文化传承功能

文化传承，"是指文化在民族共同体内的社会成员中作接力棒似的纵向交接的过程"。按文化的构成形态可以分为语言传承、行为传承、器物传承、心理传承等传承形式，其中心理传承是最强烈、最持久、最深刻的文化传承，是各种传承形式的核心和中枢。文化传承是一种纵向的"文化基因"复制，具有模式和"血型"的基本特质①。在这里，中华文化传承特指海外华侨华人社会接受、传播和继承中华文化，并不间断地向下一代进行传递、交接的过程。

一　华文教育的性质和特点决定了华文教育具有中华文化传承功能

（一）中华文化传承是华文教育组织者的内在需要

根据世界范围内华文教育的发展历史和具体实践，华文教育组织者，

---

①　赵世林：《论民族文化传承的本质》，《北京大学学报》2002 年第 3 期。

一般来说主要体现为海外华侨华人社会和华侨华人祖（籍）国两方面。作为华文教育的主要组织者，海外华侨华人社会和中国政府历来都把中华文化传承视为开展华文教育的根本目的，在华文教育规划、人才培养模式、教育目标设置、课程体系建设乃至政策制定、资金和教育资源支持等方面紧紧围绕中华文化传承这一核心。

2004 年 3 月胡锦涛在参加全国政协联组会议时就进一步做好华文教育工作做了重要指示，他指出：大力发展海外华文教育，是海外侨胞传承中华文化、保持民族特性的重要保证，是凝聚侨心、促进海外华侨华人社会发展的内在动力；大力发展海外华文教育，也是充分利用汉语这一世界性语言工具，在经济全球化进程中增强海外侨胞自身竞争力的重要手段；大力发展海外华文教育，还是将五千年光辉灿烂的中华文化推向世界的重要途径。胡锦涛的上述论断实际上揭示了海外华侨华人社会发展华文教育的内在动因，而传承中华文化则是华侨华人社会推动华文教育的根本动力。揆之于华文教育史，从传统私塾、华侨新学堂到侨民教育、华侨教育直至华文教育，华侨华人社会在错综复杂的政治、种族、文化环境中，历经艰难曲折，对中华文化传承始终不渝。即使是在风雨如晦的 20 世纪 60～70 年代，随着民族归化运动和排华风潮的不断升级，华文教育遭受重创，华语文的地位和经济价值一落千丈，海外华侨华人社会也不忘初心，坚守中华文化的精神家园，殚精竭虑地保存和发展华文教育，让中华文化在海外华社得以赓衍永续。近 30 年来，海外华侨华人社会发生重大变化，东南亚华侨华人加速融入当地社会，崛起的华裔新生代出现了文化认同危机，而欧美地区的中国新移民在进入当地主流社会的同时也渴望坚持和保留中华文化。因此，中华文化传承是海外华侨华人社会的内生性需要，华文教育无疑成为实现这种文化传承需要的最有效方式。

海外华侨华人的母国或祖（籍）国一直是华文教育的坚定支持者。从清政府派遣劝学、设立暨南学堂到中华民国政府推行侨教视导制度、颁布侨教法规，一直到新中国政府成立华侨院校、实施华侨教育战略，一百多年来海外华侨华人的母国或祖（籍）国鼓励和扶持华文教育事业，在政策、资金、教育资源上给予大力支持和帮助，促进华文教育中华文化传承工作的顺利进行。新世纪以来，随着全球化进程的不断加速，中国崛起成为世界第二大经济体和重要的政治力量，中国政府确立了支持海外华人社会开展华文教育的战略，正如胡锦涛所言，博大精深的中华文化，是海外侨胞联系祖国的情感纽带，无论是从我们民族优秀传统文化的传承角度考虑，还是从对我们骨肉同胞的亲情考虑，支持海外华人社会开展华文教育都是我们义不容辞的责任。近年来，中国新一代国家领导人审时度势提出实现中华民族伟大复兴的"中国梦"和"一带一路"倡议，华文教育事业将迎来大发展机遇，中华文化传承也将成为新一届政府侨务工作的着眼点和着力点。

海外华侨华人社会保存和发扬中华文化的内生性需求，华侨华人祖（籍）国实现民族复兴、维系文化和情感纽带的时代要求，构成了华文教育中华文化传承绵绵不绝的历史动力。

（二）中华文化传承是凸现华文教育文化特性的必然要求

华语传承是华文教育中华文化传承的基础，然而与汉语国际教育（对外汉语）迥然有别的是，华文教育不是把中华文化知识作为一种实用性的交际文化要素嵌入语言教学，而是将之视为一个生机勃勃的文化知识系统，独立并行于语言教学之外。换言之，华文教育的教学实质是文化教学，这种文化特性决定了华文教育传承中华文化的必然性。

华文教育作为一种中华文化认知教育，其有机知识系统不但提供中国历史、地理及文化诸方面的陈述性知识，而且更重要的是还涉及对中华民族精神、中华伦理、道德和价值观等文化核心内容的理解和认识。华文教育的中华文化知识既有一般的识记性常识，也包括伦理认知、道德认知和审美认知，同时涵盖了对中华民族精神和价值观的理解、领会和体悟。例如，同样是中国古代文学课堂，如果教学对象是非华裔的外国学生，教师可能会重点介绍文学史知识和作家生平，文学作品讲解也许会主要着眼于如何让学生理解作品的表层结构和基本语义，而如果教学对象是华侨华人学生，教师则可能更注重分析文学现象的深层意义及其与中华传统文化的关系，着力阐释像"意境""乡关之恋""家国同构"这些充满中华文化情境的语汇所蕴含的意义，让学生充分理解和领会文学作品体现出来的中华民族的价值观和审美观。要凸显华文教育的文化特性，应该根据海外华侨华人的不同类型和语言文化基础，构建符合学生文化传承需要的中华文化知识体系，它应包括：（1）华语基础知识与基本技能；（2）中国历史、地理及文化常识；（3）中国哲学思想；（4）中华传统伦理；（5）中国文学审美；（6）中华文化现代化及当代中国；（7）华侨华人史；（8）乡土、节庆与民俗；（9）当地华社文化。这些知识应该贯穿于华文教育全过程，应有机地融入各个教学要素和教学环节，这就对课程设置和教材编写提出了更高要求。构建完整的中华文化知识体系，有利于海外华侨华人学生全面地掌握中华民族的历史文化，了解中华文化现代化进程及华侨华人历史变迁，理解和认识中华民族精神，有利于他们经由知识积累、知识迁移和知识应用向中华文化传承之道跨越。

（三） 中华文化传承是华文教育教化性的必然归宿

华文教育并不是以培养华语言的工具性、知识型人才为最终目标，而是通过华语的教学媒介，结合华侨华人学生融入当地社会的需要，着重对其开展中华文化思想道德的教化，培育他们的中华文化认同感和归属感，使之成为在海外传承中华文化的主体力量。菲律宾华文教育中心主席颜长城认为菲律宾华文教育是要"培养具有中华文化气质的菲律宾公民"。马来西亚教总前主席沈慕羽说："华校除了传授知识和谋生技能外，最注重人格教育。更以华人的传统道德为训练目标。"① 在中国传统社会，教化以培育"圣贤气象"为依归，是一种调动家庭、家族、学校及其他多种社会力量共同参与的文化思想道德教育活动，根据教化实施机构和途径不同，分为"家庭教化""学校教化"和"社会教化"，根据教化方式不同，分为"正面灌输""言传身教""礼乐结合"。华文教育是对华侨华人子女开展中华文化思想道德教化的重要途径，它拥有家庭和社会所不具备的教化资源优势，这种教育方式以语言文化知识和经典作品教学为媒介，文以载道，寓教于乐，通过校园文化的营造、榜样的宣传尤其是教师的言传身教来促进教化的实现。中华文化传承是文化教化的必然归宿，华侨华人学生经由知识习得、环境熏染、情操陶冶，进而对中华民族的价值取向、伦理观念、理想人格和审美情趣产生体认，最终形成了中华文化传

---

① 《教总 33 年——马来西亚华校教师会总会庆祝成立 33 周年纪念特刊（1951.12.25 ~ 1985.4.8）》，1987，第 202 页。

承的心理基础和行为方式。

二　华文教育中华文化传承的方式与途径

实现华文教育的中华文化传承功能，需要充分发挥华文教育实施过程中各个要素和环节的作用，促进华文教育的组织者、华教机构、师生和家长形成推动文化传承的强大合力。华文教育中华文化传承的方式和途径丰富多样，主要有"课堂传授""课外阅读""教师言传身教""校园文化熏陶""游观"等方式。

（一）课堂传授

课堂传授无疑是人类知识传播的主要形式，它不但包括课堂教学的正面传授，也包括课堂讨论的引导、启发、反思等知识传递行为。华文教育的首要任务是把中华语言文化的系统知识按照教学规律循序渐进地传授给华侨华人学生，在华文教学过程中，教师创设语言文化教学情境，充分发挥学生学习的主动性，以建构主义的教学理念引导学生获取知识、理解知识，克服语言文化习得过程中的"认知冲突"，并经由这些语言文化知识建构和生成自身的知识体系。华文教师应该掌握第二语言教学和跨文化交际的基本理论和方法，适当采取灵活的知识灌输策略，充分运用反思式、启发式的教学方法，提高课堂传授的质量和效果。华文教师在讲授中华文化知识过程中，要善于利用现代化的教育技术手段，用学生喜闻乐见的方式传授丰富多彩的中国历史、地理及文化知识。除了语言文化知识的讲授外，古代文化经典诵读也是在课堂上传承中华文化的有效方式，它简单易行，对训练学生的记忆力和增长知识大有裨益，华文教师要抓住时机给予积极引导。

（二）课外阅读

课外阅读是学生在课外进行的一种灵活自由、主观随意性较强的阅读活动，是行之有效的伴随学习方式。学生在课外阅读过程中往往能运用元认知策略，对自己的阅读活动进行计划、管理。中华文化读物极为丰富，对学生积累知识、拓展视野作用甚大，是课堂中华文化知识的补充和延扩。华校应创造条件建立华文图书馆和阅览室，鼓励和支持学生课外阅读，为课外阅读提供良好的条件；华文教师要努力激发学生的阅读动机，培养他们的阅读兴趣，引导他们的阅读方向，并通过读书交流会、报告会的形式进行读后评估。

（三）教师言传身教

华文教师接受过系统的中华语言文化教育，具有中华文化认同意识，担负传播中华文化使命，承担着向华侨华人学生传授知识、实施教化的重任。子曰："其身正，不令而行；其身不正，虽令不从。"教师的言传身教对学生的行为方式、人格塑造影响巨大。华文教师要充分发挥自身的华语优势，运用准确、优美、流畅而富有感染力的语言开展教学，要有积极的情感投入，恰当地使用体态语，努力形成自己的教学语言风格，从而让学生感受和体验中华民族语言的美和魅力。华文教师的身教至关重要，其人格与道德修养是中华文化传承的软力量，对华侨华人学生的成长起着耳濡目染、潜移默化的作用。华文教师要做好榜样示范，以身作则，既要遵守当地的法律法规，入乡随俗，又应具有儒者风范，追求中国传统的道德理想，重义轻利，自省克己，慎独宽人，用高尚的师德陶冶感染学生，使自己成为传承中华文化的典范。

（四）校园文化熏陶

校园文化构建与学生品德培育的关系越来越引起重视。有学者提出校园文化建设的四个原则：创新性原则、和谐性原则、生成性原则、序列性原则。创新性是要有个性，和谐性是人和环境要协调，生成性是不能一成不变，序列性是要处理好文化层面之间的关系。校园文化从其形式来看，可分为物质文化、制度文化和精神文化。物质文化是教学、生活物质设施和物质环境，制度文化是各种体现价值观念和行为方式的规范化制度，而精神文化是学校成员所共有的价值体系、道德情感、思维模式、文化思潮等①。世界各地华校的办学条件千差万别，欧美地区的周末华校大多租用当地主流学校的校舍办学，而东南亚地区的华校则多数拥有独立的校园，此外还有大量办学条件简陋的华文补习机构，因此华校校园文化建设也只能是因地制宜、量力而行。在物质文化环境方面，要注重实用性与审美

---

① 曾科成、熊小林：《中学校园文化构建和学生品德培育的研究》，《当代教育论坛》2009年第11期。

性、本土性与中华性的有机结合，校园建筑、校园雕塑、校园绿化和校服应充分体现华校的特色，有条件的学校应构建具有中华传统文化特征的物化符号系统，如亭台楼阁、小桥流水、梅兰菊竹。在制度文化环境方面，应建立以人为本、以校为本的校园制度文化，重视校园仪式和典礼，做好庆典的宣传教育工作，充分发挥中国传统节庆及其他礼俗的教化功能，积极开展各种相关活动，创建制度文化活动品牌。在精神文化环境方面，华校要充分挖掘自身历史文化传统，传承校友文化，开展校训校歌教育，提炼校园精神，塑造校园文化灵魂，发挥榜样的示范和导向作用，充分利用校史馆和图书馆平台，举办沙龙，创办报刊，积极支持和引导校园学生社团开展文体活动，提高师生中华文学艺术鉴赏能力，培养校园华文创作队伍。

（五）游观

游观就是文化体验性的游览参观，包括课外文化体验活动和短期冬/夏令营。笔者在本书中提出了"游观的华文教育"的概念，用于指称这种中华文化体验性的一切华文教育活动，涵盖体验型的华文师资培训。游观的地点既可以是华侨华人居住国，也可以是祖（籍）国。游观的对象既有自然风景、历史遗迹、人文胜地、博物场馆，也有风物民俗、市井街巷、名人故里，还有体现当代中国文明的各项成果，海外华侨华人学生还参加了各种典礼仪式（如拜祭黄帝陵、祭孔、传统节庆），这些都成为他们探求自己精神世界和文化价值的体验，他们经历了这种类似宗教朝圣的仪式后，对中华文化必然有了新的领悟。因此，游观作为文化朝圣之旅，是一种卓有成效的文化教化活动。华侨华人社会及华校应该认识到游观对于华侨华人学生中华文化传承的重要意义，要充分挖掘当地的中华文化资源，利用华侨华人博物场馆及"唐人街"的寺庙、道观、学堂和会馆开展体验教育。中国有关部门积极支持海外华裔青少年的游观体验活动。国务院侨办组织的"中国寻根之旅"冬/夏令营面向世界各地的华侨华人青少年，是规模最大、覆盖最广、影响最巨的文化体验活动，另外开设中华文化大乐园、汉语文化营、专题特色营、领养中国儿童外国家庭夏令营。除此之外，海外华社、中国地方各级侨办、侨联及民间机构组织开展的华侨华人青少年冬/夏令营活动也各有特色、精彩纷呈。华裔青少年充满敏锐的感受力和好奇心，他们在冬/夏令营所营造的文化情境中全身心投入，在体验中感受、领悟和升华，进而产生情感皈依和文化认同。

三　华文教育与中华文化创新

华文教育发生和发展三百多年来，中华文化发生了重大转变。近代以来，随着西方思想文化不断涌入，尤其是五四新文化运动的爆发，以儒家思想为核心的中国传统文化遭到强烈冲击，肇始了中国传统文化在现代性语境中创造性转换的历史进程。中华人民共和国成立开启了中国社会主义文化建设的新历程，并在当代形成了中国特色社会主义的新文化。中华文化在社会实践中不断建构、创新和发展，才能焕发生机、历久弥新，文化传承与文化创新是紧密联系、辩证统一的，我们应该在历史与现实、东方与西方的文化交汇点上，以创新为驱动，发扬中华民族优秀文化传统，汲取世界其他民族文化的优点，创造中华文化新的辉煌。"如果说文化传承所进行的'文化基因'复制重在文化类型和模式的保持，是文化具有民族性的内在因素，那么，在传承机制中同时起作用的价值判断和选择机制以及由这个机制所促成的文化横向联系和元素借用，则是文化发展具有时代性的基本条件。任何文化都具有时代性和民族性，都是时代性和民族性的统一。"[1]

在华文教育的文化坐标上，中华文化传承与中华文化创新的交相离合、相生相成构成了一条生动而清晰的轨迹。华文教育在文化传承与文化创新的历史张力中不断演进：一方面，随着中国现代化进程的向前推动，华文教育中华文化传承的内容和结构在历时态上发生了重大变化，其间中华文化不断丰富和发展，从早期的传统儒家思想体系到五四时期融合"民主""科学"精神的中国文化，从抗战民族精神到社会主义新文化；另一方面，随着华侨华人与当地社会融合的不断加深，华文教育的中华文化传承在共时态上越来越呈现了持经达变、纳新接远的开放气度，并试图在海外创建一种蕴含了中华文化新质的华侨华人文化，借此丰富和发展中华文化的内涵和意义。因此，华文教育传承的中华文化不是线性的、静态

---

[1]　赵世林：《论民族文化传承的本质》，《北京大学学报》2002 年第 3 期。

的、抽象的文化理论，而是在华侨华人社会历史中不断丰富和发展的立体的、建构的、具体的文化实践。兹举一例。在中华文化教学实践中，千百年来流传的"孔融让梨"故事是一个常见的道德启蒙素材，旨在教育儿童要具有谦让的美德，然而这个道德教化故事能否适应于当地华社的语境而被华裔青少年所接受，关系到中华文化传承的成败。美国马里兰大学周明朗教授针对这个故事在美国华校的教学情况耐人寻味地提出了关于文化传承和文化创新之间的结构性矛盾及对策：

> 孔融让梨这个故事的传统解读是难为美国成长的华人子弟所接受，因为这个故事的传统的"让"的价值观与这些华人子弟的美国价值观相冲突。"让"的这种价值观不会帮助他们成为成功的、对社会有贡献的美籍华人。所以，这个故事在华语课本中至少可以提供两种不同于传统的解读：一是"让"，可以把大梨给兄长，自己再选一个小梨，因为人小吃不完一个大梨，其结果有可能是浪费，而浪费行为是被西方学校教育所摒弃的；二是"不让"，"不让"是真实表达自己，因为自己饿了，需要吃一个大梨。加上传统解读，学生至少可以三选一，还可以再产生自己的第四种或更多的解读①。

对此，华文教育的理论和实践工作者不应该习焉不察，而必须正确处理好中华文化传承与中华文化创新的关系，推动华文教育向正确的文化方向发展。

第三节　孔子学院与中华文化传承

孔子学院（含孔子课堂，下同）的设立无疑是新中国成立以来最重要的中外教育文化交流事件。20 世纪 80 年代至今，风起云涌的全球化潮流改变着世界秩序，世界各国、各民族和各地区迎来了前所未有的全球化时代。作为世界第二大经济体和第一大贸易体，中国已成为全球化的主要推动力。在这种背景下，汉语的文化价值和商业价值逐日提升，世界各国

---

① 周明朗：《语言认同与华语传承语教育》，《华文教学与研究》2014 年第 1 期。

对中国政治、经济的兴趣必然扩展到文化领域，必然对学习中国语言提出要求，席卷全球的世界"汉语热"应运而生。关于世界"汉语热"的盛景，撮其要胪列一些数据和现象：美国有1万余所中小学开设中文课程，学汉语人数过百万，汉语成为美国第二外语；澳大利亚教育部于2009年1月实施《澳大利亚学校推动亚洲语言及研究计划》，大力鼓励学生学习中文，汉语走进700多所中小学课堂，并已成为澳大利亚第一大外语；法国2006年设立教育部汉语总督学，将汉语列入中学正式课目，全国26个教区630所中学和数十所小学开设汉语课；西班牙共有40多所大学、150所中学和100多个教育机构开设汉语课程；泰国汉语学习热潮不断，2008年已基本实现所有中学开设汉语课程的目标，全国的汉语学习者数以十万计；印度尼西亚国家教育部已将汉语作为第二外语纳入国民教育系列，汉语教学迅速勃兴，三语学校和各类汉语补习机构不断涌现，参加2016年HSK考试的学生多达6000多人。据国内民间智库深圳中为智研咨询发布的研究报告，全球汉语学习者从2004年的3000万人剧增到2015年的1.2亿人。以孔子学院为主体的汉语国际传播改变了18世纪以来中国文化输出与外国文化输入之间严重不平衡的态势，成为不断推进全球化进程的文化动力。

近年来，海外华人社会与当地主流社会之间形成了极为密切而又错综复杂的联系，一方面华人法律身份的转换使其与主流社会拥有同样的国家认同，并力图通过合法方式进入政治领域；另一方面，华人社会与当地主流社会相辅相成，在许多方面有着共同的经济需要和经济利益，对作为工具性价值的汉语需求具有一致性。华人社会与当地主流社会之间可谓"你中有我，我中有你"，世界"汉语热"和华文教育大发展同步共生，相得益彰，因此在这个意义上，应世界"汉语热"而成立的孔子学院属于广义的华文教育范畴，同样发挥着中华文化传承的重要作用。

一　孔子学院与汉语国际传播

1987年7月经中国国务院批准成立国家对外汉语教学领导小组，由教育部、国务院侨务办公室、外交部、文化部等九个部门组成，并于

2002 年设立中国国家对外汉语教学领导小组办公室（简称国家汉办），2006 年国家对外汉语教学领导小组改为国家汉语国际推广领导小组。随着世界"汉语热"的不断升温，为适应世界各国（地区）人民对汉语学习的需要，国家汉办推动在世界各地设立非营利教育机构——孔子学院，开展汉语教学和中外教育、文化等方面的交流与合作。孔子学院采取中外合作办学的模式，一般下设在国外的大学、研究院及其他教育机构里。全球首家孔子学院于 2004 年在韩国首尔挂牌，经过十几年的努力，孔子学院遍布世界各地。据国家汉办提供的数据：截至 2015 年 12 月 1 日，全球 134 个国家（地区）建立 500 所孔子学院和 1000 个孔子课堂。孔子学院设在 125 国（地区）共 500 所，其中，亚洲 32 国（地区）110 所，非洲 32 国 46 所，欧洲 40 国 169 所，美洲 18 国 157 所，大洋洲 3 国 18 所。孔子课堂设在 72 国共 1000 个（科摩罗、缅甸、马里、突尼斯、瓦努阿图、格林纳达、莱索托、库克群岛、欧盟只有课堂，没有学院），其中，亚洲 18 国 90 个，非洲 14 国 23 个，欧洲 28 国 257 个，美洲 8 国 544 个，大洋洲 4 国 86 个[①]。

　　孔子学院秉承孔子"和为贵""和而不同"的理念，推动中外文化的交流与融合，维护世界文明的多样性，展示了中国和平崛起的国际形象。《孔子学院章程》明确规定："孔子学院作为非营利性教育机构，其宗旨是增进世界人民对中国语言和文化的了解，发展中国与外国的友好关系，促进世界多元文化发展，为构建和谐世界贡献力量。"孔子学院的创办是 21 世纪中国国家软实力增长的标志，也是中国积极参与世界体系、推动人类文明发展的重要体现。

　　孔子学院总部设在中国北京，是具有独立法人资格的非营利机构，拥有孔子学院名称、标识、品牌的所有权，负责管理和指导全球孔子学院。孔子学院实行理事会领导下的院长负责制。孔子学院的主要职能是：面向社会各界人士，开展汉语教学；培训汉语教师；开展汉语考试和汉语教师

---

　　① 国家汉办网站，http://www.hanban.edu.cn/confuciousinstitutes/node_10961.htm，最后访问日期：2016 年 11 月 15 日。另据最新资料，截至 2016 年 12 月，已在 140 个国家建立了 511 所孔了学院和 1073 个孔子课堂，2016 年各国孔子学院和课堂各类学员总数 210 万人，举办各类文化活动，受众 1300 万人。

资格认证业务；提供中国教育、文化、经济及社会等信息咨询；开展当代中国研究及其他语言文化交流活动。①

作为推动汉语国际传播的重要平台，孔子学院取得了令人瞩目的成就。通过不断的实践和探索，世界各地的孔子学院充分利用自身优势，开展丰富多彩的教学和文化活动，逐步形成了各具特色的办学模式，成为各国学习汉语言文化、了解当代中国的重要场所，受到当地社会各界的热烈欢迎。（1）面向社会各界开展丰富多彩的语言文化教学活动，办学规模及受益面迅速扩大。2013 年，全球孔子学院共开设各类汉语课程 4 万多班次，注册学生数达 85 万人，举办语言文化活动 2 万多场，参与者达920 万人次。（2）汉语师资派遣和培训取得丰硕成果。2013 年全球孔子学院派出汉语教师 5800 人，派出汉语志愿者 5660 人，培训本土汉语教师5700 人，培养汉语专业硕士 841 人，现有专兼职教师 43551 人。（3）积极开展海外汉语考试。2013 年全球共有 502 万人参加汉语水平考试，考点增至 837 个。（4）大力推动中外教育机构人员交流，2013 年邀请各国教育官员及校长访华达 14917 人次。（5）积极提供各种教学资源。2013年资助奖学金 6929 人，赠送教材 70 万册。目前网络孔子学院用户已达200 多国 800 万人。（6）积极推行"孔子新汉学计划"，设置"中外合作培养博士""理解中国""青年领袖"等六个人文及社会科学研究项目，培养新汉学人才。迄今已资助来自国外的 330 名博士生，并和国外近 200名学者开展了合作研究。② 21 世纪以孔子学院为主要平台的汉语国际传播在对外汉语教学史上具有重大而深远的里程碑意义，它推动了传统的对外汉语教学向全方位的语言文化国际传播转变，工作重心从将外国人"请进来"学汉语向汉语加快"走出去"转变，传播理念从专业汉语教学向大众化、普及型、应用型转变，传播机制从教育系统内推进向系统内外、政府民间、国内国外共同推进转变，传播模式从政府行为主导为主向政府

---

① 《孔子学院章程》，国家汉办网站，http：//www.hanban.edu.cn/confuciousinstitutes/node_10961.htm，最后访问日期：2016 年 11 月 15 日。

② 《孔子学院年度报告》，国家汉办网站，http：//www.hanban.edu.cn/confuciousinstitutes/node_10961.htm，最后访问日期：2016 年 11 月 15 日；《2015 年孔子学院总部工作汇报》，《孔子学院》2016 年第 1 期。

推动的市场运作转变，教学方法从纸质教材面授为主向充分利用现代信息技术、多媒体网络教学转变。对于孔子学院取得的成就，前孔子学院总部总干事、国家汉办主任许琳做了很好的概括："2004 年创办至今，规模迅速扩大，办学质量日益提高，品牌项目广受欢迎，创造了中外合作开展语言文化交流的新模式，走出了一条中华文化走向世界的新途径，实现了跨越式发展，成为我国对外教育文化交流与合作的典范，为促进中外文化交流、增进中外人民友谊做出了重要贡献。"①

二　孔子学院与中华文化传承

孔子学院的设立既是适应世界"汉语热"的新形势，也体现了世界范围内华侨华人社会对华文教育不断增长的需求。尽管孔子学院主要面向世界各国主流社会开展汉语文化传播，但其地区布局、创办过程、办学模式、受众群体及办学效益诸方面都与华侨华人社会有着极为密切的关系，孔子学院一方面积极推动汉语和中国文化在世界各国主流社会的传播，促进中外文化合作交流，另一方面也充分发挥了华文教育的功能，助推华文教育的转型、发展与优化，成为推进海外华侨华人社会传承中华文化的重要力量。在这个意义上，孔子学院的汉语国际传播与华文教育殊途同归，是大华文教育的有机组成部分。

从地理布局看，孔子学院与世界华侨华人的分布之间呈现正相关。除了地缘政治、宗教等因素外，举凡海外华侨华人积极融入当地主流社会、华文教育发展迅速的国家和地区，孔子学院的数量明显占有优势。美国是除东南亚国家之外华侨华人数量最大的西方国家，全美华裔已达 401 万人，汉语已经成为除了西班牙语以外在美国使用最广泛的外语，在家里说汉语的 25 岁以上人口达 280 万，其拥有孔子学院 109 所、孔子课堂 349 所，是全世界设立孔子学院和孔子课堂最多的国家。英国的华侨华人社会历史悠久，社会融合充分（仅伦敦一地的华裔注册会计师就超过 1000 人），华人新移民快速增长，拥有了欧洲地区最多的孔子学院系统，共有

---

① 许琳：《充分发挥孔子学院综合文化交流平台，助推中国梦走向世界》，《华文教学与研究》2013 年第 2 期。

孔子学院 29 所、孔子课堂 108 个。法国作为欧洲大陆上华侨华人移民数量最大的国家，长期以来重视发挥华侨华人社会的作用，积极帮助华侨华人的社会融合，也拥有 17 所孔子学院、3 个孔子课堂。泰国有 14 所孔子学院，11 个孔子课堂，数量紧随韩国，位列亚洲第二、全球第四，这很大程度上是由于泰国华侨华人与当地主流社会亲密无间，华人在政治、经济、文化乃至生活方式的各方面都已完全融入泰国主流社会，华文教育得到泰王室及政府的大力支持。另外，一些孔子学院或孔子课堂直接建在华文学校或挂靠华文媒体，由当地华人管理运营，如法国巴黎中国文化中心孔子学院、法国欧洲时报文化中心孔子课堂、奥地利维也纳中文学校孔子课堂、芬兰国际台北欧芬兰节目制作室广播孔子课堂、捷克布拉格中华国际学校孔子课堂、南非中国文化和国际教育交流中心孔子课堂以及缅甸的三家孔子课堂（福星语言电脑学苑孔子课堂、福庆语言电脑学校孔子课堂、东方语言与商业中心孔子课堂）。在欧美地区，许多孔子课堂设在周末华文学校所依托的当地主流社会的中学或职业学校，这无疑加强了孔子课堂和华文教育的密切联系。

海外华侨华人为世界各地孔子学院的创办和运作发挥优势、聚合力量、出谋献策、牵线搭桥，显示了华侨华人对于中国语言文化"走出去"的大力支持，也体现了他们对于世界"汉语热"和华文教育发展良性互动的需求和期许。海外华侨华人利用自身的优势，积极沟通当地主流社会，与当地政府部门和教育机构建立友好关系，同时也广泛联系国内相关单位，穿梭谋合作，奔走促共赢；有的为孔子学院在教育政策、合作对象、办学规划乃至办学资源等方面提供了重要的咨询和建议；有的亲自参与了孔子学院建设的全过程，甚至为孔子学院提供办学场所和资金。如许多泰国孔子学院开办过程中，泰国华侨华人发挥了重要作用，他们利用自己在当地的社会影响力，积极推动主流社会重视汉语教学，广泛联系泰国教育部及教育机构，并与中国驻泰使馆教育组建立了密切的关系，克服困难，努力促成，从而使孔子学院和孔子课堂在泰国遍地开花。欧美地区的华人利用多元文化的有利环境，积极推动当地社会开展中文教育，沟通主流学校与国家汉办、国内学校的联系，为孔子学院的建设做出了不可替代的贡献。世界各地的华侨华人对孔子学院的发展十分关心，通过各种方式和途径来支持和帮助孔子学院，有的协助解决法律政策问题，有的为外派教师提供生活便利，有的直接参加孔子学院的志愿教学活动，在一篇题为《孔子学院遍地开花，华侨华人功不可没》的新闻报道中，作者盛赞华侨华人对孔子学院的贡献："当地华侨华人积极参与孔子学院建设，加入讲师和志愿者团队，成为'真实的中国读本'和'可爱的民间大使'。"①

有学者认为："海外'汉语热'的主体其实是'华文热'，因为海外学习汉语的主体人群其实是华侨华人及其子女。""海外大约4000万的汉语学习中，70%即大约2800万是华裔。"② 确实，尽管孔子学院主要是面向当地主流社会开展中国语言文化教育，一些国家孔子学院的生源数据也表明了这一点，但揆之于全球范围内的孔子学院办学状况，华侨华人及其子女成为孔子学院汉语国家教育的一个重要的受众群体，孔子学院因而对华侨华人的中华文化传承发挥着特殊的作用，为华侨华人的中华文化传承做出了多方面的贡献。（1）大量招收非全日制或非学历教育层次的华人学生，为他们提供专业性的汉语教学。欧美地区的绝大多数孔子学院挂靠于当地主流教育机构，其全日制生源以学习中文专业的当地人士为主，但其非全日制或非学历教育的生源则多是华侨华人及其子女。如：乌克兰基辅国立语言大学孔子学院帮助华侨华人子女学习汉语；斯洛文尼亚共和国的卢布尔雅那大学孔子学院开办了华侨华人子女汉语语言与文化学习班；克罗地亚萨格勒布大学孔子学院走进华人社区，为华侨华人子女举办中华文化体验活动；挪威卑尔根孔子学院与华人社团合作，开设面向华人子女的语言和中华武术教育；加纳大学孔子学院为当地华人定期开设汉语班；巴巴多斯西印度大学孔子学院注重招收华人子女，首场 YCT 汉语水平考试以华人考生为主。在华侨华人聚居的东南亚地区，孔子学院在对华侨华人子女的中华语言文化教育方面更是扮演了重要角色。依托于主流教育机构的孔子学院与华侨华人社会密不可分，为华侨华人及其子女的语言培训提供了极大的便利，更不用说那些开办在华校的孔子学院了。如：斯里

①　孙少峰、陶一萍：《孔子学院遍地开花，华侨华人功不可没》，《人民日报》（海外版）2014 年 5 月 21 日，第 6 版。
②　贾益民主编《华文教育概论》，暨南大学出版社，2012，第 2 页。

兰卡当地华人子女大多到凯拉尼亚大学孔子学院学习汉语，印度尼西亚哈山努丁大学孔子学院经常邀请当地华校学生参加各种语言文化活动。（2）开展华文教师培训，提高华文教师的业务能力和中华文化素养。在孔子学院总部的整体部署下，世界各地的孔子学院常年举办不同类型的华文教师培训，当地华校教师直接受益。如：美国旧金山州立大学孔子学院利用暑假开办中文教师培训班，来自北加州及西雅图地区的华文教师参加培训；美国亚特兰大爱默蕾大学孔子学院主办的夏季中文教师培训班，受训的均为亚特兰大当地的华文教师；参加德国杜塞尔多夫孔子学院汉语教师培训的基本上是来自德国全境的中学华裔汉语教师。（3）组织有华侨华人子女参加各种类型冬/夏令营，通过游观的方式培养华裔青少年的中华文化认同感。如：2013 年 3 月国家汉办组织了"汉语夏令营"，有 60 名北爱尔兰华裔学生参加该项活动；2015 年在浙江青田举办的"亲情中华·汉语桥"夏令营，近 300 名学员均为欧洲地区的华裔青少年。（4）与当地华社互动，共同营造中华文化氛围，扩大汉语文化的影响力。孔子学院经常利用中国传统节日，与当地华社合作开展中华文化活动。如：以色列特拉维夫大学孔子学院在中国的端午节和春节期间，利用当地华社的文化资源，协同举办诸如"龙舟赛""春节交流会"等活动；德国慕尼黑孔子学院与华社合作，举办丰富多彩的中秋文化活动；卢旺达基加利教育学院孔子学院和华社联合举办国庆节和中秋节联欢会。（5）为当地华校提供教材、教师支援及学生奖助学金。孔子学院总部丰富的教学资源也常常惠及当地华校；国家汉办外派教师和汉语教师志愿者数量大、学历高，世界各地孔子学院在有条件的情况下尽力支持当地华校教学，为华校教师开展示范课教学、教具制作等服务。由于华侨华人与孔子学院建立了良好的关系，许多国家的孔子学院奖学金均有华裔子女受惠，尤其是东南亚地区。

综上所述，作为推动汉语国际传播的重要平台，孔子学院与广大海外华侨华人发展华文教育的需求是一致的，它以语言文化为载体，促进了华侨华人与当地主流社会的教育文化交流和文化融合，同时也对华侨华人的中华文化传承发挥了重要的积极作用。正如论者所言："海外华侨华人把孔子学院看作精神家园，并把它当作子孙后代学习祖国语言文化的重要场所。"①

三　泰国农业大学孔子学院个案分析

华侨大学与泰国农业大学于 2006 年 5 月签署了两校合作建立泰国农业大学孔子学院协议，2008 年 7 月揭牌成立泰国农业大学孔子学院。泰国农业大学创办于 1943 年，是久负盛名的国立综合性大学，学科齐全，师资雄厚，其特色专业是农业经济学和土壤学，该校人文学院设有中文系。泰国农业大学孔子学院成立以来，汉语国际传播工作取得了丰硕成果，除了满足该校相关专业的汉语教学需要外，还面向泰国社会各界人士开展汉语教学，多次受邀对泰国政府官员及本土教师进行汉语培训，开展汉语考试，提供中国教育、文化、经济及社会等信息咨询，选拔优秀学生赴华留学，举办丰富多彩的语言文化交流活动和冬/夏令营，积极推行"孔子新汉学计划"。同时，泰国农业大学孔子学院充分发挥中泰文化交流的优势，利用和挖掘泰国华侨华人社会的有利资源，创新思路，主动作为，积极开展面向泰国华侨华人及其子女的中华语言文化教育，为泰国华侨华人的中华文化传承做出了独特贡献，成为全球孔子学院系统中兼善汉语国际传播和华文教育的典范。

中泰建交 30 多年来，中泰两国友好关系稳步发展，在政治、经济、军事和文化等领域开展全方位合作，形成了"中泰一家亲"的良好局面，华侨华人也得到了泰国政府和人民的尊重。一般认为，泰国华裔人数占全国总人口的 10% ~ 12%，加上泰国华人融入当地社会的程度很高，华裔人口的绝对数量应在 800 万至 1000 万之间，因此泰国大学生的华裔比例也相当高，可以说是"你中有我，我中有你"。这些因素都有助于孔子学院在汉语国际传播和华文教育领域同时发挥语言文化交流作用。泰国农业大学重视汉语教学，早在 2004 年就成立了中文系，学校的华裔师生比例较高，历届孔子学院泰方院长均由华裔教师担任，学校也和泰国华侨华人社会建立了密切的关系。作为中国著名的华侨高等院校，华侨大学在泰国

---

① 孙少峰、陶一萍：《孔子学院遍地开花，华侨华人功不可没》，《人民日报》（海外版）2014 年 5 月 21 日，第 6 版。

具有良好的办学声誉，学校与泰国主流社会开展广泛合作，泰王室诗琳通公主及其他高级政府官员多次莅校访问，2005 年启动的泰国政府官员中文学习班已累计培训学员 400 多人，连续举办了 5 届高层级的"中泰战略研讨会"，在中泰建交 40 周年之际，贾益民校长被泰国国王普密蓬·阿杜德授予"一等皇冠勋章"，学校在泰国拥有强大的校友网络，与华侨华人社团建立了扎实深厚的联系。因此，这两所大学共建孔子学院可谓"强强联合"，对于当地的汉语教学和华文教育功不可没，也有利于泰国华人的中华文化传承。

　　泰国农业大学孔子学院立足于华侨华人的需求，主动出击，开拓创新，为泰国华文教育作了许多有益的工作。（1）广交朋友，积极进取，大力发展和泰国华侨华人社会的密切关系。孔子学院与泰国华文教师公会、色军华人社团、泰国华文民校协会、曼谷华文教育促进会、泰国曼谷华文教育委员会及泰北美速全德善堂等华人慈善团体保持长期联系，双方人员互访频繁。（2）面向当地主流社会和华社，组织开展丰富多彩的中华文化活动。如：中华书画、中华服饰、中华饮食文化展示、中医讲座、象棋比赛等，当地华校师生踊跃参加，华人社团也大力支持和配合。（3）在曼谷著名华校东方文化书院设立孔子课堂，以此为平台开展"精准型"的华文教育。东方文化书院是泰国最大的一所业余华文补习学校，成立于 1993 年，由华人创办、华人管理，学员多来自曼谷的华人社区。孔子学院附属的东方文化书院孔子课堂立足于华人社会，以华语文教学为媒介，着眼于泰国华侨华人社会的中华文化传承，开展了一系列中华文化活动。如：2015 年东方文化书院孔子课堂举办了以"一壶好茶，一壶月"为主题的中秋节主题活动，近百名师生参加；2016 年 4 月，孔子课堂开展中国传统节日系列讲座之"顶礼焚香，追远清明"的主题活动，百余人参加讲座和文化体验；2016 年 8 月东方文化书院孔子课堂组织了别开生面的"孝悌情"庆祝母亲节文艺会演，利用泰国母亲节（泰国将泰国王后诗丽吉殿下 8 月 12 日的生日定为"母亲节"）契机，积极宣扬儒家"孝悌文化"，来自曼谷地区十余所华校的 200 多名学生用精彩的文艺节目演绎了中华传统美德，对华裔学生进行一场生动活泼的中华伦理教育。（4）积极主动开展华文教师培训，提高泰国华文师资业务水平和中华文化素养。如：2015 年 10 月农业大学孔子学院和泰国北部华文民校联谊会联合主办泰北华文民校联谊会华文教师培训班，来自泰北 14 所学校的 70 名华文教师参训，培训班得到了泰北华文民校联谊会、泰北美速全德善堂等华人社团的大力支持，当地多名侨领出席了开班仪式；2016 年 10 月组织举办泰国教育部民教委华文教师培训班，开设书法课程，组织民教委华文教师到华侨大学交流学习，华侨大学特地开设了龙舟、舞龙、二十四节令鼓等富有特色的中华才艺体验课，培养华文教师的中华文化认同。

　　泰国农业大学孔子学院以汉语国际传播为平台促进当地华文教育发展，泰国其他孔子学院也普遍采用这种模式来满足当地主流社会和华社对中华语言文化学习的共同需要，世界各地的孔子学院也结合当地情况，因地制宜，大力支持华文教育，这种具有开放性、包容性的语言文化传播无疑属于世界"大华文教育"的范畴，使汉语国际传播和华文教育相得益彰、互动共赢，开辟了 21 世纪世界华文教育的新局面新气象。

第四节　海外华人社会中华文化传承面临的挑战

一　来自西方文化的挑战

　　当今世界包括中华民族在内的各个民族自身的文化传承面临着多方面的挑战，其中最具冲击力的挑战当来自全球化背景下西方文化的挑战。随着现代通信技术的日益便捷化，各种丰富的文化信息可以轻而易举地实现跨越时间、跨越空间的传递，尽管传统媒体依然有其自身的影响力，但包括网络媒体、手机媒体、数字电视等在内的新媒体，包括自媒体、富媒体在内的新的传播方式，包括微信、微博、聊天软件等新的传播平台越来越多地占据了公众传播空间，无论是文化信息的密度还是强度都非传统传播方式所能匹敌，在这样的技术生态环境下，族群之间、民族之间、国家之间的边界变得模糊，文化的全球化传播和文化信息的无障碍共享成为常态。这对文化信息本身来说，其竞争力、表现力、呈现方式与平台直接决定了传播的效果；对受众而言，多样化的、自由的、可及的文化选择成为可能；对民族文化传播者来说，建立在自信、自觉基础上的文化传播成了应对新生态的必然选择。

新技术带来的文化全球化传播只是民族文化传承面临的全球化挑战的一个表现，伴随经济实力而产生的文化输出是民族文化传承面临的全球化挑战的另一个表现。尽管文化的发展具有相对的独立性，但无疑也要受到经济发展的制约，以经济一体化为主体的全球化是由西方发达经济体主导的，这种经济上的优势在形式上乃至在心理上逐渐衍生为文化上的优势，经济的影响力裹挟着文化观念和文化产品冲击着发展中经济体，于是，一般意义上的文化交流与沟通在本质上发生了变化，蜕变为一方对另一方的文化输出甚至是文化殖民。早在 20 世纪 60 年代就有学者发出了"文化帝国主义"的警告①。伴随着经济全球化的发展，"经济文化化""文化经济化"相伴产生，输入方的民族文化、本土文化、传统文化陷入生存与发展的困境，民族文化传承如何应对挑战，绝处求生，这是每个民族都不得不严肃思考的问题。

作为中华文化母体的中国，自明清尤其是清中期以降，国力屡弱，内忧外患不断，逐渐沦为半封建半殖民地国家，西方列强用坚船利炮打开中国的大门，各种割地赔款等不平等条约强加于满清政府，大小战争不断，中国的经济发展日渐势弱，与西方发达国家的差距越来越大，中华文化自身的发展陷入低谷。与此同时，各种对中华文化的批判之声纷至沓来，中华民族劣根性、农业文明让位于海洋文明等论断甚嚣尘上。这些社会思潮将西方发达的经济和科技实力归因于西方文化先进、优越，归因于西方文化适应时代需求，将中国社会落后的经济与科技实力归因于中华文化落后、没落，归因于中华文化阻碍社会的发展。在这些社会思潮的影响之下，一些人盲目崇拜西方文化，要求全盘西化，照搬西方制度，反叛中华文化传统，加之西方文化强大而又高效的渗透和输出，海内外华人社会中华民族的自豪感、中华文化认同感日益降低，这一民族认同及文化认同降低的趋势在年轻人中间表现得尤其明显。

南京大学陈新仁教授的一项调查说明大陆大学生在总体认同上趋向于母语文化认同，但程度不是很高，只相当于百分制的 65 分左右。在政治

---

① 〔英〕汤林森：《文化帝国主义》，冯建三译，上海人民出版社，1999，第 4 页。

信仰和价值观念上认同度最高；在具体文化行为方面认同度较低①。

新加坡社会民族认同和中华文化认同的现状是对这一现象的有效证明。

左飚、谭慧敏 2006 年 8 月在新加坡华族大学生中进行了"中华根"意识调查。调查结果表明，在新加坡大学生中，67.5% 的人表示还有中华根意识，但已不强烈，6.8% 的人中华根意识已经淡薄，只有 25.7% 的人具有强烈的中华根意识②。

日益西化的观念表现在新加坡青少年对个人主义、英雄主义、自由主义的认同，家庭观念淡薄，团体精神缺失，社会责任感弱化，对儒家伦理及亚洲价值观不屑一顾。新加坡自 20 世纪 80 年代以来出现的家庭平均人数减少、离婚率上升、生育率降低、青少年犯罪增加、人才流失严重、移民倾向强烈等社会问题和日益西化的观念不无关系③。

新加坡青少年文化观念日益西化，而日益西化的观念反过来又导致青少年对儒家传统文化缺乏认同，出于对民族精神的追求和价值自觉的态度接受华文教育的年轻人越来越少，华文教育失去文化根基。一项调查显示，南洋大学一年级新生之中，将近 18% 的学生后悔当初投入精力学习华语，而只有不到 2% 的学生后悔学习英语④。新加坡国立大学的张汉音博士 2000 年主持了一项"新加坡族群危机调查"，形成了几个结论："新加坡华族对本身族群的认同感比马来族及印度族都弱；华人族群认同感下跌速度很快，父母辈与子女辈之间就下跌了 16 个百分点。华族丧失族群认同感的趋势是：受高等教育者多于受较低教育者；日常用英语者多于用华语者；信仰基督教者及无宗教信仰者多于其他宗教信仰者。"⑤ 与之相应的是新加坡新生代华人在确立自身国家认同的同时也逐渐淡化了其华人

---

① 陈新仁主编《全球化语境下的外语教育与民族认同》，高等教育出版社，2008，第 23 页。
② 左飚、谭慧敏：《新加坡建国以后中华语言与文化升沉荣枯的启示》，《西安外国语大学学报》2009 年第 1 期。
③ 庄锡福：《新加坡华文教育省思》，《华侨华人历史研究》1996 年第 4 期。
④ 郭熙：《多元语言文化背景下母语维持的若干问题：新加坡个案》，《语言文字应用》2008 年第 4 期。
⑤ 《"华族认同"调查引发狮城热烈讨论》，《华声报》2000 年 1 月 4 日。

身份认同，有以新加坡国家认同取代华人身份认同的显明趋势。受过高等教育的新加坡华人族群认同感丧失多于没有受过高等教育的，这一事实充分说明西方文化对新加坡华人族群及文化认同产生的强烈影响。

中国大陆改革开放以后，经济社会快速发展，30 多年来取得的成就前所未有，有力地回击了中华文化落后于时代、中华文化制约经济社会发展的荒谬理论，儒家精神、亚洲价值观得以回归，中华民族自豪感及中华文化自信心得以提升，全球华人社会以极大的热忱投入到传承中华文化事业中，中华文化传承迎来了历史性的机遇。尽管如此，中华文化传承面临的全球化背景下西方文化的挑战依旧存在，崇拜西方文化、贬抑中华文化的思潮仍然具有一定的市场，西方文化面向中华文化的渗透和输出一刻也没有停止，年轻群体工具理性意义上的华语学习占有相当大的比例。要使工具性华语学习转换为文化认同性学习，转换为民族认同的自觉性学习还有一段很长的路要走。

二　来自现代化的挑战

一个民族的文化传承是民族文化发展的先决条件，民族传统文化是民族文化发展的基础，而民族文化的发展才是保持民族文化生命力的前提，故步自封，固守传统，最终会使民族文化成为化石，难以适应现代化需求，失去其应有的活力。当今社会正在面临现代化的转型，工业、农业、经济、科技等的现代化带来了社会结构、社会制度、社会关系的现代化，民族文化的现代化也势所必然。

在传统的农业社会，文化传承相对比较单纯，民族文化基本都在特定的区域传承和扩散，其核心内容相对固定，表达方式也具有鲜明的地域特色和民族特色，外来文化的冲击比较微弱，难以动摇文化群体的自信心和认同感，民族文化像涓涓细流平稳发展。包括中国在内的海内外华人社会，如今正处于现代化的浪潮之中，先进的传播工具和技术手段，便捷的交通设施，日益频繁的经济合作，无限制的信息流动，前所未有的文化碰撞，形成了资本、人员、物资、信息、文化的世界大融合，传统的民族文化传承空间、传承方式不断被打破、被革新，在这样的现实情况下，中华文化传统的时代规定性无疑要有所消解，要融入现代化的时代规定性。

中华文化传承应对现代化的挑战需要实现对传统文化的超越。传承中华文化，继承是主线，但原封不动的继承，无疑是对时代的自我隔离，无法适应新时代的形势变化和观念更新，难以实现中华文化的浴火重生。超越传统文化并不是对传统文化的抛弃，而是在新的起点上的继承和发展，要实现中华传统文化的创造性转化。民国初期的文化回归、改革开放后的文化复兴等历史表明文化的成功继承总是属于那些敢于超越者。超越才是真正的继承，超越才能推动中华文化的发展，只会注疏经书，不敢有新的解读，唯古为上，很难促进中华文化的发展，自然也很难在成长于现代化语境下的青少年中获得共鸣。当今海外许多华校直接以《三字经》《弟子规》《二十四孝》作为中华文化学习读本，甚至举行默写、背诵比赛，这样做既有缺乏适当教材的无奈，更多的是保守的文化传承观念作祟。要超越传统中华文化，要有一个纵向的视野，必须以当今社会结构、社会关系、社会形态、人性观念、生命价值为基点，跳出传统文化的阈限来反思和批判传统文化，在选择性继承的基础上有所扬弃。这里绝非是要抛弃传统文化，而旨在突出传统文化传承的视野问题，只有站在新的高度和新的起点上，着眼于21世纪文化多元化的广阔视野和海外华人社会的丰富性和多样性，才能对中华传统文化进行科学的分析，找出传统文化中不适应时代、不切合现实的成分，加以扬弃，或者对传统文化的表述进行新的解读，注入时代精神，赋予其新的内核。中华传统文化中"家"的观念可谓根深蒂固，"家国天下""天下一家""家和万事兴"等，"家文化"对培育亲情、稳定社会、处理矛盾、教育后代等发挥了巨大的作用，其积极作用是显而易见的，但其中有关纲常伦理的严苛规定，限制子女个性发展，侵犯女性人权，容易出现亲情因素代替法律精神等不合理的成分，抛弃这些成分，继承亲情关爱、"父慈子孝""兄友弟恭"等合理内核，才是对待传统文化的正确态度。如果将"家文化"的核心定位于"爱""关怀"和"守望相助"，可能更适应现代社会的要求。

要超越传统中华文化还要有一个横向的视野，他山之石，可以攻玉，要以其他民族的优秀文化、以世界先进文化的共识来重新审视并合理超越我们的传统文化。我们的文化要走向世界，并通过世界来传承，必然要求用全球的视野来反观和看待我们的文化，看哪些文化成分需要继承，哪些文化成分需要抛弃，否则，文化越传只能离世界文明大道越远，最后传到死胡同里无法再传下去。

中华文化传承应对现代化的挑战需要实现对传统文化在继承基础上的创新。现代化、全球化所导致的文化竞争的加剧，使得创新意识和创新能力日益成为一个国家、一个民族能否在这场竞争中掌握主动权的关键性因素，成为文化竞争力的关键性因素。要使民族文化立于世界文化之林，必须在文化发展中创新；要提升民族发展的软实力、塑造良好民族形象，必须在文化发展中创新；要实现社会经济的长远发展，争取民族在世界话语体系中的话语权力，必须在文化发展中创新；要实现包括海外华裔族群或华族在内的中华民族的伟大复兴，必须在文化发展中创新。文化创新能够促进民族文化的繁荣。只有在实践中不断创新，传统文化才能焕发生机、历久弥新，民族文化才能充满活力、日益丰富。文化创新，是一个民族永葆生命力和富有凝聚力的重要保证。"文化帝国主义"之所以能够实现对一个民族进行文化渗透和文化殖民，就是因为这个民族在创新力竞争中处于劣势。反观今天的现实，中华文化创新力乏善可陈。近代以来对世界产生重大影响的哲学观念、社会思想基本上都出自于西方世界；来自于华族、具有世界影响力、可参与国际对话的思想家寥寥可数；学术界复制西方话语，人云亦云成为常态；"孔孟之道""百家争鸣""程朱理学""阳明心学"只能是遥远的历史回响。"道"意义上的文化创新落后于世界，就连偏于"术"层面的文化创意也难如人意，市场上充斥着庸俗、低俗的文化产品，这些产品缺乏灵魂、精神和尊严感，挂着"流行和时尚"的招牌，冲击社会道德的底线，以碎片化的娱乐肢解文化的整体品位①。华文教育与中华文化传播资源建设严重滞后，真正代表中华精神的高端文化资源建设严重滞后，中华传统哲学及文学艺术之再阐释、再创造的物化形态质量不高，文化传播形式单一，产品匮乏，风格古板，品位不足，这在相当大的程度上阻碍了海外华文教育与中华文化传播的有效开展。实现文化创新，就要着眼于世界文化发展的前沿，与发扬中华文化的优秀传统

---

① 徐佩瑛、王晓鸣：《中华文化传承创新的路径建构》，《中央社会主义学院学报》2013年第3期。

有机地结合起来，高度地统一起来；要培养全民的创新意识，拓宽创新渠道，扶持创新事业。

三　来自主流文化的挑战

海外华人社会最初产生于社会迁移，迁移者和其后裔形成了特殊的族群，因此海外华人社会中的文化是一种外来文化和族群文化，相对于住在地的主流文化，华人族群文化是一种非主流的特殊文化。从传承关系的角度看，这种族群文化是中华文化在海外的延伸和发展，是中华文化的变体。海外华人社会的中华文化传承无疑要面临迁居地主流文化的挑战。

一般来说"主流文化"（主文化、主导文化）和"亚文化"（小文化、副文化、集体文化）是一对相对的概念。所谓的亚文化是指某一文化群体所属次级群体的成员共有的独特信念、价值观和生活习惯，与主文化相对应的那些非主流的、局部的文化现象，指在主文化或综合文化的背景下，属于某一区域或某个集体所特有的观念和生活方式。一种亚文化不仅包含着与主文化相通的价值与观念，也有属于自己的独特的价值与观念，而这些价值观是散布在诸种主导文化之间的。如果按照这种理解，我们认为海外华人社会所要传承的中华文化不属于亚文化的范畴。首先，华人族群和当地族群并没有群属关系，华人族群因社会迁移而产生，和当地族群没有共同的历史，至少说没有足够长的共同历史，华人族群并没有参与以当地族群文化为主体的主文化的创造与传承的过程，华人族群的文化本质上是一种外来文化。其次，主文化和亚文化之间总有一些相通的价值或观念，比如信仰、宗教、价值观念等文化深层的东西，亚文化与主流文化之间较大的区别主要表现在文化行为和文化风格上，而华人族群文化和主流文化缺乏源于历史、源于生活方式、源于人与自然关系的相通的价值观念，华人族群文化相对于主流文化而言是一种异质文化，二者之间没有发生学意义上可以比较的逻辑关系。最后，按照亚文化理论，亚文化产生于社会结构和文化之间的特别紧张点，是社会矛盾的一个体现，它们可能反抗或抵制主文化。菲尔·科恩曾精辟地指出："亚文化的潜在功能是表达和解决（尽管是想象式的）母体文化中仍潜藏着的悬而未决的矛盾。母体文化所产生的接踵而至的亚文化都可以被视为基于这一核心主题的不同变体。"① 这里与亚文化相对的主文化被当作母体文化。华人族群文化与当地的主流文化不是这样的关系，当地的主流文化不是华人族群文化的母体。由此，我们更愿意将海外华人社会所具有的中华文化称之为非主流的特殊文化。

东南亚国家是华侨华人传统的聚居地，华侨华人人数逾 3348.6 万人，占全球 4543 万华侨华人总数的 73.5%②，因而也是华文教育最为重要的地区。20 世纪"二战"结束以后，各个国家纷纷独立，随之而起的是声势浩大的民族主义浪潮，这些国家开始奉行单元主义的文化政策和教育政策，华文教育陷入了长期停滞，造成了数十年的断层期，汉语母语教育中断，文化传承被撕裂，华侨华人打下的民族教育及文化传承的基础、建立起来的运行体制等被彻底摧毁，当地的主流文化乘虚而入，以致战后几代华侨华人难以有效继承民族文化。中国改革开放以后，国家地位提高，经济影响力增大，汉语热在全球兴起，华文教育在东南亚得到一定的复兴，但其元气并未恢复。首先，不少东南亚国家尚未放弃单元主义的教育及文化立场，民族主义思潮依然占据主流，对华侨华人乃至中国的戒心或忌惮心理并未消除，许多带有歧视性的限制华文教育的政策、法律、条令依然未被废除，在个别国家华校仍然是一种非法存在，有的地方华文教学以补习学校、寺庙学校、技术学校的形式勉强生存，华人社会对华文教育仍感焦虑不安。其次，即使在今天，限制华文教育的政策还在不断出炉，华侨华人社会开展华文教育依然举步维艰。马来西亚教育部于 2012 年 9 月发布了《2013～2025 教育发展大蓝图初步报告》，报告强调马来西亚的每个孩子至少都能熟练地掌握作为国语和国家统一语言的马来西亚语，希望学生一离开学校就能够在马来西亚语和英语环境下工作，要求经过三年教育之后 100% 的学生都能掌握这两种语言的读写能力，经过五年教育之后，90% 的学生能够取得马来西亚语合格证书，70% 的学生能够取得英语合格证书。作为实现上述任务的措施，报告提出无论是国民小学还是国民型小学，到 2014 年，从四年级开始都要采用标准的马来西亚语课程，对于在

---

① 转引自胡疆锋、陆道夫《抵抗风格收编——英国伯明翰学派亚文化理论关键词解读》，《南京社会科学》2006 年第 4 期。

② 庄国土：《东南亚华侨华人数量的新估算》，《厦门大学学报》2009 年第 3 期。

国民型小学学习的学生，将会得到课后补习马来西亚语的机会，同时将这些学校四至六年级国语课程的时间由原来的 180 分钟大幅提高至 570 分钟，增加两倍还多①。由于大幅提高了马来西亚语课程的时间，不可避免地压缩了华文类课程的时间，只有一至三年级华文课程时间维持原状，原来国民型小学以华文为第一语言、以马来西亚语为第二语言的性质就会得到根本改变，国民型华小作为华文学校的性质将不复存在。无怪乎当地华人社会认为这一措施的目的在于变质华小，将华小"国小化"，在于剥夺华文学校应该享有的权益。蓝图彻底暴露出政府依旧在实施单元主义的教育政策，依旧在落实《1956 年拉萨报告书》的最终目标——一个国家、一个民族、一种语文。此外，报告还指出要尽早干涉学生的国语学习，目的是到 2017 年撤销预备班制度。这一点对在华文小学学习的学生影响也很大，因为预备班是为即将升入中学的学生补习国语的，如果废除这一制度，那么从华小出来的学生就失去补习国语的机会，无法达到升入中学的条件，这些学生将来的出路就很危险，这毫无疑问会影响华人子弟选择华文小学的积极性，华小的生源就会枯竭，华小就会自行消失，政府改制或取消华小的目的就会自然实现。印度尼西亚政府 2013 年 7 月 15 日推出了新的教育法规——《2013 课程大纲》，这部法规对华文教育的影响尚待评估，但从法律条文来看，至少有以下几点值得注意。(1)《2013 课程大纲》的实施对象不仅涵盖国立学校，而且明确私立学校等也必须遵守，这实际上限定了私立学校自主设定课程体系的空间，华文学校基本上属于私立学校，这些学校开设华文类课程的自由度必将深受影响。(2)《2013 课程大纲》大大增加了印度尼西亚文课程、宗教及品德课程、班查西拉及国民意识课程的教学时数，其中小学阶段印度尼西亚文课程和班查西拉及国民意识课程的教学时数都比以前增加了一倍之多，大大强化了印度尼西亚文化教育及民族思想意识教育。这项规定的主观意图我们不能妄加评说，但客观上加强了民族主义思想的教育。(3)《2013 课程大纲》取消了小学英文课程及地方方言课程，意味着华文课程也不能在学校教学时间内进行，这必将促使许多学校采取相应的措施应对，要么取消华文课程，

---

① 马来西亚教育部：*Malaysia Education Blueprint 2013 - 2025*，2012 年 9 月。

要么将华文课程安排在课外时间或改为选修课程，华文课程在各级学校的存在危机突现。（4）《2013课程大纲》增加了各个阶段的教学时数，实际上是大大压缩了课外的时间，这对遍布印度尼西亚的大大小小的华文补习机构将产生不可估量的影响，因为学生和家长利用课外时间到相关补习机构补习华文的意愿就会大大降低。[①] 最后，中国大陆改革开放以后，经济飞速发展，国内生产总值平均每年以两位数的速度增长，为世界经济发展带来活力，东南亚国家急需搭上中国经济发展的快车，提振本国经济社会的发展，这样一来，汉语的工具性价值日益突显，了解一些中华文化也是和中国人打交道的基本条件，东南亚国家开始强调汉语言及中华文化教育。但我们需要清醒地意识到，他们对中华文化教育及汉语言教育的强调出发点不在于民族教育权利，而在于工具理性意义，只是强调把汉语作为外语、作为第二语言。比如马来西亚2014年规定把汉语列为第二外语，和中国政府签署协议联合培养中文师资；泰国鼓励政府官员学习中文；印度尼西亚把汉语列为选修课；等等。

欧美等西方国家的华侨华人主体是中国改革开放以后的移民，他们多数自身就具有双语及多元文化的背景，他们的子弟身处西方文化的熏陶之中，尽管西方社会华文教育环境比较宽松，但由于华侨华人居住相对分散，规模较小，又处于优势文化——西方文化的包围之中，再加上社会竞争激烈，这些国家华裔子弟对中华文化的认同相对薄弱，华文教育及文化传承工作面临较大的挑战。

四　来自中华传统文化当下正当性困惑的挑战

正当性是在经验和理性两个维度上寻求最高的"合法性"。就经验层面，正当性表现为得到社会的普遍认同和尊重；就理性层面，正当性是经过道德哲学论证而取得的合理性。这两方面共同构成了正当性概念的结构。

在经验层面，正当性要求一种主观要素：公众主观意志的表达（服从意愿的表达），宗教、信仰常常由此获得正当性。经验层面的认同固然重要，但不是根本，因为认同状况可以经由文化传播和教育等得以改善，

---

① 根据印度尼西亚文化教育部2013年颁布的《课程大纲2013》整理分析。

就中华文化传承而言，广泛的认同和尊重意义重大，是中华文化传承良好的社会基础和民众力量；在理性层面，正当性要求一种客观要素：符合某种规范或客观标准，具有尊重传统、适应现实、引导未来的价值合理性。理性层面的价值合理性是根本，是认同的基础和动力。

正当性概念的二元结构尽管全面，但却会有矛盾，客观要素赋予了正当性以"真理"的地位，但它可能沦为话语权力持有者的主观臆断；主观要素诉诸"多数同意"的解释正当性，但多数不代表必然正确（尽管通常来说它有接近正确的最大可能性），真理可能掌握在少数人手里。正当性概念似乎只能在这种矛盾却互补的二元结构中理解。

我们现在强调中华文化传承，其目的有表层和深层两个方面，表层是强调保持华族的民族特性，应对日益西化的社会思潮；深层是传承与传播结合，为建立世界新秩序提供参考框架。不论是保持海外华族的民族特性、应对日益西化的社会思潮，还是提供未来世界的想象（即建构一个怎样的未来世界），应当说都具有目的的正当性。但目的正当不代表程序正当、价值正当，换句话说，保持民族特性、应对日益西化的社会思潮、提供未来世界的想象，这一目的的正当性并不代表中华传统文化具有当下的正当性。一厢情愿或自言自语未必能得到现代语境下成长起来的人群的认同和尊重，也未必能得到世界的认同和尊重。

当下的困惑就是中华文化当下的正当性在哪里？

无论是认同角度的正当性论述还是价值合理性角度的正当性论述，我们都做得很不够。

就认同而言，至少要进行下面几个方面的调查：境内认同（尤其要强调少数民族的认同，新疆、西藏的民族问题），台港澳的认同，国外华人社会的认同，国外非华人社会的认同。而现有的研究和文献并不让人满意。（1）全方位的社会调查没有，只有针对特定对象的调查，大学生、特定社会区域、某个国家的华裔青少年等；（2）问卷设计不合理，知识性的多，场景性的少，表层的多，深层的少，量与质的关系对应比较牵强等；（3）样本数量不足；（4）没有很好的针对非华人社会开展调查的方案等。

中华文化的传统形态表现为以儒家文化为主导，儒、释、道互补的格局。儒家文化是中华传统文化的核心。在社会生活方式、社会形态、社会主体以及由此产生的社会制度都已经发生了根本性变化的现实条件下，传统的儒家文化的正当性何以可能？从生活方式角度看，中国社会经历了农耕社会——工业社会——信息社会的转变；从社会形态角度看，中国社会经历了皇权统治——党权统治——集体领导的转变；从社会主体角度看，中国社会经历了家国天下（同构）——民族国家体系——日益增强的个体性的转变；从社会制度层面看，中国社会经历了封建体制（宗法制度）——帝国制度——共和体制（选举制度）的转变。这些转变归为一句话就是从传统性社会转换为现代性社会。

生活方式的转型导致了社会形态的转型，社会形态的转型导致了社会主体的转型，社会主体的转型导致了社会制度的转型。在这样的条件下，儒学发生了性质的转化。过去的儒学是政治儒学，是经学，产生了宗教化倾向，一直作为治理国家的依据；今天的儒学是文化儒学（心性儒学），是理学（哲学），已经退守到私人领域。

正因为如此，自由主义儒学断言：由于失去了（科举）制度支持与（乡绅）社会结构的基础，儒学已经失去了"肉身"，而只能成为悬浮无根的"游魂"，它的唯一出路是纳入自由民主的现代社会，作为多元价值中的一种而发生作用①。余英时有一个很著名的说法：今天的儒家成了一个"游魂"。意思是说：儒学是一种精神状态——"魂"，它原来在前现代社会，从汉武帝开始，是依附于帝国的制度的，"儒家的制度化""制度的儒家化"。但是，中国社会现代转型以后，那一套制度性的东西，包括家族制度、皇权制度，全被推翻了，儒学就成了"游魂"，就是"魂不附体"了。"游魂"毕竟灵魂还没有死，可以重新投胎啊。最近余英时批评大陆新儒家，说他们把自己搞得"魂"都没了：与政治权力结合，是"死亡之吻"。"如果孔子生在今天，他一定是一个自由主义者。这就是我的基本判断。"②

那么，传统儒家文化的合理性在哪里呢？是否只有纳入"自由民主的现代公民社会"这样的宿命呢？

---

① 陈赟：《"文明论"视野中的大陆儒学复兴及其问题》，《天涯》2015 年第 5 期。
② 黄玉顺：《自由主义儒家何以可能》，浙江大学 2015 年 5 月 20 日讲座录音，文见共识网：http://www.aisixiang.com/data/89808.html，最后访问时间：2016 年 11 月 8 日。

第二章 文以贯道：基于教材与课程设置的中华文化传承

华文教育以海外华侨华人及华裔子弟为教育对象，在实现语言的工具功能的基础上，更多地追求实现语言的文化传承功能，从而实现培养具有华族气质的所在国公民的教育目标。"从民族的观点来看，语文的学习，既是学习本民族的语文，同时也是学习本民族的文化。这和对外汉语教学处理文化不同。在对外汉语教学里，涉及文化的教材，无论教学者或者学习者，都只要求了解文化，并不把向这种文化认同作为学习的目的。"① 而"世界华文教学要有一种文化立场，即中华文化的立场和世界文化的立场，这一立场是中华文化和世界文化相认同、相融合、相统一的立场。"②

本章和第三章我们将从华文教育教材、课程设置、华文教师等角度讨论华文教学与中华文化传承的关系和规律。

第一节 华文教育教材与中华文化选择功能

一 文化选择的原则

中华民族历史悠久，创造和积淀了无比丰富的文化资源，中华文化是海内外中华儿女共同所创，同时也滋养着中华民族永续传延。文化既为民

---

① 周清海：《从全球化的角度思考语文教学里的文化问题》，《华文教学与研究》2014 年第 1 期。

② 贾益民：《世界华文教学的文化立场——在第二届世界华语文教学研究生论坛上的讲话》，《华文教学与研究》2009 年第 1 期。

族所创，同时也哺育着这个民族。面向海外华侨华人及华裔族群的华文教育对中华文化的选择不能像面向本土教育对象那样一味求全，追求无所不包，既要考虑他们第二语言学习的现实基础，也要考虑多元文化环境的制约条件；既要考虑到培养民族气质的教育目标，也要考虑到世界公民的普适价值。

（一）去意识形态原则

意识形态问题一直是华文教育领域和汉语国际教育领域非常敏感的问题。意识形态的对立冲突从 20 世纪初一直延续到今天，东南亚大多数国家乃至西方社会对共产党政体的共产主义政治思想体系的输出保持高度的警惕和忌惮，加之当年马来西亚共产党、泰国共产党、印度尼西亚共产党等都曾经成为当地重要的政治力量，因此战后独立的民族国家纷纷将"防范"共产主义作为国家政治的核心任务。新中国成立之后，海外华人社会开展的华侨教育和国内政治高度呼应，不仅为新中国的成立击掌相庆，而且常常以主人翁的姿态赞赏社会主义建设，许多华文学校甚至原封不动地采用大陆版国民教育教材，这既昭示了华侨华人海外游子终归会落叶归根的心态，也引起了当地政府和人们的严重不安，由此产生的政治矛盾远远超过了文化冲突和民族隔阂。数千万华侨无法回归已然成为事实，每一个国家都会感到一种莫大的压力，要瓦解这种潜在的政治力量，唯一的办法就是改变他们的政治认同和国家认同，使之归化。于是，强化中国国家认同的华侨教育自然被严格限制，有的国家甚至完全取缔华侨或华文教育，造成华文教育长达 30 多年的断层，印度尼西亚、缅甸、柬埔寨等国家直到今天在法律层面上仍然不容许开展华文教育，连华人占主体的新加坡也执行所谓的"双语政策"，并通过大力扶持英语教育而逐渐变质华文教育，以致今天在新加坡已经没有严格意义上的华文教育存在。

自 1978 年改革开放政策实施以来，中国在经济上最终建立起社会主义市场经济体制，在政治上面向世界打开国门，淡化意识形态之争，专注国家建设，取得举世瞩目的成绩，国家实力大大提高，也给世界发展做出了巨大的贡献，海外华文教育迎来了一个相对宽松的国际环境和难得的发展机遇，各国政府对华文教育采取放任的态度，有的国家还大力支持。尽管如此，我们仍需要有清醒的认识，意识形态之争的心结仍在，经济上的密切合作不代表政治模式的相互认同，"中国威胁论"始终是挥之不去的阴霾。印度尼西亚总统苏西洛在 2014 年 4 月，也就是任期即将届满时才兑现之前的承诺，签署 2014 年第 12 号总统决定书，正式废除 1967 年第 6 号通告，把歧视性的称谓"支那"改为中性的"中华"，而同样是 1967 年的 37 号法令，即禁止开展华文教育的法令仍然没有废除。印度尼西亚政府教育部 2013 年颁布实施的《课程大纲》，大大增加了班查西拉课程的教学时数，强化国民意识及建国原则教育，压缩外语、方言、民族语言教育空间。这些都表明，印度尼西亚的华文教育环境没有根本改变。华文教育在印度尼西亚的政策环境只是一个典型代表，其他国家或多或少都存在同样的现实。

20 世纪 60 年代"文化帝国主义"理论和 90 年代"文化软实力"理论对当今各国的教育政策、文化政策都产生了深刻的影响，文化殖民、文化扩张、文化霸权已经代替军事殖民、军事扩展和军事霸权而成为后冷战时期新的战争表征，在这样的背景下，每个国家都在大力加强文化建设，构建国家软实力，同时也对外来文化保持警惕，民族主义思潮重新抬头。近些年，美国、加拿大等国出现的对国家汉办在海外开办孔子学院、派驻汉语教师的个别抵制现象，与其说是对学术自由、办学自主权的伸张，不如说是对中华文化海外传播的策略性限制。印度尼西亚、菲律宾近两年对汉语教师、汉语志愿者的限制也如同此理。

因此，海外华文教育必须去意识形态，必须定位于民族教育，其目的是培养具有中华民族气质的所在国公民，追求民族身份认同、文化认同，不能也不应该追求政治认同或中国国家认同。像"我爱北京天安门""长城内外是故乡"等这样具有政治符号或象征意义的题材是不能在华文教育教材中出现的。弘扬中华文化，构建和提升中国国家软实力，这对我国国力建设来说是没有问题的，也是应该花大力气建设的，但海外华文教育不属于构建中国国家软实力的内涵，至多属于海外华族软实力的内涵。近年来学界或舆论在谈到华文教育意义时，有人认为海外华文教育有利于提高国家软实力，"海外华文教育的发展也是祖（籍）国软实力建设的具体内容"①。类似的观点是不宜多加宣扬的。

---

① 冯建华、李永杰：《华侨华人：提升中国软实力的重要资源——访暨南大学华侨华人研究院院长刘泽彭》，《中国社会科学报》2014 年 9 月 22 日。

（二）积极性原则

"夫文化不过人生式样指别名，举凡风俗习惯信仰制度，人生所有事皆属之。"① 人的生活方式是和一定的自然与社会环境相适应的，由此形成的风俗习惯和信仰制度等自然也是一定社会条件和自然条件的产物，历史上的文化现象、文化观念、文化制度等在当时的环境条件下也许有合理的成分和积极的意义，但在当今的社会条件及自然条件下某些文化现象、文化观念、文化制度的合理性可能不复存在，或者说某种文化现象的内在精神是积极的、合理的，但其在某个历史时期的具体文化样态在今天看来是迂腐的、僵化的。文化的这种历史阶段性特征必然使文化带有相对性。华文教育教材对中华传统文化的选择必须具有这种相对性的视角，选择华人社会乃至世界意义上的全体社会认可的优秀文化，包括传统的和现代的。

选择优秀的中华传统文化要注意文化精神和文化呈现形式是两个不同的层面，有时文化精神具有积极的意义，但在不同时代这种文化精神的呈现方式未必适合当今的文化语境。比如儒家的文化内核之一是"礼"文化，重礼义，讲礼节，行礼仪，守礼法，这些已经成为中华文化的内在特征，"非礼勿视、非礼勿听、非礼无言、非礼勿动"成为华族内在的自觉行为，"礼文化"的精神内核是对自然的人伦秩序的规定，体现出人类社会的组织规律，"礼治"在中国历史上也起到了许多积极的作用，对协调人与社会的关系、人与人的关系、人与自然的关系，促进社会和谐发展都发挥了巨大的效力。但随着人类对自然的认识的提升和深化，社会制度的进一步优化和发展，许多早期礼文化的呈现形态已经不能适应现实社会秩序构建的要求，应当予以扬弃，建立新的礼仪观念。比如传统礼文化的宗族礼法、等级观念等都是消极的呈现形态，华文教育教材中可以宣传礼文化的文化精神，但对这些消极的呈现形式应当加以扬弃。中华文化精神的当代表现与时代创新是华文教育教材文化选择的核心内容。

即使是同样的文化现象在具体的呈现上也可能有积极的一面，也有消极的一面，华文教育的文化选择也应凸显正能量，批判其负面价值。比如

---

① 钱穆：《中国文化与中国青年》，文见《文化与教育》，广西师范大学出版社，2004，第1页。

每年春节前后大陆地区的春运已经成为独特的春运文化，这种文化现象的背后是传统的亲情文化和家庭观念，只有如此才能够理解"春运"这一独特现象。一票难求，忍饥挨饿，花钱受罪，花费不菲，受累受冻也要长途奔波，为的是家庭团聚，为的是看望父母，这是亲情文化、家庭观念的积极的一面，值得我们传承和发扬，但如果将亲情关系凌驾于法律之上，或徇情枉法溺爱子女，或一人得道鸡犬升天，那就需要向西方的契约关系、法律观念学习了。

（三）古今兼收原则

文化是动态的，中华文化是中华民族在漫长的发展历史中逐步创造并积淀下来的，每一个时代都对中华文化做出了独特的贡献。从物质文化层次而言，各个时代的发明创造以及对自然之物的开发利用自不待言，从制度文化层次而言，诸如自由恋爱、集体婚礼等新民俗也是中华文化优秀成分，反映当今华人社会的价值观念和积极追求，从精神文化层次而言，后殖民时期以来华人社会逐步形成了创新、竞争、进取的时代精神，这些积极元素也应当作为华文教育教材文化选择的当然成分。传承中华文化绝对不能局限于传统文化，既要赋予传统文化新的时代内涵，又要重视中华文化在当今时代的创造；既要让教育对象从辉煌的传统文化感受自豪，又要让他们在新文化的辉煌中形成自信。华文教育的文化选择不能厚古薄今，否则就会让教育对象产生中华文化历史上是辉煌的而现阶段是落后于世界其他文化的错误印象。

当然寻找中华文化当代的代表性文化点似乎有些困难，当今的华文教育教材一提中华文化大多必称古代文化，历史知识、语言文字、哲学思想、文学作品等文化内容占据绝大多数的篇幅，厚古薄今，几乎没有当今文化的成分。这一方面增大了教育对象接受的难度，另一方面由于文化内容与教育对象的生活现实有较大的距离，他们的学习兴趣也大大降低，文化传承和传递的作用没有很好发挥。

以高度的责任感认真挖掘，不难发现当今中华文化对世界文化的贡献，"和平共处""自力更生""科学发展"是当今中华民族的时代精神，"嫦娥奔月""蛟龙探海""阿里巴巴"是我们对科技和商业模式的贡献，"睦邻友好""和谐社会"是我们对建立世界新秩序的思考。

　　其实中华传统文化的当代释读和当代呈现，对西方文化创造性接受也应当属于当代中华文化的范畴。"电子红包""留学潮""围炉""春运"既是当今华人社会生活的生动写照，又是中华传统优秀文化精神的延续，以这些话题来呈现文化既鲜活生动又贴近现实。李泉认为"语言教材应着力反映当代中国社会生活及其文化，并认为流传且影响至今的古代文化、当代社会生活中体现出的传统文化、被中国接受并影响至今的外来文化，都应视作当代中国文化"。[1] 这是很有见地的。

（四）包容性原则

　　当前，全球社会正迎来全面、深刻的多元化转型，在这转轨过渡的关键时期，囿于传统的单元主义的文化核心论思维和基于同化政策的民族主义思潮，未能在文化社会发展过程中有效考量各个不同族群文化认同与传承的权利、发展机会、发展职责以及文化利益，导致在全球文化繁荣的同时全球文化发展却出现民族文化的断裂、不同族群文化的失衡和不同文明之间的对抗，不同文化传统的各族群和各宗教群体之间的利益矛盾和冲突不断增多。塞缪尔·亨廷顿认为各个历史时期的文明中部落与部落、族群与族群、宗教群体与宗教群体和国家与国家之所以冲突不断，是因为人们认同的差异和认同受到威胁。这样的冲突可能在国家间发生，也可能在国家内部出现文明断层。随着文化的多元性日益增强，美国的社会冲突将愈演愈烈，美国国家甚至会出现分裂，其他存在着内部文明断层线的国家其内部冲突也难以消融。鉴于此，亨廷顿主张解决文明冲突的唯一出路就是确立国家的核心文化，抑制文化的多元发展，采用同化政策对待其他所谓的非主流文化[2]。亨廷顿的理论主要源自于盎格鲁理论，强调一个社会的优势民族是主流民族，这种民族的文化是主流文化，劣势民族要么被淘汰，要么被同化，劣势民族的文化必将融于主流文化之中。这种思想否定了世界文化多样性存在的合理性，简单地采用单元主义的同化政策解决社会冲突，既不利于人类文化的繁荣和发展，也没有真正把握社会冲突复

---

① 李泉：《文化内容呈现方式与呈现心态》，《世界汉语教学》2011 年第 3 期。
② 〔美〕萨缪尔·亨廷顿：《文明的冲突与世界秩序的重建》，周琪、刘绯、王圆译，新华出版社，1998，第 283 页。

杂、多变的实质，不仅在理论上缺乏统一的逻辑，也不具备实践上的可行性。假设盎格鲁—撒克逊民族是美国的优势民族，以"英语、基督教和新教价值观"等要素构成的西方文化是美国的核心文化，美国各种各样的移民文化都成功地同化于核心文化，那么按照亨廷顿的理论，美国社会将不存在任何社会冲突。这种充满幻想性质的理论思路无疑是经不起推敲的，难道因贫富不均、意识形态引起的冲突就不属于社会冲突的范畴？假设中国也存在所谓的优势民族和核心文化，那么中国和美国之间是否就必然产生冲突？中美之间的冲突就必然是文化冲突？中国、美国和世界上其他国家和民族构成和核心文化各不相同，那么这些国家之间就必然冲突不断？即使有冲突，这些冲突就必然是源于文化？亨廷顿自己不主张建立世界统一的普世文化，那这个世界岂不是必将冲突不断，所谓的世界秩序将如何重建？

尽管当今世界许多国家和地区仍然坚持单元主义的文化观念，民族主义思潮依然在影响着国家的民族政策和教育政策，但越来越多的学者和政治家已经意识到多元文化的存在价值和发展权益，多元主义文化理论及族群文化理论相继提出。如果说单元主义文化理论对待其他民族文化的态度是排斥和同化，那么多元主义文化理论对待其他民族文化的态度是包容和承认。

中华文化的一个重要特点就是她的包容性，回溯中华民族多元一体格局的形成过程，主流是由许许多多分散孤立存在的民族单位，经过接触、混杂、联合和融合，形成包容的多元统一体。正是凭着她的包容精神，把周围的异族吸引进了这个核心，她才具有强大的同化力和顽强的生命力。同任何一种绵延至今的文化一样，中国的传统文化之所以能直到现在还生生不息，一个很重要的特性就是包容并蓄。这也解释了为何在世界四大文明体系中，中国传统文化被认为是唯一没有中断的文明体系。正是这种包容性，维系了中国传统文化脉络绵延不绝，它哺育出来的民族精神维系了我们民族生生不息。

华文教育对中华文化的选择必须坚持包容性的原则，用多元文化理论作为指导。这里的包容性原则包括以下几个含义。第一，反对单一民族文化模式，肯定少数民族文化的价值，华文教育教材对中华文化的选择不能局限于汉族文化，要重视其他 55 个少数民族或族群优秀文化的传播与传承。"在中华民族之中，汉族作为一个主流民族，由于其几千年来中原文明的巨大吸引力和天下主义的内在凝聚力，的确成为古代中国的中心，当晚清产生了中华民族这一国族意识的时候，汉族所拥有的古代文明也历史性地转化为中华文明的主体。但另一方面，当我们将中华民族仅仅等同于炎黄子孙、将中华文明简单地理解为中原文明的时候，有意无意地遮蔽了在中华民族大家族内部除了汉族之外，还有蒙、藏、维吾尔等其他民族以及众多的文化族群，他们有自己的民族或族群认同……"① 少数民族文化是中华文化的有机组成部分，为中华文化做出了巨大的贡献，海外华族的构成也不单单是汉民族的移民，少数民族也占了相当大的比例。据赵和曼统计，海外华人少数民族总人数达 340 万人，占整个海外华人的比例 10% 以上，比国内少数民族的占比还要高②。尊重和认可少数民族的文化不仅体现出对中华民族每一个成员的尊重和认可，也是对整个中华民族的尊重和认可。第二，反对唯我独尊的文化优秀观，肯定和尊重世界上所有国家和民族的文化，华文教育教材选择和呈现中华文化，只是出于介绍和传承目的，不能有过分的溢美之词，似乎我中华文化才是世界上的优秀文化，其他的文化就是落后的、低等的文化。要去除文化沙文主义思想，因为每个国家和民族都有权保持自身固有的文化特征和民族性。世界上民族可能具有许多相同或相似的伟大的民族精神，只是文化的表现形态各不相同。如果能把不同国家和民族相同的民族精神的不同文化表象对比介绍，相信会得到当地文化群体的理解和尊重，这对中华文化在异域和友族之间的传播不无意义。

（五）民族性原则

华文教育的对象是海外华侨华人与华裔子弟，教育的目的是培养具有华族气质和华族认同的族群个体。是否具有华族气质和华族认同是衡量和评价华文教育价值的根本尺度。所谓华族气质是指中华民族在长期历史过程中形成的共同的稳定的社会文化心理素质，是中华民族数千年的社会实

---

① 许纪霖：《作为国族的中华民族何时形成》，《文史哲》2013 年第 3 期。
② 赵和曼：《试论海外少数民族华人的若干特点》，《南洋问题研究》2004 年第 1 期。

践成果以文化传统为中介在中华民族心理结构的历史积淀。一个民族的社会文化心理结构应该包括民族智慧、民族意志、民族情感及其民族性格等多个方面。民族智慧指的是世界观、认知特征和思维方式方面的表现，民族意志指的是人生观念、社会理想、价值体系、道德准则等方面的表现，民族情感指的是审美观念、艺术精神及美学追求等方面的表现，民族性格指的是交往理念、行为方式、人生态度等方面的表现。人们往往把民族智慧、民族意志、民族情感和民族性格组成的民族气质称之为民族精神，民族精神是一个民族社会文化心理的综合体现，具有整合性特征，很难将民族智慧、民族意志、民族情感和民族性格截然区分开来，这些要素之间总是相互映衬、相互体现、相得益彰的。民族精神是一个民族对待人与自然、人与社会、人与人、人与自身关系的心理基础，具体体现在社会生活的方方面面，诸如风俗习惯、宗教信仰、生活方式、文化创造等。

民族精神既是一个民族群体心理的历史积淀，也是这个民族生生不息的文化遗传基因，是一个民族生命力、创造力和凝聚力的集中体现，是一个民族赖以生存、共同生活、共同发展的核心和灵魂。以培养族群个体华族气质为使命的华文教育在文化选择上必然要把独具中华民族特色、反映中华民族精神的文化要素作为核心内容。华文教育文化选择的这种特定性必然制约着华文学校或华文教育机构的课程设置、教材编写、师资培养、组织行为，而民族文化传统的核心价值观在华文教育行为的贯彻和实施又直接影响着人们对课程目标、内容和形式的评价，从而使学校课程体现着海内外华族的传统文化的价值取向。从文化的继承和发展来看，华文教育必须在教育过程的各个环节自觉地把本民族特有的价值观念、思维方式、民族语言、风俗习惯传递给下一代，从而使得在民族文化土壤中成长起来的新一代，对本民族具有强烈的认同和归属感。这是造成一个民族自尊心、凝聚力的重要精神力量，也是当代文化在相互吸收和融合中，仍然保持多元文化的一个重要原因。

我们强调文化选择的民族性原则时要重视选择海外华文教育对象在日常生活或社会交往过程中需要的中华文化。文化理论中有一种文化分类的观点，就是把文化分为知识文化和交际文化两个类型。"所谓知识文化，指的是两个不同文化背景培养出来的人进行交际时，对某词、某句的理解和使用不产生直接影响的文化背景知识。所谓交际文化，指的是在两种不同文化背景熏陶下的人，在交际时，由于缺乏有关某词、某句的文化背景知识而发生误解。这种直接影响交际效果的文化知识，我们就称之为‘交际文化’。”[①] 华文教育不仅要重视知识文化的选择，更要重视交际文化的选择。尽管知识文化是培养海外华族精神、强化民族认同及民族自豪感不可或缺的重要组成部分，但交际文化和他们的日常生活密切相关，选择交际文化更有利于增强现实交往的实用性，更能使他们在生活中体现作为华族成员的民族特征，更能将中华文化在交往行为中潜意识地传承下去。

强调文化选择的民族性原则并不意味着排斥其他民族文化，尤其是并不意味着排斥教育对象居住地的民族文化。相反，学习和欣赏居住地文化更有利于我们的教育对象融入当地主流社会，更好地为居住国家或地区的社会发展做出应有的贡献。我们强调文化选择的民族性原则是针对华文教育行为而言，这和教育对象居住国或地区的语言文化教育并行不悖。

（六）简要性原则

中华民族源于黄河中游的华夏，逐步将周围的民族吸入这个核心，像滚雪球一样越滚越大，疆域扩大的同时，加入这个统一体的族群成员也越来越多，历时数千年，最终形成今天这样一个涵盖 56 个民族的民族统一体。在这样一个漫长的历史过程中，中华民族创造和积淀了无比灿烂的中华文化。中华文化博大精深，内容丰富，包括语言文字、哲学思想、宗教信仰、风俗习惯、典章制度、文学艺术、物质文明等完善的系统，任何一个个体即使是穷其一生也不能掌握其万一，甚至不能完全掌握其中任何一个中华文化分支系统。一个以汉语为母语的中华文化学习者，虽然没有语言障碍或民族语言学习的任务，也不能奢求学习或掌握所有的中华文化知识，今天海外的华文教育对象多数已经是将汉语作为第二语言来学习的，语言学习必将占据大量的有限时间，同时他们还得学习居住国家或地区的语言文化，学习科学技术知识和职业技能，他们要学习的中华文化必须是

---

① 张占一：《试议知识文化和交际文化》，《语言教学与研究》1990 年第 3 期。

经过选择、经过过滤、经过整理和经过加工的中华文化。华文教育的文化选择必须坚持简明和重要性原则，并结合他们的现实需求和居住国的本土文化的特点，编写具有针对性的中华文化教材，设计科学的呈现方式，采用科学的教学方法，逐步、渐进地开展中华文化教学，力图使海外华文教育对象感受中华文化的丰富多彩和博大精深，领悟中华文化的内在意蕴和核心精神，打下中华文化的基础，掌握自主学习和深入研究的方法，具备自我提高的能力。

目前海外华文教育领域还缺乏一个统一的文化教学大纲和科学的评价标准。哪些是中华文化核心元素？哪些文化精神是中华民族的民族精神？物质文化、制度文化、社会心理文化的哪些元素应当进入华文教育的教学内容？如何确定文化教学的等级系统，并根据等级大纲开展不同层次的文化教学？这些都是摆在华文教育工作者面前的紧迫课题。

华文教育文化选择的简要性原则不能牺牲文化选择的全面性、系统性。华文教育文化选择不是随意撷取中华文化最艳丽的花朵，也不是博物馆式的文化主题展示，而是以培养完善的文化人格为目的的民族教育，因此，简要性、全面性、系统性必须同时兼顾，科学平衡。

（七）导向性原则

在文化选择中，教师和学生的自觉意识是决定文化选择指向的一个重要因素。这种自觉意识促使认识主体通过对社会和文化发展的客观规律的认知，从而能动地参与到社会与文化的创造活动中，而不是人云亦云，被动接受。在整个人类社会的历史发展中，都有人的自觉意识的参与，它促进了社会和文化的发展。华文教育的文化选择不仅是华文教育组织者或管理者的单方面的行为，华文教育的实施者及接受者都有一个自觉或不自觉的选择过程，教师有选择性教学，学生有选择性接受，这就要求在华文教育文化选择系统中建立一个导向性原则，指导教师或学生正确选择中华文化。弘扬优秀的中华文化不是一个简单的传授和灌输过程，要培养教师和学生形成文化选择立场，提高文化选择能力。

全面、系统的文化选择观应当是科学的、时代的、辩证的。对中华文化的科学选择必须深刻理解中华文化的民族精神，对中华文化的时代选择必须清晰地认识到塑造完善的文化人格的现实性及个体化的需求，对中华文化的辩证选择必须深刻理解文化的历史条件与动态本质。

华文教育教师和学生的文化选择能力建立在对中华文化认同的基础上，因此教师和学生对中华文化的认同是实现文化选择导向的关键。任何外在教育行为都必须经过教育对象的内化、认同和适应，才能最终促进教育对象的身心发展和人格塑造，这是现代教育心理学的基本观点。我们对文化认同的理解是，文化认同分为五个层次：了解—理解—欣赏—接受—践行。了解和理解中华文化是中华文化认同的基础，欣赏、接受和实践中华文化才是中华文化认同的高级表现。中华文化教育的目的不仅是让教育对象了解和理解中华文化，还要让他们欣赏和接受中华文化，从而达到对中华文化的自觉认同和努力践行，在此基础上形成文化选择的自觉意识。

二　华文教育教材应当选择哪些中华文化

海外华文教育传承哪些中华文化一直是学界关注但缺乏研究的课题，不仅没有统一的文化教学大纲，面向海外华人的文化教学教材也屈指可数。这一方面是因为文化几乎无所不包，内容十分庞杂，很难整理出一个科学、全面而又合乎逻辑的体系；另一方面是因为教育对象程度、背景各异，难以确定一个标准，哪些文化点重要，哪些文化可以代表中华文化，难以厘定。尽管如此，制定面向海外的文化教学大纲，仍然是华文教育工作者义不容辞的责任。只有制定一个相对科学合理的文化教学大纲，才能使华文教育语言教材及文化教材的编写有章可循，才能避免各行其是、莫衷一是的混乱局面。想一蹴而就地制定一个大家公认的文化教学大纲是不现实的，但至少要进行尝试和探索，然后再进行修订和完善，逐步取得更多人的认可。一个完整的文化教学大纲恐怕需要一个各学科各领域成员组成的团队来设计，可以由不同领域的专家学者，分别制定各自领域的面向海外华文教育的文化教学大纲，在此基础上组织专家学者进行综合加工，增减取舍，形成一个完整的教学大纲体系。

基于抛砖引玉的目的，我们拟定了一个面向海外的华文教育文化教学大纲框架，供各位同人批评、参考。这里有几点说明，一是因为笔者学识有限，专业背景相对单一，不敢随意而为，所以我们拟定的只是一个编写文化教学大纲的框架，具体的文化项目或文化点做了举例说明，但未能一一列出，科学的文化教学大纲还需要集体攻关。二是文化项目或文化点的重要性、代表性、民族性等方面的判定，具有很多主观性的因素，见仁见智，需要大量的定性研究和定量统计才能有一个相对合理的结论，现阶段无法更为详细制定文化教学大纲的内容体系。三是面向海外华侨华人子弟的文化教育，更多的是常识性的，不能过于学术化，框架中的一些提法也是基于常识的角度。四是同一文化现象可能在不同领域都有体现，文化的分类不可避免地存在着交叉、重合现象，难以完全做到逻辑上合理。五是文化教学大纲本身也具有针对性，有面向小学的、中学的、大学的，有面向东南亚的、欧美的、日韩的，有面向新移民子弟的、第二代甚至更多代华裔子弟的，有适用语言教材的、适用文化教材的，我们无法做到分门别类地设计，只能提供一个普遍性的参考框架。

下面是我们拟定的框架，后面有简单的说明，希望读者诸君指正。

（一）民族历史

民族历史教育有利于促进民族认同，"若一民族对其以往历史了无所知，此必为无文化之民族，此民族中之份子对其民族必无甚深之爱，必不能为其民族有奋斗而牺牲，此民族终将无争存于世之力量"①。历史保留民族的集体记忆，在维系一个国家或一个民族的凝聚力时，会产生极大的作用，清人龚自珍说"灭人之国者，必先去其史"。历史教育可以将历史的文化精神内化为人格特质，在塑造民族特性方面意义重大，中华民族历史教育是海外华文教育的重要内容。

历史教育应包括以下几个方面。

1. 基本历史脉络

主要指中华民族史前历史，各个朝代更替的脉络和大致时间阶段，春秋、战国、三国、南北朝、鸦片战争、抗日战争等重要历史时期，夏商周秦汉隋唐宋元明清等重要朝代的建立、中兴、衰落等时间节点。

2. 社会制度变迁

主要指社会政治制度的历史变迁，包括夏以前的禅让制度、殷商时期

---

① 钱穆：《国史大纲·引论》，商务印书馆，1996，第 2~3 页。

的兄终弟及制度、周朝的分封建国制度、秦汉及以后的帝国制度、隋唐以后的科举取士制度、中华民国时期的资产阶级民主共和制度、新中国成立以后的人民民主专政制度。也包括各种政治制度的主要特点及相应后果等。

3. 民族融合过程

这方面的教育目的是让海外华裔子弟懂得中华民族是一个大家庭，今日所谓的汉语实际上也是历史上多个民族融合的结果，华夏民族血脉相同，同根同宗。历史上大的民族融合主要有西周末年到春秋战国时期中原地带与四周少数民族的融合，秦汉时期长达四百年与北方匈奴族的融合，魏晋南北朝时期与鲜卑族等所谓五胡的融合，隋唐时期与吐蕃和突厥族的融合，五代时期及宋朝与契丹人、女真人和西夏的融合，元朝时期与蒙古人的融合，清朝时期与满族的融合等。民族的同化与融合常常伴随战争过程，华夏民族不断得以壮大。

4. 重大历史事件

这里所说的重大历史事件可能难以有一个客观的标准，编写教材或开展教学时教师可以根据学生水平、教学目的等因素灵活把握。那些对社会制度、经济发展、文化交流、历史进程等产生重大影响的历史事件都应该进入历史教育的范畴，诸如商鞅变法、张骞出使西域、开凿大运河、郑和下西洋、鸦片战争、戊戌变法、改革开放等。方丽萍编著的《影响中国历史的重大事件》一书（海潮出版社，2009 年 6 月版），列出下面一些重大事件，供大家参考："华夏民族的形成、盘庚迁都的分界线、春秋争霸、三家贵族分晋、百家争鸣、战国七雄争霸、商鞅变法、秦始皇统一中国、修筑长城、陈胜吴广起义、楚汉之争、文景之治、罢黜百家独尊儒术、汉武帝抗击匈奴、张骞出使西域、赵过创立'代田法'、盐铁会议、司马迁写《史记》、汉匈和亲、王莽改制、外戚和宦官的争战、佛教传入中国、黄巾起义、官渡大战、三国鼎立、淝水之战、魏孝文帝迁都、隋文帝统一南北、科举制的创立、隋朝大运河的开掘、八王之乱、玄武门之变、贞观之治、玄奘西行历险、武则天改唐为周、文成公主入藏、开元盛世、安史之乱、诗仙李白与诗圣杜甫、牛李党争、黄巢起义、五代十国的分裂、陈桥兵变、杯酒释兵权、澶渊之盟、王安石变法、靖康之耻、岳飞抗金、成吉思汗统一蒙古、四大发明、元朝的统一、明朝的建立、郑和下西洋、戚继光驱逐倭寇、一条鞭法改革、百年之争、李自成起义、清朝的建立、吴三桂降清、郑成功收复台湾、清代文字狱、三藩之乱、马嘎尔尼使团来华、林则徐虎门销烟、鸦片战争、丧权辱国的南京条约、太平天国运动、英法火烧圆明园、辛酉政变、洋务运动、中日甲午海战、戊戌变法、八国联军侵略中国、辛亥革命爆发、中国同盟会的成立、中华民国成立、新文化运动、五四运动、中国共产党的成立、北伐战争、红军长征、西安事变、抗日战争、解放战争、中华人民共和国成立。"

5. 重要历史人物

重要历史人物主要是指对华夏历史在政治、经济、军事、科技、文化等领域产生影响的人物。和重大历史事件一样，重要历史人物也没有一个客观的标准，需要教师灵活把握。历史人物人物具有以点带面的作用，可以辐射相关的历史知识，入选的人物适当多一些更有利于历史教育内容的穿插。许树安、贾烈英《中国文化常识》① 第一章第三节"重要历史人物"列出了 255 个重要历史人物，读者诸君可查阅参考。

6. 文化交流概况

主要是指华夏民族与其他民族重大的文化交流实践，目的是让学习者明白中华文化曾对世界文化做出过重大贡献，中华文化尤其是近现代中华文化的发展也曾受益于其他民族的文化。诸如张骞两次出使西域，班超出使西域，佛教传入，鉴真东渡，日本遣唐使，玄奘取经，王昭君出塞、文成公主入藏等和亲制度，郑和下西洋，利玛窦、马可·波罗、汤若望等西方传教士来华，茶文化、瓷器文化等的传播，西学东渐等。何芳川《中外文化交流史》（上下卷）（国际文化出版公司，2008 年 5 月版）可资借鉴。

7. 华侨华人简史

目的是让学生对自己祖辈不畏艰险、远渡重洋的历史有一个简单的了解，懂得华侨华人对当地经济社会的发展做出了不可磨灭的贡献。这部分

---

① 许树安、贾烈英：《中国文化常识》（国际汉语教师丛书），北京语言大学出版社，2011，第 47~80 页。

包括华侨华人在世界分布的概况，华侨华人历史简况，尤其是学生所在国家或地区华侨华人的历史与贡献。陈碧笙《世界华侨华人简史》（厦门大学出版社 1991 年版）可资借鉴。

（二）民族风俗

民族风俗，是一个民族在一定的自然环境和社会环境中相沿积久而形成的生活方式。它具体表现在各民族的生产、居住、饮食、服饰、婚姻、丧葬、节庆、娱乐、礼仪、禁忌等方面，在不同程度上反映了民族的历史传统、心理感情以及道德准则、宗教观念等。民族风俗是一个民族生活方式最直观的表现，对民族的发展有着十分重要的影响。对民族风俗的实践与传承是民族成员民族特性的重要体现。

1. 人生过程习俗

主要包括诞生礼、满月礼、百日礼、周岁礼、成人礼、结婚礼、生日礼、丧葬礼等人生过程礼仪与习俗以及相关的求子习俗、婚配习俗、弄璋弄瓦之喜等，也包括生肖属相、生辰八字等。

2. 重大节日习俗

主要包括与春节、元宵节、清明节、端午节、中秋节、重阳节等重大节日相关的习俗。

3. 少数民族代表性习俗

主要包括蒙古族的那达慕节，傣族的泼水节，壮族、布依族等的三月三节，回族等信仰伊斯兰教的开斋节、古尔邦节，藏历新年，彝族、瑶族等的火把节等，也包括不同民族重要禁忌与典型礼仪等。

4. 当代中国新习俗

主要包括春运、七夕节（中国情人节）等新习俗和电子红包、微信拜年、黄金周等新风尚。

（三）中国概况

1. 民族及人口概况

包括多民族概况、人口数量及地区分布情况、计划生育政策及最新出台的"二孩"政策等。

2. 制度概况

包括中国共产党全国代表大会制度、社会主义制度、人民代表大会制度、中共领导的多党合作与政治协商制度、民族区域自治制度、宗教信仰自由政策、市场经济制度、改革开放政策等。

3. 行政区划设置

包括国家、省（自治区、直辖市、特别行政区）、市、县（区）、乡（镇、街道）、村（居委会）等行政体系，华北、东北、西北、华南、西南、东南等地理区域，省级行政区域的基本情况等。

4. 自然地理概况

包括中国疆域、邻国、国土面积、海域面积、地貌、气候类型、气候特点、水资源分布、土地资源分布等概况，重要山川湖泊、高原平原草原、沙漠盆地等概况。

5. 人文地理概况

这里的人文地理指具有文化意义的地理元素，即通常所谓的社会文化地理。包括具有宗教意义或象征意义的名山、河流，文化名城，历史建筑，名胜古迹，名人故居，寺庙道观，自然与文化遗产等。

6. 经济发展概况

包括经济发展程度、经济发展的地区差异与阶层差异、主要产业状况、交通状况、重大基础设施、对世界经济发展的贡献等。

（四）哲学宗教

1. 先秦诸子及其思想

主要包括儒家思想及其代表人物、道家思想及其代表人物、法家思想及其代表人物、兵家思想及其代表人物等。

2. 佛教传入及其中国化

强调中华文化的包容性。主要包括佛教传入的大致时间、佛教达到鼎盛的大致时间、禅宗等主要流派、中国化佛教的主要思想、佛教在民间的信仰表现、儒释道的协调融合等。

3. 道教及其精神

主要包括道教的出世和入世思想、主要的神仙谱系、道教的养生修身文化、阴阳学说等。

4. 宋明理学

主要包括其代表人物及主要思想。

5. 当代中国特色理论

诸如马克思主义中国化、毛泽东思想、邓小平理论等。

6. 重要民间信仰

诸如龙图腾，鬼神信仰，阴阳八卦，天堂、人间、地狱观念，万物有灵观念，观音、关公、妈祖等信仰等。

（五）华夏文明

1. 语言文字

包括汉语普通话及方言概况、汉语的基本特点、汉字的产生及结构特点、字体及演变、文房四宝等书写工具、文字改革及汉语拼音方案、少数民族语言文字状况等。

2. 重要科技成就

包括历史上的主要科技成就，如四大发明，地震仪、浑天仪、历法等天文成就，医学成就，数学成就，纺织、丝绸等农业科技成就等，也包括航空航天等主要现代科技成就。

3. 器物文化

主要包括玉器、青铜器、瓷器等。

4. 建筑文化

包括北京故宫、中南海、承德避暑山庄、布达拉宫、沈阳故宫等宫殿建筑，北京天坛、北京岱庙、山东曲阜孔庙、关帝庙等坛庙建筑，灵隐寺、白马寺、少林寺、塔尔寺、普陀寺、晋祠、白云观、真武道观等寺庙道观建筑，大雁塔、六和塔、虎丘塔、开封铁塔、山西飞虹塔等塔式建筑，土楼、开平碉楼、乔家大院、苗寨、陕西窑洞、徽派建筑等民居建筑，圆明园、苏州园林等园林建筑。每一种建筑的形制特点及文化意蕴。

5. 服装文化

重点是龙袍、汉服、唐装、旗袍、中山装等代表性服饰。

6. 饮食文化

"食"文化重点是"鲁、川、扬、粤、湘、闽、徽、浙"八大菜系及主要特点，"煎、炒、烹、炸"等制作方法，各地经典风味小吃，饮食观念和文化内涵；"饮"文化重点是茶文化、酒文化等。

7. 民族艺术

重点是民族音乐、民族舞蹈、国画、书法、戏曲、剪纸、蜡染等艺术形式，每一种艺术形式的主要特点和经典作品。

8. 体育文化

重点是传统的中国象棋、围棋、武术、风筝和现代的乒乓球运动，也包括象棋、围棋所体现的哲学观念与思维方式，武术所体现的内在精神等。

（六）文学成就

1. 经典作品

重点是能体现民族精神、具有教育意义的名篇、名段或名句，最好能适合背诵记忆。

2. 不同时代的代表作家及其代表作品

主要是读者群大、跨时代性传承、言近旨远有教育意义的作家作品。

3. 不同时代的代表性文学体裁及代表性作品

重点是战国至秦汉时期的史书和经书、散文，楚辞汉赋，魏晋骈文，唐诗宋词元曲，明清小说等，目的是让学生对中国文学的历史发展线索和重要成就有一个大致的了解。

4. 重要民间故事和传说

传说是民族记忆的一部分，反映了汉民族的世界观念、人生观念等，口耳相传，通俗易懂，富有教育价值，对培养个体的民族精神具有重要的意义，应当适当收录。包括盘古开天、女娲补天、嫦娥奔月、后羿射日、精卫填海、夸父逐日等神话传说，梁山伯与祝英台、天仙配、牛郎织女、白蛇传、孟姜女等爱情传说，大禹治水、孟母三迁、愚公移山、孔融让梨、程门立雪等历史故事。

（七）交际文化

1. 家族伦理及亲属称谓系统

包括家族观念，故土观念，血亲、姻亲、直系、旁系、父系、母系等亲属制度，家族伦理及不同的亲属称谓。

2. 社会伦理及社交称谓系统

包括天下一家观念，社交称谓亲属化现象，官本位称谓，尊师背景下的教师称谓，先生、太太等现代称谓，姓名文化及姓名称谓礼仪。

3. 言语行为礼仪

指言语交际过程中的礼仪文化，包括敬语、谦语、礼貌语、套语、禁忌语、委婉语、招呼语、问候语、告别语、应答语、拒绝语、介绍语、询问语、请求语，也包括社交距离、眼神、体态等非语言礼仪成分。

4. 一般社交礼仪

指送礼与收礼、宴请与参加宴请、邀请与赴约、聚会与会议等社交行为礼仪及文化现象。

第二节　华文教育教材与中华文化呈现功能

一　文化呈现的原则

文化呈现是指以各种媒介为载体，表述或表征某种文化的思想观念、价值观念或文化元素。文化呈现的载体既可以是报纸、电视、广播、互联网等大众传播媒介，可以是书籍、音像制品、戏剧、舞蹈、音乐、雕塑、剪纸等承载文化信息和文化知识的文化产品，可以是服装、建筑、食品、器具等隐含文化信息的物态形式，也可以是待人接物、迎来送往、婚丧嫁娶、饮食起居等文化行为。我们这里讨论的是华文教育组织在实施华文教育过程中的中华文化呈现，主要涉及教材、课程、教师教学行为、学生学习行为、管理行为、校园生活、组织形象塑造等各个环节。本节主要从教材角度谈中华文化的呈现。

（一）多元原则

这里所谓的"多元"当然是指中华文化视野下的多元，而不是全球视野下的多元，尽管我们应该把中华文化当作全球多元文化的一支来定位，但对华文教育而言，核心自然是中华文化的传承问题。

华文教育教材中的中华文化呈现应当坚持多元原则，包括内容多元、媒介多元等。

　　首先是内容多元。传承中华文化不仅要传承汉族文化，也要传承其他族群创造的优秀文化。我们常说中华文化历史悠久、博大精深，是包括56个民族在内的各个民族文化逐渐融合而形成的，历史上随着民族的不断融合而经历过多次的交融、转型和创新，因此传承中华文化不能只局限于汉族文化，必须包含那些已经融入中华文化体系、体现中华民族精神、反映中华民族价值观念的其他民族的文化。传承中华文化不仅要传承古代文化，也要传承中华当代文化。中华文化经过五千年的积淀，底蕴丰厚，古代文化是中华文化的基石，是华文教育的核心内容，但当代中华文化也是不可忽视的内容，不能厚古薄今，中华当代文化既承续了传统文化的精神，又是华人社会生活的真实写照，更加贴近学习者的现实；古代文化更加偏重于知识文化，学习起来偏于晦涩，需要更多的加工和转换。"历史文化内容太多是中国文化教材的通病，根源是移植甚至照搬母语教学内容，据调查，多数学习者认为'三纲五常'等传统文化离日常生活太遥远，学了没什么用，他们希望文化教材多介绍当代中国人的礼仪和道德标准，帮助其了解当代中国。"① 传承中华文化当然也要注意物质文化、制度文化和精神文化的有效结合，物质文化和制度文化常常是精神文化的外在表征，对学习者领悟和建构精神文化具有不可替代的意义；精神文化是文化的最高层次，培养具有中华民族气质的社会人、文化人意义巨大，精神文化也是认知和欣赏中华物质文化及制度文化的基础。国家汉办发布的《国际汉语教学通用课程大纲》将海外汉语教学中的"文化"定义为"文化意识"，将"文化意识"细分为文化知识、文化理解、跨文化意识与国际视野四个部分，并在附录5《中国文化题材及文化任务》中列举了69项文化学习任务，涉及交际文化8项（11.6%），知识文化61项（88.4%），此外还提供了67个跨文化交际思考问题。从这份大纲所给出的第五级指标（最高指标，见表2－1）可以看出只有呈现多元化中华文化，才能编写出合乎要求的中华文化教材，实现课程目标。

---

① 周小兵、罗宇、张丽：《基于中外对比的汉语文化教材系统考察》，《语言教学与研究》2010年第5期。

表 2-1　第五级指标——文化意识

文化意识	目标描述
文化知识	1. 了解所在国个人及群体学习不同语言的权利 2. 了解所在国个人、社区和社会使用不同语言的权利 3. 了解所在国和中国在经济、文化、科学、教育等方面的发展、交流及成就 4. 了解中国文学、艺术、科学、思想等方面的成就及其对世界文化的贡献 5. 了解汉语语言文化的发展及其在世界文化大家庭中的地位、贡献和作用 6. 了解汉语中常用成语、俗语和某些典故的文化内涵 7. 了解汉语文化中的语言交际和非语言交际的功能 8. 了解汉语文化中的交际礼仪与习俗 9. 了解汉语文化中的社会结构和人际关系 10. 了解中国的某些文化现象并具有对其进行解释的能力 11. 了解所在国华人的创业史和华人对所在国社会的贡献
文化理解	1. 进一步理解文化不仅可以习得，而且可以通过学习获得 2. 全面理解文化学习和语言学习的关系：语言是文化的重要组成部分 3. 了解中国文化中的价值观念 4. 了解文化的多元性、动态性和相互渗透性 5. 学会运用批判思维方式学习、了解有关中国文化和所在国文化的能力
跨文化意识	1. 了解有关中国文化和所在国文化的共性和差异 2. 通过学习中国文化，培养跨文化意识 3. 通过对所在国文化与汉语文化的对比，加深对所在国文化习俗和思维习惯的客观认识
国际视野	1. 通过学习汉语，初步了解世界文化，拓展国际视野 2. 初步了解汉语的文化现象和渊源 3. 通过学习语言文化，培养从不同视角对世界多元解释的能力 4. 通过文化学习，拓宽思维和视野，培养由不同文化因素所达成的思维整合 5. 了解中国与所在国的文化与渊源 6. 培养较强的世界公民意识

　　其次是文化呈现媒介、呈现方式多元化。从呈现媒介的角度看，当今社会是一个信息化的社会，各种政治信息、经济信息、文化信息、军事信息、社会信息充斥其间，信息传递技术日新月异，社会大众接受信息的渠道和媒介日益立体化和多元化，在这样的形势下，以单纯的文字文本来呈现或传播信息已经落伍。同样，海外华文教育教材对文化的呈现方式也要

实现现代化、立体化、多元化，强化文化信息的竞争力，吸引学习者的注意力，提高学习者的兴趣。形势要求我们既要编写好传统的纸质教材，又要开发适应多种网络终端的电子教材、影像教材；既要开发适合课堂讲授与学习的传统教材，又要开发适合利用课外碎片化时间学习的文化资源；既要开发传输—接受这样单向的学习材料，也要开发网络空间中线上线下结合、师生互动或学习者之间互动的网络教材；甚至还可以结合青少年的心理特点，开发文化游戏、微课、微信、微视频等丰富多样的中华文化传播资源。

从呈现方式看，华文教育教材文化呈现的方式主要有显性呈现和隐性呈现两种。所谓显性呈现主要是指文本直接描述文化元素，明朗清晰，主题集中，显性呈现便于学习者迅速了解掌握文化知识；隐性呈现主要是指将文本叙事置于特定文化元素构成的语境之中，需要学习者仔细体会文化语境与文化行为之间的逻辑关系，进而对文化元素产生认知。显性呈现多用于专门性的中华文化教材或辅助读物，也用于语言教材中文化词语的解释或文化项目的注释，优点是可以对文化元素进行系统、清晰、全面的介绍，容量大，效率高；缺点是这种呈现方式是单向的传输，活泼型、趣味性、互动性不足，学习者难以主动地进行自我的知识建构。隐性呈现多用于综合语言教材或语言技能训练教材，优点是情境性强，趣味性强，潜移默化，学习者可以自主建构文化知识，达到内化效果，理解透彻，可以与语言项目教学密切配合；缺点是文化项目的安排随意性强，容量小，文本编写难度大，对教师文化素养要求较高等。华文教育教材在中华文化呈现方面要依据教材性质、课程性质、教学对象、教学知识点恰当选择显性呈现或隐性呈现，发挥不同呈现方式的优势，力求提高文化呈现的多元性和有效性。

（二）客观性原则

华文教育教材中华文化呈现应坚持客观性原则。所谓客观性主要指华文教育编写者、华文教育教师在实施中华文化呈现时客观、中正、理性、超然的文化态度。"在文化接触、文化交流或文化特质的同化过程中每一方都十分清楚己方的参与者而不太了解对方的参与者；透过自己的棱镜，每一方都只能看到自己的问题、自己的动机和自己的支持者。"① 华文教育中，教材的编写者或教师也有一种文化本位意识，表现为文化情感的倾向性，潜在地认为自己的母语文化或本土文化合情合理，理所应当，喜欢用我者的文化符号或文化意象解释他者的文化现象，费正清把这种现象概括为文化衍射法则（culture diffraction）。李云龙也分析了威妥玛在编写对外汉语教学史上第一本北京话口语课本《语言自迩集》所表现出来的文化衍射现象。威妥玛是英国人，他在编写《语言自迩集》时表现的是他的本土文化——基督教文化的衍射作用②。作为华文教育教材的编写者或教师，中华文化的衍射作用可能更多地表现在对中华文化的自豪感、优越感，不自觉地强调中华文化历史悠久、博大精深、灿烂辉煌、贡献巨大，强调中华文化在世界文化中不可或缺的地位。这些观点自然不能算错，但不论是从海外中华文化传承角度还是传播的角度，这种文化态度都是非理性的，教材编写或教师应当超然其外，评价性的语言应当由学习者自己体会、总结。李欣蓓做过调查，"编写者将自己假想为留学生，试图以留学生的口吻传达对特定文化现象的见解和评价。用编者之口传达留学生情感的做法似乎并不明智，留学生对于异国事物的评判、体验都相对客观理性，而编者则普遍带有对自身文化的褒扬倾向"③。不能以自己的思维代表他人所想，不能以自己的意志、喜好和价值判断代替他人的感受。李泉在谈到文化呈现的心态时认为要"不炫不贬，要求对己方文化不炫耀、不溢美，对他方文化不贬损、不排斥，以中性的立场进行客观描述"④。

所以，华文教育教材对中华文化的呈现要以中性的笔墨描述为主，理性介绍，拒绝感情参与，甚至对中华文化中某些文化内涵中不合乎时代要求、不符合人类精神的部分可以有一些冷静、理性的批判。在有关文化对

---

① 〔美〕费正清：《新教传教士著作在中国文化史上的地位》，张西平《欧美汉学研究的历史与现状》，大象出版社，2006，第 96 页。
② 李云龙：《〈语言自迩集〉的文化接受、干预与对外汉语教材的编写》，《课程教材教法》2009 年第 5 期。
③ 李欣蓓：《从对外汉语教材话题的选择看编写者文化态度——基于三部对外汉语教材话题的分析》，《云南师范大学报》2014 年第 5 期。
④ 李泉：《文化内容呈现方式与呈现心态》，《世界汉语教学》2011 年第 3 期。

比的环节更应坚持中性立场，只比较同和异，不轻易评价孰优孰劣，不随便对异域文化提出质疑。

要做到客观、理性还得避免"说教"的口气。中国大陆"说教"文化盛行，这可能和农业文明、官本位体制有关。在大陆，社会充斥着一种家长制作风。在家里，家长对孩子说将来要成为怎样的人，要努力学习，要听话，要做一个礼貌的孩子，哪些是对的，哪些是错的；到了学校，教师会教孩子什么是正确的价值观、世界观、人生观，应该怎么做，不应该怎么做；进入社会，领导又有一番大道理，又有一番说辞。双方交流，地位高的一方总强调权威性，观点先定，交流的过程就是教育对方的过程。许多中小学教材都是充斥着大道理，不容反驳，没有讨论空间，只能接受。海外华文社会面临的政治环境和文化环境与我们完全不同，平等协商的空间较大，甚至家长与孩子也需要自由讨论，因此海外华文教育教材一定要避免说教，"应该、必须、应当、责任、担当"等道义情态词语尽量少用。

要做到客观，也不能刻意回避中国或海外华人社会存在的社会问题。任何国家在发展过程中都会遇到环境污染、交通拥堵、贫富分化等社会弊病，这并非中国的"专利"。诚然，教材编写者应当以介绍中国社会的美好为主，但也不必千篇一律高唱赞歌，因为留学生可以从除教材以外的诸多渠道了解中国社会的方方面面，因此，客观公正、实事求是才是文化选择或呈现的最佳立场。

（三）系统原则

中华文化传承是华文教育的终极目标，丰富的文化含量是华文教育教材尤其是华文教育中华文化课程类教材的内在要求，但面向海外华裔子弟的华文教育，其中的中华文化教学到底应该教什么？语言类教材与文化类教材如何有效分工？文化类教材的内容体系到底应该如何建构，诸如此类的基本问题，不论是学界还是教学一线并没有达成共识，这就出现了各自为政、见仁见智的局面。

文化的定义有广义和狭义之分，狭义的文化常常被限定在道德、知识、宗教、信仰、法律、艺术、习俗等范围之内，这和华文教育的目标和要求并不十分切合，华文教育的文化教学应当采用广义的文化定义，毕竟民族文化本身是丰富多彩的，采用狭义的文化定义容易丢失一些民族特色的东西。广义的文化十分宽泛，可以说是无所不包，这就造成华文教育教材编写时编写者无所适从。有的教材纷繁无序，有的教材庞杂艰深，有的教材面面俱到，有的教材随意选择。在广义文化的指导下，研制一个系统的、完善的、能体现民族特色和民族精神的华文教育文化大纲是目前比较紧迫的任务。

华文教育教材文化呈现要做到系统性，首先要考虑到语言类教材和文化类教材的分工问题。

我们认为华文教育语言类教材呈现的文化应当以交际文化、物质文化以及以习俗为主的制度文化为主，文化类教材呈现的文化应当以知识文化、精神文化以及除习俗以外的制度文化为主。张占一从对外汉语教学中文化知识的功能角度将文化分为"交际文化"和"知识文化"两类，"所谓知识文化，指的是那种两个文化背景不同的人进行交际时，不直接影响准确传递信息的语言和非语言的文化因素。所谓交际文化，指的是那种两个文化背景不同的人进行交际时，直接影响信息准确传递（即引起偏差或误解）的语言和非语言的文化因素"①。语言类教材对应语言教学，语言教学的重点不是传授语言知识或文化知识，而是培养语言技能，其目的是培养学习者跨文化交际能力，这是和交际主体的言语行为及文化行为直接相关的。按照美国语言哲学家约翰·塞尔的理论，讲任何一句话，就是在实施一种言语行为。交际主体实施言语行为，不论是陈述、请求、询问、感叹，还是拒绝、警告、许诺、劝告、表态、宣告，不论是依言叙事、依言指事还是依言行事，任何言语行为背后都有一定文化规则的制约，这些文化规则构成交际的背景知识，直接影响准确传递信息，影响以言取效，从而构成交际文化的主体，这些应当也必须是语言类教材文化呈现的重点。比如请求类言语行为，在中华文化背景下依据请求对象、社会距离远近、社会权力关系、请求内容的难度系数、性别角色、公开场合还是私人场合，内在的文化规则是不同的，相应的语言表达形式也是不同的。根据姚舜霞的调查研究，汉语请求行为有四种模式："社会地位较高

---

① 张占一：《试议交际文化和知识文化》，《语言教学与研究》1990 年第 3 期。

的人对社会地位较低的人倾向于使用直接请求策略；年纪大的人对年轻人倾向于使用直接请求策略；社会距离越近，人们就越倾向于使用直接请求策略；跨性别交际中，老年人之间在采用请求策略没有表现出明显的性别差异，年轻人之间女性比男性更多地采用间接的请求策略。""通过附加句实施请求行为是汉语（社会）的一个区别性特征。"①

　　社会交往要求交往主体具有语言能力和行为能力，行为能力除了要满足生理和心理上的基本要求外，还需要遵守合法的社会秩序。这种合法的社会秩序就是社会规则，是社会形成过程中逐渐沉淀下的行为规范，是以礼仪和习俗为主要构成的体系，也就是社会生活的制度文化。华文教育语言类教材也要呈现这种以礼仪和习俗为主要构成的制度文化。礼仪和习俗的一部分本身就是交际文化的范畴，因为这些因素（比如称呼礼仪）可能会影响信息的准确传递，造成偏差或误解，按照我们上述的讨论，属于语言类教材应当呈现的文化内容。礼仪和习俗的另一部分，虽然不属于交际文化的范畴，但作为一种行为规范，直接影响个体的社会交往。吃饭、穿衣、结婚、生子、拜师、学艺、欢度节日、参加典礼等等，这些都是社会交往中人的文化行为，都要受到习俗、礼仪和规范的制约。这些文化要素是生活的现实，是现存的活的文化，比较适合在适当的文本中情景化地呈现出来，文化类教材追求完整、系统地介绍民族文化内容，常常是脱离生活的，因此礼仪、习俗类制度文化也应该在语言类教材中呈现。

　　至于物质文化，总是对应一个词语载体，比如"四合院""景泰蓝""旗袍""铁观音"等，所指内涵比较单一，一般可以通过生词解释或随文注释的方式很方便地呈现出来，不影响语言点的选择或语法项目的讲授，因此有关物质文化的内容也应属于语言类教材呈现的范畴。

　　知识文化（比如历史知识）、精神文化（比如儒家思想）、其他制度文化（比如科举制度）等常常内容庞杂，自成体系，深奥难懂，远离生活，如果在语言类教材里呈现就会被撕裂为碎片，难以达到呈现效果，所以这些文化应当主要在文化类教材呈现。

---

① 姚舜霞：《浅析英汉请求言语行为策略类型》，《河南科技大学学报》2003 年第 3 期。

当然，上面的分工也不是绝对的，语言类教材里适当呈现一些知识文化或精神文化，给学习者一个感性的认识，从而激发他们学习兴趣，再到文化类教材集中学习，也是值得提倡的。总之，语言类教材文化呈现的重点是以语言层面的文化任务为主，涉及的文化范围可宽，但内容不宜太深，尺度就是不应因文化的因素而影响语言教学，从而导致喧宾夺主；文化类教材的任务则是以文化认知即了解和理解文化为主，所涉及的文化层面和深度都应该有一个合理的结构。

华文教育教材文化呈现要做到系统性，第二个要考虑的就是依据什么样的逻辑来呈现如此繁多的文化项目，避免随意性和主观性。

文化有自身的结构，按照不同的标准有不同的分类方式。按照存在形态一般有二分法：物质文化与精神文化；三分法：物质文化、行为文化与精神文化（或是物质文化、制度文化、精神文化）；四分法：物质文化、行为文化、制度文化与精神文化。每一种文化下面又有次级分类，这种次级分类对华文教育教材文化呈现项目的编排更具有操作上的指导意义。无论哪种分类，都是应用一定的标准，对文化进行梳理分类。对于华文教育教材的文化呈现来说，采用哪种分类无关紧要，重要的是一以贯之地使用同一文化分类标准，条分缕析地把中国文化的要点和内在逻辑系统地排列出来，形成科学、严谨的中国文化发展体系。

文化有其自身的发展逻辑或历史传承关系，科学地安排文化呈现的顺序不仅可以使文化项目的排列科学、有序，还有助于学习者理清逻辑关系和历史脉络，提高认知效果。文化类教材的文化呈现更应该重视文化自身的发展逻辑和历史传承关系。

文化呈现还应当考虑由易到难、由浅显到深入、由现象到本质等一般的教材编写要求。

（四）适切性原则

陈望道《修辞学发凡》提出修辞的首要原则是适应题旨和情境，我们用"适切"一词来概括。所谓的"题旨"，即表达目的；所谓的"情境"，即交际时的语言环境，包括上下文环境、交际现场语境以及与交际有关的一切社会背景等。上下文语境即交际文本的前后关联，也就是说交际时要"瞻前顾后"；交际现场语境指的是交际的时间、地点、对象及其他物理环境，其中"对象"元素尤为重要，涵盖交际对象的年龄、性别、受教育程度、职务、职业、心情、性格、气质、思想观念、文化传统等多元成分；社会背景指的是交际双方所处的社会场域，包括政治背景、经济背景、文化背景等各种复杂因素。只有适应题旨和情境才能提高表达效果，才能实现成功交际。

华文教育教材是华文教育课程的核心和灵魂，教材本身也是一个交际文本，华文教师课堂传授也是一个交际过程，所以不论是教材编写或者华文教学都必须遵守适切原则。

我们先看适应题旨。从本质上讲，人类的交际行为是目的驱使下的交际，是交际双方追求目的的互动过程，交际的成功与失败的一个关键性标准是交际双方的目的是否得到正确的理解和成功的实现。实现交际目的依赖双方共同的创造和努力，并不仅仅是表达者一方的责任和义务。

华文教育教材要服务于华文教育的最高目的，即实现汉语言及中华文化的传承。从中华文化传承这个根本目的看，我们认为可以将之分为五个次级目的：引起注意、认知理解、共享欣赏、自觉实践、实现认同。这五个次级目的不是指同一个认知对象的不同认知阶段，而是指每个次级目的都有相对的独立性，也就是说有的文化项目只希望学习者注意到或知道就可以了，无须也不一定都可以完成其后的理解、欣赏、实践或认同，有的文化项目需要学习者达成所有的五个次级目标，既要知道，也要理解，在欣赏的基础上自觉实践，最后内化为自身的精神品格（认同）。这五个次级目标也有内在的逻辑关系，前项是后项的基础，要实现后项目的，必须以前项目的的实现为条件，理解的前提是注意，欣赏的前提是注意和理解，自觉实践的前提是注意、理解和欣赏，认同的前提是所有前项次级目的。

既然中华文化传承是一个目的行为，那么实施中华文化传承教育就涉及两个方面，一方面是目的合理性的确定，即确定什么样的文化项目对应哪一个或哪几个次级目的；另一个方面就是工具理性的选择，即采用什么样的手段或策略实现相对应的目的。

编写华文教育教材要对具体文化项目的呈现目的进行合理性确定，比如关于华人分布、地理疆域、朝代更替、社会状况等文化知识的呈现目的可以设定为引起注意，因为这些事实性文化让学习者知道就达到了教育的目的；对"和而不同""谦谦君子""兼爱非攻""自力更生"等精神类文化的呈现目的就要设定为上述五个次级目的，最终目的是让学习者产生认同。不同的目的决定不同的手段和策略，注意重在形式，理解重在阐释，欣赏、实践和认同重在价值和审美。

再看适应情境。情境是可能影响言语交际的各种显性和隐性环境因素的集合，对于华文教育教材中华文化呈现而言，对象因素和社会文化背景因素是最重要的。

话题选择或文本表述要尽量贴近学习者的生活。华文教育对象一般生活于异国他乡，自然环境和社会环境都与中国有诸多不同，如果选择的话题或文本表述游离于学习者的生活之外，要么会增加理解的负担，要么会造成学习和运用的割裂，最终会使学习者失去学习的兴趣和动力。话题选择或文本表述要注意避免与学习者自身的宗教信仰或社会主流价值观冲突。海外华人多处于宗教社会，大多都具有特定的宗教信仰，当地主流价值观也和中国多有不同，编写华文教育教材要特别重视这方面的问题。

适应情境必将导向华文教育教材的本土化。"本土化"和"国别化"都是指教材对对象和社会文化背景的适应，我们倾向于使用"本土化"之一概念，因为"国别化"更多强调是政治上的疆域概念，与"文化背景"没有必然的联系，一个国家内部可能存在多元文化体系，不同的国家可能享有共同的文化观念，而"本土化"是一个可大可小的概念，更加切合对象因素和文化背景因素的实际。"本土化远不止利用汉语记录几个当地独特的名物那么简单，从更深意义上来看，如何照顾对象的文化背景而使其能够以有效的方式接受、掌握汉语并了解中华文化，也许是'本土化'的根本指向所在。"① 吴应辉分析了"本土化"教材与"普适性"教材的十个特质的差异，其中就包括了我们这里强调的"对特定学

---

① 李云龙：《〈语言自迩集〉的文化接受、干预与对外汉语教材的编写》，《课程教材教法》2009 年第 5 期。

习群体的针对性"和"话题内容"①。

至于华文教育教材的语言风格、深浅程度、容量大小等都要符合学习对象的年龄、教育程度等要素，是无须在这里多着笔墨的。

（五）循序渐进原则

华文教育教材中华文化的呈现要遵照循序渐进的原则，这是一般的教育规律。哲学、宗教、信仰、价值观念等文化内容都是极为复杂、深奥的，这些文化元素常常和民族历史、社会环境、思维方式、人生观念等密切相关，如果学习者的语言基础尚处于初级阶段，显然无法充分而又准确地理解。这就需要华文教育教材尤其是中华文化类教材的编写者在呈现中华文化时充分考虑各种文化元素的复杂程度，科学安排呈现的顺序。

由于华文教育对中华文化的特定的目标要求，华文教育中华文化类教材必须比汉语国际教育中华文化类教材呈现更加广泛和深入的中华文化内容，呈现顺序问题就显得更加重要。

循序渐进原则有时会和文化元素的历史脉络、内在发展逻辑及文化呈现的整体性和系统性产生矛盾。如果按照历史脉络，孔孟之道、诸子百家的思想就会出现在早期学习阶段，而这显然是不太现实的；如果按照文化内在的发展逻辑，要理解王维的山水田园诗诗画交融的特点，先得了解佛教传入中国以后的禅思文化，而后者的理解难度要大得多；如果按照文化呈现的整体性或系统性，儒家学派的观点及其在各个时代的流变就应该集中呈现，而这部分内容十分庞杂艰深，放在任何一个阶段，对学习者来说恐怕都是一个挑战。这就要求教材的编写者科学平衡各个原则，巧妙选择取舍，尽量使中华文化的呈现体现为螺旋式的特征。

如果按照表层文化、中层文化和深层文化这样的逻辑分类先把中华文化分成几个模块排列大的顺序，每个模块内部再按历史脉络、文化内在发展逻辑和整体性及系统安排，就可以兼顾循序渐进原则及其他原则。比如中华民族的地理分布、现代中国的疆域及行政区划、物质文化、科技文明等这些偏于表层的文化作为一个模块，放在初级阶段；历史知识、汉字知

---

①　吴应辉：《关于国际汉语教学"本土化"与"普适性"教材的理论探讨》，《语言文字应用》2013 年第 3 期。

识、风俗习惯类的制度文化等这些偏于中层的文化作为一个模块，放在中级阶段；把哲学思想、宗教信仰、文化艺术等这些偏于深层的文化作为一个模块，放在高级阶段。教师教学过程中可以根据实际情况和自己的理解适当调整教授的顺序、掌握详略程度、合理加以取舍。有这样两个环节的把握，文化呈现应当会相对科学。

（六）柔性原则

文化如水，润物无声。文化是柔性的，传播文化的方式也应是柔性的。当前我国已成为世界第二大经济体，政治实力、军事实力也空前提升，有了进行更多的文化传播尝试的条件。在这种情况下，更应该注意传播的方式方法，为了达到更好的效果，需要充分考虑传播对象的感受。华文教育的对象虽然是中华民族的成员，但也要以谦谦君子之风，发扬优秀传统，践行中华文化传承。不要总是强调中华文化无与伦比，历史悠久，灿烂辉煌，要以理性的语言叙事风格，展现中华文化的历史脉络、逻辑结构、核心精神和形成基础，要让学习者明白中华文化是一个不断创造、不断积累的过程。这一坎坷的过程中，有古老的蛮荒，也有今日的繁荣；有对三纲五常的扬弃，也有对仁义道德的坚守；有源自本土的儒道文化，也有吸收改造的佛家观念。谦逊坚持，其行远矣！

（七）双向原则

现代传播理论将双向传播作为传播的基本原则，现代化的教学理论也要求教育实现从单向传播到双向传播的转型。师生之间的单向传播指老师掌握主动，信息由老师发出，学生机械接受，缺乏语言与情感的反馈和互动，教师和学生缺乏思想的碰撞，教学气氛枯燥沉闷，"教"是填鸭式，"学"是被动式。现代教育十分强调学习者的主体地位，教学过程不再是一个纯粹的给予和接受的过程，而是一个互相交流、互相启发、教学相长的过程，教学是教师的教与学生的学的统一。

双向原则似乎在教师教学过程中才能得到更好的体现，与教材没有太大的关系，正因如此，现有的华文教育教材尤其是华文教育文化类教材没有体现很好的双向性，这些教材基本上是中华文化单向、静态的呈现。其实教材编写也应该而且有可能体现双向性。首先，这种双向性体现在教材编写过程中调查、试用、反馈、修改的各个环节，一本好的教材绝不是闭门造车、一蹴而就的事情，必将经过反复的调查研究，根据调查结果，拟定编写方案，讨论完善方案，编写初稿，教学试用，再反复修改这样一些复杂的过程。其次，可以适当采用对话的方式呈现文化内容，随着话题的开展，逐步展示文化元素，教师也可以在教学过程中采用对话的形式丰富教材内容，体现教材的开放性，在师生的双向对话过程中，生成鲜活的教学材料。杨瑞、李泉编写的《汉语文化双向教程》之所以称为"双向"，指的是"语言与文化并重"，其实这部教材编写风格上也有双向特征，教材每一课课文都包括"对话"和"短文"两部分，其中的"对话"部分是主体，这其实是一个开放的教材，学生学习了对话部分以后，可以利用其中的关键词语，自主与教师或其他同学对话，教师可以根据对话的实际情况完善教学。这种方法值得在教材编写中尝试。最后，可以在文化类教材练习设计中，尽量设计一些双向性的活动。王海龙编写的《文化中国》《解读中国》每课课后都有大量的可以集体参与讨论的问答练习，这些练习可以通过双向互动帮助教师了解教学情况，同时也帮助学生检查学习情况，也可以适当进行扩展，将教学推展至课外。

二　文化呈现的策略

（一）从中华文化与其他民族文化交流的角度呈现中华文化

呈现中华文化要避免妄自尊大的狭隘心态，把中华文化仅仅看作世界文化的有机组成成分，每个民族的文化都是灿烂辉煌的，中华文化只是其中之一。不同民族的文化之间是平等的，应该相互尊重，传播或传承中华文化，不能也不应该贬斥、诋毁任何其他的异质文化。一个民族的文化繁荣与发展，都离不开外来的滋养，中华文化在其发展的历史上也吸收了许多外来的文化，正是中华文化对其他民族文化的兼容并蓄与吸收转化，才成就了中华文化数千年的繁荣昌盛。

华文教育教材如果能从中华文化在与其他文化的交流过程中不断吸收借鉴其优秀成分的角度来呈现中华文化，就可以体现编写者文化平等的态度，拉近不同文化背景学习者的心理距离，减少学习者尤其是异文化背景学习者的陌生感或消极情绪，提高文化传播的效果。

我们以青花瓷这一中华文化物质元素为例来说明这一问题。

众所周知，China 的原意就是瓷器，瓷器以其独特的民族文化特色代表着中国悠久的文化。青花瓷作为瓷中精品成为中华文化的一个重要的符号。青花瓷唐宋时期就有萌芽，经元明进一步发展，至清代达到顶峰，随着中外文化交流与贸易往来的日益频繁，青花瓷被大量带往海外，郑和七次下西洋，每次都携带大量的青花瓷，青花瓷流转到东南亚、中东和北非许多国家，这对中华文化传播和中外文化交流产生了非常重大的影响。青花瓷是科学与艺术的结晶，具有集成性展现中华文化的功能，不仅反映了我国古代高超的制作工艺，其造型和各种纹饰更反映了中华民族的审美情趣和价值观念，纹饰的各种题材反映了中华书法、绘画、民俗、历史等各方面的文化，纹饰的风格的变迁也反映了我国各个历史时期的文化特点。青花瓷这一物质形式是呈现中华文化的绝好载体之一，但如果能站在历史的高度上，从文化交流的维度入手，介绍青花瓷吸收阿拉伯文化及西方文化改进其制作工艺、变换其纹饰风格的历史，并在这些变化中融入具有中华民族特色的文化元素，那就可以将中华文化的呈现由刚性变为柔性，由单一变为多元，由单向灌输变为能动接受。

据景德镇高等专科学校廖蓓的研究，阿拉伯文化对青花瓷的影响表现在用料、装饰、造型三个方面。"到了元代后期，由于得到了来自波斯的优良青花料苏麻离青，中国的青花瓷才开始成熟并被规模生产出来。""明洪武时期，由于各种主观因素与客观上的原因，以及苏麻离青原料的中断，青花瓷生产一度衰退。明永乐、宣德两朝是青花瓷的黄金时代，郑和七次下西洋带回来了优良的苏麻离青青花料，苏料呈色浓艳美丽，加上永宣瓷器雄健豪放的风格，使得永宣瓷器被历代追崇，成为青花瓷的至尊。""在元代景德镇青花瓷上，我们还可以看到附属装饰的阿拉伯图案，很明显这是受到阿拉伯国家的影响。"14 世纪中期，青花瓷盘上常用的"同心圆图案"，题材是中国式的，纹饰风格是伊斯兰式的。"公元 10 世纪的阿拉伯就开始采用椰子、谷物、花卉等植物来装饰，有规律地展开蔓延状的花、果、叶、藤等，把它们描绘成无限的延伸、卷曲、缠枝、变形，按照自己的意愿重新加以组合，使之充满旺盛的生命力和梦幻之美。这种装饰手法用于永乐、宣德青花瓷上，一反传统的写实手法，多采用二方连续的图形，使枝叶延伸，无穷无尽布满整个空间，花叶枝条变枝缠绕、有机蜿蜒迂回、比例完美、节奏起伏。"从青花瓷的纹饰到造型，几何图形几乎无所不在，深受伊斯兰器物几何型装饰风格的影响。"回纹、忍冬纹、碎浪纹、卷叶纹、水涡纹、圈点纹、朵花纹组成的边饰则更多地受到波斯地毯图案的直接影响，更有些是受益于清真寺中圣龛和门楣边饰的启发。"阿拉伯书法也是永宣青花瓷上装饰题材之一。"永乐宣德青花瓷器吸收西亚地区元素的主要有以下九种器物：天球瓶、如意葫芦扁瓶、洗口如意耳扁瓶、执壶、花浇、鱼篓尊、折沿盆、盘座、直流壶和扁壶。"①

上述内容都可以经过改写和选择，与青花瓷的中华文化内容一同呈现。

其实中华文化的发展既是一个自我革新的过程，也是一个吸收融合的过程，几乎所有的中华文化元素的呈现都可以和对异文化的借鉴与交流结合起来。比如发生在公元 3 世纪汉代末期来自西域近邻诸国的印度佛教文化，跨山越水，绵延不断地传入中土，前后长达数百年，其对华夏文化的影响，涉及音乐、舞蹈、绘画、雕塑、文学、建筑等多个方面，在唐朝更是达到了顶峰。如果我们在编写有关这些文化元素的内容时能够适当结合这些交流融合的过程，既可以使学习者更加有效地理解其特点生成的背景，又可以使这些文化的呈现具有更多的情境性。

（二）生活化

可以从含有中华文化元素的生活场景中编写教材文本，使学习者在文本学习中体会某个中华文元素的意义和交际价值。这样的生活场景既可以是原汁原味的华人的日常生活，也可以是跨文化交际的场景。吴晓露、程朝晖主编的《说汉语谈文化》（上）（北京语言大学出版社 2008 年 4 月第二版）第一课《客套和礼节》的主课文《新朋友》就是中华文化生活化呈现的成功案例。我们将主课文摘录分析如下：

新朋友

麦克尔是美国留学生，刚到中国来学习。今天他有了一位新同屋

---

① 廖蓓：《阿拉伯文化对青花瓷的影响》，《中国陶瓷工业》2008 年第 6 期。

和新朋友——中国学生王大伟。他们刚刚布置完房间，天气很热，两个忙了半天，有点累，便坐下来休息。

I

麦克尔：哈，总算完了。你想喝点什么吗？我有茶、咖啡，还有汽水、啤酒。

王大伟：<u>不了，谢谢！</u>

麦克尔：你真的不想喝吗？天气这么热，我想你最好还是喝一点儿，不要客气。我喝啤酒，你呢？

王大伟：如果不麻烦的话，我就喝点汽水吧，谢谢。

麦克尔：<u>来中国以前，听人说在中国请人喝茶或吃东西，一定要请几次，中国人才接受。看来还真是这样。</u>

王大伟：你对中国还挺了解嘛。

麦克尔：<u>哪里，哪里，差得远呢。</u>中国人的习惯、礼节，我了解的还不多，恐怕以后会闹笑话或者造成别人误解，请你以后多多帮助我。

王大伟：没问题，互相帮助嘛。

（有人敲门）

王大伟：（开门）哟，张立，是你呀，快请进。介绍一下儿，这是我的同学张立，这是麦克尔。

张立：你好！（握手）

麦克尔：你好！（握手）

王大伟：请坐吧，来，喝瓶可乐。

张立：<u>好，我自己来。</u>嗯，房间布置得不错嘛。

麦克尔：对不起，大伟，我想问一下儿，刚才你怎么问也不问就给他喝可乐，他怎么也没说"不用，不用，谢谢"？

王大伟：哈哈，你观察得真仔细，<u>在中国，很好的朋友或者是同事之间是不必客气的，说话也比较随便和直截了当。再说，中国人招待客人时，一般也不总问客人是不是想吃什么或者是想喝什么，而常常是直接把东西放到客人面前，让客人自己挑选。</u>

麦克尔：为什么这样做？

王大伟：如果主人先问客人的话，客人一般总是谢绝，说些"不必麻烦""谢谢""不用了"等客气话。这样主人就好像并非真心地要招待客人。所以，很多时候，主人总是主动邀请，来表示好客的心意。总之，这些客套习俗，时间长了，你就了解了。

麦克尔：这些独特的习惯，你不解释，我还真不清楚。看来，我知道的还太少。

Ⅱ

张立：大伟，我有两张今晚的京剧票，在学校礼堂。我有事，没时间看，你要不要？

王大伟：麦克尔，你想看京剧吗？

麦克尔：当然，我早就想看看京剧是什么样了。

王大伟：那好，我们今晚去吧。谢谢你，张立。

张立：不客气。我还有点儿事，就告辞了。有空儿去我那儿玩儿。

王大伟：好，一定去。再见。

张立：麦克尔，再见。

麦克尔：再见。欢迎再来。大伟，张立家在哪儿？

王大伟：就在离学校不远的地方，怎么了？

麦克尔：那我们什么时候去他家？

王大伟：他没邀请我们去呀。哦，他刚才说"有空儿去我那儿玩儿"也是句客气话，随口说说的。真正邀请时，他会主动告诉我们时间和地点。

麦克尔：哈，又是客套。不过，这跟美国差不多。

（略）

主课文共有四个小节，是一个跨文化交际的场景，通过王大伟和麦克尔接待同学等细节将中国交际文化中什么时候客套、什么时候不客套、什么时候穿正装、如何回应别人的称赞、如何暗示客人这个时间有事等交际礼仪和礼节自然地串接起来，加上适当的解释，麦克尔就自然理解并掌握了这些文化点。

文化呈现的生活化的优点是自然、可控、便于理解，适合交际文化、行为文化，缺点是文本较长、编写不容易，不太适合知识文化、精神文化、制度文化等。

（三）故事性

故事具有特定的场景和情节，借助讲故事的艺术手法，将要呈现的中华文化内容寓于生动的叙事之中；将不同文化现象的意义或内涵隐藏在故事主角的言谈及行为中，这是艺术技巧，也是呈现策略。

故事有情节，易于理解；故事有悬念，吸引人学习者；故事本身也是生活的多方位的展现，便于文化元素立体化的呈现。

留美华人王海龙编写的《解读中国（中国文化阅读教程Ⅱ）》第十二课《千里姻缘一线牵》就是通过唐朝读书人韦固的婚姻故事将"月下老人""延续香火""缘分""科举""命里注定""有缘千里来相会，无缘对面不相识"等文化点有机地串接在一起，生动有趣，浑然一体。同是本册的第十九课《桂珍姐》讲述一个"文革"中下乡插队的知识青年与农村姑娘桂珍姐的友谊，生动地再现了20世纪60年代中国"文化大革命"时期的社会生活，给学习者一种身临其境的感觉，相信学习者读后对这一段历史会有一个形象化的感知和认识。

中华文化的民族精神或道德层面大多在历史故事、民间故事或民间传说中找到载体，需要教材编写者深入挖掘。"愚公移山"反映坚韧不拔的意志，"孟母三迁"体现华人对教育的重视，"闻鸡起舞"表现奋斗精神，"牛郎织女"歌颂了爱情的忠贞，凡此种种，都值得华文教育工作者努力发现、转写、改编。

故事是潜移默化的，可以避免单纯的说教带来的空洞以及可能引发的逆反心理。

（四）重视语言类课程对中华文化的渗透

语言类教材文化项目的安排有三种不同的模式。第一种是文化为隐线，语言为明线，这种模式主要是便于语法项目、词汇项目、文字项目等按等级呈现，编写者可以重点考虑语言点的逻辑顺序，合理复现和系统化练习，一般不单独列出文化项目，中华文化元素渗透于课文中，不强调文化的系统性和全面性。第二种是文化为明线，语言为暗线，这种模式又根据口语、阅读等课程类型区别对待。口语课程列出交际文化的种种项目，按照不同文化项目编写课文文本，从而使交际文化得到系统化的呈现，阅读课程重点列出知识文化的种种项目，分不同的专题组织教材文本。第三种模式是分阶段的，即初级阶段不单独列出文化项目，将交际文化渗透到教材文本中，中级阶段和高级阶段逐渐增加文化项目，有时将文化项目以副课文的形式或以类似"中华文化知多少"这样的模块来呈现。这种模式便于处理语言项目和文化项目在编排上的矛盾。

对华文教育而言，我们主张语言类课程采用第一种模式，即以文化项目为隐线，以语言项目为明线。因为华文教育的对象以华侨华人及华裔子弟为主，中华文化是重要的教学内容，是基于传承而非仅仅是传播的角度开展的，这方面的教学要求远比汉语国际教育要高，一般需要安排单独的文化类课程，需要专门的文化教材，语言类教材和文化类教材可以明确分工，这样更有利于教师把握教学重点，进行有效教学。对汉语国际教育而言，语言教学是基本，文化教学从属于语言教学，文化教学的目标是为跨文化交际服务的，文化教学的要求与华文教育有本质不同，是基于传播而非传承的角度开展的。从能力培养的角度看，汉语国际教育中的文化教学，其目的是提高学习者对中华文化现象的理解能力，而不是要求外国学习者模仿我们的行为，比如理解"哪里哪里"表示谦虚，不是让他们模仿我们也说"哪里哪里"，而华文教育中的文化教学，其目的是培养具有中华文化气质的所在国公民，是希望华侨华人学习者更多地具有民族的修养、气质、思维特点、道德追求，避免成为外黄内白的"香蕉人"。汉语国际教育的对象常常是将汉语作为工具来学习的，功利性很强，语言教学是核心，加之汉语国际教育教学时数相对较少，一般没有必要安排单独的文化课程，这样，中华文化要素反而要较为充分地反映在语言类课程的教材中，因而汉语国际教育教材反而比较适合上述第二或第三种模式，即在语言学习的同时，了解中华文化的基本内容。

但是要重视华文教育语言类教材对中华文化的渗透，因为语言本身就很难和文化分开，尤其是交际文化更是和语言交际水乳相融。语篇的理解很多时候是和文化背景密切相关的，不可能做到语言是语言、文化是文化，所以语言教材中适当渗透一些文化要素是必要的。再者，语言学习过程中渗透一些文化内容可以使语言学习更加鲜活生动，也可以分担一些文化教学的任务，给学习者更多接触和感知文化元素的机会。

（五）图文并茂

许多文化元素表现为物质形态或行为形态，节日习俗、饮食服饰、民居建筑、山川河流、武术舞蹈、自然与文化遗产、书法绘画、工艺文物等都是可以用图画生动展现的。图画展示可以避免抽象化的文字说明，可以给学习者最直观的印象，使教材生动活泼、图文并茂。由贺晓兴主编的《图说中国文化（汉法对照）》采用数百幅精美的插图生动展现中国传统节日、中国饮食、中国服饰、中国民居、中华医药、中国河山、中国古代建筑、中国历史文化名城、中华武术、中国戏曲、中国音乐舞蹈、中国书法绘画、中国工艺、中国货币邮票、国家文化体育场馆、中国文字、中国农历、中国传统思想、中国古代文学、中国文物、中华简史等21个文化项目，简直就是一个中华文化的艺术长廊，就像许嘉璐在序言中评价的那样，"打开这本书，绚丽多彩的中国传统文化与现代文明相融的场景，扑面而来。你会被吸引着走进中国文化，图解式的形象介绍，把中国文化由浅入深地展现出来。让你徜徉于中国文化的海洋中，领略中国文化的魅力"。尽管其中有些专题未必需要详加介绍（如国家文化体育场馆等），有些专题未必适合图画展示（如音乐、中华简史、传统思想、中国农历等），但编写者编写理念、不同文化项目文化点的分析与阐释，精心设计的插图都是非常值得称道的。比如关于"春节文化"，编写者设计了"对联""游子回乡""年夜饭""包饺子""晚辈给长辈拜年""年糕""红包""放爆竹""赶庙会""压岁钱""吹糖人""捏面人""冰糖葫芦""除夕焰火""舞龙"等15幅意趣盎然的插图，配以简洁的文字说明，将中华春节文化全面、生动、直观、有趣地呈现出来。关于唐朝的简史，编写者设计了"长安古城的繁荣市景""唐太宗李世民画像""唐三彩""科举考试图""玄奘""雕版印刷工具""鉴真东渡"等7幅图画，可以说把需要学习者掌握的关于唐代的基本文化点都清晰地展现了出来。可惜的是，这部颇有价值的教材似乎在业界没有引起应有的重视，无论是发行量还是发行范围都不尽如人意。

（六）由表及里，以点带面

吴晓露把"交际文化"区分为"表层"和"深层"这两个概念①。前者指我们日常所见到的交际过程中表现出来的各种文化现象、语言或行为习惯及相关的变化规则，如称谓、请求和拒绝别人等；深层文化指隐藏在表层后起支配作用的价值判断、道德追求和情感基础等。这两个概念的提出，有利于我们在教材编写中将使表层文化之间、表层与深层之间联系起来。人类学家本尼迪克特（Ruth Benedict）指出，"一种文化，就像一个人，或多或少有一种思想与行为的一致模式"②。博大精深的中华文化也是整合的，而深层文化正是这种整合性和"一致模式"的核心，深层文化可以使表面上看来是个别的、互不相干的文化现象联系起来。由于文化的丰富内涵与教材对词汇、句法和容量的限制形成矛盾，从而规定了教材对文化内容的阐述必须由点到面，点面结合，自成系统且深入浅出。

由表层的情境展示、交际规则的描写到深层的解释是一个逐渐由浅入深的逻辑过程。表层情境具体展现和交际规则具体描写是相辅相成的，表层文化情景的具体展示，是交际规则描写的基础和依据实体，而交际规则的描写是对表层情境中有关时间、地点、范围、对象、交际距离、双方关系、交际目的等制约因素的初步总结，只有情境没有描写，学习者难以整体把握，不能推此及彼，只有规则的说明和描写，没有表层的情景展示，这些规则就会无所依托，显得抽象空洞，同时也使教材因兴味索然而失去可读性，不能体现趣味性与针对性相结合的特点。

表层的情境展示、交际规则的描写与深层的解释也是相辅相成的。前者是现象，后者是道理，前者的展示和描写是深层原因的载体，是民族精神、道德观念、价值判断、思想情感等深层内涵在交际场景的一个折射，深层的解释是对现象的分析和升华，是让学习者知其然知其所以然的要求，是学习者理解文化整合性的途径。精细地描写表层文化规则的重要性是不言而喻的，没有它，将导致教材对交际文化的介绍粗略不周，漏洞百出，也将导致学生对文化的理解偏误。深层解释的重要性也是不言而喻

---

① 吴晓露：《论语言文化教材中的文化体现问题》，《语言教学与研究》1993 年第 4 期。
② 〔美〕露丝·本尼迪克特：《文化模式》，王炜等译，生活·读书·新知三联书店，1988，第 50 页。

的，解释表层文化现象和行为的原因，即为什么它是这样而不是那样，为什么它随着时间、地点、场合、对象和范围的变化而产生这样那样的变化，进而导向究竟是什么样的价值观念、伦理道德和传统思想在支配它的问题。

举一个例子，请求类的言语行为，我们华人在请求别人帮助时有许多种不同的方式，家庭成员之间、关系很好的同事之间、上下级之间、一般朋友之间、陌生人之间，请求的方式差异巨大，家人之间一般可以直接请求，无须铺垫或拐弯抹角，好朋友之间也可以依照家人之间的模式，一般朋友之间、陌生人之间就要采用各种各样的礼貌语言，这其中就有伦理问题、面子问题、价值问题、情感问题，这些问题都应当在教材中得到合理呈现。

（七） 把教材本身作为文化的对象化存在

教材的内容自然是文化的最重要载体，教材的形式部分也应当是文化载体的一部分。教材的编写者或设计者要充分利用教材的外在因素融入中华文化元素。教材有封面、封底、扉页、版式、字体、插图多种形式要素，甚至包括纸张、书法要素、横排竖排等也可以考虑其中。利用这些形式要素可以给学习者呈现一部富有中华文化气息的特色教材。王海龙主编的《解读中国》教材设计就包含了许多文化气息，封面左下部衬印一幅吴徵的国画，画的是傲霜盛开的梅花，上题"水仙清不肥，梅花瘦逾好，幽梦凝素晖，啾啾语春鸟"，落款是吴徵。这幅国画把中国画的各个元素都展示出来，赏心悦目。封面右上角是二龙戏珠图，"解读中国"四字用的是隶书，封底衬印的是"解读中国"的小篆。这种做法值得肯定。

（八） 丰富文化教学资源，实现全方位文化呈现

传统的纸质教材自然是文化教学的重要资源，但随着网络技术和各种传播手段的发展，纸质教材由于受单一手段的限制，已经无法满足新时代华文教育的需求，无法吸引学习者的兴趣和注意力，这要求华文教育工作者必须适应新形势的要求，研发大量的文化教学电子资源。

新型的文化教学资源应具备如下一些特征。第一，充分运用声音、图片、动画、视频等多种科技手段将中华文化元素全方位展示出来，给学习者不同信息刺激，增加现代感、生动性、情节性、趣味性和冲击性。第二，适合现代传播技术、传播模式。无线网络技术和移动互联网大大拓展了信息传播与接收的空间，改变了传统的学习模式，学习者对文化信息的接收早已超越的传统的教师、教材和学校，微博、微信、微课、聊天软件、弹幕语言等成为学习者重要的交际方式，华文教育工作者应当紧跟时代研发碎片化的、单元式的、融声光电于一体的文化教学资源，只有这样才可以将华文教育从传统的教室有效延伸到学习者的日常生活中，等车的间隙、回家的路上、观看电影之前，甚至是在卫生间里，这些碎片化的时间都可以调阅碎片化的文化资源。第三，可随时存储、调取、传送和接收，方便华文教师及学习者使用。尽管华文教育取得了巨大的发展，各个国家和地区的教师水平和20世纪相比有非常明显的提高，但仍有进一步提升的空间。教师的专业化程度不高，华文教育本土化不足，学习者年龄结构、学历结构等差异巨大，开发大量的文化教学资源，实现全球化的资源共享，是短期内实现华文教育水平明显提高的有效途径。第四，充分吸收传统资源的优点，融入现代科技形式，实现传统与现代的完美结合。民间传说、故事、笑话、寓言、童话、儿歌、俚谚、传统歌谣，这些传统的文化资源具有草根特征，但由于受限于口耳相传的传承形式，难以适应华文教育的现实需求，如能对这些资源在形式上加以改造，相信会大大提高传承效率。

第三节　华文教育课程设置与中华文化传承

关于课程，20世纪六七十年代教育学理论提出显性课程和隐性课程两个概念①。一般来说，显性课程是指"学校教学计划和教学大纲中所明文规定的那些正规化、公开化的课程"②。隐性课程是指"学校课程中隐含的、无意识的，或未完全认定，却又十分有效的那部分影响"③。它主要包括"正规课程（或称学科课程）实施中所产生的偶然的、无意识的文化影响；学校情境中通过各种人际关系（诸如学生之间、学生与自发

---

① 郑金洲：《教育文化学》，人民教育出版社，2000，第309页。
② 刁培萼：《教育文化学》，江苏教育出版社，2000，第396页。
③ 刁培萼：《教育文化学》，江苏教育出版社，2000，第397页。

组成的同辈团体之间、师生之间、教师之间、干群之间的关系等）对学生所产生的影响；教育管理体制、学校生活制度，校园文化等学校教育机构对学生所产生的文化影响"[1]。显性课程是有计划、有组织的学习活动，通过课堂教学传授知识，学生有意参与的成分大，在其中得到的主要是学术性知识，隐性课程是无计划的学习活动，通过学校的自然环境和社会环境潜在地影响学生，学生大多是无意间接受隐含于其中的经验或思想的，这些经验或思想大多是非学术知识[2]。

课程是一种特定的文化，一是一定课程体现一定社会群体的文化，二是课程本身体现不同的文化特征。前者是就课程是文化的载体而言的，主要包括课程内容（体现于教材）等，后者主要是就课程目标、课程实施、课程评价、课程类型等属于课程设置范畴的文化。本节我们只谈关于华文教育显性课程中有关课程设置的文化及其与中华文化传承的关系，有关隐性课程、组织、学生等与中华文化教育及传承的关系，我们在其他章节中讨论。

一　华文教育课程设置的原则

课程设置是指一定学校各类各种课程的设立和安排，主要涉及课程类型和课程门类的设立及其在各年级的安排顺序和学时分配，涉及各类各科课程的学习目标、学习内容和学习要求。

（一）目的性原则

课程设置必须从属于人才培养的总体目标和特定教学活动的培养目标，华文教育课程设置也不例外。

华文教育人才培养的总体目标包括两个方面，一个是汉语语言能力培养，另一个是中华文化气质培养。汉语语言能力培养包括听说读写四个方面，理想的要求是实现汉语的流利表达和准确理解，具体到特定的教学活动中要求达到什么水平，这与学习时间、专业化程度、学习目的等要素有直接关系，很难统一制定。中华文化气质培养包括了解和理解中华文化，

---

[1]　刁培萼：《教育文化学》，江苏教育出版社，2000，第397页。
[2]　郑金洲：《教育文化学》，人民教育出版社，2000，第311页。

欣赏和认同中华文化，并最终使受教育者具有鲜明的中华文化气质，其行为习惯、价值观念、思维方式、道德修养等具有华裔族群独有的特色。

这样的人才培养目标要求华文教育课程设置必须包含相对独立的汉语语言类课程和中华文化类课程。

特定的教学活动也有独立的培养目标，师范类专业自然要设置教育学、心理学、第二语言教学法、语言习得理论、教学案例分析等课程，如果是培养幼儿园或小学教育类师资还得设置幼儿心理学、游戏设计等课程，旅游专业自然要设置旅游学、管理学、营销学等课程，如果面向中国市场，还得设置中国概况、中国地理文化等相关课程，商务类专业要设置中国经济、中国贸易法律等课程。

（二）对象性原则

华文教育的对象十分复杂，在年龄、母语背景、汉语基础、国别、学习目的、学习时数、教育经历等多个方面表现出巨大的差异。华文教育课程设置应当依据这些因素因地制宜，科学安排。比如就年龄而言，针对幼儿的课程就应该尽量设置口语课程、带有动漫性质的视听课程、带有游戏性质的实践课程，没有必要设立单纯的文化知识或理论课程；针对青少年的课程可以增加报刊阅读课程、单纯的文化知识课程、中国概况课程；针对成年人的课程可以根据汉语基础设置中国哲学课程、热点话题课程等。

（三）全面性及侧重点兼顾的原则

首先要尽可能保证课程的全面性，这里的全面性既包括知识内容的全面性，也包括课程类型的全面性，使学生对各方面的技能和知识都有所掌握。当然，海外华文学校情况不一，有的是周末制学校，每周学习一个半天或两个半天；有的是课后制学校，每天学习两三个小时；有的是补习制学校，每天或每周的学习时间不能充分保证；有的是双语或三语学校，汉语只是其中的一种。真正全日制学校并不多。对学习者来说，当然开设的课程越多越好，但是由于客观条件的限制，华校往往只能给学生提供有限的课程，难以做到应有尽有，不能像国内华文教育专业一样动辄开设几十门甚至上百门课程，所以课程的全面性并非指全部的课程，而是指在条件允许的情况下尽可能设置丰富多彩的课程，尽可能涵盖较多的内容。

其次还要使课程设置有所侧重。全面并不意味着一视同仁。学习者学习目的和动机不同，对知识或技能的要求自然也不同，有的重视口语交际，有的重视汉语翻译，有的重视文案写作，有的重视文化学习，课程设置相应地要有所侧重。

在语言教学中，不同课程类型的地位本身也是不同的。综合课程和专项技能课程就需要区别对待。综合课程是"对听说读写等语言技能及交际技能进行综合训练，是一门集语言知识和必要的语言文化背景知识、语言技能以及交际技能教学为一体的课程"①。综合课程的主体地位是显而易见的。专项技能课程的作用是配合综合课程，对综合课程起辅助作用。因此，综合课程的课程时数应当多于专项技能课程。听说读写等专项技能课程也应有所侧重，一般来说"说"与"读"比"听"和"写"更为重要，相应的课程时数要有所不同，这是因为华裔子弟通常都有一定的汉语方言或普通话家庭语言环境，如果是在大陆留学，社会接触也是对"听"的很好训练，所以"听"的能力比较容易提高。"写"是一种较高的技能，只有高级阶段才会比较重视。

从另一个角度而言，语言技能课程和语法、词汇、语音等知识课程的地位也是不同。技能是学习的目的，知识课程是为更好地提高技能服务的，一般情况下，没有必要单独设立语言知识课程，除非是以培养华文教育师资为目的。

语言技能课程和中华文化课程的地位在不同学习阶段地位也不同。在初级阶段，语言技能课程是主体地位，要使学习者掌握初步的听说技能，具备一般的理解能力，在此基础上，中高级阶段逐步增加文化课程的比重，高级阶段应以文化课程为主，这样才能兼顾语言与文化学习，最终达到培养具有中华文化气质的教育目标。

（四）合理搭配与衔接原则

从同一时间段来看，要注意不同课程之间的互补性，要使不同的课程之间既相互关联又互相补充，不要有重叠现象，课时分配也要科学合理，综合课程的课时可以相应多一些，技能类课程在初级阶段以听说为主，在中级阶段以说读为主，在高级阶段以读写为主，知识类

---

① 郭熙：《华文教学概论》，商务印书馆，2007，第 145 页。

课程的课时可以少一些。

从不同时间段来看，要注意课程之间的衔接性，要体现每一门课程在内容、知识点、难易程度的连贯性和层次性。

二　华文教育的课程体系

一个专业所设置的课程相互间的分工与配合，构成课程体系。课程体系是指在一定的教育价值理念指导下，将各门课程加以排列组合，使其在动态过程中统一指向培养目标实现的系统。课程体系是实现培养目标的载体，是保障和提高教育质量的关键。华文教育的专业性质以及培养目标决定了华文教育专业的课程体系。

（一）汉语类课程

华文教育专业汉语类课程应当包括综合汉语课和语言技能课。不论是综合汉语课还是语言技能课都以等级分为初级、中级和高级三个层次。这样，综合汉语课就有初级汉语、中级汉语和高级汉语三个具体的课程；语言技能分为听力、口语、阅读和写作四种技能，每一种技能课也分三个等级，可具体分为 12 门技能课。由于汉字特有的方块性质和象形特征，不同于一般的字母文字，学习者认读和书写汉字比较困难，因此，还得在初级阶段或中级阶段单独开设一门汉字技能课。由于古今汉语差异巨大，学习者阅读古代汉语文献会遇到一定的困难，所以对高级阶段的学习者或有特殊需要的学习者（比如中医学习者）还应开设文言文阅读课。如果考虑职业导向的因素，汉语类课程还可以包括商务口语、旅游口语、商务文案写作、新闻写作等。

（二）中华文化类课程

华文教育专业中华文化类课程应当包括知识类课程和实践类课程。中华文化知识类课程一般包括中国历史、中国哲学、中国文学、当代中国概况、华侨史、中华文化概况（包括节日、习俗、饮食、建筑、服装、科技、戏曲、音乐、舞蹈、绘画、书法、武术、工艺、体育游戏、民间艺术等）。

中华文化实践类课程包括交际文化实践课与非交际文化实践课。交际文化实践课主要包括华人社会人与人之间交往的礼仪与规约等方面的实践，如实施招呼、称谓、邀请、赴约、批评、建议、接受、请求、祈使、感谢、提示、拒绝、赞美、承诺等言语行为时所应遵守的社会规范、基本礼仪和一般范式。非交际文化实践主要包括中华武术、中国民族音乐、中国民族舞蹈、中华书法、剪纸、中国绘画等课程。

当然从教学方法意义上讲，知识类课程和实践类课程要相对独立又互相交叉，要重视它们之间的相互关系，知识类课程可以穿插实践环节，实践类课程也可以渗透知识传授，侧重点可以不同，但并不互相排斥。

（三）职业方向类课程

职业方向类课程可以算作是华文教育专业的延伸课程，也是与语言技能间接相关的课程，主要满足学习者的学习目标和特殊需要，这类课程需要根据学习者具体情况设置。比如可以适当开一些商务汉语、旅游汉语、科技汉语、汉外翻译、应用写作、报刊阅读等选修课程，扩充汉语词汇数量，提高学习者针对不同领域的汉语听说读写技能。

如果学习者的职业方向是华文教育教师，教育学、心理学等专业课程也是不可缺少的，此外还要增加一些语言理论、语言教学理论类的课程，如汉语词汇学、汉语语法学、文字学、汉语语音学、二语习得理论、第二语言教学法等。

（四）本土类课程

这类课程主要指与学习者所在国家或地区语言与文化相关的课程。如文化比较、语言比较、东南亚华侨史、民族交往史等课程。本土类课程的设置既是学习者融入当地社会的要求，也是对学习者开放包容心态的培养。

（五）专业实践类课程

专业实践类课程一般是指在学校课堂之外的真实或虚拟的社会场景中实施的实践活动，其目的是将在课堂中学习到的汉语言知识、中华文化知识、专业理论知识等运用于社会实践，使这些知识内化为学习者的实际能力，进而有效实现人才培养目标。

专业实践类课程是课程体系的有机构成，是课堂教学的延伸和补充，是学习者知识转化为能力的必要环节。专业实践中的成功体验可以有效激发学习者的能动性和成就感，可以使学习者充分理解相应知识点及理论体系的实践价值，从而间接提高课堂教学的效果；专业实践中的试错与纠错的过程，可以使学习者全面正确地理解和认知书本知识，认识到自身知识体系和理论体系的不足与欠缺，明确以后的学习方向和学习目标；社会场景本身具有复杂性、综合性和动态性，天然构成一个社会课堂，学习者从此可以体悟、学习到许多课堂上无法全部接触到的新鲜知识内容。

对于华文教育而言，语言学习和文化学习都对能力要求很高，掌握数千个甚至上万个汉语词汇未必能有效组织成合法的句子，即使是组织的句子具有语法上的合理性，也未必具有交际意义上的切合性，哑巴汉语和蹩脚汉语并不罕见。了解一种中华文化现象，未必就能正确理解这种文化现象，理解一种文化现象，未必就能欣赏这种文化现象，欣赏一种文化现象，未必就能恰当地表现为得体的实践。语言交际能力和文化实践行为都必须在反复地、深入地、实战性地社会实践中得以锻炼和提高，内化为能力，涵化为性格和气质。所以说，华文教育实践类课程的设置是十分必要和重要的。

一般来说，华文教育专业实践类课程包括汉语语言实习、中华文化体验、实用文案写作三种实践，华文教育师范类专业还包括汉语教学见习、汉语教学实习、学年论文、毕业论文等职业类实践和研究类实践，商务汉语方向和旅游汉语方向应包括商务实习和旅游实习等实践环节。汉语语言实习和中华文化体验贯穿于整个教学过程，每学期至少在两次以上，实习场景可以选择街头、商场、医院、菜市场、社区、沙龙、工厂、文化场所等，条件不允许时可以采用虚拟模式。汉语教学见习和教学实习一般安排在高年级阶段。教学见习以听课为主，协助指导教师批改作业、制作课件、课堂辅导，听课的课型要以综合课为主，要经常主动地与指导教师沟通，要撰写听课报告和见习报告，见习周期不少于两个月，要有一定的听课时数和辅导工作量。教学实习以试讲为主，条件允许的话最好面对真实的学生试讲，包括教案撰写、课件制作、课堂讲授、反馈评估、实习报告等环节，每周试讲课时最好是 1 课时或 2 课时，不宜过多，要精心准备、认真实施、深入反思、科学评估、反复演练，实习周期应为一个学期左右，总课时数 20~30 节为宜，要经常与指导教师沟通，要召开任课班级学生座谈会，虚心听取意见和建议，要认真撰写阶段性实习报告和总结性实习报告。学年论文和毕业论文是研究性实践课程，学年论文是一种演练，毕业论文是实战，两者都涉及选题、搜集资料和文献、评述研究现状、发现问题、提出观点、理清写作思路、撰写论文、论文答辩等环节。商务实习和旅游实习等一般也分观摩、案例分析和实地见习几种形式，具体时间和周期根据实际条件确定。

需要说明的是，上面的课程体系是一个理想化的模型，一般情况下，我们并不需要设置上述所有的课程，至于到底挑选哪些课程，哪些是必修课程，哪些是选修课程，就要根据具体情况来决定了。有些课程也可以合并开设，减少课程门类，比如初级听力和口语可以合并为初级听说课，汉语词汇学、汉语语法学、汉语语音学、汉字学等可以合并为汉语基础知识，将中国哲学课并入中华文化概况，将商务汉语、科技汉语、旅游汉语并为专业汉语，选择其中有针对性的一门就可以了。

为了达到华文教育培养目标，中华文化类课程应当占有一定的比重，建议占整个课程比例的 30% ~ 40%。

三　华校类型与课程设置

海外华校的类型十分复杂。从所有制属性上看，有华人社团公立性质的，有宗教团体公立性质的，有私立性质的；从学习时间安排来看，有全日制华校，有半日制华校，有课后制华校，有周末制华校；从阶层等级上看，有幼儿园阶段的华校，有小学阶段的华校，有初中阶段的华校，有高中阶段的华校，有高等教育阶段的华校；从语言学习角度看，有单语制学校，有双语学校，还有三语学校。此外还有以国民教育体系为主，华文类课程占有一定比例的特殊华校。有的华校规模大，层次全，历史悠久，形成了自身的传统和文化，办学规范，培养目标清晰，课程结构全面；有的华校类似于补习性质，利用国民教育体系的课余时间（课后、周末、假日等）办学，学习时间短，办学随意性强，培养目标并不十分清晰，课程结构缺乏系统性。

华校类型复杂造成华校的课程设置难以有一个统一的规范，中国负责协调海外华文教育工作的侨办文化司也没有出台相应的参考方案，现实状况就是海外华校各自为政，视自身情况自主设置课程。如此一来，各个华校课程设置主要看华校管理者的教育理念和教育理论素质，容易出现以个人意志代替科学规律的现象，急需出台规范性的指导文件。

对于全日制华校来说，课程设置要十分谨慎，除了要考虑汉语类、中华文化类等华文教育基本课程以外，还需要考虑学习者对未来社会的适应，要考虑学习者对更高一级教育体系的接轨，要考虑学习者未来的职业发展，要考虑学习者对当地主流文化的融入，还要考虑学习者的时间投入与接受能力。全日制华校要培养能适应未来社会发展的有竞争力的人才，要培养既能融入当地主流社会又能具有基本的科学及艺术素质的高级人才，因此如果课程设置仅仅强调中华语言与文化，忽视其他领域的教育，导致这些人才知识结构单一，只能把汉语言文化当作以后人生发展的职业方向，必然会造成学习者竞争力不足，未来的发展方向选择范围狭窄，这是和全日制华校人才培养目标背道而驰的，是要特别注意的问题。新加坡周清海先生在与笔者的几次交流中多次表达东南亚国家尤其是马来西亚等国家如果过分强调汉语言文化课程，忽视本土语文、英文以及其他科学的教育，最终会使华裔子弟没有办法融入主流社会，失去生存的土壤，也没有办法具有未来竞争力的担忧。这一担忧是很有道理的。鉴于此，我们建议全日制华校的课程设置要至少包括三大体系：汉语言文化课程、英语及本土语文课程、一般科学及艺术课程。这三大课程体系也要尽量按1:1:1配套。汉语言文化类课程也应以语言为主，文化为辅，以汉语言学习带动中华文化学习；本土语文课程要语言、文学、文化并重；一般科学及艺术课程要注意兼顾数学、物理、化学、生物、信息技术、音乐、舞蹈、美术等的学习，其中艺术类课程可以将一些中华艺术的内容融入其中。

对于半日制华校来说，这些华校的学生已经接受了所在国的国民教育，其课程设置可以较多地集中于汉语言及中华文化课程。但我们也建议这些华校在课程设置时要考虑所在国的国民教育水平，适当地安排一些英文课程或科学课程，毕竟英语是当今世界的优势语言，这一现实是短期内无法改变的，科学课程如果师资优秀，质量很高，还会成为华校的口碑，可以吸引生源。半日制华校要把汉语言及中华文化课程作为学校的特点和优势，使学生可以凭借这一优势更好地参与与中国开展政治、经济、文化的交流，享受中国发展的红利，但建立这一优势不能以牺牲其他学科为代价，否则优势会变为劣势，跛脚鸭是走不快的。半日制华校汉语言及中华文化类课程的设置基本上可以语言与文化并重，适当偏向语言为原则，因为语言是工具，提高了汉语水平，就等于扩大了通过汉语自我学习相关的中华文化的空间，汉语本身也是中华文化的载体，任何时候都不能脱离语言而单纯传授文化。

对课后制和周末制华校来说，这些华校的学生都在当地的主流学校接受了系统的国民教育，加上学习的时间较短，因此其课程设置应当全部集中于汉语言及中华文化课程。由于这些华校的学生一般年龄较小，汉语水平不高，理解和认知能力正处于发展过程中，因此在设置汉语言及中华文化课程时要以语言为主，文化为辅。语言类课程要以听说交际为主，以书面读写为辅，文化课程要以文化体验为主，文化知识讲授为辅。不论是语言课程还是文化课程，都要着重于培养兴趣，不要过多地关注实际的水平和能力。如果学生汉语水平都在刚刚起步阶段，那就应当以汉语教学带动中华文化教学；如果学生以新移民的后代为主，汉语口语水平较高，那就应当以中华文化教学带动汉语教学。

马来西亚、印度尼西亚、缅甸等不少国家近几年成立了一批大学学院、师范学院、语言学院，这些学校的学生大都具有一定的汉语基础，认知理解能力都具有相当的水准，这些学校的人才培养目标都具有清晰的职业方向，因此课程设置就要综合考虑上述几个因素科学制定相关方案。我们建议这类高等院校的课程体系由三大体系组成：汉语言文化类、职业方向类和实践技能类。其中汉语言文化类以中华文化为主，以汉语言为辅，以中华文化学习带动汉语言学习，文化类可以安排一些中国哲学、中国历史、中国古典文献选读等专业性较强的课程，语言类的课程可以安排一些报刊阅读、高级写作、高级汉语等技能型较强的课程，还可以安排一些汉字文化、汉语词汇文化等交叉性的课程；职业方向类的课程可以参照其他高等院校相关专业的课程安排，保证基础理论课程全部开设，选修课程重点开设，并尽量以汉语作为教材语言媒介，确保专业理论学习和汉语学习相得益彰。至于实践类课程上文已有详细论述，这里从略。

第三章 士志于道：华文教师与
中华文化传承

　　子曰："人能弘道，非道弘人。"作为华文教育的主要实施者，华文教师以文化传承为根本职责，担持了传播中华文化的使命，承担着向华侨华人学生传授知识、实施教化的重任，是一个有着生命自觉和家国情怀的特殊群体。300多年来，华侨华人社会之世情时序变化万千，但无论是早期海外私塾的西席夫子还是当代华校教师，他们都赓续了"传道守正"的中华师德传统，重义轻利，正人正己，体现了中华民族刚健有为、自强不息的精神。中华文化传承是华文教师崇高的志业，正所谓"亦余心之所善兮，虽九死其犹未悔"。

第一节　海外华文教师的历史及变迁

一　华文教师队伍的形成

　　海外华文教师与早期华侨教育相伴而生。尽管海外华侨社会形成于15～16世纪，然而早期华侨出洋以谋生为主，于海外既无家室，亦无后裔，华侨教育无从谈起。随着海外华侨社会的形成，尤其是土生华人日渐增多，华侨教育应运而生。一般认为，1729年荷印巴达维亚华侨成立的明诚书院是华侨教育的开端。早期的华侨教育属于中国传统的书院、私塾模式，接受教育的华侨子女或留在所在地为侨社服务，或回国参加科举。直至20世纪初，这种书塾教育在华侨社会承袭下来，荷属东印度（印度尼西亚）、英属马来半岛、菲律宾、安南、暹罗、檀香山、旧金山、加拿大等地的华侨先后自发地开办了蒙馆、学塾、义学、书院等教育机构。早期华侨教育机构除了明诚书院外，著名的还有新加坡的"萃英书院""毓兰书室"，槟榔屿的"南华书院"，加拿大维多利亚埠的"乐群义塾"等。此期的华侨教育基本上是科举教育的移植，教学内容局限于传统的儒家经典，教学方式沿袭私塾的个别教学模式。早期华文教师多延聘国内塾师，或由从国内移居的旧式文人担任。此为海外华文教师之嚆矢。1787 年荷印巴达维亚华侨在华人区班芝兰（Pancoran）北达斯美兰巷（Gang Petak Sembilan）的金德院开办义学"明德书院"，最初聘请闽南落第秀才以方言教授，后因聘不到塾师，改由僧侣任教。在荷印，一些来自国内的文人如巴城的林金城、万隆的李莲根、坤甸的陈庭风等人开办私塾，教授华侨子弟①。张之洞曾奏请在马来亚槟榔屿"设书院一所并购置经书发给存储，令各该领事绅董选择流寓儒士以为师，随时为华人子弟讲授"②，可见当时华文师资来源难以保证。1815 年英属马来半岛马六甲开办了闽南语授课的男童学校，该校教师"来自中国的秀才、举人或科举考试落榜的读书人，也有识字无多的相命先生"③。欧美地区的华侨学校也从广东各地招聘私塾教师任教，美国旧金山私塾一般以塾师的姓来命名，当时的学塾有黄兰阶、黄秀鉴、李佩儒、蒋月庭、胡绎琴、曾献之、陈馨甫、关元湖、赵春波、李炳鉴、林德煌等，因此诸如黄馆、李馆、曾馆等也就成了当地华人学校的名字。当时著名的塾师陈馨甫讲授四书、八股、唐诗等课程④。早期华侨教育阶段的华文教师，大多于国内接受科举教育，其知识结构局限于儒家经典，教学内容不外乎儒家心性伦理，以鼓励华侨子弟仕进为旨归。早期华侨教育的师资的派遣和培育过程中，近代著名政治家康有为、梁启超做出了突出贡献，华文教师也深受维新思想影响。日本横滨山手中华学校 1898 年由孙中山先生首倡建校，华侨在山下町先后建成以广东话授课的"大同学校""华侨学校"和以宁波话授课的"中华学

---

① 别必亮：《承传与创新——近代华侨教育研究》，河北教育出版社，2002，第 14～15 页。
② 张之洞：《奏槟榔屿宜添设领事疏》，转引自张煜南辑《海国公余辑录》卷一《槟屿记事本末》，中国梅州：张洪钧侃俪影印再版本，2005，第 96 页。
③ 马来西亚董教总全国华文独中工委会课程局编纂《马来西亚及其东南亚邻国史》，马来西亚华校董事联合会总会，1999，第 140 页。
④ 刘伯骥：《美国华侨史》，台北：黎明文化事业公司，1976，第 355 页。

校"三所小学，延聘东京、横滨等地的华侨士人为师，康有为推荐其在国内的高足徐勤主持校务，并派林奎、陈汝城等优秀学生随同前往执教。1903年，康有为又派弟子林奎、陆敦骙等人赴荷印巴达维亚中华学堂管理校务并任教。神户华侨同文学校和东京大同高等学校均是在梁启超的倡议下设立的，梁氏担任东京大同高等学校校长期间，积极引荐国内教师，延聘维新派人士陈荣赴日从事华侨教育，也借机传播立宪保皇思想。

1905年9月，袁世凯、张之洞奏请清廷立停科举，以便推广新学堂。清廷诏准自1906年开始，所有乡会试一律停止，并令学务大臣迅速颁发各种教科书，责成各督抚严饬有司于乡城各处遍设蒙小学堂。自此，儒家私塾式微，以传播西方文明为目标的新学堂取而代之。国内科举制度的取缔对海外华侨教育体制也产生了重大影响，一方面是海外华校纷纷改弦易辙，从儒家私塾式的办学方式转向新式学堂，另一方面华文教师也由国内的塾师或旧式文人转为近代新型知识分子。此时期华文教师仍主要依靠国内，由清朝地方官员代为举荐，费用全由海外华校承担。如1909年苏门答腊把东中华学堂就禀请两江总督推荐一名德才兼备的南方人到该校任教3年，并表示："奉送往返二等舱位川资，此次川资，先寄来上海荷兰小公银行支票一纸，荷银300盾，倘有不足，到日再补。动身之日，请先知照。"[1] 为了加强对海外华文教育的督导和管理，清政府利用推行"国语运动"之机，在南洋（如马来亚槟榔屿）设立师范传习所，以培养华文教员，为设立华侨小学做准备，同时也派留日士人董鸿祎、王维忱等赴南洋各地宣讲中华文化，实乃华文师资培训之始。

二 华文教师队伍的发展与挫折

中华民国成立后，随着海外华侨民族意识的觉醒，华侨社会的兴学潮再度出现。以荷属东印度为例，1912年华侨学校数为65所，学生5451人；1919年为215所，学生15948人；1926年则增至313所，学生达到31438人[2]。1915年各地数据见表3-1。

---

① 《派遣把东中华学堂教员》，《教育杂志》1909年第3期。
② 荷属华侨学务会编辑委员会编《荷印华侨教育鉴》，1928，第376~451页。

表 3-1　1915 年已设侨民学校及侨生人数统计表①

侨校所在地	日本	朝鲜	英属加拿大	美国	英属缅甸	英属南洋各岛	法属安南	美属南洋各岛	英属澳洲
校数（所）	6	5	5	6	17	58	1	5	3
学生数（人）	1081	150	183	314	840	4783	131	650	62

　　海外华侨学校的急速增长必然导致了华文师资的大量需求，而海外华社自身又难以解决师资短缺的问题，从国内输送华文师资就成为唯一选择了。另一方面，国民政府对海外华侨教育愈加重视，华文师资培育显然成为侨务工作的当务之急。1912 年，闽、粤两省派学务委员视察南洋侨校，此后教育部多次派员视导各地侨校，就师资培养问题开展实地调研。1917年 11 月，北洋政府批准复办暨南学校，并优先考虑在暨南学校开设师范科，培养华侨师资。1927 年 11 月，国民政府大学院华侨教育会拟定了《扶助海外华侨教育计划书》，详细规划了侨校教师的甄选标准，并鼓励有条件的侨校开办师范科。同年，暨南学校升格为国立暨南大学，1929年 6 月，暨南大学在上海主持召开了首届"南洋华侨教育会议"，华侨师资培植和造就成为此次会议的关注点，大会共审议师资方面的提案 17 件，涉及南洋师范、检定教员及暑期讲习所等问题。此时期海外侨校师资，除了向祖国政府申请支持推荐外，大多通过报刊做广告在国内招聘。1936年秋季，暨南大学举办了海外侨民师资训练班，在国内招收高中学生数十名，修业一年，帮助侨校培训师资。此时期东南亚华校的师资也绝大多数来自国内，基本上在国内接受的专业教育。据 1930 年初步统计，菲律宾侨校教师仅 15 人为外籍，其余 240 人都曾受中国教育；檀香山侨校教师受中国教育者约占 90%，英属马来半岛侨校曾受中国教育的教员人数约占全体教员的 80%，缅甸侨校受中国教育者约占全校之 82%，荷印侨校在中国接受教育的人数达到了 90%②。

　　1941 年 12 月太平洋战争爆发，南洋各地相继沦陷，华侨教育遭到重

---

① 《已设侨民学校及侨生人数统计表》，《教育杂志》1922 年第十四卷第一号。

② 中华民国教育部编《第一次中国教育年鉴》丙编，上海开明书店，1934，第 520 ~ 525 页。

创，许多华校被迫关闭，或被强行进行皇民化教育改造。心向祖国的华侨教师遭到残酷的迫害。1942 年 9 月 20 日，日军在印度尼西亚棉兰大肆搜捕华侨师生，制造了"九二〇"事件，许多华侨教师失踪遇害。1942 年 2 月新加坡沦陷后，大批新岛的华文教师遭到捕杀和监禁。菲律宾和马来西亚的华侨教师情况也有着同样的遭遇，战后这些在战争中遇害的教师得到了中国政府的抚恤和褒扬。

抗日战争爆发后，海外华侨为了支持民族解放战争，积极在华校培养各种抗战需要的机械工程人才，师资多直接从本地甄选。与此同时，国民政府则深植华侨教育之根本，从政策和措施上大力支撑和扶助华侨教育。一些东南亚华侨学校内迁到抗战后方，使华侨教育得以延续。如，1939 年 12 月，泰国华侨在云南昆明创办了暹罗联立育侨中学，广泛招收南洋侨生，大部分教师聘自西南联大。国民政府颁布多项法规，为流离失所的南洋华侨教师提供回国旅费，提供生活补助，发放救济金。1940 年，国民党五届七中全会通过《推进侨民教育方案》，提出"要拯救国家和民族的危亡，只有从教育上努力，其他别无途径"①，特别强调华侨师范教育的重要性，对华侨师资培养进行了规范和指导。1941 年，教育部和侨委会联合颁布了《国立侨民师范学校办法》，使华侨师资的培养有规可循，同年陈嘉庚在福建长汀创办第一侨民师范学校，用以培养战时海外华侨师资。同年，侨委会开办了"侨民教育师资训练所"，培训课程包括"南洋概况""华侨教育史""教育法规""学校行政"等，并拨款令国立暨南大学、厦门大学、国立广西大学等涉侨院校成立华侨师资培训机构。总之，尽管战时世界范围里尤其是东南亚各地华文教育遭到重创，华校被迫关闭，华侨教师或遭逮捕迫害，或四处漂流辗转，但在全民族救亡大背景下，海外华侨的民族认同和文化认同得到了前所未有的增强，华文教师之保全民族文化命脉的责任感和使命感更为强化，华文教师的中华文化素质和现代意识也随之不断提高，为战后华文教育的勃兴奠定了坚实的基础。

第二次世界大战结束后，海外华侨学校有了很大的发展。至新中国成立初期，在世界 25 个地区中华侨学校有 3900 间，学生 80 万人，教师

---

① 毛起雄、林晓东编著《中国侨务政策概述》，中国华侨出版社，1993，第 62 页。

15000 人①。同时，东南亚国家摆脱殖民统治纷纷独立，民族主义情绪高涨，对华侨社会的归化大潮随之兴起。中华人民共和国的成立改变了世界的政治版图，朝鲜战争的爆发加剧了东西两大政治阵营的对立，国际反共势力一方面加强对新中国的政治经济封锁，另一方面以民族归化为借口极力限制华侨社会与中国的联系，华侨教育首当其冲，面临了空前的危机，华文教师队伍发生了严重分化。战争结束后不久，华文教师数量比战时有大幅度增加，如印度尼西亚，由于苏加诺政府短暂的对华友好政策，尽管印度尼西亚当局限制华文教育，但 1950 年至 1957 年印度尼西亚的华文教育仍蓬勃发展。据资料统计，当时印度尼西亚有华校 816 间，学生 23 万人，到了 1954 年，华侨学校共有 1330 间，华侨学生达到 30 多万，华侨教师至少也在两万多人②。涌现了雅加达的八华学校、新华学校、巴城中学，万隆的华侨中学，泗水的新华中学、中华中学等著名华校。然而紧接着几年时间，东南亚华侨教师的数量随着排华浪潮的猖獗急剧下降。1948～1954 年泰国剥夺华侨的政治经济权益，严格限制华侨小学，取缔华侨中学；在菲律宾，1955 年政府规定所有华文学校都必须把英文、菲律宾文作为必修课，中文只能作为选修课，1967 年宣布停止批准成立新的华文学校；马来亚政府颁布一系列法令，推行马来人优先政策，对华文教育采取强制的限制措施。柬埔寨 1970 年朗诺发动政变后，立即下令封闭全柬的华文学校，其后是波尔布特上台，实行泯灭文化教育政策，禁止华侨华人使用华文华语，致使柬埔寨华侨华人遭受 20 多年没有华文学校的苦难。在印度尼西亚，华文教育遭受的挫折最为严重。印度尼西亚政府有计划地采取了严厉的归化政策，并于 1957 年开始关闭部分华校。1959年，雅加达议会就明令禁止在商业上使用汉字，关闭华侨学校，而后印度尼西亚各地纷纷效尤，华校遭到重创。1965 年以苏哈托为代表的反共军人发动的"九三〇"事件，根本上改变了印度尼西亚的侨民政策，也直接导致了印度尼西亚华文教育的整体性破坏。从 1966 年开始，印度尼西

---

① 赖松龄：《建国初期廖承志对海外侨务工作的理论贡献》，《东南亚研究》2011 年第 6 期。

② 黄昆章：《印度尼西亚华侨华人史（1950 年至 2004 年》，广东高等教育出版社，2005，第 76 页。

亚各地政府强力推行全面同化华人的基本国策，颁布法令禁止使用华语和出版、进口华语的音像报刊，禁止保留中华文化习俗，同时有步骤有计划地取缔华文学校，印度尼西亚 629 所华文学校被勒令关闭，到了 1967 年，全印度尼西亚没有一所开设华文课程的民办学校，印度尼西亚华文教育经历了长达 30 多年的历史空白期。印度尼西亚华文教育被迫转入地下，华侨华人只能通过在佛堂的佛经诵读等方式接受极为有限的华文教育，绝大多数 60 年代以后出生的印度尼西亚华裔根本不懂华文，印度尼西亚因而成为世界华文教育的重灾区。在缅甸、新加坡和中南半岛的南越，华文教育的状况也大抵如此。由于冷战的原因，美国的华侨社会逐渐疏离于祖籍国，青年一代进入主流社会谋生，以中文为媒介的华侨教育也日益式微，华侨华人聚居地加州的中文学校明显减少。在非洲，如毛里求斯的华文学校也走向没落。当然，此时期新加坡、菲律宾和马来西亚等国的华文教育也有一定的发展。新加坡积极实施双语教学，华语文相当普及；菲律宾尚能保存华校体制，到 1972 年全菲共有华文学校 151 所，包括学院 1 所、高中 50 所，学生合计 68905 人①。

马来西亚无疑是华文教育的典范，不但华文教育得以延续不辍，而且其办学规模和质量也成为海外华文教育的翘楚，这一方面是由于马来西亚华人社会长期不懈的坚持和努力，得力于董教总对华文教育的领导和支持，另一方面也是由于马来西亚政府对华文教育采取不补助、不承认也不禁止的政策，使华文教育得以生存和发展，使马来西亚成为除中国大陆、台湾、港澳地区以外唯一拥有小学、中学、大专完整华文教育体系的国家。此时期美国华社出现了周末华文班。这种教学模式最先是在一些华人居住较为分散的地区尝试性地开展。直到 20 世纪 60 年代才得到普遍推广，很快为美国各地的华人所接受。其影响在南加州表现得尤为突出。

总之，20 世纪 50 年代至 90 年代，世界范围里的华文教育尽管存在着不同情形，在一些地区也获得一定程度的发展，但由于地缘政治和种族的双重原因，华文教育陷入历史性的衰落期，华文教师队伍也遭到重创。

---

①　夏诚华：《东南亚地区的华文教育》，http://www.docin.com/p - 310736072.html，最后访问日期：2016 年 10 月 16 日。

在排华严重的一些东南亚国家如印度尼西亚、柬埔寨、缅甸，华文教师被搜捕、监管、迫害、驱逐出境甚至暗杀，许多教师流离失所，弃教从农，弃教从商。下面引用的是1948年暹罗排华期间逮捕华文教师的新闻报道：

> 六月十五日晨，天将破晓时，曼谷公安局出动大批警察包围了华侨团体及学校，他们攀越竹篱，打开大门，翻箱倒箧，搜索盘问，整整搞了一天，然后拘去各社团负责人及所属职员四五十人，其中大部分是教育界人士，华侨中等学校等教师和中国国立大学教授。这些人都是平常遵守暹罗法律、热心教育的人，既善良又正直。当华教厄运未除时，他们正在抚慰着失学子弟，替他们找出路，同时自己带着妻室儿女，在饥饿中等着救济①。

半个世纪以来东南亚地区不同程度地限制、迫害华文教师的事件层出不穷，同时也涌现了一大批在艰难困境中冒着生命危险坚守华教的华文教师。近年来出版的各种亲历者回忆录及海外华校校史涉及许多关于华文教师不幸经历和艰苦奋斗的叙述，兹不赘言。

1955年中国和印度尼西亚政府签订了"关于双重国籍问题的条约"，双方主张单一国籍制，随着大量华侨回国（当时国内在北京、广州、厦门、南宁、昆明开设了华侨学生语言补习学校，专门承担这类回国华侨学生的语言补习任务）一部分加入印度尼西亚国籍，华侨数量急遽减少，一些华侨教师相继回国，在海外的师资队伍也发生了分化。

值得一提的是，此时期中国台湾也为海外尤其东南亚的华文教育做了大量有益的工作，提供资金和教材，培训大量师资，这对于处于艰难期的华文教育，其功绩是不言而喻的。20世纪60年代以来台湾在海外华文教育方面积累的一些经验值得借鉴。60年代初，台湾国民党中委会通过《华侨文教决议案》，强调对海外华文教师进行扶助和培训，1971年后，台湾在华文教育上给予更宽松的政策，并于1973年通过了《海外各级华侨学校优良教师奖励办法》，奖掖表现优异的华文教师。台湾成立了一些华文教学机构，以推动涵盖师资培训在内的诸多华文教育工作，如台湾师

---

① 复康：《暹罗排华内幕》，《世界知识》1948年第18期。

范大学中国语言文化中心、台湾各大学中国语文联合演习所等，特别是1955 年在台湾省立师范学院设立 "华侨师资专修科"，共为海外华社造就师资 300 多人。值得一提的是，创办于 1972 年的台湾 "世界华语文教育学会" 在海外华文教师培训上贡献突出。"世界华语文教育学会" 出版华文教育刊物，编撰教材，开展学术研讨会，与台湾师范大学等高校合作在华文师资培训方面做了大量工作，其创办的 "华语文师资研习班" 迄今共举办 200 多期，结业学员近万人。20 世纪 60 年代至 80 年代，台湾有关方面利用台湾师范大学等高校资源，在海内外举办华校教师培训班，为马来西亚、菲律宾及中南美洲国家的华校培养和培训大量的海外华文师资，同时还开设鼓励和支持各地华社开设师范学校或增设师范课程，以造就本土化师资①。

三 华文教师队伍的聚集与转型

20 世纪 80~90 年代中国的改革开放和冷战结束是世界华文教育的历史转折点。1998 年印度尼西亚发生了举世震惊的 "五月暴乱"，苏哈托政权倒台，从而改变了东南亚华文教育的基本格局，而中国向日本、欧美和大洋洲地区的大量移民也使华文教育的地域版图发生了变化。海外华文教育进入了前所未有的崭新阶段。在新的历史背景下，东南亚各国政府相继大幅调整华文教育政策。1999 年 10 月，印度尼西亚民选的瓦希德政府执政，实行民族平等和多元化政策，允许在校学生选修华文，民间可以开办华文学校。1992 年 2 月，泰国决定对华文教育实行有条件的开放政策，允许增设华文幼稚园，允许华文小学与中学把华文列为选修课。越南、柬埔寨也改变了 80 年代之前压制和排斥华文教育的政策，转而适度鼓励和支持。中国的和平崛起是冷战结束之后地缘政治变化及全球经济格局重组所产生的人类重大文化事件，由此催生了方兴未艾的世界 "汉语热"，它与海外华文教育的快速发展互动共生，构成了当前世界性汉语学习大潮的壮丽景观②。

20 世纪 80 年代以来，世界范围里尤其是东南亚的华文教师队伍恢复

---

① 姚兰：《六十年台湾海外侨民教育之沿革》，《海外华文教育》2015 年第 2 期。
② 陈旋波：《华文教育的历史、现状及在世界 "汉语热" 背景下的境遇》，载《华侨华人研究报告》(2011)，社会科学文献出版社，2011，第 304~305 页。

了元气，教师数量和质量均有大幅度提升，一方面是印度尼西亚、泰国、缅甸等国因排华而被迫离开教职的教师重新集聚，奠定了这些国家华文教师的基础，另一方面各国华社采取有效措施推动师资培养与培训，加上中国政府的支持和帮助，日益壮大的海外华文教师队伍已成为华文教育发展的核心力量。如在印度尼西亚，1998 年 5 月苏哈托政府垮台后，瓦希德和梅加瓦蒂两届政府调整华文教育政策，放松对华文教育的控制，华文补习班性质的小型学校勃然兴起，中老年教师成为这时期华文师资的中坚力量，他们一部分在关闭前的华校读过书，有一定华语文基础，另一部分则是以往的华校教师，这两部分师资迅速聚集起来，暂时填补了印度尼西亚华文教师的空缺。与此同时，印度尼西亚华社开始向中国高校选派留学生，以培养年轻的华文教师力量。这种情形也同样出现在华文教育遭受严重挫折的泰国、柬埔寨和缅甸等东南亚国家。20 世纪 90 年代初泰国政府恢复了华文教育的合法地位，到 20 世纪末已有 150 多家民办学校开设华语文课程，其绝大部分师资也是来源于 60～70 年代华校师生①。由于中泰两国关系的迅速发展，泰国华文师资不断得到补充，教师来源较为充足，奠定了泰国华文教育复兴的基础。马来西亚和菲律宾的华文教师队伍也保持稳定发展，马来西亚的新纪元学院于 2010 年开办了马来西亚国内第一个将汉语作为第二语言教学的专业文凭课程，培养马来西亚本土化华文教师。菲律宾则启动华文教师"造血计划"，派遣大量华裔学生到中国高校就读，毕业后回国充实师资队伍。在欧美地区，越来越多的中国大陆留学生也为当地周末补习型华校提供了丰富的教师资源，改变了这些地区华校教师的结构，整体上提高了华文师资素质。

　　然而，相对于各国华文教育的蓬勃发展，华文教师的供给和需求还存在很大的缺口，具有高业务水平的华文教师仍较为匮乏，各地师资结构和师资力量良莠不齐，教师资格审批程序烦琐，华文教师待遇不均，使得很多学校的中文教师严重流失。据估计，东南亚地区华文教师缺口约在 4 万人。印度尼西亚华文教师中，年龄在 65 岁以上的老教师约占 65%。教师问题已经成为印度尼西亚华文教育发展面临的最大困难之一。印度尼西亚

---

① 李玉年：《泰国华文学校的世纪沧桑》，《东南文化》2007 年第 1 期。

30 岁到 50 岁的华文教师出现了断层①。由于历史原因，泰国、菲律宾、越南、老挝、柬埔寨和缅甸等其他东南亚国家需要的华文师资也不在少数。华文师资青黄不接也是尤为突出的问题。培养年轻华文教师的需要非常紧迫。从全球范围看，华文女教师比例过大，比例失调。欧美地区华文教师学历较高，而东南亚地区情况不好，印度尼西亚、缅甸尤为严重。如 2015 年 8 月缅甸腊戌地区参加"国际华文教师证书"的 99 名华文教师中，高中及以下毕业的占近 90%，仅有 1 人是大学本科毕业②。

　　针对华文教师数量严重不足的问题，中国政府及海外华社积极采取各种措施，努力加强师资培养和培训工作。国务院侨办通过"请进来""走出去"、长期外派等多种方式，派出专家到当地举办一些有针对性的专项讲座，短期培训当地教师。每年从国内十多个省市选派 120 多位教学一线的优秀教师赴华文教育重点国家和地区，开展 1～2 年的长期支教活动。一方面缓解了当地中文教师严重缺乏的局面，另一方面给当地华文教师起到了"示范教学"的作用，带动了当地教师业务知识和教学技能的提升。国务院侨办委托暨南大学、华侨大学设置"华文教育"本科专业，每年招收有志于从事华文教学的海外华裔青年，目前已取得良好成效。国内一些涉侨高校除了在境内外开展各种类型的华文教师培训外，还为海外教师开办了函授、自学考试、远程教学等学历教育。国家汉办每年派遣 1000 人以上的汉语志愿者，其中不少用于充实海外华校师资，也一定程度上缓解了华文师资短缺的问题。当然，华文教育的师资要从"输血"变为"造血"，即从借助外援向自己培养师资力量转变还有很长的路要走。培养本土化师资方面，马来西亚、印度尼西亚、菲律宾做了大量扎实的工作，成效显著。如早在 20 世纪六七十年代，马来西亚、菲律宾华社即派出大批年轻人到台湾师范大学和高雄师范大学等高校学习，这些学生毕业后回国任教，成为当地华文教师的中坚。中国大陆改革开放后，马来西亚、菲律宾的华文师资则多毕业于大陆高校，这种趋势已越来越明显。马

---

① 张红、朱婧：《汉语热下藏隐忧，海外华文教育亟待突围教学困境》，《人民日报》（海外版）2010 年 5 月 6 日，第 6 版。

② 齐春红：《影响缅甸华文教育师资发展的因素及相关对策研究》，《东南亚纵横》2015 年第 11 期。

来西亚三所华文高校（南方学院、韩江学院、新纪元学院）也发挥着为当地培养华文师资的作用。印度尼西亚的华文师资本土化，除了有计划地输送学生到中国高校深造外，还创办了华文师范学院，在本土培养华文师资，如印度尼西亚东爪哇华文教育统筹机构拟与国内高校合作在泗水开办"智星大学"，专门培养师资人才。这无疑是华文师资本土化最有效的途径。在欧美地区，尤其北美，由于 20 世纪 80 年代以来的留学生和新移民数量激增，补充华文师资的条件较好。

华文教师的标准化和规范化也提上日程。2013 年 12 月，由国务院侨办主持的"华文教师证书等级标准"研制项目顺利完成，并陆续在各地开展"华文教师证书"的培训和测试。这无疑标志着华文教师有了基本标准和等级依据。在 2014 年 10 月举行的第三届世界华文教育大会上，国务院侨办裘援平主任针对当前海外华文教师数量不足、专业素养不够、断层严重等问题，提出了打造海外华文师资培训体系的目标，到 2017 年，要对 30000 人次的华文教师进行系统的专题培训，其中通过考核认证者力争达到 20000 人。这一重要举措将对世界范围里的海外华文师资建设产生深远影响。

第二节　华文教师的中华文化使命感

一　"中华文化使命"与文化认同

在古汉语里，所谓"使命"指的是"使者所奉之命"，或"奉命出使"，或单指一般的任务。现代语境下"使命"的内涵尽管与古汉语的词义相关，但它被赋予崭新的含义，现代汉语中的"使命"其实更接近英文词"mission"。"Mission"本义为"天主教会派遣传道士赴外国从事传教工作"，有"神的感召"和"天职"之意，引申为"具有重大意义的、神圣的任务"。依照一般的、非宗教性的理解，使命的灵魂是主体的自觉体认，是主体自身出于自觉、自主而内生的一种对人生或社会、他人及文化的责任感知和实践，既是对群体共同价值观的认同、强化和积极践行，也是对自我意义的追寻和对自我实现的努力。在这个意义上，"中华文化使命感"是指根植于主体的中华文化自觉意识，是主体自身所应担当的体认、传承中华文化的重大责任与义务，是主体对待中华文化的一种积极态度、责任感和实践精神。

近年来，荷兰学者 F. 科瑟根正式提出了"教师使命"（teacher mission）的概念，并进行了初步的阐述。科瑟根提出了"好教师"的"洋葱模型"（onion model）（见图 3 - 1）。

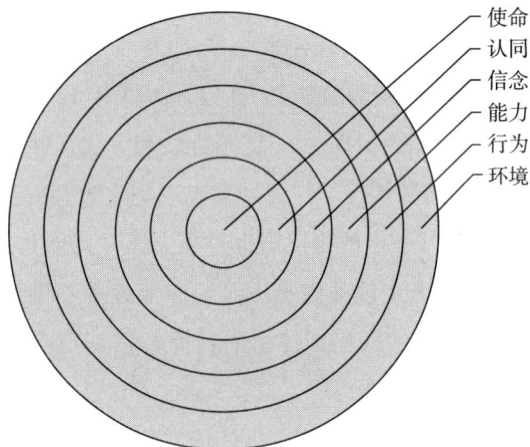

图 3 - 1   "好教师"的"洋葱模型"①

香港学者张丽敏认为：教师使命最外层的是一般职业所具有的职业使命感（sense of calling），即敬业精神；教师使命核心层次，即内核是超越性使命（transcendent mission），就是追求精神和灵性、追求人的完整性和自我实现价值②。因此，"华文教师的中华文化使命"有着丰富的内涵，既包含了华文教师作为一般教育者的"教师使命"，也指向华文教师之"体认、传承中华文化"的特殊使命，这种使命本身具有超越性和神圣性的精神特质。

华文教师的中华文化使命是华文教育的根本任务所决定的。华文教育是指以第一语言非汉语的海外华侨华人为主要教学对象开展的中国语言文化教育。华文教育的根本任务是：对华侨华人进行中国语言文化教育，向世界传播中华文化。具体而言，有如下几个方面：（1）塑造华侨华裔青少

---

① Fred A. J. Korthagen, "In search of the essence of a good teacher: towards a more holistic approach in teacher education," *Teaching and Teacher Education* 20 （2004）: 77 - 97.

② 张丽敏：《教师使命的内涵及特征探讨》，《教师教育研究》2012 年第 24 卷第 6 期。

年的民族文化素质；（2）维系华侨华人与祖籍国情谊；（3）促进华侨华人所在国与中国的友好关系；（4）传播中华文化，促进世界文化交流。其中，以中文教育来塑造华侨华裔青少年的民族文化素质，维系华侨华人与祖籍国情谊的纽带作用是海外华文教育的根本目的。华文教师是实现华文教育根本任务的主体，华文教师唯有自觉确立中华文化意识，在教育过程中担当起传承中华文化的重大责任与义务，以积极的态度、饱满的感情和高度的责任感努力践行对海外华侨华人进行中华文化的传播与教化，才能达到塑造华侨华裔青少年的民族文化素质的教育目标，从而实现华文教育的根本任务。

华文教师作为接受过专门训练并在海外华文教育机构传授中华语言文化知识和经验的人，他们是一个特殊的群体，既不同于仅仅传授自然科学知识的技术性专业教师，也异于单纯教授汉语言知识的汉语教师。华文教师不但承担了汉语言知识的教学，更重要的是要对海外华侨华人的受教育者进行中华文化的教化。因此，在自觉体认中华文化的基础上担当起传承中华文化的重任是海外华文教师的要务。

"文化认同"是人们在一个民族共同体中长期共同生活所形成的对本民族最有意义的事物的肯定性体认，其核心是对一个民族的基本价值的认同；是凝聚这个民族共同体的精神纽带，是这个民族共同体生命延续的精神基础。因而，文化认同是民族认同、国家认同的重要基础，而且是最深层的基础。文化认同的核心是一种价值认同，是一种价值选择、价值依从，人们使用相同的文化符号，遵循共同的文化理念，秉承共有的思维模式和行为规范①。

中华民族是一个具有强大凝聚力的民族，这种凝聚力在很大程度上源于整个中华民族对中华文化的认同。在中华民族这个共同体中生活的人们拥有共同的历史记忆、共同的荣誉、共同的灾难等，他们可以一起缅怀过去，憧憬未来，荣辱与共，生死同舟，不论身处何地，都会有一种休戚与共的情怀，会为民族和国家的兴旺发达而欢欣鼓舞，一旦国家、民族和同胞遭遇危难，他们就会感同身受，同心同德，万众一心，团结一致，喷发出巨大的精神能量。20 世纪的抗日战争如此，2008 年汶川地震抗震救灾

---

① 崔新建：《文化认同及其根源》，《北京师范大学学报》2004 年第 4 期。

也是如此。中华民族的文化认同在不同的历史条件下以不同的形式集中地体现出来①。习近平主席在出席纪念孔子诞辰 2565 周年国际学术研讨会暨国际儒学联合会第五届会员大会时指出，中国优秀传统思想文化"体现着中华民族世世代代在生产生活中形成和传承的世界观、人生观、价值观、审美观等，其中最核心的内容已经成为中华民族最基本的文化基因。这些最基本的文化基因，是中华民族和中国人民在修齐治平、尊时守位、知常达变、开物成务、建功立业过程中逐渐形成的有别于其他民族的独特标识"②。自华侨社会诞生至今几百年来，尽管海外华侨华人的历史境遇发生了重大变化，经历了从落叶归根到落地生根的历史性变迁，中国也从传统落后的农耕社会演变成如今的现代化强国，但海外华侨华人社会对中华文化的肯定性体认却不变如斯，显示了中华文化的强大凝聚力，也体现了海外华侨华人对本民族文化始终如一的认同意识。中华文化认同可能因时代的变迁而具有历史性，但其精神内核并不因政治、经济环境的变化而转移，这种在文化上独立不迁的品格正是海外华侨华人社会之所以生生不息的根本所在。

二　士志于道：传续中华慧命

华文教师是华侨华人社会的知识文化精英，在中国近代化之前，他们是海外华侨社会"士"阶层的代表。《中庸》云："仲尼祖述尧舜，宪章文武。"孔子始终以传承、弘扬上自尧舜下至文武周公的精神、文化为己任。诸多孔门弟子以及后起的孟、荀对于整理、阐释、传播上古文化和孔子学说均做出了重要贡献。这一传统为后世士人所继承、发扬，他们一直以"为往圣继绝学"、继往开来为自己的责任、使命。这种薪火相传的事业即使在动荡的年代也不曾中断。秦始皇焚书、项羽火烧咸阳，这些浩劫都不能让士人停止传承文化的脚步。自宋以来，随着书院兴起，私人讲学盛行，刻印书籍规模日大，这种文化传承的实绩更加明显。中华文化之所以经历劫难而从未中断，同中国古代优秀士人以传道为己任的责任感是分不开的。

---

① 朱贻庭、赵修义：《文化认同与民族精神》，《学习时报》2008 年 10 月 27 日。
② 习近平：《在纪念孔子诞辰 2565 周年国际学术研讨会暨国际儒学联合会第五届会员大会开幕会上的讲话》，《党建》2014 年第 10 期。

　　"风雨如晦，鸡鸣不已"，15～19世纪在海外华校或私塾、义学、书院任教的教师绝大多数来自国内，他们在国内系统地接受传统的儒家教育，饱读诗书，以道自任，期望实现修齐治平的理想，科举失败晋身仕途无望之后，他们索性远涉重洋，或投奔海外亲人，或被延聘从教。尽管身处异域他乡，但他们仍以天下为己任，坚守儒家道统，开启海外侨生蒙学，讲授《四书》《五经》。早期海外私塾教育的资料大多已湮灭不存，但我们还能找寻到一些当年赴南洋任教的士人的名字，如在19世纪中叶荷属印度尼西亚，巴城的林金城、万隆的李莲根、坤甸的陈庭风等人都是来自国内的读书人。这些最早一批华文教师与传统的儒家知识分子一样，有着强烈的家国之念，对于故乡风物和典章制度念兹在兹，心系社稷苍生，正如明代思想家吕坤在《呻吟语》所言："世道、人心、民生、国计，此是士君子四大责任。"20世纪之前，华侨社会可谓孤悬海外，一方面受到清政府的排斥，另一方面又不断经受着西方或殖民地的冲击，第一批海外华文教师坚持传统的华夷之辨，更加强化了其儒家的文化立场。1861年的新加坡萃英书院的碑文刻下了办学宗旨："新加坡自开创以来，土俗民风虽英酋之管辖，而懋迁有无实唐人之奇旅，迄于今越四十有年矣。山川钟灵，文物华美，我闽省之人，生于斯聚于斯，亦实繁有徒矣，苟不教之以学，则圣域贤关之正途，何由知所向往乎。待他日斯之蔚起，人人知周孔之道，使荒陬遐域，化为礼仪之邦。"[1] 新加坡萃英书院的办学宗旨，实道出了当时南洋华文教育人士的共同心声。华文教师孤处海外，耳濡目染异域文明，并非没有文化认同危机之虞，桑梓惨遭列强入侵，国运不昌，又深感西洋文化有过人之处，因而在教学内容上也加入西洋算术、几何等科目。然而，对于深受中华文化浸染的华文教师而言，"中学为体，西学为用"，道器之间的取舍并不困难，这种文化自信根深蒂固。1897年，维新派徐勤受任横滨大同学校总教习，他身在日本，心系中华，其师康有为评价他志行高洁，至公无私，"贫贱不移，威武不屈"[2]。在推翻封建帝制的革命风潮中，海外华文教师也发挥了重要作用，

---

① 《华侨华人百科全书·教育科技卷》，中国华侨出版社，1999，第321页。
② 《万木草堂诗集——康有为遗稿》，上海人民出版社，1996，第68页。

他们以"驱逐鞑虏，恢复中华"为号召，积极回国参加斗争。如黄花岗七十二烈士之一的罗仲霍。他早年在家乡授徒为业，后赴安南及南洋各埠读书谋职，1906年以优等成绩毕业于槟榔屿师范学堂，不久创办吉隆坡尊孔学堂、荷属火水山中华学堂，并先后担任两学堂校长，兼授国文，后由南洋赴香港参加同盟会秘密活动。广州黄花岗起义爆发，随黄兴进攻两广督署而被逮捕。临刑前犹在南海县署演说革命宗旨，慷慨激昂，视死如归，英勇就义。印度尼西亚雅加达八华学校是由当时华侨社会中一些尊崇中华传统文化和热心为华社服务的各界人士所创办的。八华在向学生传授现代科学知识的同时，仍秉承以儒家学说为育人的根本宗旨，以传播中华传统文化为己任。经新加坡华社领导人林文庆推荐，清朝秀才卢桂舫从新加坡来到雅加达，担任八华学校的第一任校长，并兼任中文教师。八华成立当年，即根据中华会馆董事会的决定，在每年孔子诞辰日都要放假一天。校门内还悬挂一幅孔子画像，学生上学和放学时都要向画像行鞠躬礼。1903年，卢桂舫应东爪哇玛琅市华社邀请，前往创建中华学校，一年后转到八马垄市主持中华学校校务，1912年回到雅加达八华中学任校长，直至1922年退休①。

民国成立前后，随着海外华侨民族意识的觉醒，海外华文教育勃兴，华校不断涌现，华文教师的需求急剧增长，此时期国内那些在五四新文化运动成长起来的知识分子成为华文教师的主体。这些远赴重洋的知识分子具有新学的基础，既接受过系统扎实的中华传统文化教育，又浸染了五四启蒙主义的新思潮，他们比老一代华文教师更具有开阔的文化视野和现代意识。这些知识分子教育背景、宗教信仰各异，但他们与祖国同呼吸共命运，其德道思想及感时忧国的精神一以贯之，他们为海外华校注入新鲜血液，对华校的现代性转型及海外侨生爱国意识的培养功不可没。兹举两例。黄治基（1866～1928年），字尧臣，世称艾庵先生，福建福清人，幼受庭训，熟读《四书》《五经》，下笔为文，每受长者称赞，亦信奉基督教。民国初年，黄治基赴印度尼西亚泗水经营产业，创办基督教会，后就

---

① 梁英明：《从中华学堂到三语学校——论印度尼西亚现代华文学校的发展与演变》，《华侨华人历史研究》2013年第2期。

任新加坡培青学校校长兼代理诗巫基督教学校校长，并为国文教授。1914年日本强占胶州湾，中日绝交，黄治基通过《泗滨日报》号召抵制日货，得到侨胞的热烈响应，因而为帝国主义者所嫉视。出于荷兰政府的干涉，卒被驱出境外。张国基（1894～1992年），字颐生，湖南省益阳人，曾任全国侨联主席，华侨教育家。1915年考入湖南省立第一师范。1919年加入毛泽东等创立的新民学会。1920年，为了提高海外华侨的文化水平和社会地位，宣传国内的新文化运动，受新民学会派遣，远渡重洋，前往新加坡道南学校教书，并兼任华侨中学及南洋女中的教学工作。从此开始了他的海外教学生涯。1922年离开新加坡到印度尼西亚爪哇，任北加浪岸中华学校校长5年。1927年1月回国，受毛泽东之邀，到武昌中央农民运动讲习所讲课，并由毛泽东、周以栗介绍加入中国共产党。8月1日参加了南昌起义，任中央独立第一师师长。起义失败后，1929年再度出洋任教，先后在印度雅加达的广仁学校、八华学校、雅加达中华学校任校长。

抗战爆发后，东南亚华侨社会迅速掀起抗日救亡的运动，世界各地华人抗日团体蜂起不断。1937年8月15日，新加坡118个侨团联合成立由陈嘉庚任主席的马来亚新加坡华侨筹赈祖国伤兵难民大会委员会，印度尼西亚华侨社会掀起了声势浩大的抗日救亡运动，华文学校成为向华侨青少年传播爱国思想的课堂，华文学校、华文报刊和华侨社团成为华侨抗日救亡运动的中坚力量。华校师生纷纷成立各种歌咏队、舞蹈队、话剧社等文艺团体，向侨胞广泛宣传爱国精神，并举办文艺晚会、游园会、筹款会和各种义卖义捐活动等，募集抗日捐款，更有许多华侨热血青年学生，相继奔赴祖国抗日前线，其中不少人血洒疆场，为国捐躯。抗日救亡活动还进一步加深印度尼西亚华侨青年对祖国历史与文化的认识和感情，增进了广大华侨对中华民族和中华文化的认同感①。太平洋战争爆发后，东南亚相继沦陷，华文教育遭到重创，日军大肆屠杀抗战人士，华文教师也受到残酷迫害。抗战唤起了华侨社会的中华民族意识，在华文教育的艰难时期，许多华文教师奔赴国难，可歌可泣。1939年中国的抗日战争进入到最艰苦

---

①　梁英明：《从中华学堂到三语学校——论印度尼西亚现代华文学校的发展与演变》，《华侨华人历史研究》2013年第2期。

的阶段，槟城协和华侨学校女教师白雪娇女扮男装，改名应征南洋华侨机工。1944 年，时任雅加达中华中学校长的著名华文教育家李春鸣组织了全校教学资料、设备的转移与隐藏。为保护外埠子弟的安全，他率领师生，跋涉山区密林，开展抗日救亡教育。由于教学设备、资料得到有效保护，各地学生也没有流散，二战一结束，中华中学的教育工作得以很快恢复。

第二次世界大战结束后，初期东南亚各国的华文教育取得了较大的发展，华文教师数量随着华校的扩张而大幅增加，但紧接而来的民族归化运动又导致了东南亚各国华文教育走向衰落。1948 年 5 月，泰国规定全国的华校均为注册的民办学校，校长和校主须为泰人，华文教师须泰文及格持有教师证，华文教师须经泰国公安局批准方可换校任教，其后 20 多年，随着泰国华文教育的式微，华文教师的状况也日益艰难。印度尼西亚 1965 年华校全面被封，华文教师队伍全军覆没。早在 1957 年，印度尼西亚政府就规定外侨教师必须通过印度尼西亚文考试，后来又规定教师和校长必须是得到教育部批准的印度尼西亚籍公民。此起彼伏的排华运动使大批教师离开住在国，留下来的教师在艰难困境中坚持传承中华文化的神圣使命。在印度尼西亚和缅甸，大批华文教师失业，一些人被迫弃教从商，难能可贵的是还有一些华文教师冒着生命危险，以佛教寺院教读佛经为掩护，为华人子弟进行中华语言文化教育，这种特殊历史条件下的"佛堂教学"成为 20 世纪华文教育的奇观，昭示了海外华文教师传承中华文化的献身精神。在马来西亚，以林连玉为代表的华教领袖和一大批华文教师，为了华文教育的权利，威武不能屈，贫贱不能移，对传承中华文化矢志不渝，即使被剥夺公民权也在所不惜。

20 世纪 80 年代以来，世界华文教育进入新的历史转折点，华文教师队伍也发生了根本性变化。冷战结束之后尤其是 21 世纪初，东南亚各国恢复了华文教育应有的地位，中国的崛起和经济全球化的进程又使华文逐渐具有商业语文价值，华校的迅速发展重新聚集了离散的教师队伍。尽管在东南亚国家，华文教师的经济待遇和社会地位较低，但许多人对华教痴心未改，他们又回到教师队伍，重操旧业，如印度尼西亚 1965 年"九三〇"事件之后被迫转行的教师和当年辍学的华校中学生成为复兴时期印度尼西亚华文教师的中坚力量。欧美地区的周末补习型华校，教师大多是义务性的志愿者，或者报酬微薄，他们为帮助华裔子弟学习掌握自己的民族语言文字，了解传承中华文化，延续自己的"根"无私地贡献心力。此时期华文教师的构成呈现了多元化的特点，既有"归来"的老教师，也有来源于新移民的教师，年轻的本土化教师也逐渐成长起来。东南亚华文教师在困境中坚持传承民族文化的历程已成为一种榜样，成为华校永恒的精神。年轻的本土教师对中华文化的认识有深有浅，文化认同程度不一，但他们熟知华侨社会的坎坷经历和华文教育的艰辛，对祖籍国的历史和文化有着强烈的感情，同样怀着传承民族文化的神圣使命。以下所引来自有关新闻报道，新生代华文教师的精神风貌可见一斑：

> （马来西亚）华文教师岑劲霈一直在私立华文中学工作，她说选择这个职业是因为小时候受到华文老师的感染，虽然现在经常失业和跳槽，但成为一名华文教师将华语传承下去是她一直以来的梦想。"等我攒够资金，想开办一所华文学校，自己当校长。"岑劲霈边说边爽朗地笑着，她说很多私立华校教师会去新加坡谋职，因为那边的待遇要好些，但自己并没有出国的打算。①

随着中国的日益强大，华文教师对祖籍国的感情和对中华文化的认同感不断提升，对他们而言，华文教育不但是一种职业，更是一项关乎延续海外华侨华人中华民族之根、中华文化之魂的崇高事业。近年来，许多倾心华教、兢兢业业的海外华文教师不断涌现。国务院侨务办公室为鼓舞热心海外华文教育人士和海外华文教师的积极性，激励更多有识之士特别是年轻一代投身海外华文教育事业，继 1999 年、2007 年和 2011 年之后，又于 2014 年再次评选并表彰一批热心华教的杰出人士及优秀海外华文教师。

第三节　华文教师的中华文化素养及其培育

一　华文教师的中华文化素养：历史与现状

华文教师承担着汉语教学和传承中华文化的双重责任，既要向作为受

---

① 《马来西亚新生代华文教师要梦想也要"面包"》，中国新闻网，2011 年 12 月 11 日，http：//www.chinanews.com/hwjy/2011/12 - 17/3539106.shtml，最后访问日期：2016 年 10 月 18 日。

教育者的海外华裔青少年系统地传授汉语言知识和技能，培养学生的华语应用能力，又要对其进行中华优秀文化的灌输和教化。华文教师除了兼具知识的传播者、集体的领导者、人际关系的艺术家、心理治疗工作者和学习者等一般性的角色特征外，更重要的还应具备深厚的中华文化素养，成为中华文化的学者和践行者。

文化素养的核心和标志是世界观、人生观和价值观，中华文化素养是指确立中华民族的世界观、人生观和价值观所需要的知识、能力和修养。华文教师中华文化素养的深浅高低关系到是否能在华文教育过程中实现对海外华裔青少年进行中华文化教化的教育目标。

作为一名优秀的华文教师，为了实现华文教育的文化教化目的，应该具有较为完整全面的中华文化素养。首先，华文教师除了要有汉语言专业知识外，还应系统地掌握中华文化专门知识，较全面地了解中国历史、地理、文学艺术、哲学及典章制度、生活方式，在整体上对中华文化的历史脉络、中华民族精神、中华优秀思想文化及当代语境下的中华文化等方面有理性认知，总之，华文教师需具备较为完整全面的中华文化的知识结构。其次，华文教师应在掌握中华文化知识的基础上，对中华文化进行提炼、反思、体认和升华，经由情感认同、民族认同到文化认同，在多元文化交融的背景下形成了具有中华民族特征的世界观、人生观和价值观，并在思维方式、行为方式上具有身体力行的自觉意识。

华文教师中华文化素养的培育，不是一蹴而就的，需要学校、家庭和社会形成教育合力。华文教师受教育期间（中学或大学）接受系统的中华文化知识，对祖籍国的历史文化等方面的知识有较深入的了解；华文教师从小受到家庭的熏陶和影响，对中华文化产生了深厚的感情；华文教师成长过程中受到了华人社区和华校的中华文化氛围的感染，形成了其较为稳定的民族文化认同。同时，参加华文教育实践及培训也是培育华文教师中华文化素养的重要途径。

早期的华文教师，一般来源于国内的私塾教育，具有深厚的传统文化素养，国学功底扎实，但思想保守，仍严格遵从科举旧制的标准，缺乏开阔宽容的多元文化文化视野。20世纪初，暨南学堂为当时培养了一批适合海外华社亟须的华文教师，到 1909 年，曾在暨南学堂学习的印度尼西亚华侨学生已超过 200 人，后来成为印度尼西亚华侨社会著名教育家的司徒赞就是暨南的学生。民国成立之后，复校后的暨南学堂考虑到海外华社需要教师，开设了中专性质的师范科，招收海外华侨学生，学制三年，师范类科目有"修身""教育""国文""历史""地理"等中华文化课程。此时期的华文教师主要由两部分组成，一部分是来自中国新移民，另一部分是当地华校自己培养的本土化教师。来自国内的教师多接受过新学教育，尤其是深受五四新文化运动的熏染，具有兼容中西文化的知识视野，但其教育背景较为驳杂，文化立场各异，既有坚持传统价值的复古主义者，有"中学为体、西学为用"的文化保守主义者，也有信仰"全盘西化"的激进主义者，他们的中华文化素养差异很大：一些人早年私塾出身，后又在新学堂就读，还有一些人在国内接受过新式的中等或高等教育，有良好的现代语文素养，另有一些人甚至有留学海外的经历。本土化教师则来自华校优秀毕业生，如印度尼西亚的中华学校系统，泰国的培华学校、明德学校、新民学校，新加坡华侨中学等，这些华校拥有完整的中华文化教育体系，课程"体现了以祖国的历史文化为经，以侨居地经济发展要求为纬的特点"①，培养了一大批既有中华文化素养又熟悉所在国的本土华文教师。此时期华文教师的学历构成是相当复杂的。根据《第一次中国教育年鉴》1930 年调查统计：英属马来亚北婆罗洲各侨校教师总数 80 人，其中中学毕业者居多，师范及其他学校毕业者次之；菲律宾各侨校教师总数 248 人，其中专门学校与大学毕业者 71 人，大学肄业者 7 人，高中毕业者 63 人，师范毕业者 45 人，旧制中学毕业者 20 人，初中毕业者 4 人，不详者 38 人②。

这种情况一直持续到新中国成立后。由于世界冷战格局形成和东南亚国家民族主义兴起等历史因素，海外尤其是东南亚华校逐渐进入衰落期，20 世纪 50～70 年代海外华文教师的来源也发生了根本变化，由当地华校培养的本土化教师成为主体。这些教师可能因海峡两岸的对峙而在政治理

---

① 别必亮：《承传与创新——近代华侨教育研究》，河北教育出版社，2001，第 95 页。
② 中华民国教育部编《第一次中国教育年鉴·丙编》，上海开明书店，1934，第 520 页。

念上大不相同，但他们在华校接受了严格的传统文化教育，加上家庭和华社对他们产生了潜移默化的影响，中华文化素养无疑是十分深厚的。1955年新加坡南洋大学成立，该大学以华语为教学媒介语的，其筹备委员会宣言揭示了南洋大学的办学宗旨，其中之一即"为华文中学培植师资"，该大学的中国语言文学系、教育系为东南亚华文教育培养了不少优秀的教师。

　　20世纪末期，世界范围里的华文教育复兴，规模日益扩大的华文教师在文化教育背景、知识结构诸方面呈现了丰富多元的局面，华文教师的中华文化素养进一步提升。目前，华文教师的来源构成有以下几个方面：（1）当地侨校或大学中文系培养的本土教师；（2）在中国大陆或台湾留学回国的毕业生；（3）中国大陆或台港澳的新移民教师；（4）在欧美地区留学回国的毕业生；（5）中国国务院侨办、国家汉办派出的华文教师或汉语志愿者；（6）台湾"侨委会"派遣的汉语教师；（7）中国大陆及台湾高校或其他机构与海外华社合作项目的教师。这种情况与之前单一化的师资结构迥然有别。现阶段的华文教师队伍呈现"科班化"、规范化的良好趋势，整体上的中华文化素养有显著的提升，但也存在着一些亟须解决的问题。据一份针对印度尼西亚华文教师结构的调研资料，随机抽样的283份印度尼西亚华文教师问卷显示：30岁及以下的有102人，占36%；31~40岁的有38人，占13%；40~50岁的有13人，占5%；51~60岁的有55人，占19%；而61岁以上的有75人，占27%。印度尼西亚华文教师年龄明显呈现出两头大、中间小的分布格局，而大学本科及以上学历的集中在30~50岁，61岁及以上拥有大学本科及以上学历的比例最低[①]，菲律宾、马来西亚等东南亚国家的情况大致相似，表明这些国家尚有为数众多的华文教师源自旧的阵营，他们经验丰富，敬业重教，但普遍年纪大、学历低，对中华文化知识和当代中国的了解较少。华文教师新生代无疑已经茁壮成长，并逐渐成为东南亚华文教育的主力。这些本土化或留学回国的华文教师既掌握了中华语言文化知识，又有当地的生活经历，但他们的中华文化素养普遍较浅，尚未能较深入地理解和领悟

---

① 林奕高：《印度尼西亚华文教师现状调查研究》，《华文教学与研究》2011年第2期。

中华文化精神的堂奥，有些甚至出现了民族和文化认同上的危机。欧美地区的华文教师以新移民为主体，他们大多接受过中国大陆或台湾的高等教育，学历较高①，但普遍缺乏中国语言文化的系统训练，对中华文化的理解和认识浅尝辄止，有着经验主义倾向。中国大陆及台湾派出的华文教师或汉语志愿者尽管拥有完备的知识结构，但他们对海外华校和学生了解不深，跨文化交际能力有待提高，常常出现"水土不服"的现象。因此，华文教师中华文化素养的培育需要体系性的支持。在 2014 年 12 月举行的第三届世界华文教育大会上，国务院侨办主任裘援平提出打造华文教育的六大体系，其中的"培训体系"和"体验体系"显然是为海外华文教师量身定做，这对于全面提升华文教师的中华文化素养和教学水平意义重大。

二　华文教师中华文化素养的培育

华文师资培训工作一直以来都是华文教育的重要环节。师资培训的内容十分广泛，既有中华语言文化知识的补缺补漏，也有教学理论和方法的深化，还有管理学、领导学及教育心理学的提高，而中华文化素养的培育是师资培训的核心内容。所谓"中华文化素养"包含了两方面的内容：一是通过长期的学习和实践在中华文化学科上所达到的水平；二是具有中华民族的优秀思想品质和道德观念，包括世界观、人生观、价值观、审美观、使命观、幸福观等多诸内容。换言之，"中华文化素养"是中华文化系统知识以及中华民族价值观念、思维方式、社会心理、伦理观念和审美情趣等精神特质的综合素质总和，从工具层面和价值层面看它应涵盖以下内容：（1）汉语言基础理论知识；（2）中华文化技能及礼俗常识；（3）中国历史、地理及文化常识；（4）中国文学史及经典作品；（5）中国哲学及中华伦理；（6）中国美学及传统艺术；（7）华语与华文教育理论；（8）华侨华人史；（9）认知与践行中华文化之世界观、人生观和价值观。华文教师中华文化素养的培育不仅意味着华文教师需要系统地掌握中华文化知识和技能，而且意味着他们必须深刻理解并内化中华文化的基本精神，从感

---

① 一份针对回国参加培训的 26 名华文教师的调查问卷显示，具有硕士及以上学历的高达 21.7%，详见郭宝林、严晓鹏《欧美华文教育师资、教学现状及发展对策》，《八桂侨刊》2011 年第 4 期。

知、领悟、认同到自觉践行，成为华裔青少年华语文学习的指导者和人生价值选择的引路人，成为中华文化在海外华社的主要传播者。应该看到，华文教师中华文化素养的培育不啻关系到华文教师个人生涯的发展，而且更关系到华文教育事业的发展和中华文化传承目标的实现。有针对性地开展师资培训成为培育华文教师中华文化素养的有效方式（见附录二）。

早在民国时期的 1936 年，暨南大学就举办了海外侨民师资培训班，招收侨校在职教师 40 人。1940 年，民国政府通过了《推进侨民教育方案》，对于师资培养拟定了 5 项办法。（1）设立侨民教育函授，饬令各侨民学校教师报名，此当为海外华文教师函授教育之发端。计划从 1940 年开始，每期收学员 2000 人，连续开办 7 期。（2）从 1941 年起，利用每年暑假，在香港、马尼拉、新加坡等地开办侨民学校教师暑期讲习讨论会。（3）抽调各侨民学校校长及训育人员在暑假到中央训练团受训。（4）邀请国内学者组成巡回讲学团，到各地侨社讲学。（5）出版相关杂志，交流教育经验。时当抗日大潮方殷之际，国民政府对华文教师培训的重视尤具有特别意义，这些培训课程及讲座除了三民主义党义、教育学、心理学及教学法外，还包括中国历史地理、南洋史、国语、中国思想、中华民族史等中华文化诸方面的知识。新中国成立之后，因政治及华侨社会的诸种变化，海外华文师资培训工作没有开展。20 世纪 50 年代至 80 年代，台湾方面积极支持和推动华文教师培训。1956 年，台湾建立了非学历的华文教师养成教育体系，恢复了侨民教育函授学校，1966 年该校改为中华函授学校，共开设 185 种课程，有 12 科别，其中专设"华语文教师"一项。据台湾世界华语文教育学会秘书长董鹏程先生的资料，台湾世界华语文教育学会于 1972 年成立后即致力于华文教师培训，为海外华文教师提供为期九周的华语文师资培训研习班（如 1978 年承办了菲律宾中正理工学院教师的培训工作），该研习班迄今已举办 137 期，培训学员达 5000人[①]。台湾高校历来较为重视中华文化意识的培育，拥有大批国学修养颇深的专家学者，1966 年岛内发起的所谓"中华文化复兴运动"客观上也

---

① 董鹏程：《从社会变迁看全球华语文教育的前景与学习环境》，2004 年高雄师范大学演讲稿。

促进了海外华文教师的中华文化培育，来自菲律宾、马来西亚等地的许多华文教师陆续受训于台湾，对处于艰难期的华文教育做出了贡献。

20 世纪 90 年代以来，尤其是进入 21 世纪后，随着世界汉语热的兴起及海外华文教育的发展，中国政府十分重视华文教师的建设和培养，采取"请进来""走出去"的方式，加大力度开展形式多样的华文教师培养和培训，对扩大华文教师数量、提高华文教师的素质做出了重大贡献。

在学历教育方面，中国国务院侨办委托暨南大学和华侨大学开设"华文教育"本科专业，在世界范围里招收有志从事华文教育教学的海外华裔青少年，该项目至今已为海外华社培养 1000 多名华文教师。"华文教育"本科专业不同于一般的"汉语言"专业，其课程设置除了传授汉语言文化知识外，尤为注重对华裔学生中华优秀传统文化的养成教育，并通过各种社会实践活动强化华裔学生的中华民族的情感认同和文化认同。国务院侨办和中国华文教育基金会同时给予奖学金，资助华裔青少年到国内接受中华语言文化教育，将来用以充实海外华校师资。

鉴于目前海外华文教师队伍存在的诸种问题，几年来，中国政府采取"请进来""走出去"的方式，大力开展华文师资培训，成效卓著。为了满足海外华校需求，1987 年国务院侨办首次向马达加斯加选派 2 位教师，到 2016 年，国务院侨办依托 28 个省市区侨办和 5 所院校，共选派了 5000 多位教师到 27 个国家 260 余所华文学校任教，覆盖国家数达到历史峰值。资料显示，单是 2012 年，国务院侨办就邀请 3400 多名华文教师来华培训，"走出去"培训华文教师 7000 余人次，向海外选派教师 730 多人，遍布 300 多所华校。新世纪以来，国务院侨办及地方各级侨办、侨联和高等院校、企事业单位资助、组织的海外华文教师培训团不计其数，受训人数也无法统计。中国政府和民间组织对华文教师培训的重视程度，培训规模之大，受益面之广，均是前所未有的。

"请进来"的师资培训方式有明显的优势，参训教师的培训时间较为保证，能充分利用国内的教育资源，更重要的是，华文教师有机会通过文化游观的方式获取人生体验，在中华文化的培育上有新的成长。每年假期，国务院侨办及地方各级侨办、侨联和高等院校"请进来"参加培训的华文教师数以千计，培训形式多样，培训时间不等，游训结合，承担培训工作的多为国内华文教育基地院校，如暨南大学、华侨大学、北京华文学院、华东师范大学、厦门大学等。笔者所服务的华侨大学华文学院十年来曾为世界 30 多个国家的 1800 多名华文教师提供文化培训，受训团组包括马来西亚中小学校长团、美国华校校长团、欧美华文教师团、荷兰华文教师培训团等。其他的兹举数例。（1）2006 年 7 月，由中国国务院侨办主办、北京华文学院和北京市海淀区教师进修学校附属实验学校承办的"海外华文教师研修班"开班，来自美国、加拿大、荷兰、法国、比利时、德国、西班牙、希腊、奥地利、瑞典、日本等国家近百位海外华文教师成为此次研修班的学员。（2）2012 年 8 月来自 12 个欧美国家 33 所华文学校的 58 位华文教师到云南昆明，进行为期两周的教学培训。（3）2014 年 7 月，华中师范大学举办中亚华文教师培训班，来自哈萨克斯坦、吉尔吉斯斯坦、乌兹别克斯坦、塔吉克斯坦的近 50 名华文老师参加。（4）2015 年 4 月，国务院侨办和云南有关院校合作，邀请来自缅甸、泰国、老挝的 154 名华校校长和教师参加"华文教育·校长研习"和"华文教育·教师研习"。"请进来"的师资培训，在教学内容上除了汉语言各课程的教学法外，重点是中华文化的培育，如设置了"中华文化概论""中国历史""中国地理""中国文学""中国艺术欣赏""中国哲学"等科目，也有不少涉及中华文化技能的培训课程，如"中国剪纸""陶瓷制作"等。通过这些课程的系统学习和深化，海外华文教师提高了对中华文化诸方面的认识，加强了中华文化的知识积累。

　　游观是华文教师培训的重要环节，这种以中华文化培育为目标的旅游具有特别意义。人类学家将旅游视为一种现代朝圣，这是由旅游和朝圣两种行为仪式的同构性而言的，本身包含着隐喻和象征的色彩。旅游毕竟与朝圣不同，前者是世俗的休憩，后者则是对一种具有深远而神圣意义的追求。事实上，从动机及功能而论，海外华文教师的文化参访更接近精神意义上的朝圣。按照韦伯斯特英语词典的条目解释："朝圣是对一个历史故地做长距离的旅行。"[1] 此含义极为符合海外华文教师回到祖（籍）国参

---

[1]　Webster's *New World Dictionary of the English Language*（New York：Simon & Schuster, 1988）.

加中华文化培训的游观本质。中国，对于海外华文教师而言，是他们"一个历史故地"，是他们祖先曾经居住过的土地，是他们父辈魂牵梦绕的精神家园，是屈原、孔子和李白的故乡，是他们印证汉语和中华文化的生动场景，是他们确证身份的依据。中国的名山大川、历史遗存和人文胜迹是近乎神圣的中心，成为华文教师酝酿情感、仪式朝拜、赋予意义的精神圣地。在华文教师文化参访的实践中，游观的对象既有自然风景、历史遗迹、人文胜地、博物场馆，也有风物民俗、市井街巷、名人故里，还有体现当代中国文明的各项成果，他们还参加了各种真正的典礼仪式（如拜祭黄帝陵、祭孔），这些都成为华文教师探求自己精神世界和文化价值的体验，他们经历了这种类似宗教朝圣的仪式后，对中华文化必然有了新的领悟。因此，游观的华文教育是名副其实的文化朝圣之旅。教师培训团的组织者以游观的方式，因地制宜，利用当地的历史文化资源开展中华文化教育，取得事半功倍的良好效果。据新闻报道：2015 年 7 月由国务院侨办主办、陕西师范大学承办的 2015 年"华文教育海外优秀资深华文教师华夏行"活动圆满结束。共有来自 24 个国家的 180 名海外优秀资深华文教师，在陕西师范大学参与了为期 8 天的教育培训及文化体验活动，活动期间，陕师大分别举办了以丝绸之路战略与中西方文化交流为主的古诗词赏析与教学，中文教学技巧与方法以及汉字与汉字中的文化内涵等主题的专题讲座，受到了海外华文教师的高度好评。在学习交流之余，海外教师们还参观了秦始皇帝陵博物院、乾陵、大小雁塔、陕西省历史博物馆、大唐不夜城等体现西安历史文化底蕴及国际化大都市现代气息的古迹和景点。[①] 这种游教之间的结合交融和相互印证的方式已成为各地华文教师培训的普遍做法。

"走出去"的师资培训方式因其时间灵活、花费较少及受益面广等优点而受到海外华社及华文教师的欢迎，近几年取得了良好的成效。这种培训方式有利于国内相关部门整合资源，便于组织专业性的培训团队，有针对性地开展华文教师的中华文化培育和教学培训。1987 年 8 月，国务院

---

① 《24 国 180 名海外华文教师赴陕体验中华文化》，http：//sn. people. com. cn/n/2015/0709/c226647－25523764. html，最后访问日期：2016 年 10 月 16 日。

侨办从原广州华侨学生补习学校（暨南大学华文学院）选派 2 名教师赴马达加斯加华侨学校教授华文，是为外派教师的开端。其后近 30 年至今，国务院侨办及地方各级侨办、侨联和高等院校因地制宜，应时而动，不断派出讲学团组赴海外各国培训华文教师。如：2008 年国务院侨办共从国内 21 所学校选派了 46 位教师，组成了 12 个讲学团组，先后赴加拿大、菲律宾、老挝、缅甸、文莱、泰国、美国、马来西亚、西班牙、英国和印度尼西亚等 11 个国家，培训海外华文教师 3600 余人。鉴于海外华文教育日益增长的培训需求，2011 年国务院侨办建立了"走出去"师资培训库，在全国范围里应招"走出去"培训项目的预备师资，当年国务院侨办外派赴海外教师 400 多人。地方侨办也密切配合，广东省侨办 2014 年组织了专家讲学团赴印度尼西亚进行《千岛娃娃学华语》教材使用的专题培训，培训了 205 名华文教师。华侨大学自 2005 年开始，与泰国华文教育机构合作，每年均组织讲学团赴曼谷开展各种类型的师资培训，受益教师 1800 多人。这种培训往往采取"巡讲"的方式，如 2013 年国务院侨办和中国华文教育基金会共同主办、全美中文学校协会承办的北美"海外华文教育名师巡讲团"在美国多个地区同步举办一系列教师培训活动，纽约、波士顿、费城、亚特兰大、华盛顿等地的 800 多名华文师资接受培训。国内有关部门对"走出去"的师资培训项目认真组织，精心策划，尤重中华文化课程的培训，并遴选具有较大学术影响的文化专家或文化名师任教，如：2011 年组织赴美国费城为当地 10 多所中文学校教师进行业务培训，中国外交学院教师开设了"中华文化专题"讲座；2012 年国内学者在德国柏林中国文化中心为华文教师讲授"中国文化的跨文化传播"和"遨游汉字王国"；2011 年四川大学王晓路教授受邀赴美国北卡来罗纳、华盛顿等地开展师资培训，主讲"比较视野中的中国文化：特质与要素的重新考量"；2013 年江苏省侨办选派了中央电视台"百家讲坛"节目的主讲人之一、南京师范大学郦波教授中国文化专题。如此等等，不一而足。目前，国务院侨办已初步完成了《海外华文教师培训教程》的编写工作，培训实践正陆续进行。这种培训让华文教师受益匪浅，葡萄牙里斯本中文学校王珊老师课后说："讲师团的老师们从中国汉字的起源，中国的传统文化延伸到华文教育，把丰富的理论知识和自身的教学实例相结合，生动地讲述了他们的故事。我感受到了国务院侨办对海外华文教育事业的大力支持，以及对中国文化在全世界的普及感到由衷的自豪。"① 值得一提的是，国务院侨办还组织高端的文化讲座，赴外为华文教师开设中华文化专题讲座，促进了华文教师的中华文化培育。国务院侨办 2007 年开始举办"文化中国·名家讲坛"活动，旨在满足海外侨胞和华文教师的精神文化需求，丰富海外华社的文化生活，现已成为国侨办"文化中国"品牌系列活动的重要内容之一。"文化中国·名家讲坛"活动举办至今，已赴海外 43 个国家和地区举办 118 场中华文化讲座，受到广大华文教师的欢迎。"文化中国·名家讲坛"的讲座人包括北京师范大学教授于丹、厦门大学教授易中天、河南大学教授王立群、复旦大学教授葛剑雄、人民大学教授高钢、北京中医药大学教授程凯、国家京剧院院长宋官林等约 30 位专家学者。据统计，"文化中国·名家讲坛"已走进美国、加拿大、法国、英国、瑞典、澳大利亚、新西兰、巴西、秘鲁、菲律宾、新加坡、马来西亚、南非、肯尼亚等 43 个国家及地区的共 80 个城市，讲座内容涉及中国历史、文学、哲学、宗教、民族、戏曲、摄影、茶道、中医养生、文物收藏等多个领域。

事实上，华文教师中华文化素养的培育是终身教育，这就要求教师实现教育在时间和空间上的统一。在时间上，华文教师不能仅仅依靠学校学习和在职培训，也不能依赖短期的文化体验，而应该坚持终身受教，用其一生汲取文化精髓、广受人文化育。在空间上，华文教师应该主动承纳家庭、学校和社会生活的浸染与熏陶。"教师不仅仅是作为一种职业或专业而存在，而且是具有个体生命意义的人，是一个社会化的人。教师成长是教师学会教学、不断习得与教师有关的角色期望和规范的社会化过程。"② 华文教师发展，尤其是华文教师的中华文化培育，除了培训之外，家庭、华校和华侨华人社会也是促进华文教师成长的重要因素。家庭、华校和华社为海外华文教师的中华文化培育提供了良好的土壤。在家庭方面，根据法国社会学家布迪厄的文化资本理论，家庭的文化资本对子女所传递的那

---

① 《国侨办师资团送教葡萄牙里斯本，师生畅言课堂心得》，http://www.chinanews.com/hwjy/2013/06 - 07/4907665.shtml，最后访问日期：2016 年 10 月 16 日。

② 赵昌木：《教师成长研究》，西北师范大学出版社，2003，第 13 页。

种潜移默化的影响会伴随其一生，"在人们对此还未形成意识的早期就全面展开了，它是通过年幼时期的家庭体验获得的"。[①] 华文教师大多成长于华侨华人家庭，从小耳濡目染中华文化，对父辈的苦难和艰辛感同身受，父母所拥有的中华文化资本有利于华文教师的成长，有利于其中华文化素养的培育，因此华文教师的中华文化培育应立足于华侨华人家庭，需要从娃娃抓起，潜移默化，春风化雨，拥有华文教师的家庭也应该继续发挥和强化这种文化资本的影响。在学校方面，学者在研究教师发展与学校的关系时发现，学校物化环境、仪式或周期性活动、行为习惯和传统等习俗因素所构成的价值精神文化、领导制度文化、教师合作文化和环境物质文化对教师发展产生了重要影响，[②] 因此应重视华校中华文化情境氛围的营造和软文化的建设，为华文教师中华文化培育提供良好的环境。在华社方面，影响华文教师发展的主要因素是文化传统、价值观念、社区行为和制度政策，华侨华人社会对传承中华文化的重视程度、开展中华文化活动的频度及影响力、鼓励华文教师的制度和政策等，均对华文教师的中华文化培育有着积极意义，因而华社应充分发挥中华文化资源的优势，加强文化传统和价值观念的宣传和流布，积极开展社区文化活动，提高华文教师经济待遇和社会地位，为华文教师中华文化培育创造良好的条件。

家庭、华校和华社互动共生，对华文教师的情感认同、文化认同发挥了重要影响。华侨华人家庭一般有传统的宗族和乡土观念，家庭成员积极参与所在国当地华社的社会文化活动，延续着古老的习俗礼仪，互帮互助；华校和华社是中华文化的渊薮，是中华文化的载体。华文教师生于斯长于斯，念兹在兹，从小感受华社和家庭浓厚的中华文化氛围，在华校接受中华文化知识的熏陶，又以中华文化传播者身份回馈华校，在此过程中不断地对中华文化进行提炼、反思、体认和升华，经由情感认同、民族认同到文化认同，在多元文化交融的背景下形成了具有中华民族特征的世界观、人生观和价值观，并在思维方式、行为方式上具有身体力行的自觉意识。

---

① 朱伟珏：《"资本"的一种非经济学解读》，《社会科学》2005 年第 6 期。

② 董丽：《教师专业发展的影响因素探析——基于学校文化的思考》，《中国教师》2008 年第 4 期。

对于华文教师中华文化素养的培育，世界各地华社和华校应不断积累经验，总结规律，形成一套符合当地华文教师成长的方式和机制。应该有针对性地培养反思型华文教师，让他们在多元文化环境下具备文化评判和自我反省能力，尤其要鼓励华文教师开展叙事探究和华文文学创作，使他们通过自我叙事获得文化的成长。应该对优秀华文教师进行生活史还原，探讨华文教师的文化成长史，为华文教师中华文化素养的培育提供了宝贵的典型个案。

第四章 筚路蓝缕：华文教育组织与中华文化传承

第一节 华文教育组织文化概述

一 华文教育组织概述

华文教育组织可分广义和狭义两种，广义的华文教育组织泛指海内外所有从事华文教育工作的、具有比较稳定的组织机构和一定运作方式的各类团体[①]，包括华文教育基地、华文教育统筹协调机构、华文教育学校、华文教育基金会、华文教师协会、华文教师联谊会、华文学校联合会、华文教育促进会等多种组织形式，一些海外的同乡会、商会、宗亲会、校友会、慈善团体等也经常开办华文教育活动或为华文教育出资出力，这些也属于广义上的华文教育组织。狭义的华文教育组织是指由海外华文教师、华文教育工作者等专业人士组成，专门从事海外华文教育工作，且具有比较稳定的组织机构和一定运作方式的各类团体。[②] 狭义的华文教育组织包括以开展华文教育、传承中华文化为目的的统筹协调组织和以华文学校为主体的教育组织。陈水胜等（2010）以统筹协调组织为研究重点，基本没有涉及华文学校。我们在本章中以海外华文教育学校为重点开展研究，兼顾华文教育统筹协调机构。研究这些组织在开展华文教育、传承中华文化方面的作用，从组织文化的角度出发，分析如何通过组织行为，培育组织文化，直接或间接传承中华文化。

[①] 陈水胜等：《关于海外华文教育组织的研究报告》，2010 年 10 月，未刊版，第 2 页。

[②] 陈水胜等：《关于海外华文教育组织的研究报告》，2010 年 10 月，未刊版，第 2 页。

关于华文教育统筹协调类的组织，陈水胜等（2010）有较为详尽的统计和分析，截至 2010 年 10 月 1 日，海外共有 150 个各类华文教育组织，分布于 21 个国家或地区，其中全国性的华文教育组织有 38 个，地区性的华文教育组织有 112 个。按会员组成类型分，团体会员制的组织约为 50 个，个人会员制的组织约为 100 个。从国别角度看，马来西亚的华文教育组织最多，多达 61 个，美国次之，有 36 个，加拿大和菲律宾各有 9 个，印度尼西亚 5 个，其他国家或地区相对较少①。华文教育组织的发展和海外华文教育的发展密切相关。马来西亚是海外华文教育发展体系最完整、水平最高的国家，华文教育统筹协调类的组织也最为发达；美国的华文教育在中国改革开放以后迅速崛起，随着新移民数量的不断增加，各种中文学校大量涌现，中文教师学会、侨教联谊会、中文学校协会、中国语言教学研究中心、中文教学研究会等全国性或地区的华文教育统筹协调及研究组织应运而生，仅 1980 年以后注册成立的华文教育组织就多达 29 家，占美国所有华文教育组织的 80.5%；加拿大所有的 9 家华文教育组织全部成立于 1982 年以后。华文教育组织在海外华文教育发展进程中扮演着十分重要的作用。在早期华侨教育阶段，华文教育组织倡导华侨教育，组织建立华侨学校，团结广大侨胞，争取侨民权益，与打压华文教育的殖民者和侨居国政府抗争等；在华文教育平稳发展的时期，华文教育组织不懈努力，动员社会力量办学，联合各类学校和教师研究教学方案，组织编写教材，探索办学模式，开展教师联谊，促进与祖籍国的联系，举办学生夏令营及教师进修活动等；新世纪以来，海外华文教育组织在团结华人社会、形成强大合力、统筹协调指导、推动华教有序发展、反映华教诉求、沟通国内外联系等方面发挥着不可替代的作用。海外华文教育组织也存在一些问题。有些华教组织不稳定，偶然性和随意性较强，时断时续，没有成文的规章制度和稳定的运作模式，缺乏科学有效的新老交替机制；有些华教组织内部不团结，分分合合，恶性竞争，争权争名，拉帮结派，造成组织权威性受损，号召力不足，甚至不能长久规划组织目标和组织行动；有的华教组织有名无实，或者满足于聚会、聚餐、庆典、联谊等形式

---

① 陈水胜等：《关于海外华文教育组织的研究报告》，2010 年 10 月，未刊版，第 2 页。

上的活动，难有实质作为；有的华教组织成员老化现象严重，老而不退，老而不为，观念滞后，思想保守，缺乏创新性，年轻人不愿加入，经济实力不足，对华教一线的支持力度不够；有些华教组织因其成立背景的问题，意识形态分割十分严重，所谓亲台、亲大陆，势不两立，直接影响了华教组织及各自成员之间有效沟通和交流，客观上反而制约着组织所在区域的华文教育发展。进入21世纪以来，在世界范围内"中国热""汉语热"持续升温的大背景下，华文教育日益引起海内外各界的广泛关注，海外华人社会对华文教育的需求更加迫切，海外华文教育迎来了欣欣向荣的大好局面，华文教育组织也面临着巨大的机遇和挑战。在陈水胜等（2010）统计的150家华文教育组织中，有49家是2000年以后的10年内成立的，占全部组织的1/3，其迅猛的态势可见一斑①。

关于海外华文学校，目前还缺乏一个宏观的、详尽的统计和研究，华侨大学华文教育研究院承担了国务院侨办文化司的委托项目，计划对全球的华校状况进行普查，目前该项目正在进行之中。在新形势下，海外华校办学形态出现了很多变化，办学形式由传统的补习学校为主演变为补习学校、双语学校、三语学校、国际学校、国民教育体制内学校并存，招生对象由以华侨华人子弟为主演变为华侨华人子弟及友族子弟并重，教学内容由局限于汉语言文化演变为既包含汉语言文化，又涵盖居住国国民教育内容。这些因素造成了华文学校的界定标准十分模糊，调查统计范围难以清晰界定，由此带来对海外华校数量的估计落差很大，有人认为全世界有20000多所华文学校，有人认为有10000余所华文学校。海外华文教育学校有几点趋势值得注意，一是双语学校、三语学校、国际学校正在迅猛发展，日益成为海外华校的理想形态和主流形态，传统的补习制华校正在日益萎缩；二是单纯的以华裔子弟为学生主体的华校越来越少，华裔子弟与友族子弟并重的华校越来越多，有些华校甚至友族子弟学生占据更大的比例；三是具有中等及高等学历认证资格的华校逐渐增多，办学层次有所提高；四是21世纪以来，新移民及其子弟的华校数量大大增加，使华校一改东南亚国家独大的传统局面，多点开花式地分布于世界各个区

---

① 陈水胜等：《关于海外华文教育组织的研究报告》，2010年10月，未刊版，第2页。

域、各个国家；五是基于亲台、亲大陆背景的对立局面正在被打破，不同背景华校之间的交流、对话、合作变得日益频繁和密切；六是以华语为第一语言进行教学的华校越来越少，以华语为第二语言进行教学的华校越来越多。

海外华校的师资问题、教材问题、教学方法问题等传统困难并没有得到很好的解决；华文教育的现代化、信息化、本土化、标准化、专业化远远无法跟上时代的要求和学习者的企望与诉求；海外华校尤其是东南亚华校的办学条件、经济状况仍然不很乐观，年轻侨领投身、注资、奉献华文教育热情不及前辈侨领；中国对海外华校尚未建立科学、完整、持久、系统的帮助体系；海外华校教师的自身发展、职业化教育、终身学习的体制没有建立；华校对新生代移民及其子弟的吸引力明显不足，中华文化认同、华族身份认同的代际递减危机日益突显；面向海外各层级华校的汉语言教学大纲、中华文化教学大纲等规范性、指导性文件没有发布，有些甚至还没有研制；国内华文教育基地与海外华校如何对接，国外华文教育示范学校如何发挥对周边华校的引领带动作用，海内外华文教育领域的组织机构如何互助沟通等。这些问题也没有进行实质的探索和研究。凡此种种，值得我们认真反思。

二　华文教育组织文化构成

组织文化是指组织在长期运行过程中形成的并被组织成员广泛认同和遵循的具有自身特色的价值观念、行为规范、思维方式、历史传统，是一个综合的文化形象。当前对组织文化的研究较多地集中于企业文化方面，强调企业文化是企业个性化的体现，是企业竞争、生存和发展的灵魂。我们这里所说的组织文化主要指华文教育组织的组织文化。

一般来说，华文教育组织文化的内部结构和一般社会组织文化的内部结构是对应和平行的，只是外在的表现形式和具体的文化内容各有不同的表征。按照文化的层次理论，华文教育组织文化的内部结构也分为物质层、行为层、制度层和精神层。

物质层是组织文化的表层部分，它是组织创造的物质文化，是一种以物质形态呈现的表层文化，是华文教育组织的追求目标、价值观念等精神文化的外显形式，具有直观性、简明性等特点，是形成组织文化精神层和制度层的条件。对华文教育组织而言，物质层的组织文化包括学校名称及建筑物名称、活动名称、校徽、校服、校歌、校训、学校 LOGO、建筑设施等。

行为层也是组织文化的表层部分，它是通过教师、管理人员及学生等组织成员的教学行为、管理行为、学习行为以及日常生活行为表现出来的行为规范、行为风格、协作关系、精神风貌和道德水准等，具有情境性、整体性、恒常性、互动性、暗示性等特点。对华文教育组织而言，行为层的组织文化包括纪律的约束性、工作与学习的投入程度、爱心及公益心的流露、互帮互助的精神、个人操守及社会公德表现、修养与素质等。

制度层是组织文化的中间部分，介于表层与深层之间，它是通过教学制度、各方面的管理制度、学习制度、组织仪式、庆典活动、信仰活动、校园常规活动等表现出来的，具有约束性、常态化、系统性、传承性等特点。对华文教育组织而言，制度层的组织文化包括制度的科学性和人文性、制度的完备性和指导性、仪式的神圣感和严肃性、活动的参与面和能动性等。

精神层是组织文化的深层部分，是最为抽象和概括的内核，是通过物质层、行为层和制度层体现出来的价值观、社会观、教育观。精神层面的组织文化是长期的传承、积淀、涵养而形成的，构成这一组织历史传统的一部分，具有明显的集体特色，成员对组织具有认同感。精神文化常常难以精确总结或概括，但具有清晰的组织印记，可意会不可言传。精神文化应当谋求个人与组织的和谐，激发每一个成员的创新精神和自觉行为，调动组织成员及分支机构的行为，实现个体目标和组织的整体目标[①]。

华文教育组织文化既包括组织全体成员共同遵循或认同的价值观念和行为规范，也包括部分成员遵循和认同的价值观念和行为规范，有班级文化、学生团体文化、教师团体文化等。我们这里的论述主要是从全体角度着眼，组织内不同群体的文化比如学生文化、教师文化等在其他

---

① 郑金洲：《教育文化学》，人民教育出版社，2000，第237页。

章节论述。

组织文化是可以有意设计和引导发展的①，华文教育组织文化亦是如此，这一特点对通过建设华文教育组织文化进而传承传播中华文化具有特别重要的意义，我们下面就将讨论如何通过建设华文教育组织的文化来传承、传播中华文化。

第二节　华文教育组织文化建设与中华文化传承

一　"物"以载道——华校物质层文化建设与中华文化传承

对华校而言，物质层面的文化建设便于操作，易于设计，因而具有直接、简明的特点，通过物质层的文化建设，可以使中华文化传承教育更加易于感知，且润物无声。华校物质文化具有桃李不言的效果，在耳濡目染的过程中起到熏陶和感染的作用。

（一）命名创意饱含中华文化元素

命名是组织形象塑造工程的重要环节，也是传播组织价值的重要手段，名称作为可识别的符号，既是一种具有特殊意义的无形资产，又可以反映组织的精神追求和审美情趣。对华文学校而言，学校命名、校内主体建筑物的命名、重要的常规性文化活动的命名，如果能够与中华文化传承有机结合起来，既能彰显华文学校的文化关怀，突显学校的价值追求，又能促进师生对中华文化的认知，通过这些恒久性的载体，凝聚群体共识，强化中华文化教育传播的效果。

海外许多著名的华校，学校命名或建筑物命名富有创意，饱含中华文化元素，特色鲜明，识别性强，认同度高，有效提升了学校的文化品位，为学校的社会知名度和美誉度发挥了重大作用，值得借鉴。

成立于 1690 年的第一所海外华校——印度尼西亚明诚书院，"明诚"二字就颇有中华文化内涵。"明诚"语出《中庸》："自诚明，谓之性；自明诚，谓之教。诚则明矣，明则诚矣。唯天下之至诚，为能尽其性。能尽

---

①　郑金洲：《教育文化学》，人民教育出版社，2000，第 237 页。

其性，则能尽人之性；能尽人之性，则能尽物之性；能尽物之性，则可以赞天地之化育；可以赞天地之化育，则可以与天地参矣。"这几句话论述了"明理"和"真诚"的含义以及二者的辩证关系，强调了"真诚"这一可贵品格对人性、对众人本性、对理解万物本性甚至对天地化育万物的重大价值。由真诚而明白事理，这是人的天性；由明白事理而养成真诚的品格，这是教化的作用。真诚与明理互为因果。真诚的人可以发挥个体的本性、众生的本性，发挥万物的本性，最终与天地并立。张载提出"儒者则因明至诚，因诚至明，故天人合一，致学而可以成圣，得天而未始遗"（张载《正蒙·乾称》）。可见，儒学在强调人本身的重要价值时，也指出了"天地万物为一体"，即人是不能脱离万物的。并认为，只有达到"天人合一"才是人的最高觉悟和"诚明"境界，也就是一种最高智慧的自觉和最高的精神修养。明诚书院以"明诚"命名，不仅宣示了学校的两大功能——传授知识，使学习者明事理；培育英才，塑造真诚人格，又很好地传承了明理、真诚、天人合一这一优秀的中华文化。明代湛若水在其家乡今广东增城建有一家"明诚书院"，不知和印度尼西亚华校"明诚书院"有没有借鉴或传承关系，但相信二者命名的初衷是相同的。今南京也有一家企业创办的"明诚书院"，武汉大学以"明诚弘毅"为校训，"明诚"的认同度可见一斑，以"明诚"给华校命名应看作是成功的命名范例。

東埔寨的端华学校成立已有100余年，是目前世界上规模最大的华文学校，学校名字"端华"二字也颇有讲究。单从字面而言，"端"强调品行，是对人的品德的要求；"华"强调外在，是外在气质的要求，所谓腹有诗书气自华，充分体现了学校"内外兼修"的办学宗旨。

我们统计了缅甸中北部地区的225家华校，从命名角度看，以所在地命名的学校最多，其次就是以含有中华文化元素"德、忠、信、智、福、瑞、孔（子）、圣、和、龙、慈"等字眼命名学校，多达60余所，其中以"明德、德宏、弘德、育德"等命名的学校就有十余所，占据第三位的是"育华、兴华、耀华"等寓意的学校。这说明海外华校命名已经充分注意到对中华文化的彰显与传承，富有深刻的文化意蕴和美好的寓意。

学校建筑物的设计及命名如能和文化传承有效结合，既能弘扬中华优秀传统文化,为教书育人服务,又能营造学校文化氛围,提高校园文化的品位,还能借助建筑物本身的标志性,使文化教育达到春雨润物于无声的效果。有人在网上给出了为教学楼命名的建议,颇有文化意蕴,我们把她建议的名称列举出来,以资参考:崇德楼、致远楼、思齐楼、躬行楼、尚学楼、明理楼、清源楼、敏行楼、厚德楼、崇文楼、德润楼、毓秀楼、凌飞楼、撷英楼、思源楼、润泽楼、知行楼、树人楼、鹏举楼、蕙兰楼、树蕙楼①。当然学校建筑物也可以用对华文教育事业做出巨大贡献的著名侨领、历任校长或优秀教师的名字命名,比如马来西亚马当七哩中华公学就有"拿督李志明楼、黄伟群大礼堂、甲必丹杨天祝图书馆"等命名案例,这些建筑的命名都发挥了铭记群贤伟绩、激发后学效仿、发扬优秀传统的重要作用。由于经济条件、办学模式等原因,海外华校的校舍多数以借用、租用为主,因此从设计、命名角度蕴含中华文化元素多有限制,我们查阅了马来西亚华校春秋网站的历史照片,在建筑物设计和命名方面体现文化元素的实例并不多,希望条件改善以后,可以多从这个角度考虑考虑。

(二) 利用标识系统的设计与创作传承中华文化

校徽是学校徽章的简称,是学校形象标识系统的一部分。校徽通常经过精心的设计,由学校名字、寓意丰富的图案以及校训等组成。师生通过佩戴校徽增强对学校的归属感,由于校徽的身份标识作用,也会增加师生对自身行为的约束力,对知名学校来说,佩戴校徽还有一种自豪感和荣耀感。校徽还可以印制在信笺、校服、礼品、办公设备及建筑物上,具有一定的宣传作用。通过设计校徽图案,可以彰显学校的办学宗旨和办学理念,突出强调某一方面的核心价值,进而实现教育功能和文化传承功能。

具有一定历史和规模的传统海外华校都比较重视校徽设计,比较重视发挥校徽凝聚人心、激发进取心、立德育人的功能。我们浏览了马来西亚华校春秋网页,在所有的 145 期华校历史简介中,共搜集了 63 所华校的校徽,大致占所介绍华校的 90%。尽管由于设计者水平所限,这些校徽

---

① 新浪博客,http://blog.sina.com.cn/s/blog_48455abf0100l89s.html,最后访问日期:2016 年 11 月 12 日。

的图案设计说不上精美，艺术表现力也谈不上深刻，但这些校徽的寓意都十分传统，富有中华传统特色，立德育人的教育意义突出。有的校徽强调知识的价值，知识像火炬照亮前进的道路，知识像肥沃的土壤孕育着明天的希望；有的校徽强调知行合一的教育理念，教育学生要从实践中学习知识，用知识来指导实践；有的校徽将中华传统文化的优秀价值观嵌入其中，充分体现教书与育人要相辅相成的教育观念；有的校徽将富有寓意的图案和校训结合，突出学校的历史传统和办学特色。从图案看，这些校徽有的是寓意知识及知识的价值的书本、火炬、阳光、蜡烛、阶梯，有的是寓意成才和收获的大树、绿叶、稻穗、学士帽，有的是寓意团结的连环、紧握的双手、并排站立的学子，有的是寓意奋斗的读书郎、奔跑的学子；有的是寓意历史与传统的齿轮、道路、记录创办年份的圆环。从嵌入校徽的文字来看，"公、仁、诚、毅、勤、俭、朴、德、智、体、群、礼、义、廉、耻、信、爱、忠、勇、健"等都是出现频率较高的字眼，也有"知书识礼""力争上游""天天向上""力行"等规劝性的短语。可以想见，学生们耳濡目染，自小就会深刻理解知识的价值，感悟中华文化的核心内涵，校徽的文化教育功能得以充分发挥。下面是我们从"华校春秋"网页上选取的24幅具有代表性的校徽设计图，供读者欣赏借鉴（见图4-1）。

图 4 - 1　校徽设计欣赏

校歌也是校园物质文化的重要组成部分，与校徽、校训等相得益彰，犹如学校的精神图腾，既反映学校创办者、教育者的理想、信念和追求，又反映受教育者的感受、爱戴和成长心声。对内，校歌常常是一个感召和激励；对外，校歌常常是形象展示和宣言。校歌是反映学校精神风貌的重要标志，好的校歌集中体现了学校的教育理念、办学特色、优良传统，是学校优良校风及教风、学风的高度概括，是引领学校发展方向的精神宣言。校歌在激励学生成长、凝聚学校精神、推动校园文化建设等方面发挥着重要作用。

诗与乐作为传统教育的重要内容，具有悠久的历史，两千多年前，孔子创办私学，就十分强调诗乐与礼的关系。《礼记·仲尼燕居》："子曰：'礼也者，理也；乐也者，节也。君子无礼不动，无节不作。不能诗，于礼缪；不能乐，于礼素；薄于德，于礼虚。'"他认为，人之学，应"兴于诗，立于礼，成于乐"（《论语·泰伯》）。孔子晚年办学，包含《乐》在内的"六经"（《诗》《书》《礼》《乐》《易》《春秋》）是主要授课内容，自那时起，弦歌不辍就成为形容学校生活的一句传统用语。我国自近代新式学校出现以后，就有创作校歌的传统，从著名学校到乡村小学，大多有自己的校歌。这一传统延续至今。一首好的校歌，一般都具有自己鲜明的特色，同时反映着时代精神和历史印记，是个性与共性的统一，历史与现实的统一，思想内容与艺术形式的统一，起着明责、励志、抒情、奋进的教育鼓舞作用。这种作用甚至让人一生都铭记在心。

海外华校也有谱写校歌的传统，这些校歌含有丰富的中华文化元素，吟唱校歌不仅有激励奋进、抒发爱校情怀等作用，也对传承中华文化具有重要意义。我们从马来西亚华校春秋网页中搜集到 19 首华校校歌，分析这些校歌的歌词，有几个特点值得注意。一是这些校歌巧妙地融入校训，让这些校训所体现的中华文化通过吟唱深深地植入学子们的心中，"群爱俭朴是校训，充实知识为人群""实践公仁诚毅，冀来日成为国家的主人翁""公仁诚毅是我们的指标，让我们迈向康庄大道，成为马来西亚的好公民""遵循校训，仁义礼智，发奋图强，向上向善""公仁诚毅是咱们的训勉，德智体群是咱们的目标""赖我同学德智体群锻炼深造，为国为己自强不息""德智体群是我们学习的蓝本，诚礼勤俭是我们处世的指南""莫忘德育智行，莫忘诗书礼仪""我们一起学习，公仁诚毅要牢记"，这些歌词可能还比较粗糙质朴，节奏旋律也许不很优美动听，但与传承文化而言，足矣，如考虑到海外环境和人才水平，能有这些意识，实为难能可贵。二是这些校歌非常重视尊师重道、热爱祖国（居住国）、感恩社会、勤奋学习等中华传统美德的教育。"同学们快抓紧时间天天向上""同学们力求上进，为国不二效忠""同学们要努力向前进，好来报答他们的恩惠""尊师重道的传统，要一代一代发扬""遵循师长的训导，莫虚度大好光阴""恩情似海，永记心田""自强不息，天天向上""为美丽的马来西亚而献身""我们是您的好儿女，是国家的栋梁""报答母校恩情，为国家奉献自己""让我们努力上进，将来好为国家效劳"，字字句句，朴实无华，感人至深。

校训是广大师生共同遵守的基本行为准则与道德规范，它既是学校办学理念、治校精神的反映，也是校园文化建设的重要内容，是一所学校教风、学风、校风的集中表现，体现学校文化精神的核心内容。海外华校校训所体现的道德规范、行为准则，常常也代表着中华文化精华，都是非常值得传承的重要内容，校训言简意赅，朗朗上口，便于传颂，是传承中华文化的有效形式。校训和校徽设计、校歌创作、建筑物及校服设计相结合，相得益彰，文化传播的效果不容忽视。前面我们结合校徽和校歌部分都谈到了校训问题，这里不再赘述。

有的华校还在校门等显著的地方设置了对联，值得华校在营造校园文化、传承中华文化时借鉴。马来西亚葫芦顶中华公学校门的对联是"勤学诗书承先圣，博研科技创新猷"，马来西亚尖山中华公学校门的对联是"公民意志坚维护中圣教，学子习不厌勤俭华教风"。这种形式不仅可以使学生体验"对联"这种传统文化形式，也可以通过对联的内容起到文化教育的作用。

从整体上看，海外华校在文化的物质层面的规划、设计还不尽如人意，通过物质层面传承中华文化的意识也不很强烈，即使历史悠久、有固定办学场所的传统华校，许多也没有固定的校训、校徽和校歌，学校布局、建筑物结构与形制等也缺乏具有传统文化内涵的设计，有的华校有校徽、校训、校歌等，但其艺术美感、个性特色、形象设计的系统性等方面的水平也是不很高。大量的课后制、周末制华校由于历史短、无校舍、规模小、体系不完备等各种原因，更是无法做到通过物质层面传承中华文化。如今，世界各地华校的办学水平逐步提高，办学规模也越来越大，许多华校都有悠久的历史，有固定的办学场所，加上华校与中国国内各个华文教育基地的联系愈加紧密，设计校徽、创作校歌、确定校训，在建筑物设计等环节渗透文化内涵的条件已经成熟，华校可以积极开展这方面的工作，或者在国内学者的帮助下开展这些工作，提高校徽设计、建筑物设计、校歌创作的水平，营造校园文化，提高文化品位，延续历史传统，开发传承中华文化的渠道。

当然从文化的物质层面看，传承中华文化的物质载体不仅仅包括学校命名、建筑、校歌、校服、校训等这些方面，教室环境布置、讲台设计、标语、校园雕塑、校舍布局等都可以体现中华文化特色，都可以作为传承中华文化的间接载体，都可以纳入学校形象设计的整体宏观考虑，精心策划，以达到润物无声的效果。

二　身正是范——华校行为层文化建设与中华文化传承

华校的行为文化也是传承中华文化的重要渠道。华校通过自身的行为文化营造校园文化氛围，影响群体成员，形成学校精神，实现办学宗旨。团结互助、宽容为本、和而不同、诚信坚毅、互尊互重、自强不息、爱国爱校、胸怀天下、慈爱友善、勤俭朴实、虚怀若谷、行为言先、尊师重道、修身治家等中华传统优秀文化都可以通过教学、管理、学习、日常生活中的具体行为得以展现，从而形成氛围，形成传统，在群体成员相互影响、相互示范、相互教育的动态过程中实现对中华文化的有效传承。

从行为主体看，华校的行为文化包括校长、教师、管理人员和学生的行事与作为；从行为性质看，华校的行为文化包括上述成员在组织与领导、教学、管理、学习以及日常生活领域的行事与作为。因此，华校的行为文化建设既包括行为主体的行为文化建设，也包括不同领域的行为文化建设。

校长是一个学校的精神领袖，对外界、对师生来说，校长就是学校的一个符号，校长的身教效应、示范效应不可小觑，因此华校行为文化的建设必须特别重视校长的行为文化建设。校长的行为文化建设应包括两个方面。一是理念及践行理念。学校的办学理念、学校的办学宗旨、学校的管理、学校文化传统的塑造等都与校长的眼界和思路密切相关，可以说校长的眼界和思路一定程度上决定着学校的发展方向与发展空间，校长对中华文化传承的态度直接影响学校的中华文化氛围的营造。当年北京大学蔡元培校长提倡及践行"兼容并包"的办学理念，引领北京大学 100 余年的发展方向，形成了北京大学特有的文化传统。著名教育家陶行知 1946 年在重庆创办社会大学，提出"生活即教育""社会即学校""教学做合一"等教育理念，延续其"知行合一"的教育主张，至今为人称道。因此华校要实现中华文化传承功能，校长必须热爱中华文化，热心于传承中华文化；必须对中华文化有深刻的理解，对传承中华文化有独到的思路和方法，有效设计、引导、推进文化传承工作；必须身体力行，努力实践中华文化传承。二是修为及展现修为。校长的中华文化修养与气质潜移默化地感染着师生，校长的行事方式和所作所为引导着师生的行为方式与作为。校长应当具有一定的中华文化学识，塑造文化人格，积淀文化气质，并于管理行为、日常生活行为中展现自身的中华文化修养与素质。管理工作中展现一心为公、虚怀若谷、礼贤下士作风，"任人之长，不强气短；任人之工，不强其拙"（《晏子春秋》）。要胸怀全局，营造团结和睦的氛围；要勤奋敬业，弘扬正气；要淡泊名利，推己及人；要深入教师和学生之中，从善如流；要以仁义之心，体现人文关怀。日常生活中要慎独、慎微，时刻注意自重、自警、自励、自省；要躬身践行，为人表率；勿以善小而不为，勿以恶小而为之；要温文尔雅，谦和大度；要言行如一，重诺守信；要举止得体，讲究礼仪。总之，校长要展现君子风范，积极主动地承担中华文化传承的设计、引导、推进工作，并以身示范，润物无声。

　　教师是学校的主要群体，与学生接触最多，是学生直接仿效的对象，对学生的身教效应最为突出。黑格尔说过，教师是学生心目中最美的偶像。教师的道德修养、言行举止，都在潜移默化中影响学生的世界观、人生观。教师的教学行为及日常生活行为构成学校行为文化的核心，是学校组织形象的重要塑造者和体现者。因此，教师在日常教学活动中必须注重自身人格的塑造和提升。教师不仅是知识的传授者，传道授业解惑，更是学生中华文化修养和气质的培育者。教师在教学行为中要贯彻以人为本的教育理念，要研究如何将学科知识教学与提高学生中华传统文化素养有机结合，注意在知识传授的同时，巧妙渗透中华传统道德及价值观，结合游戏、课堂活动、集体讨论等课堂实践培养学生的协作互助精神、集体主义观念；要充分体现对知识的尊重和不断进取的探索精神，科学阐释天人合一、民胞物与等中华哲学思想和厚德载物、天道酬勤、修身齐家治国平天下、礼义廉耻、仁义诚信、己所不欲勿施于人等处世观念；要尊重学生个性，关怀学生成长，有教无类，因材施教，健全学生心理品格；要培养学生对学校的归属感，培养学生热爱学校，热爱国家，关心同学，尊重师长，艰苦奋斗，自强不息的品德；要培养学生的责任感、荣誉感、自信心和奉献精神。在日常生活行为中，教师应和学生深入交往，以身作则，展现儒雅风范和人格魅力，以自身行为感染熏陶学生；要倾听学生心声，关心学生生活，尤其要关注生活困难或有心理波动的特殊学生，倾注爱心，投入情感；要对学生一视同仁，平等对待；要重视言传与身教结合，从细微处入手，从细节做起，包括仪容仪表、着装打扮、一言一行等，发挥自身行为的示范效应。如果教师能在自身的专业领域之外能具备一些高雅的中华文化才艺，比如琴棋书画、音乐舞蹈等作为业余生活的爱好，既能丰富校园生活，又能激发学生兴趣，进而在学生中成立中华文化兴趣小组，将中华文化教育从课堂延伸至课外。如果教师在日常生活行为中具备展现中华文化方面的能力或风格，比如唐装汉服、中华厨艺、中华武术、真草隶篆、戏剧表演、民族才艺等，对学生的影响就更加深刻、具体、有力，这对促进学生对中华文化的了解、理解、欣赏、实践乃至认同，都是非常有价值的。

　　华校的管理人员是学生除教师以外接触最多的群体，涉及行政、教务、考务、学务、后勤、图书、食宿等各个方面，是与学生学习生活、日常生活最为密切的利益相关者，学校最大的管理并非纯粹管理人和事，而是要从符合学生人性的需要、符合学生人格尊严的角度出发，关注学生的生命需求，创设能影响学生行为的生命成长环境。管理人员也承担着对外联系的职责，通过管理形象向外展示学校组织形象。从学校行为文化建设角度而言，管理人员的行为文化直接影响学校行为文化的建设。中华文化传承也与管理人员密切相关。管理行为中的许多环节都可以体现或渗透中华传统文化的精髓，管理理念中以人为本，尊重个体，重视伦理，讲究营造天时地利人和的氛围，以集体利益为先，奖惩分明，强调因势利导，抑强扶弱，公生明廉生威，懂得服务，懂得谦让，懂得留有余地，这些都是中华传统文化的优秀元素。管理行为中情理兼顾，灵活应变，辨证施为，与人为善等行事方式和策略也值得传承发扬。管理人员应当通过自身行为展现具有中华传统特色的管理哲学，发扬精华，去除糟粕，使学生感受到中华民族的传统智慧。管理人员要注意态度和蔼，克服教条，重视人性化，恰当处理情感与制度的关系，也要注意一心为公，不谋私利，公平施政，有大局观念，关心弱势群体，要以学校发展和教学为核心，摆正心态和地位。海外华校中有一部分管理人员是当地的友族人士，应当对这些管理员进行基本的培训和教育，以融洽不同管理人员的关系，正确处理跨文化差异，使友族管理人员的管理理念和管理行为更多地适应华族的文化和心理，减少相互之间的矛盾，建立友谊，提高管理成效。

学生行为文化也是华校行为文化建设的重要组成，包括学生的学习行为、日常生活行为等。学生行为文化建设既有教师的引导部分，也有学生内部的自我形成部分，都值得我们深入探讨，我们将在第五章集中讨论学生文化与中华文化传承的关系。

三　规矩与方圆——华校制度层文化建设与中华文化传承

从整体角度看，华校的制度是为了实现办学目标、维护办学秩序而主动创制出来或自主形成的系统性的规范体系，是学校在教学及管理过程中各种规章及准则的总和，主要包括教学制度、工作与学习纪律、行政管理制度、后勤管理制度、学籍管理制度等，也包括自主形成的各种礼仪习俗

及人与人之间的关系准则。华校的制度文化更加强调赋予制度特定的文化
内涵，或从文化的角度阐释制度本身。制度文化包括三个层面：一是理性
设计和建构的制度文化，这是制度文化的高级层面；二是传统、习惯、经
验、礼仪等积累而成的制度文化，这是制度文化的基本层面；三是制度实
施的组织、机制、配套的设备所体现出来的制度文化，这是制度文化的实
施层面①。处理好华校制度文化建设与中华文化传承的关系，必须从这三
个层面来思考，确保实现华校传承中华文化的使命和办学宗旨。

**（一）从制度的理性设计与建构层面确保中华文化在教学与管理中的
重要地位**

华校制度文化并不是华校各种规章制度的总和，它们仅仅是华校制度
文化的一个部分，是制度文化的直接反映。华校制度文化更为重要的意义
应该在于华校制度构建与执行过程中形成的制度传统、制度习惯与制度经
验，还包括华校制度设计者的制度理念、制度意识、制度心理和制度信念
等②。华校制度的设计者和制定者一定要有传承中华文化的价值取向，践
行中华传统的坚定信念。制度的设计与建构是制度文化的高级层面，是宏
观的、顶层的，是实现中华文化传承的基础和制度保证，需要高度重视。

第一，要结合中华文化传承，确定华校的人才培养目标。华校的人才
培养目标必须包括对学生中华文化知识与素质、修养等方面的要求，不同
层次的学校、对不同年级的学生，这方面的要求可以有所区别。是了解中
华文化还是理解中华文化，是全面了解中华文化还是部分了解中华文化，
是掌握一些中华文化的常识还是掌握某些专业领域的中华文化，是欣赏中
华文化还是认同中华文化等，这些关键词都体现了培养目标的差异化要
求，但不论哪种层次的办学，其培养目标必须包含对中华文化的明确
要求。

第二，要配合培养目标对中华文化的要求，必须在课程设置、教学计
划、教学大纲、考试考核、学分认定等教学及学籍管理制度中做出详细、
明确的规定，确保培养目标得以实现。要开设哪些与中华文化相关的课

---

① 曾小华：《文化、制度和制度文化》，《中共浙江省委党校学报》2001 年第 2 期。
② 程利：《试论大学制度文化建设的价值取向和现实路径》，《南京社会科学》2013 年第 11
期。

程，每一门课程周学时或总学时要达到多少，理论学时与实践学时如何分配，要讲授或自学哪些中华文化点，哪些文化点是学生必须掌握的，哪些文化点是要学生了解的，掌握到什么程度才能获得学分或取得合格考评，诸如此类的问题都要在教学规范文件里有清晰的体现。

第三，要对担任汉语言类及中华文化类课程的教师有明确的任职资格要求，必要时要对这些教师进行汉语言水平考核和中华文化水平考核，要建立教师终身学习制度，要规律性地组织教师进行相关专业的培训，要对教师教学的各个环节进行监督与考核。对其他课程的任课教师和学校的管理人员也要适当进行中华文化教育或设置适当的任职条件，尽量使教职员工群体具备一定中华文化素质和修养。

第四，要对学生参与校内外中华文化实践有明确的要求，比如参加中华文化兴趣班，参与华人社会组织的文化活动，学习某种中华文化才艺，阅读相关的课外读物，制作手工作品，开展中华游艺活动，参加相关的文化讲座，撰写读书报告，等等。应将中华文化实践活动纳入学分系统，要有专门教师指导，要有科学的考核体系。

（二）重视传统、习惯、经验、礼仪等自主形成的制度文化的引导和培育，将中华文化教育与传承渗透进校园文化的各个环节

这是制度文化的基本层面，主要靠自主形成，但可以有目的地加以引导和培育，需要一个较长的历史时期，无法一蹴而就。这种文化一旦形成，就会成为一种传统，耳濡目染，相互熏陶，代代相传，对华校而言，最终会形成学校的特色；对个体而言，最终会体现中华文化的修养和气质。

第一，充分利用学生在学校成长的各个环节，举办入学式、开学典礼、闭学式、毕业典礼、升学式等，在这些仪式的场景布置、程序设计、讲话发言或节目表演、成果汇报等方面融进中华元素，通过庄重、严肃、典雅的仪式感增加学生的中华文化体验。比如在入学式上进行拜师仪式，在毕业典礼上行谢师礼或进行授予学位的仪式等。

第二，充分利用端午节、中秋节、春节等中华传统节日或孔子诞辰日、教师节、母亲节、七夕节等具有文化符号意义的特殊节日，策划开展内容丰富、形式活泼、参与度高、互动性强的中华文化活动，寓教于乐。

这些活动尽量每年固定举办，师生共同参与，逐步形成学校传统，最终成为校园文化特色。

第三，可以重点策划一些常规性的文化品牌活动，采用竞赛体制，表彰成绩突出的教师或学生。比如举办中文歌曲比赛，中华传统服装制作与展示比赛，中华诗词曲赋朗诵比赛，中华才艺展示比赛，等等。策划这类活动要结合学校实际，适应学生实际水平，配合课堂教学，要能激发学生兴趣，活动主题要尽量呼应社会潮流。

第四，引导和培育校园礼仪文化，充分展示中华礼文化。学生彬彬有礼，教师谦谦君子，长者有长者的风范，晚辈有晚辈的规矩，长幼有序，兄友弟恭，克己复礼，团结祥和。上课有上课的礼仪，下课有下课的礼仪，开会有开会的礼仪，用餐有用餐的礼仪，师生见面、教师见面、学生见面有问候的礼仪，等等。

四　精神家园——华校精神层文化建设与中华文化传承

华校精神文化建设应从价值、认知、情感和理想四个方面塑造，亦即价值的确立、认知的促成、情感的培养和理想的树立。

（一）价值的确立

价值的确立就是办学宗旨、办学理念以及华校集体核心价值观的认同过程，是华校精神文化的精髓，是物质层、行为层、制度层文化内涵的理性升华。确立价值要注意多方面的因素。

首先，华校要有自己的主见，要有自己的理解，要有自己对学校为什么而存在的独特思考，要有深刻的教育观和人性观，只有这样才能将核心价值真正贯彻到教育教学行为和管理行为中。

以校长为代表的领导团体在这一点上的作用不可替代。校长承担的使命和可以发挥的影响力就在于高屋建瓴地引领师生能动发展，包括用更高境界的理想追求和更为科学的领导方法来激发师生主动开展更高水平的教育活动。其中，校长本人融生命激情和专业智慧于一体的教育理想应该成为探索和选择办学理念的一个关键参照系，因为它代表着校长所理解的理想教育境界。

从华校的历史传统和华校现实需要中凝练提取核心价值体系是形成主

见的重要渠道。办学历史越久，传统积淀越深，华校的特色就越清晰，从中提炼的学校精神就越容易得到集体的认同。有的华校从一开始就是众筹办学，团结一致，众人拾柴火焰高，学校精神的提炼就可以强调"众志成城"；有的华校一直是著名乡贤或成功的商业人士无私捐助办学，不求回报，不计得失，甚至倾尽家产投资教育，无怨无悔，学校精神的提炼就可以强调"无私奉献"；有的学校具有同乡会馆的性质或具有家族学堂的性质，学校的精神就可以强调"造福桑梓"；有的学校历史上可能会有英雄级、偶像级的人物，学校精神就可以结合这些优秀校友的事迹或成就来确定。今天的学校实际，包括当今的社会要求和学校所在国家或地区的发展战略，包括相关利益者（如所在国政府、家长、学生、教师、社区）的不同期待等也深刻地影响着学校定位。在现代性基础上确定的华校价值更加切合社会的需求，赋予华校旺盛的生命力。

也可以从专业维度上体现华校价值的不同视角和自己的自觉追求。偏重语言的华校可强调"语言创造价值"，偏重文化的华校可强调"沟通世界，拥有未来"，偏重旅游的学校可强调"走向世界，发现精彩"。这方面的内容更为复杂，但常被忽视。需要注意的是，并不是所有的学校都需要把所有的价值都表述出来或罗列出来，华校要有自己的取舍，不同的价值在自己的华校不可能发挥同样的作用，那么如何看待其价值、如何确立考察标准并出取舍，就是检验、激发和促成我们辨清自己的真实追求。

其次，确定价值的过程是一个广泛参与的过程，华校成员的广泛参与实际上也是华校价值认同的过程。组织行为学的相关理论告诉我们，如果当一个人对某件事高度参与后，对这件事情的认同度会加强。我们会发现，有些学校实际上只不过是让少数人参与确定学校价值，而让更多的学校成员成为旁观者，其结果往往是精神文化的表述系统更为漂亮，却并未对师生和学校的发展产生实质性的影响。与此不同，真心追求更高境界的学校是通过一种民主的决策机制来确立学校价值，包括设计书面表述方式，发动领导、教师和学生深度参与，通过问卷、访谈、征文、专家咨询、召开研讨会等深入探索。"他们不满足于对过往历史中的现成因素的提炼和集成，而是更想照亮自己鲜活的生命，更愿激活自己沸腾的热血，更希望见证一代新人的新风尚，更期待创立一代真心英雄的新伟业。"①广泛参与生成自主的新理念，抑或使原有的价值表述增添新的、切合时代精神的新内涵，并自觉地围绕新理念、新内涵创新校园文化活动，升华教学或管理行为，绽放理性之花。

（二）认知的促成

华校价值一旦确立，紧接着就是价值的教化，促成师生对本校价值的理解和认同。价值确立过程中的民主决策和广泛参与本身也是一个促进认知的过程，但仅仅如此是难以做到全体、全方位的认知，还有许多宣教工作要做。

第一，利用物质层面的文化产品聚焦华校价值。如前所述，这些物质层面的文化产品包括校徽设计、校歌创作、学校纪念品、建筑物设计、校园标语、雕塑、园林绿化、校训凝练等所有标识系统，也包括各种涉及办学理念、办学目标、人才培养目标、学风、教风、校风等内容的文字形态、书画形态的文化作品等。

第二，利用体现精神文化的历史成果阐释学校价值。这包括能体现本校价值观念和教育思想的代表人物及事迹、重要历史事件及经典案例。这些主要是对昨日发展成果的整理和反思，用以启迪新人开启心路。

第三，利用体现精神文化的现实成果或创办富有价值内涵的新的文化活动来彰显学校价值。这包括今天正在开展的、蕴含新的精神追求的教育活动和相应的代表人物、策划方案、现场展示活动。

第四，提炼价值，设计表述，便于传播。华校的价值常常可以凝练为寓意丰富、富有哲理、文采飞扬、短小精练的格言式的语句呈现，这些语句有的取之于传统经典，有的来自师生创造。在设计价值表述时一方面要注意避免表述方式的程式化，不能都是"德智体群""公仁诚毅"，它们固然有可能让文字意义更为清晰、修辞方式更为精致，但也有可能让学校成员生出一种疏远感，甚至让人困惑，师生员工每天经历的真实的学校生

---

① 李伟胜：《学校精神文化自觉生成的路径、方向和措施》，《教育发展研究》2011年第18期。

活与这些表述方式之间究竟有何联系？它也有可能让人在炫目的文字游戏之中迷失方向，乃至于强化了一种封闭的工作思路：你说你的，我做我的，我们其实没关系。于是，漂亮的口号遮蔽着贫乏的思想、落伍的行为。究其根源，就在于程式化的表述方式是一种抽离了个性化的生命体验的表述方式，如同八股文曾经窒息了许多国人的生命活力一样，它在迷惑学校成员（甚至是带着空洞的自豪感而自我迷醉）的同时窒息着新的生命活力。① 另一方面要注意避免面面俱到。尽管海外华校有共同的目标，教育也有共同的使命和追求，育人也有共同的期望，但这并不意味着都要反映在某所华校确定的价值系统中，因为学校的精神文化体现的是自己的主见、自己的理解，唯其如此方能彰显价值，不加区分地泛泛强调，反而湮没价值。

促成认知环节所借重的这些文化作品，让原本内隐的、甚至有些难以说清的华校价值，变得可见可感可悟，使师生员工的理解力、想象力乃至创造力找到了发挥空间，让这些文化作品成为文化主体再创造的对象，而非单单是前人的传承物。用"心"解读，赋予传统表述方式新的内涵，亦可使历久弥新的内涵具有新体验。

(三) 情感的培养

师生员工对华校的情感表现为对学校精神文化的认同，对学校忠诚，对学校具有归属感，关心学校的发展，愿意为学校的事业付出更多的努力，愿意与华校共同成长，对自己作为华校的一员充满荣誉感。情感培养以人为核心，而人是一切建设的主体，因此情感培养是华校精神文化建设的关键。加强情感培养，除了要关怀师生员工生活与学习，让他们获得安全感，尊重个性，提供个体发展的机会，发挥每个人的价值以外，华校还应从以下几个方面入手。

第一，让全体教职员工学生都参与到华校精神文化的建设过程中，在认同的基础上培养他们的使命感。使命感就是知道自己在做什么以及这样做的意义，华校不仅要让员工及师生参与到学校精神文化的设计、塑造

---

① 李伟胜：《学校精神文化自觉生成的路径、方向和措施》，《教育发展研究》2011 年第 18 期，第 73 页。

的全过程中，还要让他们理解华校的办学目标、办学理念，培养他们对传承中华文化的热情与奉献精神，让他们理解华校不仅是他们工作、生活、学习的场所，不仅是生存的依托，华校还承担着服务社会、创造价值、发扬与广大中华文化的伟大使命，华校的每一个成员都是这一使命的落实者。只有每一个员工与师生都认同并且从行为上体现了这种使命，华校每个成员的行为才具有高度，才具有能动性和创造力，华校的价值才能有效地实现。

第二，营造公平氛围。公平是一种主观感觉，但也有相对客观的判定标准，要实现公平必须保证程序的公平性，这就要确保制度制定的全面性和制度实施的公正性，一切涉及华校成员的名誉、绩效、升迁、机遇等的评选、考核及决策必须要有公开的制度作为依托，有透明的程序供监督，有畅通的渠道接受反馈。公平具有相对性，华校成员关注的或理解的公平也是相对的公平，这一点在结果公平环节体现尤其明显，华校应对任何具有竞争性、差额性的结果进行公开，不应担心结果的差异而暗箱操作。当然华校营造公平氛围还有一个外部公平因素要注意，华校给自己的师生员工提供的机会和待遇不应和外部同类华校有明显的差距。

第三，培育本校新榜样。结合华校的办学性质和办学理念，发现和培育在华校教学、管理及学习中典型人物，尤其是发现和培育在传承和发扬中华文化方面做出成就和贡献的典型人物，适时给予表彰，给予奖励或给予称号。着眼于师生员工自主开展的活动，系统部署和推进学校教育变革，渗透新理念，彰显新的特色，并从中发现和培育新榜样，为学校的明天创造历史，为华校优秀传统的形成积累资源。

（四）理想的树立

理想与价值不同，价值重在组织对道德、精神、人才培养目标等方面的追求，理想重在未来的目标。作为组织的华校，其理想既包括华校自身的发展目标，也包括对学生、教师未来的期许。华校自身的发展目标涵盖学校的层次定位、招生规模、学科发展、办学特色、社会影响力等。对教师的期许包括教师的职业能力、业务方向、未来发展、社会荣耀、生活层次等；对学生的期许包括知识水平、文化素养、人格塑造、兴趣培养、人生方向等。

自我实现是心理需要的最高层面，理想的树立必须与自我实现紧密结合，组织或隶属组织的个人一旦有了切合实际又充满希望的理想就会产生莫大的动力和激情，组织就会形成富有活力、激情四溢的文化氛围。

理想的树立既要脚踏实地，又要切合社会发展；既要有制度与措施的保障，又要充分发挥个体的潜在力量；既要有共同设计，又要因人而异；既要以组织价值为基础，又要允许异彩纷呈。

理想可以多元，关键是要有理想。

第三节　华文教育组织文化建设与中华文化传承案例分析

一　马来西亚董教总

马来西亚华校董事联合会总会（简称董总）和马来西亚华校教师会总会（简称教总）合称马来西亚董教总。董总和教总是马来西亚负责协调全马来西亚华文教育工作的最大的两个民间组织。20世纪50年代初英殖民政府出台《1951年巴恩报告书》，提出终止现行的民族语文学校系统，并以单一的"国民学校"取代，主张政府应当把所有的教育款项都用在国民学校，以吸引各族群学生。[1] 该报告书激起华社的激烈反对，也直接促成了教总的成立，1951年12月25日，教总宣布成立。1954年8月22日，董总成立。自此，董总与教总紧密联合，并肩作战，共同争取民族权益，成为后期马来西亚华文教育的领导机构。60余年来，董总和教总不断与马来西亚政府抗争，矢志不渝，为发扬华文教育传统、传承与传播中华文化做出了巨大贡献，直到今天依然发挥着广泛而又重要的影响力，具有不可替代的作用。董总和教总都是民选的结果，具有广泛的民意基础，内部分工精细合理，运作机制科学健全，历史悠久，会员众多，在华文教育领域具有十分重要的典型意义，从组织文化建设与传承中华文化角度而言，董教总的指导思想和具体作为也可圈可点，值得借鉴。

---

[1]　胡春燕：《抗争与妥协——马来西亚华社对华族母语教育要政策制定的影响》，暨南大学出版社，2012，第80页。

（一）董教总物质层组织文化建设与中华文化传承

教总和董总都有精心设计的总会会徽，内涵丰富，体现总会的宗旨和良好的期许（见图 4 - 2）。教总的会徽以国旗黄色的星辉和新月作底衬，其中的十四芒星图案代表马来西亚的十四个州，整个底衬蕴意教总对马来西亚的忠诚，象征教总是马来西亚全国性的组织。强调教总对马来西亚的忠诚是十分难能可贵的，体现了正确的祖国意识。爱祖国是华人的优秀传统，对移居国也是如此。这和早期华侨叶落归根、不肯认同移居国截然不同。星月之上是展开的图书和站立的人形图案，"教总"二字自然嵌入书页，寓意教书育人，表明教总是教师总会的性质，展开双臂及双脚的人形图案，其含义是拥抱知识，迎接光明。书籍及人形图案的填充色是白色，代表廉洁、清正和神圣。星月图案外围的红色套圈为团结之意，号召马来西亚华校教师团结在马来西亚和教总旗帜下向前迈进。红色套圈内及最外围黄色套圈内用中文隶书、马来文拉丁文字和英文书写马来西亚教师会总会的全称，有中华文化与马来西亚文化交相辉映的意味，也体现了多元文化和谐并存的组织追求。会徽设计简洁大气，沉稳端庄，色泽鲜艳，富有文化内涵。

图 4 - 2　教总会徽与董总会徽

董总的会徽更为简洁，由标志和标准字两部分组成。其标志部分"以火把形象设计，代表民族象征、传承意义、和平希望、和谐合作和团结精神。"（董总网站语）其寓意是薪火相传。"标准字以'董总'繁体华文及英文字样（笔者按：应为汉语拼音）组成，代表董总稳定发展、超越现代，迈向未来。"（董总网站语）会徽颜色"由组合色构成，即紫红橘黄。色彩代表了董总展望未来的精神、愿景领航、绝对使命和实现价值观。"会徽释义是，"火焰：富有动感的设计和一直往上烧的火焰。它象征董总精神至上，向未来前进；火把：稳重的火把。它象征董总迈向未来，拥有厚实的根基鼎力董总；紫红色彩则代表扎实稳重又有威严；动感S形曲线象征生命力、动力；整体火把的设计是一个人拿着火把奔跑前进，象征董总精神不断奔驰前进，让一代一代传承下去，搭配生命力色彩。"（董总网站语）整体设计蕴含传承和奋进，富有动感，彰显价值。

董总办公楼前的花园里，摆放着一块巨大的原石，上面刻着"华教基石"四个大字，厚重朴实的原石、遒劲有力的大字，右侧竖式的落款，既寓意董总踏实、务实、敦实的作风追求，又展示中华书法、牌匾等艺术元素。

教总每年一度的尊师重教活动的标语"输了教师，就输了教育；输了教育，就输了未来""为了孩子的明天更美好，为了明天的孩子更幸福"，修辞巧妙，直抒胸臆，朗朗上口，振聋发聩。

教总和董总的办公大厦、办公室内布置、大型活动 Logo、交流用纪念品等许多物质载体上都有创意丰富的设计，体现组织宗旨，展示中华元素，以独特的物质文化建设丰富组织文化内涵，为传承中华文化服务。

（二）董教总行为层组织文化建设与中华文化传承

教总和董总成立60余年来，出现了许多旗帜性的人物，他们在实现教总与董总组织目标、争取母语教育、捍卫华族权益的抗争过程中，发挥着精神领袖的作用，逐渐成为马来西亚华族甚至其他族群敬仰的榜样，他们既是两个组织文化传统的缔造者、传承者，又是两个组织文化传统的标志性的符号载体。谈起这些人物，就想到了教总与董总，想到了马来西亚的华文教育与中华文化传承；谈起教总与董总就想到了这些旗帜性的人物，想到了他们感天动地的高风亮节和光辉事迹。

林连玉，第3届至第10届教总主席，任职8年。他坚持"民族平等、语言平等"信念，一生致力维护华文母语教育，积极争取把华文列为马来西亚官方语文之一。他把一生的时间、财富甚至生命都献给了华文教育和中华文化传承事业。林连玉早期为尊孔学校服务，"二战"后散尽家财复办尊孔学校，倾全力推动成立吉隆坡华文教师公会，积极反对企图扼杀华文教育的《巴恩报告书》，促使马来西亚教师公会总会成立。他高瞻远瞩，最早呼吁马来西亚华族效忠马来西亚，申请公民身份，视马来西亚为祖国。马来亚联邦独立后，他参与促成马华教育"三大机构"的成立，积极领导与参与争取华语作为官方语言、争取华族母语教育权利的抗争，终其一生，无怨无悔，即使被褫夺公民身份，依旧坚守历史真相，不畏强权。林连玉为了华文教育与中华文化传承事业，抛妻离子，耕耘于华文教学一线，教书育人，笔耕不辍，终老一生，不忘初心，真正做到"威武不能屈，贫贱不能移"，他称得上是马来西亚华人社会的"族魂"。林连玉还是中华文化的优秀传承者，早年他就读集美师范学校，创造了单科平均 95 分的惊人成绩，是集美师范学校历史上最好的成绩，因此被留校工作。他一生著作丰富，有《连玉诗存》《杂锦集》《风雨十八年》《吴钩集》等多部著作留世。

沈慕羽，1966 年至 1994 年任教总主席，任职长达 28 年。一生为了抗日救亡、华文教育，三次入狱，受尽折磨，但不畏不屈，曾在狱中每天大声高唱爱国名将岳飞的《满江红》以明其志。20 世纪 50 年代，沈慕羽曾加入马华公会（现在马来西亚执政联盟成员党之一），组织该政党的青年团（马青团），希望培训更多华裔青年投身于当地的政治事务行列。在政治上虽被喻为"马青之父"，却于 1966 年因争取华文为官方语言而与当时马华公会会长陈修信产生对立而被开除出党。在这件事上，他留下了"一息尚存，难安缄默"的名言。在教总成立之初，沈老就积极投入各项创办工作，其中包括代表教总协助大马政府改编华校教科书。他一生为华文教育事业奋斗抗争，他生前筑成的墓碑上，刻着他自己的书法"服务一生，战斗一世"，这正是他人生的写照。1993 年，他公开发表言论："泰国去年全面开放华校，柬埔寨也复办华校，目前中马邦交增进，商业经济都需要华文，华文地位已不逊于英文，建议让华文教育自由发展，废除一切对华教不利的条文。"1997 年，在他 84 岁大寿宴上，他还站起来大吼道："（马来西亚）从独立到现在，我们的华文教育都处在不安、不足、不满的情况下。我们必须利用公民权利，不断努力争取，非达公平合理不休。"① 他对华文教育有独到深刻的理解，他曾对华文教育的培养目标做了如下论述："华校除了传授知识和谋生技能外，最重人格教育，更

---

① 郑东阳：《华文教育的"苦行僧"沈慕羽》，《凤凰周刊》2009 年第 7 期。

以华人的传统道德为训练目标。"①　他常说："念华校，不一定成为百万富翁，但最低限度是龙的传人。"②　可见他对中华文化传承的重视。沈慕羽是华文教育辛勤的耕耘者。他推崇孔子与孔学，呼吁筹建马来西亚第一所孔子大厦——马六甲孔子大厦，他担任多个华文独中校长长达 70 年，是马来西亚有史以来服务于华校最久的校长，他常常在一线课堂教书，义务服务。他是中华文化的践行者与传承者。他创办《古城月报》，倡议成立民众图书馆，推广民间阅读风气；推动改革华语、简化汉字的工作；领导孔教会，致力于宣扬中华文化。1983 年 3 月 27 日由他倡议推动的全国华团文化大会成功举行，通过了反映全国华裔同胞心声的国家文化备忘录，以争取马华文化在国家文化范畴中应有的合理地位。他担任校长期间，极力推动普通话，倡导传统文化学习③。他崇尚忠诚、正义和公正，以关羽为楷模，他的名字"慕羽"便是取自敬仰关羽之义；他推崇孙中山的"三民主义"思想，一生为民族、民权、民生而奋斗。他酷爱书法，且有很高的造诣，他的书法被称为"马六甲沈体"。

林晃升，1973 年至 1990 年担任马来西亚董总主席，任职长达 17 年，还曾担任董教总独中工委会主席和独立大学有限公司主席等重要职务。林晃升是马来西亚华文教育运动的卓越领导人，著名民权、母语人权的倡导者和先行者，被认为是马来西亚华教历史上继林连玉之后最伟大的华教领导人物之一。林晃升 20 世纪 50、60 年代经营矿山，成为工商界翘楚。70年代投身华文教育事业，与沈慕羽、陆庭谕等著名华教人物共赴时艰，成为华教领域的中流砥柱。担任董总主席以后，林晃升着力扩大董总队伍，拓展业务领域，加强硬件建设，促使华教工作专业化、制度化，奠定了董总在马来西亚华文教育界"民间教育部"的地位。林晃升坚持"母语教育是基本人权"的主张，领导马来西亚董总和其他民间社团力量，与马来西亚政府奋勇抗争，掀起独中救亡运动，开办统考，编写统一的华文教育教材，培训华文教育师资，开拓华文中学毕业生继续深造渠道，这些举

① 沈慕羽：《凝聚着血与泪的大马华文教育》，《华人月刊》1995 年第 2 期。
② 郑东阳：《华文教育的"苦行僧"沈慕羽》，《凤凰周刊》2009 年第 7 期。
③ 马来西亚华裔族谱中心网站，http://www.mychinesefamilytree.net/ppl/wellknown/353.html，最后访问日期：2016 年 11 月 11 日。

措为马来西亚华文教育事业做出了巨大的贡献。20世纪80年代，林晃升意识到华文教育归根结底是一个政治问题，于是他提出了"三结合"的政治概念，鼓励华教人士参加民政党，汇合在野党，团结民间组织的力量，争取使华文教育获得公平待遇，进而解决一切华教问题。90年代，林晃升提出"两线制"，辞去董总主席和独中工委会主席职务，率领20多名华教人士参加行动党（反对党），谋求华族的政治平衡与平等。在与政府的抗争中，林晃升付出了沉重的代价，1987年，他领导并联合全国华裔党团举行抗议大会，发动全国总罢课，抗议政府派遣不谙华文的教师进入华小，企图变质华小，结果被当局援引1960内安法令拘留，同时被拘留的还有沈慕羽等105人，失去人身自由，为期将近一年。林晃升非常重视华裔子弟文化传承与民族精神的培养，他在谈到华文独中的使命时强调："要达到华文独中的使命，最重要的是维护母语教育，通过母语教育，充分掌握和发挥所学，以发扬固有文化，培养人人必须具备的文化精神。""华裔公民必须拥有自己独特的语文文化。"① 林晃升还是一个华文诗人，学生时代曾以"野火""天风"笔名发表不少诗作。

　　上面我们只是概括介绍董教总历史上三个可称为民族灵魂的人物在行为层面是如何投身华文教育和传承中华文化的，董总和教总历史上这样人物数不胜数，正是他们感天动地的壮举、始终如一的信念、不计得失的高尚情操使教总和董总成为马来西亚华文教育一呼百应组织机构，成为中华文化传承的精神圣地。董总和教总60余年来，组织和协调华人社会捐资助学，维护华文小学母语教育权利，保持华文独中的母语教育特色，编写系列性华文学校教材，出版华文读物，创办华文高等学校，举办尊师重教系列活动，参与中华文化大乐园，组织华裔子弟参加中华文化寻根之旅，系统培训华文教师，筹资资助华裔子弟到中国大陆及台湾地区留学，以向政府请愿、组织华人集会、发布通告、提交备忘录、加入执政联盟等多种方式与马来西亚当局抗争、协商、沟通，争取华族教育权益和公民权利，等等。这些作为对建设马来西亚华文教育体系、继承和发扬华文教育传统、维系马来西亚华族的民族特性、传承中华文化做出了巨大贡献。有关

---

① 甄供：《华教春雷——林晃升》，董总出版，2006，第76页。

教总和董总历次抗争和具体的华文教育作为，文献十分丰富，两大组织的网站也有全面的介绍，读者可以参阅，以体会华文教育组织的行为文化对华文教育组织整体文化建设的影响。

当然，董总与教总行为文化中也有需要改进的地方。从外部看，教总、董总与马华公会之间有难以调和的矛盾；从内部看，董总与教总内部、董总和教总之间也有针锋相对的斗争。近年来董总主席的更替闹得不可开交，造成了马来西亚华教界的分裂。这些不团结的因素既影响了组织自身的形象，更影响了两大组织在马来西亚社会的声望，对华文教育及中华文化传承事业带来诸多不利的局面，这些教训是值得吸取与反思的。

（三）董教总制度层文化建设与中华文化传承

无论是教总还是董总，都非常重视从制度的理性设计与建构层面确保中华文化、华文教育在组织运行和发展中的核心地位。

早在教总成立之时就把争取民族母语教育的权利作为唯一的奋斗目标："母语教育存在，华教存在；母语教育灭亡，华教灭亡。"[1] 教总的成立宗旨开宗明义、直截了当地言明教总"要联络马来西亚各地华校教师感情，谋求教师福利及发扬中华文化；研究及促进教育；争取华文教育以至华裔国民的平等地位"。这就从根本大纲上规定了教总的追求及价值所在，即发扬中华文化、谋求教师福利、争取华文教育权利及华裔国民地位。教总的首任主席陈从恩先生在1951年12月25日教总成立大会上说："我们要借这个伟大的组织来发扬中国固有的文化。马来亚本身无所谓文化，而所有的文化，是东西合璧的混合文化，而所谓一半东方文化，其中中国文化占据着最大部分，现在是如此，将来也必定是如此，中国的文化在马来亚不但是不能消灭，也是不应当企图去消灭的，只有助长和发扬中国文化，才能产生优秀的马来亚文化。"如果教总偏离这一宗旨，教总也就失去了存在的合法基础。教总的成立章程中还明确指出，上述组织宗旨基于这样一些理念，"人皆生而平等，而作为马来西亚三大民族之一的华裔公民是建国功臣之一，其权利和义务必须与本国其他民族平等；唯有平等才能团结共荣。在语文教育方面，教总认为母语是最自然、直接、有效

---

[1]　《代发刊词》，《教总33年》，马来西亚教总出版，1987，第1页。

的教学媒介语。接受母语教育是基本人权，华文教育必须纳入国家教育主流"①。这实际上是阐明了教总成立宗旨的社会基础和法理基础，发扬中华文化、争取华文教育既是社会正义，也是法律赋予的权力。

董总也在章程第4条规定其成立宗旨是"团结本会会员，维护和发展马来西亚华文教育。研讨和推动马来西亚华校兴革事宜，包括课程、考试、师资、教育基金及其他有关事项。加强和巩固全马华校董事间之联系。团结马来西亚华人社会之力量，共谋改善和促进华文教育事宜。代表马来西亚各华校董事会与政府商讨有关华校一切事宜。筹谋全马华校董教间之合作。促进各民族之亲善与团结"。董总的愿景是"引领马来西亚华文教育永续发展"；董总的使命是"维护与发展华文教育，坚持与争取平等地位"。董总的价值观是"团结、忠诚、负责、奋进"②。

教总与董总数十年来的抗争，践行了自己的诺言，可谓筚路蓝缕，前仆后继，不改初心，可歌可泣。

教总与董总这两个马来西亚全国性的华文教育组织也非常重视对传统、习惯、经验、礼仪等自主形成的制度文化的引导和培育，将中华文化教育与传承渗透进组织行为的各个环节。

一个国家的兴衰，在很大的程度上系于教育的成败；而教育的成败，在很大的程度上则取决于教师的素质。有句话说"输了教师，就输了教育；输了教育，就输了未来"。这说明教育是决定国家发展和未来前景的重要因素，教师作为教育工程主要执行者其价值无可替代。虽然教师被赋予一个如此崇高和艰巨的责任，但是长久以来，教师却没有得到相应的尊重，以致许多直接和间接关系到教师地位的问题一再出现。尤其是随着社会的变迁，价值观的改变，处于这样一个物质和功利主义至上的社会，教师的社会地位更是每况愈下，尊师重道的精神也日益式微。再加上种种内外的压力，不但打击了教师的士气，也对教学工作带来负面的影响。要改善这种状况，必须进行全面检讨，重新规划，积极展开各项工作。有鉴于此，教

---

① 根据马来西亚教师公会总会网站整理，http：//web.jiaozong.org.my/，最后访问日期：2016年11月12日。

② 根据马来西亚华校董事会联合会总会网站整理，http：//www.dongzong.my/，最后访问日期：2016年11月12日。

总从 2009 年开始举办尊师重道运动，制度化地展开一系列的活动，希望能够对华校教师的发展带来积极和正面的作用。"让孩子的明天更美好；让明天的孩子更幸福"是大家共同的愿景。教总尊师重道运动的最终目标就是要落实这个愿景。教总希望以教师为起点，以推广尊师重道风气为管道，借此燃起教师对教育的热忱和理想，唤起社会对教育的关心和支持，进而启动教育模式的改革，带动教育观念的革新。这项活动目前已经坚持了 8 年，成为教总组织行为的传统项目，是自主形成的制度文化。不仅如此，为了配合这项活动的开展，教总还设置了"沈慕羽教师奖"，年年颁发，既丰富了尊师重道活动的内容，又对华教先贤致以敬仰和纪念，一举两得。

为了缅怀与学习华教先贤艰苦奋斗的精神，激励华教工作者坚持为华教事业奉献力量，董总每年举办"华教先贤日"活动。每年董总都要组织来自全马来西亚各地的数以百计的热心华教人士，聚集一堂，通过庄严肃穆的仪式来缅怀华教先贤，表达对这些旗帜性人物的追思和敬仰，并激励后人投身华文教育与中华文化传承事业，薪火相传。

教总和董总引导基于传统、经验和习惯而自主形成的制度性文化的典型案例很多，诸如佳节庆典、组织周年庆祝活动、全国性中华文化大赛等，通过这些组织文化的培育，使两个组织形成了浓厚的维护华文教育、传承中华文化的氛围，为马来西亚华人社会今天的华文教育成就及深厚的中华文化积淀做出了不可磨灭的贡献。

（四）董教总精神层组织文化建设与中华文化传承

精神层的文化建设不是一个独立的环节，而是融入物质层、行为层、制度层文化建设。价值的确立、认知的促成、情感的培养及理想的树立都是通过具体的物象、实际的行为和可见的制度逐步完善与实施的，因此很难说哪一个案例是集中于精神层文化建设的。就董教总而言，上面我们所谈的物质层的设计、旗帜性人物的行为、章程的制定等无不渗透着这两个组织的伟大目标和高尚追求，无不体现着组织的价值和情怀，无不给人以精神的力量和发自内心的感动。

二 印度尼西亚八华学校

印度尼西亚八华学校又名印度尼西亚八华，创办于 1901 年，位于印度尼西亚雅加达,原名为"巴城中华学堂",后改为"中华会馆学校",1905年,合并由李登辉(1972~1947年,福建人,曾于1913年至1936年任上海复旦大学校长达23年)创办的印度尼西亚第一所英语学校——耶鲁书院,易名为"八华学校"(因中华会馆学校位于雅加达八帝贯路,故称八华学校),成为当时印度尼西亚第一所中英双语学校。由于众所周知的原因,八华学校1966年遭到印度尼西亚政府的取缔,2008年以原名复办。今天的八华学校是一所开设中文、英文、印度尼西亚文的三语平民化学校,在校生达2400多人。八华学校成立以来,始终致力于中国语言文化的传承,不以营利为目的。除了全日制教学外,该校还为印度尼西亚当地平民子弟开设免费的汉语补习班、师资培训班等。学校注重中华优秀文化的传承,注重对学生的品德培养,在当地很有声望。①

(一) 八华学校物质层组织文化建设与中华文化传承

八华学校校徽设计非常精美(见图4-3),中间是一个盾徽图案,与印度尼西亚国徽金鹰胸前的盾徽相似,象征印度尼西亚华裔族群对印度尼西亚的忠诚,也象征着对学生的关爱与保护。盾徽的下部嵌进繁体字的"八华"二字,上部是书籍和火炬图案的复合,意味着知识照亮人生的前程,火炬象征知识对人生的启示,燃烧的火焰表示永不熄灭的精神。在盾徽的下方,最外层的蓝色飘带上书写着八华学校的印度尼西亚文名称,蓝色表示学以致用,这是八华学校的校训,盾徽的黄色代表着幸福,红色表示勇敢和自信,中间的丝带象征国家的团结和统一。八华学校还专门设计了校旗、校友会会旗、学生会会旗等,内涵丰富,寓意隽永。

图4-3 八华学校校徽

---

① 根据八华学校网站资料整理,http://www.pahoa.or.id/index.php,最后访问日期:2016年11月12日。

八华学校的校歌铿锵高昂，豪气千丈，催人奋进，荡气回肠。歌词是：

猗欤八华，

泱泱大风，

南方学府，

谁与比同？

千百学子，

气象雍容；

弦歌洋洋，

桃李春浓。

学业本无穷，

科学精研须致用；

责任亦无穷，

利国利民仔肩重。

万里投荒，

我祖我宗；

披荆斩棘，

建树丰功；

发扬光大，

还要再上一层高峰。

猗欤八华，

旭日在东，

春风融融，

景象蓬蓬。

猗欤八华，

泱泱大风，

南方学府，

谁与比同？

大家努力，

共赴大同；

大家努力，

共赴大同。

词中洋溢着八华人的骄傲与豪气，号召八华人刻苦学习，学以致用，不忘先祖，继承传统，奋勇拼搏，建树丰功，为国为民，敢于担当，团结协作，建设大同世界。词风古朴典雅，富含中华文化元素，直抒人生大义，坦陈办学理想，不论是歌词还是旋律，堪称校歌典范。八华学校还特别设计了进行曲《八华再创辉煌》，曲风高亢，充满激情，歌词奋进，使人热情贲张："八华灿烂辉煌，八华辉煌，八华灿烂辉煌，八华辉煌，嘿，八华灿烂辉煌，八华辉煌，钟声叮当响，学生上课堂，八华辉煌。"可以想见，师生高唱进行曲，进入课堂，其奋斗拼搏的精神，为学校争光的热情会得到多么大的激发，师生的能动力量会得到多么巨大的唤起。这种独到的形式，值得拍手称道。

八华学校教学大楼是一个封闭的矩形建筑，楼内四周的回廊设计成一个文化墙，用中文书写着"仁义礼智信孝悌忠廉耻"，并用英文和印度尼西亚文进行解释，对传统儒家文化的精髓进行教育，又体现三语学校的特征，时刻提醒着八华人修养自身，践行中华优秀品德。八华的网站上也把"仁义礼智信孝悌忠廉耻"等内容、《论语》等儒家文献的经典名句及英文、印度尼西亚文翻译置于显著位置，以动画的方式切换显示，活泼灵动，引人注目。

八华学校大门题写着康有为的著名楹联："冠冕南极；砥柱中流。"校园内特建承德亭一座，上题："继承勿替；道德是崇。"走进八华，处处洋溢着浓厚的中华文化氛围，处处彰显着传承华族优秀品德的办学旨趣。曾在八华学校担任志愿者的宁夏教师王彦平感慨道："学校推崇道德教育，以仁义礼智信孝悌忠廉耻立足，将弟子规作为校本课程，不在中国，胜似中国。"[①] 信哉，斯言！

（二）八华学校行为层文化建设与中华文化传承

八华学校在行为层组织文化建设方面也有许多可资借鉴的地方。

① 王彦平：《印象八华——印度尼西亚教学有悟》，《俪人：教师》2015 年第 2 期。

八华学校一开始就开设了中国语文、常识、算数、音乐、地理、体育等课程。这在当时可是破天荒之举，终结了印度尼西亚私塾旧式教育，现代新式教育从此诞生。

现代的八华学校把《弟子规》作为校本课程，每届学生都要修读。八华学校办有网络课堂，上面有《弟子规》《论语》的全文及普通话翻译和简易解说，学生可以随时上网学习。学校还把《弟子规》《论语》《三字经》的精华部分制作成精美的 PPT 片段，配以三语解释，在网站上动态呈现。

八华特别重视对创办学校的先贤的纪念和宣传。校内的承德亭实际就是最早组织并出资捐建八华学校的梁映堂先生在广东家乡所建的承德楼的异地代表，上面题写的"继承勿替；道德是崇"也是梁氏家族的家训。建设承德亭，既表达对先贤的敬仰和纪念，又表达道德在学校教育中的崇高地位。八华学校的图书馆名为"董桂英图书馆"，大礼堂名为"黄源昌纪念大礼堂"，都是对旗帜性人物的缅怀。八华学校建校 115 周年校庆时不惜重金在《国际日报》上以整版的篇幅介绍八华历史上的优秀校友，将上百名知名校友的照片刊登在报纸上。八华学校的毕业典礼、重要庆典都会邀请为社会做出突出贡献的知名校友参加，树立榜样，激励后学。

八华学校经常举办中华文化传承活动，开展道德教育。《三字经》诵读比赛、中华文化大乐园、文化与道德学习校际交流活动、经典阅读冠军赛、迎新年欢乐节、"孝顺妈妈"母亲节、"我是谁"演讲活动、语言周活动等，丰富多彩，不一而足。正像八华学校现任教育基金会辅导委员会主席梁世桢在第三届高中毕业典礼的讲话所说："学校的文化教育是非常重要的，八华传承的是儒家文化教育。通过学校的一些活动无形地传达了八华的儒家文化教育。您们毕业后，要经常深思八华的文化教育，让这个根向好的方面发展。我也经常说，毕业生除了学术上获得优越成绩外，我更强调是道德教育这一环节，有崇高的道德教育才真正成为社会的栋梁。"①

---

① 《八华第三届高中毕业典礼在黄源昌大礼堂举行》，《印度尼西亚商报》2014 年 7 月 4 日第 3 版。

（三）八华学校制度层文化建设与中华文化传承

从制度文化的理性设计上看，八华学校把道德教育放在极其重要的位置上。八华学校建设愿景是"成为印度尼西亚名列前茅的优质三语学校；打造高素质的师资队伍，加强以华语为主的三语教学，强化以儒家学说为基础的道德教育"。八华学校的使命是"承载社会教育，强化以儒家思想为基础的道德教育，建设各种信仰、宗教、各民族和谐共荣的三语学校"。八华的校训是"学以致用"。

愿景、使命、校训可谓学校的根本大法，不仅写进学校的章程，而且公布在学校的网站上，成为管理者、投资者以及师生的行为准则，指导所有八华人的一言一行。

八华学校也非常重视对传统、习惯、经验、礼仪等自主形成的制度文化的引导和培育，将中华文化教育与传承渗透进组织行为的各个环节。从上面八华学校行为文化的建设方面，我们就能深切感受到这一点。

第五章 薪火相传：华校学生与
中华文化传承

第一节 学生文化与华校学生文化

一 学生文化

学生文化是指某个或某些学生群体所具有的独特的由价值、规范、习俗或习惯所构成的生活方式。这些价值、规范、习俗或习惯自然地存在于学生群体之中，在不知不觉的状态下影响着学生的日常生活、人际交往、个体行为、情感好恶及价值选择。从学校人员组成上看，学生、教师、管理者构成学校这一组织的三大主体，学生文化、教师文化、管理者文化一起构成了学校组织文化中行为文化的核心，或者说这三种文化作为组织文化的次级文化或亚文化而存在。学生文化作为学校文化的一个部分，是学生群体从儿童世界过渡到成人世界的阶段性产物，其各种习惯、传统、规范等在一定程度上反映了成人文化，与教师文化、学校传统之间产生着密切的交互作用。

不同学校的学生文化常常各具特色，形成传统，一届影响一届，代代传承。北京大学的学生文化与清华大学的学生文化各呈异彩，北大的学生张扬、浪漫、倡导个性、追求自由、无拘无束，像意气风发的青年诗人；清华的学生严谨稳重、质朴务实、强调团队精神、崇尚科学、讲究规则，像勤奋实干的中年工程师。这些总结未必科学全面，但大致反映了社会大众对所谓的北大传统和清华精神的理解。网上也有人评价说剑桥大学的学生具有诗人气质，而牛津大学的学生具有皇家气象。

　　学生文化的形成有复杂的因素，既有自主生成的成分，也有刻意塑造的元素。"最早研究学生文化的是美国的华勒，他认为学生文化的形成有两个方面的因素，即年轻一代的文化和成人有意安排的文化，二者之间存在着冲突。"① 学生文化的自主生成性强调文化不是给予的，而是在特定的场所中产生的，结构和主体性是人在各种制度、工作和学习生活时不断产生的，具有相对的自主性。但学生自身的年龄、个性因素、社会背景、家庭风貌、学校教育、同辈群体等都对学生文化的自主生成和不断发展提供源泉，因此强调学生文化的自主生成性并不意味着学生文化是天然的、不可干预的，而是可以通过多种方式加以引导的。学生文化中存在刻意塑造的元素，也就是存在所谓的成人有意安排的文化，这就意味着可以通过教育、示范效应、制度约束等途径建设学生文化。

　　就某一特定学校而言，学生文化既有同一年龄阶层、同一时代背景、同一社会体系的共同性，也有不同学生群体的差异性。这种差异性体现了学生文化的多样性，是丰富多彩的校园文化的源泉，它赋予学校生机与活力。存在差异性是客观的、必然的，不仅不可压制，更要支持鼓励，关键是要引导，使之充满正能量，符合人才的成长规律，符合社会的价值期许。

　　研究者普遍认为学生文化表现出一定的反叛特点，青少年学生以自己的方式表达对主流文化中某些观点的反叛，有时与学校主流文化有冲突，有时与父辈的文化有冲突②。学生之所以会形成反叛或冲突，从根本上说是为了满足一种需要，一种对平等的追求。学生在家里位于家长之下，是被监护人；在学校，他们是学生，是受教育者。这种状况决定了学生始终处于弱势地位，无法与家长和老师平起平坐，随着年龄的成长，对平等的追求越来越强烈。为了满足这种需求，他们就会和同辈组成群体，在群体内实现平等，获得尊重；或者与家长及教师等所谓的成人权威抗争，发出自己的声音。这种反叛或冲突的表现与学校的社会阶层、学生自身的能力水平、社会思潮等都有一定的关系。英国教育理论家哈格里夫斯和帕特里

---

① 白芸：《国外学生文化研究的述评》，《外国中小学教育》2006 年第 2 期。
② 白芸：《国外学生文化研究的述评》，《外国中小学教育》2006 年第 2 期。

奇各自运用参与式观察法对现代中学内部的学生文化进行比较。结果发现，学生文化因学生在学校的教育结构中所处地位而异，在能力高的班级的学生多半形成亲学校文化，而在能力低的班级的学生多半形成反学校文化①。苏加曼将英国中学生文化分为两种类型，一种源于中产阶级成人文化，其特征是着眼于未来前程，控制现实欲望，承认并服从于成人权威；另一种源于劳动阶级文化，注重满足现时欲望，强调快乐主义，拒绝服从成人权威②。这种背叛或冲突值得教育工作者重视，合理认知，辨证对待。

文化具有情境性和时代性，任何文化都是环境所决定的生活方式的反映，学生文化也是如此，它反映各个国家不同的情况和各类学生的个体特点，社会的政治、经济、文化传统和教育水平不同，学生文化也各有特色。建设学生文化，引导学生文化健康发展，没有一蹴而就、放之四海而皆准的现有模式，需要具体分析，因地因时，科学施策。

学生文化作为学生走向成人世界之间的一种文化现象，是学生从儿童迈向成年的一种过渡性的产物。它是儿童文化与成人文化相互妥协的产物。它对学生所产生的影响也是非正式的，其中蕴涵着学生群体的价值和规范，从而形成一种隐性"环境"，影响着其中的每一个学生，使之在不知不觉中习得了这种文化。可以说，学生文化在不断增添隐性课程的内容③。这种隐性课程是学生成长过程中重要的文化习得途径，是学生素质、气质、修养等得以培养的重要渠道，由于隐性课程含有自主生成的特征，使得这一教育渠道更加有效，教育过程更加和谐，教育效果更加持久。

二　华校学生文化

严格意义上的华校是华裔学生为主体，以培养学生汉语言能力及中华文化素养和气质为人才培养目标的海外学校。华校学生文化首先具有一般学校学生文化质的规定性，也是指某个或某些学生群体所具有的独特的由价值、规范、习俗或习惯所构成的生活方式。华校的办学宗旨、人才目标及人员构成等因素决定了华校的学生文化具有一般学校所没有的特色，华

---

① 张家军：《论学生同辈群体的作用及其实现机制》，《当代教育科学》2009 年第 11 期。
② 张家军：《论学生同辈群体的作用及其实现机制》，《当代教育科学》2009 年第 11 期。
③ 白芸：《解读学生文化》，《上海教育》（双周刊）2002 年 9 月。

校的学生文化建设比较重视中华核心价值观的认同，重视中华传统礼仪习俗的培养，重视华语言语行为规则及语用方式的引导。华校学生文化的建设目标是努力让学生的思维方式、价值选择、行为准则、内在气质与外在修养等具有华裔族群的特性，一句话，使学生成为一个华人。

从今天的角度看，现实中的海外华校很少只招收华裔子弟，由于世界范围内汉语热的兴起，各个国家当地友族子弟纷纷到华校学习，所以大多数华校兼收华裔子弟和友族子弟就读，有的华校甚至以友族子弟为主，华裔不占主体，在这种情况下，华校学生文化建设就要照顾多元文化并存的特色，重视跨文化的交流与沟通，营造兼容并蓄、和而不同的氛围。

三　华校学生文化建设面临的问题

（一）华校本身的复杂性带来的挑战

学生文化既有自主生成的成分，也有刻意塑造的成分，无论是哪一种成分，都需要一个时间过程，只有在一个较长的时间过程中，学生文化才能得以形成，学生才能在这样一个文化氛围中浸濡，进而得以涵化。而海外华校的实际复杂状况使这种濡化与涵化过程变得异常艰难。海外华校采用全日制办学模式的少之又少，多数是半日制、课后制、周末制以及补习制。全日制华校的学生每天在校学习生活的时间较多，学习和生活的年限也比较长，具有学生文化自主生成及引导塑造的客观条件，华校可以有计划、有组织地开展学生文化的引导及建设工作，半日制华校、课后制华校、周末制华校及补习制华校，学生在学校学习生活的时间都非常有限，学习年限也各有长短，这些华校难以针对学生文化的建设工作采取有组织的、系统的、长期的措施。

除了华校学生在校学习和生活时间较短以外，多数华校学生文化建设还面临着其他一些问题。有的学校学生成员不固定，来来去去更替较快，难以形成学生同辈群体；有的华校规模较小，班级人数较少，也难以产生同辈群体效应；有的华校没有固定的校舍，租用别人的房产，办学地点经常变换，造成学生流动，也难以布置物理空间；有的华校教师流动性大，师生之间很难建立稳定的友情，也难以进行有效的情感沟通，教师对学生文化的引导和塑造难以开展。

（二）亚文化环境带来的挑战

亚文化指的是一种文化群体所属次级群体的成员共有独特的生活方式，包括价值观念、习俗习惯、宗教信仰等，是与主文化相对立的概念，又叫副文化。亚文化是非主流的、局部的文化现象，常与民族、地域、年龄、阶层、党派，甚至是兴趣、爱好、职业等密切相关，相对于一定的文化环境而言，诸如青年文化、老年文化、城市文化、郊区文化、农村文化、学生文化、教师文化等都是亚文化的表现。

尽管从文化之间的形成关系角度看，华人文化相对于当地的主流文化而言属于特殊文化，但从文化的势力影响角度看，海外华族的民族文化相对于所在国家或地区的主体民族的民族文化而言属于亚文化，或者说属于弱势文化。海外华校所要传授、传播的中华文化与主文化之间无疑会产生跨文化的冲突，以营造中华文化氛围为目标的华校的学生文化建设自然也会面临主文化的挑战。

亚文化环境对华校学生文化建设的挑战可能表现在当地主流文化的强势影响。华校学生生于斯长于斯，所接受的教育基本上是国民教育体系的主流文化，触目所及的也是主流文化的表现形态，日常接触的更多的是主流文化群体的成员，这种熏陶，这种耳濡目染，这种主流文化的强势力量毫无疑问会对华校学生中华文化文化建设产生淡化影响。

亚文化环境对华校学生文化建设的挑战可能表现在当地主流文化对亚文化的包容性及开放度。有的国家或地区的主流文化包容性强，有的国家或地区的主流文化对民族性亚文化包容度弱，或者在某一个历史时期、民族性冲突事件期间包容度弱。包容度弱表现为排斥或封闭，这对华校学生文化的建设带来了较大的社会压力和心理压力。

当然处于亚文化环境的学生也有一个跨文化调适、平衡、选择和认同的问题，有时有困惑，有时有徘徊，有时有内在的冲突。许多华裔子弟已经融入了当地的主流文化，对自身所处的文化环境十分适应，因此有时会对传承中华文化的必要性产生怀疑。

（三）多元文化带来的挑战

多元文化的挑战主要强调的是校园文化环境对学生文化建设的影响。前面提到过，今天的华校单纯招收华裔子弟的已经很少，大多数华校既招收华裔子弟又招收当地友族子弟，有的华校甚至是当地友族子弟占据多数，这就对华校学生文化中华文化氛围的营造带来了诸多挑战。首先，在建设学生文化时不能单纯强调中华文化元素，要照顾到友族子弟的心理感受，要注意多元文化的融合与包容。其次，要注意选择中华文化元素中与当地友族文化共通的成分，强调中华文化所具有的普世价值。最后，要注意目标的差异，对友族子弟而言，目标是让他们对中华文化有所了解，产生兴趣，一定程度上理解这些文化现象或文化观念的自然或社会成因，并以包容的姿态学会欣赏；对华裔子弟而言，目标是在了解、理解、欣赏的基础上主动实践，实现认同。

（四）学生自身中华文化素养不足带来的挑战

由于众所周知的原因，以东南亚为主的华文教育传统重地普遍经历过长达 30 余年的断层时期，导致今天在华校学习的大多数华裔子弟基本上丧失了以华语为母语的能力，听说能力尤其是读写能力等十分薄弱，这就造成了华裔子弟通过阅读中华文化读物及相关的经典文献来提高中华文化素养的可能性大大降低，华校学生文化在中华特色方面难以产生同辈影响，自主生成性严重不足。在这种情况下，教师及管理者对学生文化的引导、设计、教育就显得特别重要。

（五）其他不足带来的挑战

海外华校学生中华文化特色的建设，除了面临上述种种挑战以外，还面临师资尤其是高水平师资不足、中华文化读物缺乏、硬件设施不完善等多种问题，这些问题都是短期内难以有效改观的问题，有些甚至是依靠自身力量难以解决的问题。尽管 21 世纪以来，中国大陆和台湾采取了许多措施对海外华校进行帮扶，也取得了一定的成效，但相对于数量庞大的海外华校以及在校学生而言，这些都是杯水车薪，华校自身的造血功能仍旧让人忧心。

第二节　建设学生文化实现中华文化传承的路径和策略

一　以班级文化建设为重点

班级是学校教育教学的基本单位，是在校学生最基本的组织形态，成员相对固定，持续时间长久，规模大小适宜，最易形成学生文化，同辈影响也最为明显，因此，班级文化建设是学生文化建设的重要环节，应当引起高度重视。

班级形成的教育制度及教学制度因素，决定处于同一班级的学生群体具有较高的文化同质性，作为学生在校生活学习的重要场所，班级逐渐成为学生个体和群体交往过程中所形成的班级文化的重要表现舞台。学生在班级中与同辈群体的交往所表现出的价值取向、行为习惯、审美志趣等，无论是积极的还是消极的方向，都是影响学校道德教育与文化教育的重要因素。

班级文化具有组织性和制度性的一面，因为它是班级成员集体创造的结果，独立于任何一个学生个体而存在。正是因为如此，班级文化给学生个体带来了来自群体文化的压力，如果某一个体有过分另类的表现，就会显得格格不入，会被孤立，会被边缘化。这种压力是班级文化发挥作用和功能的机制，恰恰证明了班级文化建设的意义。从另一个角度讲，班级文化的组织性和制度性，常常给深处其中的学生个体带来归属感，为学生个体确立自我实现的期望，这种期望是学生自觉或不自觉成长的方向，从而对学生个体行为具有诊断和矫正的作用。

班级文化也有非组织性和非制度性的一面，因为它是班级成员以自己的意志创造的，具有独特性、生成性。正因为如此，班级文化的形成过程充满着偶然因素，具有一定的不可预测性，一个偶然的事件、一次不经意的活动、一句特定环境下的交往语言等，都可能被赋予内涵，反复演绎，最终形成传统，变成班级的符号，成为只有班级成员才能意会、领悟的文化专属产品。

白芸认为，可以从两个层次和群体范围来认识班级文化的组成。第一层是属于整个班级群体的文化，包括班主任和班级全体学生共同创造出来又共同遵循的生活方式，是以学生文化为核心，兼有教师文化的体现。第二层是属于班级的学生中同辈群体的文化，是自发的学生文化的集中表现[①]。在学校中感受学生文化的班级文化能够满足学生的归属和依存需

---

① 　白芸：《解读学生文化》，《上海教育》（双周刊）2002 年 9 月。

要，提供自我实现需要和社会有用性需要的实现机会，使作为文化主体的学生能够在一定的自己所归属的那个文化环境中，获得自己的价值感；班级文化对学生的行为有诊断和矫正的作用。因此，班级文化必须形成一定的积极的团体规范和取向，才能有效地体现出对班级学生的教育价值。

对实现中华文化传承而言，班级文化建设应该注意几个方面。第一，以学生为主体建设班级文化，在学生中培育中华文化兴趣小组，以这些兴趣小组为主导，开展有益的中华文化活动，营造班级文化氛围。比如可以发动成立不同的兴趣小组，在某一时间阶段内，负责布置班级物理环境，让每一个物理空间说话，在墙上、走廊内、教室前后的角落，以实物、图画、文字等展示某一兴趣主题的文化元素，不同的兴趣小组之间开展展示的评比活动，评选文化之星，推荐到学校展示。也可以让各个兴趣小组在不同的时间阶段开展趣味游艺活动、文艺表演活动、演讲活动、竞猜活动、设计班歌或班旗活动等，教师可以提供中华文化背景知识帮助，通过评优加以鼓励。也可以建立班级网络空间，设计班级主页、栏目板块、微信群等。经过一定时间的积累和完善，可以组织学生遴选成功的、具有一定水准的节目或活动，进一步打磨，形成班级代表性文化作品，组织展演活动，邀请家长、学校领导、其他班级代表观看、品鉴，争取班级荣誉，培养学生自豪感，进一步激发学生的创造热情。

第二，教师要积极引导、发现和宣扬班级文化中积极成分，清除和转化消极部分，尤其是发现学生兴趣小组或个人表现出的和时代精神相悖的消极的中华文化元素并及时加以评注和批判，从而使班级中华文化氛围的营造在健康的轨道上发展。教师还要引导班级隐性中华文化元素的建设，加强诚信、儒雅、礼貌、谦和、包容、敬老、尊师、关爱、勤奋、俭朴、孝顺等优秀品德教育，树立典型，及时表扬与鼓励优秀品德的践行者。教师要善于从中华传统文化角度解释和阐发现行价值观，从历史与文化的角度引证中华传统文化的当代价值。

第三，要注意创造和谐、愉快的人文环境，努力使班级每个成员都参与中华文化的学习与实践。班级文化建设是对班级成员个体与群体、个性与共性的协调，我们需要创设一种使学生感到是属于自己的、愉快的班级人文环境，尊重学生的个性，允许学生对中华传统文化进行正向的现代解读，让每个学生在和谐、快乐的氛围中度过每一天，感受中华文化的魅力和价值，享受学习和实践中华文化的乐趣，建构民族认同，体验民族自豪感。

第四，对于民族多元化的班级而言，可以展开不同文化对比，以包容的心态组织综合性的活动，展现各个民族文化的精华，介绍不同民族经典文化作品，提高学生的欣赏水平，营造相互欣赏、相互认可的班级文化氛围。

二　重视学生社团的培育与引导

学生社团是校园文化的重要载体，是学校隐性课程的重要组成，是发挥学生主体性和主导性的重要形式，是学生培养兴趣爱好，培养团队精神，扩大视野，提高素养，展现才华，锻炼组织能力、自我管理能力与交际能力的重要舞台。学生社团在某些方面比教师教育、课堂讲授等发挥更加重要的作用。首先，学生社团作为隐性课程，其机制是无形的、潜移默化的，学生自觉投入，自我管理，因此，社团成员对社团本身的隐性教育没有对抗性和逆反心理，比较容易接受和内化。其次，学生社团是由年龄相近、兴趣爱好相似的成员组成，文化的同质性很强，成员之间的同辈影响力很大，成员个体之间互相感染、熏陶、模仿、学习，具有自我教育的功能。最后，从传承中华文化的角度讲，教师教育、课堂教学是显性的，侧重于知识的传授，学生注重的是基本理论知识的学习，学生社团的文化活动则侧重于实践性，强调如何把学到的文化观念、价值观念等知识应用于实践，注重的是实践创新能力。社团活动一方面能弥补课堂教学中的不足，拓展大学生的社会活动空间，使他们的组织能力、表达能力、合作能力和社交能力得到培养和锻炼。另一方面，学生在社团活动中能培养和锻炼自己的想象力和创造力，使他们把两种教育方式有机结合起来，打破文化教育各领域、各学科间的界限，提高综合利用各方面知识的能力。学生参加社团活动，也是一种社会实践形式，有利于扩大自己的知识面，树立正确的思想观念和思维方法，培养动手实践的能力，锻炼理性的思维方法，这些都有助于学生建立合理的知识结构，有助于培养学生观察、分析、解决问题的能力。

华校的学生社团建设自然要有华校特色，这种特色最主要的体现就是创办学生社团的宗旨和活动内容。从宗旨角度讲，华校学生社团应偏重于民族文化的实践、传承与传播，将兴趣爱好相同或相近的学生组织起来，以学生为主体，自我设计、策划富有民族特色的实践活动，加强对民族文化的理解和认知，提高民族文化素养，培养民族文化气质，激发传承民族文化的热情，促进民族身份认同。从活动内容角度讲，华校学生社团可以围绕民族文化这一主题，根据不同华校的实际条件和学生构成来组建，可以是偏于文艺的诗社、书画社、音乐社、舞蹈社、儒学社、红楼社，也可以是偏于实践的服装社、武术社、饮食社。只要格调高雅，价值导向正确，主题鲜明，内容丰富，任何有关民族文化的主题都可以结成社团。当然，华校的学生社团也不能强行要求必须是中华文化性质的，要照顾到其他友族的学生的需求，也要尊重学生个体多元化的价值选择。不同性质的学生社团对丰富校园文化，实现不同民族文化的交流，协调不同民族学生之间的关系也是很有价值的。即使是具有中华文化特色的学生社团，也应当持开放态度，欢迎和接纳其他文化背景的学生加入，这是中华文化包容性的体现，对中华文化传播意义也很重大。

华校学生社团的活动不要拘泥于校园，可以深入附近的社区，尤其是华人社区。学校教育、家庭教育、社区教育本就是三位一体、互相补充的，社区教育是学校教育的延伸，走进社区使学生能广泛地接触社会，参与实践，不仅可以使学生在活动中加深对社会的了解，而且还可使创造性活动更加适应时代和社会的需求。华人社区有许多文化资源可资利用，有民族特色浓郁的会馆、祠堂、寺庙，也有各个专业的精英人才。可以请社区里专业人士或有所擅长的人士担任社团的校外指导教师，与学生共同策划或参与专题活动，在社区里义务献演，这对提升社团活动的品质，锻炼学生的沟通能力，加深学生对相关文化现象的理解，增加学生社团的成就感，扩大学校影响，丰富社区文化生活，实现华校社会服务功能等都有积极意义。

学生社团建设要有品牌意识，既要有品牌社团，也要有品牌活动。品牌社团是华校组织文化的重要组成，建设华校社团既要注意保证社团的数量，满足大多数学生参与社团的需求，充分发挥第二课堂的作用，又要注意打造有影响的品牌，凸显华校特色。品牌社团可以形成传统，实现学生之间的代代传承，成为华校的符号和形象标志；可以借助对某一中华文化元素的特别关注，对师生产生隐性影响，实现学生社团对民族文化的宣扬功能。品牌社团必须以品牌活动为支撑，品牌活动构成品牌社团的特色，构成品牌社团的生命力。品牌社团要经过反复锤炼，精心打磨，不断革新，打造品牌活动。品牌活动要通过有序的新老更替，以老带新，实现价值的代代传承。品牌社团和品牌活动锻炼培养新的人才，新的人才保持品牌社团和品牌活动的充满活力，两者互生互动，共同发展。

华校学生社团的建设要注意指导教师队伍建设和社团骨干力量培养。学生社团指导教师不仅是学生开展有价值、有品位的文化实践活动的指导者和引导者，也是学生文化实践活动的欣赏者、评价者。由于华校学生社团宗旨和性质的要求，指导教师必须有深厚的中华文化学识和修养；指导教师要融入学生，与学生心心相通，就必须具有获得学生爱戴的品质和能力；指导教师参与学生文化实践活动，只是辅助角色，不能否定学生的主体性，所以指导教师还要具有民主精神、合作意识和奉献意识。此外，指导教师要真正发挥指导和引导的作用，得到学生的认可，还得与时俱进，跟上时代步伐，要有年轻人的心态，具有创新精神。学生社团的骨干成员担负着社团的组织与管理的重任，是社团活动的设计者和主要参与者，他们素质的高低直接影响社团活动的质量和品位，因此选拔和培养学生社团骨干成员十分重要。学生社团骨干成员要有一定的文化专长，业务上要得到多数社团成员的认可；要有对中华文化的认同感，热衷于中华文化传承与传播；要有团队意识，有责任感和使命感，善于团结社团成员，具备一定的管理能力和组织能力，乐于奉献，不计名利；要有敬业精神和创新能力，在活动设计上富有创意。学校要创造尽量多的机会锻炼这些骨干成员，组织有针对性培训活动；要适时表彰，鼓励引导，保护学生热情；由于学生流动性强、更替性强，学校要重视在不同年级培养骨干梯队，做好传帮带工作，保证品牌社团、品牌活动可持续发展。

华校要重视对学生社团建设的评估与总结。评估与总结主要包括价值层面、业务层面、贡献层面等，既要有质的指标，也要有量的指标。价值层面既包括社团内在的宗旨、理念、目标、行为准则、吸收成员的标准，又包括社团行为层面的团队精神、集体意识、创新表现、和谐氛围、奋发进取的风格、成员对社团的认可程度等。价值层面要重点关注社团是否具有中华文化特色，团队及其团队成员在传承中华优秀品德方面的表现，所开展的活动与民族文化的切合度，等等。业务层面包括活动的质量、数量、品位、艺术性、学生参与度、活动辐射面等。贡献层面包括活动的影响、学生及教师评价、与附近社区的互动、品牌活动成效、传承年限长短、社会服务频次等。华校要对社团建设中优秀案例进行总结，形成案例分析报告，总结经验，分析不足，凝练文化特色，并在校内各个社团中分享，要有奖励措施，保护学生社团积极性，推动品牌建设。

三　发挥教师的引导作用

第一，教师要以一个普通人的角色深入学生，与学生成为真正意义上的朋友，心相交，情相通，改变传统的传道者的形象，用自身的文化人格感染、影响学生。新媒体、自媒体、富媒体的出现，信息传播的生态发生了巨大的变化，传播媒介既发达又普及，学生获取文化信息的渠道、方式、手段呈现电子化、便捷化、多元化、碎片化等趋势，学生获取文化信息的能力、效率等甚至超过老师，教师早已不是输送文化的唯一使者了。教师应正视现实，虚怀若谷，以平常心、宽容心，走近学生，关照他们的心灵，取得学生的信任，用坦率获取坦率，用整个人去影响整个人，努力实现人格对等的交往，构建和谐宽松、平等相处的师生关系。教师要丰富自己的中华文化知识，提高中华文化素养，以自身的言谈行为及文化人格影响和感染学生。

第二，教师要研究学生心理，尤其要注意青少年成长期的"叛逆"心理，改变自身的权威形象和卫道士形象，要学会真诚地欣赏学生，听取他们的心声，尊重学生的个性发展，因势利导。当代青少年的主体意识普遍增强，"尊重、解放"的内在需求愈加强烈。学生有自己独特的认知世界，他们渴望成人世界的认同和理解，他们需要一个自由发展的空间。因此他们对教师的教育或传输或多或少地带有不加分辨的对抗。教师在引导学生文化建设时，要注意发现学生的兴趣，利用学生的兴趣点，穿插中华文化元素；观察流行于学生中间的文化现象，分析其积极和合理元素，采用学生乐意接受的形式，举办相关活动，发挥学生自身的创造性，将中华传统文化内涵以现代的方式呈现，赋予传统文化以现代活力，改变学生对传统文化视为过时现象的思维定式，让学生产生对传统文化欣赏的心理，从而促进学生文化的生成性。服装、音乐、舞蹈、绘画等中华传统艺术都可能成为激发学生兴趣的突破口，发动学生自己设计、自己组织举办以汉服、唐装、旗袍为题材的时装展，或举办诸如以梁祝、电视剧《红楼梦》音乐为主旋律的音乐剧等。

第三，教师要主动学习现代科学技术知识，跟上时代的步伐，与学生共同成长，深入到学生群体中，接触、体验、感悟和理解那些为学生所接受和钟爱的文化信息。教师要放下身段，承认学生在接受当代精神、吸收文化信息方面触觉更敏锐，视野更开阔，以"老顽童"的心态，"稚化"自身情感，像一个学生一样去感知、体验和思考，与学生一起探索、实践，进而寻找师生的共鸣。教师不是导演，而是学生生活剧中的一个演员，唯其如此，教师才能真正融入学生生活，感受学生心理律动，赢得学生的信赖。只有这样，教师才能在学生文化的自主生成发挥作用。其实在师生交往中，教师往往不自觉地取主导地位，学生也把师生关系看作领导与被领导者，教师的行为方式本身就是一种信息源，这为学生提供一种文化的基本参考体系。心理学家勒温的研究表明，相对于专制型、放任型的教师而言，民主型教师的师生关系最为可取，最有利于群体成员的沟通和交流，最有利于班级或学校风气的形成[1]。

第四，教师做一个学生文化热诚的"促进者"。由于学生身心发展的局限性决定了学生文化是一种从局限向精致过渡的发展中文化，学生思维尚缺乏严密的逻辑性，其信仰尚带有较大的盲从性，其态度也常伴有浓厚的感情色彩。这种未成熟、低层次的文化需要教师的正确引导，教师应积极运用自身的文化经验，促进学生选择信息、调控行为能力的提高，引导他们创造积极的主体文化，让学生文化成为培养合作精神和创造能力的源泉[2]。

---

[1] 刁培萼：《教育文化学》，江苏教育出版社，2000，第411~412页。
[2] 罗建生、吴晓蓉、刘淑贞：《教师在学生文化中的新型角色定位探析》，《现代教育科学》2008年第1期。

第五，教师应当结合所担任的课程或充当的管理角色，巧妙介绍或呈现中华文化。中华文化博大精深，几乎在每一个领域都取得了辉煌的成就，为世界文化做出了突出的贡献，有些成就尤其是科技成就是今天科技发展的原型，有些成果至今还影响着人类生活。数学领域有圆周率，地理学领域有地震仪，环境保护领域有天人合一，国际关系领域有和而不同，等等。教师可以在授课过程中以故事、影视、图示等多种生动形式介绍或呈现相关文化信息，既促进学生对相关课程内容的理解，又自然而然地进行文化教育。

第六，教师要与学生一起，在班级内部逐步建立起共同的价值观，成为一种比较持久的信念，以此确定学生的行为模式、交往准则，以及何以判别是非、好坏、爱憎、善恶等的依据，并尊重每个学生的价值，引导其找准各自在班级里的位置，树立自信，产生协调一致的行为方式，使学生文化在直接接受班级文化的约束下积极发展①。

四　面向普通学生，培养人文精神

第一，要加强中华文化学习，培养民族精神。所谓文化就是"以文化人"，学生文化建设最有效的措施莫过于文化教育。学校要注重学生学习习惯的培养，推荐精心挑选的、适合不同年龄段和知识水平学生阅读的传统经典书目，建设书香校园、书香班级。有的华校开设《弟子规》讲座，举办《弟子规》背诵比赛，其实都是很好的方式，只是要注意现代性分析。

第二，要加强对学生行为规范的引导与教育，通过行为习惯的培养，完善学生修养与气质，塑造民族特性。文化的内涵是价值、是精神，文化的外显是行为、是生活方式，两者互为表征，互相促成。《易经》有云："蒙以养正，圣功也。"这里的"正"就是正确的价值观，但价值观如何生成？当然要改变人的认知，要培养习惯，朱熹将教育分为小学与大学两部分，"小学者，学其事；大学者，学其小学所学之事之所以。"（《朱子

---

① 白芸：《引导和接纳学生文化：班级文化建设的核心内容》，《现代中小学教育》2006年第2期。

语类·卷七·学一》）小学是事，就是事君、事父、事兄、处友，学会做人的规矩和礼仪，重视眼前事，不必过于强调大道理，"少成若天性，习惯成自然"，自小培养习惯，逐步形成自觉的行为，从而形成特定的文化气质和儒雅风范。重视学生日常文化生活，诸如晨会、午间活动、每周的班会、课堂礼仪、见面问候、校园活动等，正是这些看似不起眼的日常活动和生活细节对学生成长具有重要意义。华校应制定学生行为规范，要求学生从细节做起，从一举一动做起，建立监督评价机制，发挥教师垂范作用。

第三，要采用适合学生心理发展阶段的教育形式，尊重学生个性，因势利导，逐步引导学生理性思维，达成价值认同。学生与成人之间存在着文化差异，学生大多喜欢用自己的方式表达自己的文化观念，其中多数内容是符合主流价值观的，但也难免存在搞笑、戏谑、对抗成人文化的成分，对此除了要有包容态度外，更要以分歧为契机，加强引导，促进学生理性思维和正确价值观念的形成。可以组织学生开展对身边现象的讨论，引导学生注重文化解读和价值分析，由学生得出结论。

第四，结合班级文化建设、学生社团文化建设、校园文化建设，开展活动展示、文化符号展示，营造浸濡场景，实现学生濡化、涵化。学校是学生的"剧场"，"学生是具有表演和观看的本能和需要的生命个体"[1]。这些展示要微言大义，生动活泼，贴近生活，贴近时代。

第五，要组织参与社会实践，丰富文化体验。人的价值观的最终形成是通过社会实践来实现的。人在社会实践中，不仅能展现个人的知识与价值，还能获得丰富文化体验、提高文化素养的机会，这些机会包括："独立自主的机会、自我展示的机会、自我反思的机会、承担责任的机会、挑战困难的机会、团队协作的机会、情感交流的机会、相互帮助的机会、组织领导的机会、服务他人和关爱他人的机会、接触优秀成年人的机会、感受社会支持的机会、观察学习的机会、发挥主观能动性的机会。"[2] 这些社会实践活动要主题鲜明，切合中华文化特色，融入文化精神与实践活

---

[1]　李政涛：《表演：解读教育活动的新视角》，教育科学出版社，2006，第134页。
[2]　盖笑松：《青少年积极品质的发展规律与培养途径》，《人民教育》2013年第2期。

动，努力吸引学生参与准备、实施、小结或交流总结、反思等全部过程。这些活动的开展必须建立在学生真实的感受与发展基础上，触及心灵，使其有新的体悟，产生新的变化，让学生从实践中感知文化，理解文化，体悟文化。

第六，既要发挥好教师的引导作用，又要发挥学生自身的能动性。学生文化是师生在校生活中共同创生的结果。教师应积极主动地介入学生文化建设，特别是在全球化与多元化共生的社会转型时期，由于文化价值领域的多元呈现，主流媒体的倾向性宣传，有可能对学生成长造成困惑、彷徨、焦虑，教师更需要主动介入，循循善诱，不能放任不管，更不能任其漫无目的地发展。当然由于学生具有非正式性、相对封闭的特征，教师可能难以深入其中，即便如此，教师仍可以对其中的消极因素加以引导和转化。学生是学生文化建设的主体，在学生文化建设过程中，学生不仅仅是参与者、接受者或受影响者，更是发现者、讨论者、活动的策划者和践行者，学生文化的每一部分都必然隐含着学生的积极参与，隐含着学生主动地与成人互动、与学校互动。

第六章 言近旨远：海外华文教育视野下汉语与中华文化传承

第一节 汉语——中华文化的活化石

一 汉语言文字是中华民族民族精神和民族特征的综合体现

民族语言文字是民族和成员之间最重要的思维工具和交际工具，体现了民族的思维方式，记载和蕴涵了民族文化，是一个民族最为鲜明的标记，是民族精神和民族特性最为集中的体现，实现华文教育的目标必须进行汉语言文字教育。

民族语言是一个民族的稳固特征之一。斯大林对民族有一个著名的定义："民族是历史上形成的一个有共同语言、有共同地域、有共同经济生活以及有表现于共同文化上的共同心理状态的稳定的共同体。"① "共同语言"等四个共同其实就是关于民族特征的内涵。亨廷顿《文明的冲突与世界秩序的重建》也把"语言和宗教"当作文明最为核心的两个要素。

语言和民族共同成长，民族精神的形成与发展和语言的演化与完善相生相伴。语言是民族精神的记录与表达的载体，"在所有可以说明民族精神和民族特性的现象中，只有语言才适合于表述民族精神和民族特性最隐蔽的秘密"②。语言也是民族精神创造出来的文化客体，换句话说，民族精神潜在地存在于语言的语音、语义、语词、语法和语用各个要素中，语

---

① 《斯大林选集（上卷）》，人民出版社，1980，第63页。
② 〔德〕洪堡特：《论人类语言结构的差异及其对人类精神发展的影响》，姚小平译，商务印书馆，1999，第53页。

言各个要素的历史演化和最终面貌也受到民族精神的影响与导引。"智能
的形式和语言的形式必须相互适合。语言仿佛是民族精神的外在表现；民
族的语言即民族的精神，民族的精神即民族的语言。二者的同一程度超出
了人们的任何想象。"① 认知语言学和文化语言学对汉语的研究得出了大
量结论，证实了汉语语言规律与汉民族思维方式、认知特征及文化精神的
关系。现代汉语以双音词为优势，古代汉语的单音词在现代汉语中通过同
义复合、反义并列、相关并列、词缀附加、偏义复合（分别如道路、开
关、骨肉、竹子、动静）的方式替换为双音词，外来词的吸收和借用也
基本以双音为主（啤酒、基因），短语形式的简缩方式也是双音为主（科
研、作息）。词汇的双音化实际上和我们这个民族崇尚对称与和谐的美学
观念是一脉相承的。汉语表达的时间上的先后顺序原则及空间上先大后小
原则也体现了汉民族思维方式。这样的实例不胜枚举，说明"精神在语
言中生下了根，并把生命赋予了语言，就好像把灵魂赋予了它所造就的肉
体"②。因此我们说，语言学习不仅仅是工具性的学习，更是对民族精神
的学习和感悟，华文教育的文化教学和语言教学是分不开的。

二　汉语言文字在某种程度上规定着华夏民族感知世界的方式

语言如果不是决定了至少是影响了人对世界的感知，人在习得语言的
过程中掌握该语言的语义范畴和语法范畴，这些范畴实际上就在一定程度
上先入为主地把客观的世界进行了划分，语言的使用者自觉或不自觉地按
照语言的规定性认知这个世界。著名的萨皮尔－沃尔夫假说认为，语言不
仅描述经验，而且规定经验，人的语言影响了人对事物的认知，语言不
同，人们看到的世界也不同，母语已经包含了社会对世界的描述和解释，
因此人们看到的世界已经是母语解释和描述的世界，他的思维方式也受到
了母语的影响。由于语言是人们须臾不离的交际工具，语言赋予的思维方
式无时无刻不影响着民族群体的每一个人，这种方式随语言的代代相传而

---

① 〔德〕洪堡特：《论人类语言结构的差异及其对人类精神发展的影响》，姚小平译，商务
　　印书馆，1999，第52页。

② 〔德〕洪堡特：《论人类语言结构的差异及其对人类精神发展的影响》，姚小平译，商务
　　印书馆，1999，第204页。

成为遗传基因，进而构成了民族的思维方式，因而可以说，语言决定思维，思维因语言而存在。萨皮尔－沃尔夫的语言决定论自然有些绝对，一个民族的社会生活对民族语言的影响也是显而易见的。语言中的范畴来自于民族的社会生活，越是重要事物，人们对其性质的认识就越全面，语言对之分类就越细。美国语言学家博厄斯曾说过："语言的不同主要是表达方式的不同，表达方式的不同，主要是语言的逻辑范畴的不同，而逻辑范畴的不同完全取决于一个民族的生活经验和重点注意的方向。"① 我国古人把"马"分为几十种之多，创造了大量的命名性的专有名词，而在现代汉语中，"马"没有下位分类，没有专有名词来称说"马"的类别（斑马、老马等都是描述性的分类，不是命名性分类）。这是因为古代"马"在军事、日常交通中发挥着重要的作用，各种不同的马有着不同的用途，对马的分类自然详尽而又全面。

尽管如此，语言对民族思维产生影响也是显而易见的。就拿前面我们说到的语义范畴来说，有些语义范畴一旦形成，对人认知世界就会产生巨大影响。汉语言把时间范畴分为过去、现在和将来，这种三时观深深地植入了民族的思维中，回顾过去、把握现在、展望未来，少壮不努力，老大徒伤悲，我们就是这样思考着人生。印度的梵语把时间范畴分为现在和非现在，梵语动词的屈折形式分为现在式和非现在式，也就是说过去和将来的屈折形式是相同的，这种二元观也深深影响着古印度人的思维，在他们看来，一个人的过去就是他的将来，一个人的未来就是他的过去，循环回转，因果轮回。前因后果等佛家思想也许就和这种时间观念相对应，印度历史上直到 13 世纪才出现第一本历史学著作与此也不无关系，比较一下我们甲骨文时代就有历史记录，这种反差还是相当显著的。

从语言结构的语义组合关系上可以看出语言对客观事物规定性的解释，这种规定自然也影响着人们的世界观念和思维方式。汉语"大雨""小雪"都是偏正结构，语义组合是"大、小"分别描述"雨、雪"，这样"雨、雪"就有了"大、小"的性质，我们就用"大小"来思考现实中"雨雪"，"雨（雪）很大""大雪封山""天街小雨润如酥"，等等。

---

① 刘润清：《西方语言学流派》，外语教学与研究出版社，2002，第 127 页。

英语的"heavy rain"和"light snow"也是偏正结构，语义组合是"heavy、light"分别描述"rain、snow"，这样"rain、snow"就有了"heavy、light"的性质，英语世界的人就用"heavy、light"修饰现实中的"rain、snow"。如果汉语世界的人用"轻重"来思考或描述"雨雪"那是不可想象的，汉语世界的"雨雪"意象（image）就是有大有小的。

　　语言造成了人们认知能力上的巨大差异。不同的语言赋予人们不同的认知技能。在澳大利亚北部约克角城西边有一个叫作波姆普劳（Pormpuraaw）的原住民部落，那儿的人说的库塔语（Kuuk Thaayorre）中没有类似汉语"左、右"这样的相对方位词语，而是用东、南、西、北等词来描述绝对的基本方位，这样这个部落的人对东、南、西、北绝对方向的认知能力就超过了许多其他语言群体。莱拉·博格迪特斯基在不同场合做了多次试验。他让 Pormpuraaw 部落的一个 5 岁的小姑娘指出北方，她毫不犹豫地抬手一指，指南针证明姑娘是对的，而同样的题目在斯坦福大学、哈佛大学、普林斯顿大学、莫斯科大学、北京大学的学术报告厅里的实验，结果都差不多，许多杰出人士都找不到北。[①]"语言会影响我们能记住什么，自然就会影响人们学习新事物时的难易程度。比如，有些语言中表示数字的词可以很清楚地显示基本的十进制结构，比如汉语里的 11 和 13 记起来就不像英语那样费力。"[②] 汉民族对叔叔、姨夫、姑父、舅舅等亲属观念的理解自然也比英语世界容易得多。

　　海德格尔《存在与时间》中认为：语言是人与生俱来就存在于其中的东西，人就在语言中，不可能离开语言而存在，人只能存在于语言之中，人也只有在先在于他的语言的引导下，才能理解自我和世界：语言预先给他规定了视野，引导着他的眼光，为世界赋予了意义并为世界（万物）命名，正是语言，使世界成其为所是，使万物成其为所是，语言对于人，就像他生息于其上的大地，就像他须臾不可或离的家园——人在语言中。所以海德格尔说：语言是存在的家。因为语言是存在的家，人先天

---

①　〔美〕莱拉·博格迪特斯基：《语言如何塑造思维》，朱机译，《光明日报》2011 年 2 月 26 日，第 5 版。

②　〔美〕莱拉·博格迪特斯基：《语言如何塑造思维》，朱机译，《光明日报》2011 年 2 月 26 日，第 5 版。

地就被语言所贯穿、所引导，所以与其说是人在说话，不如说是语言在说话，是语言在借人的言语在说话，人的话语只是语言借以自我表达和自我延续的途径而已，而一个人的生命则只是一个民族的传统借以自我延续和繁衍的途径而已。

海德格尔这种语言是人类的精神家园的表述乃民族语言是民族观察世界方式的诗意隐喻。

三　汉语言文字既是中华文化的重要载体，又是一种特殊的中华文化现象

（一）汉语忠实记录华夏民族的生活方式

作为语言，汉语首先是华夏民族共同体最重要的交际工具，同时，汉语也忠实地记录了华夏民族的生活方式。和其他任何语言一样，汉语是通过语词的指称性、语句与语篇的表述性实现其文化记录功能的。

实词性的名词、动词、形容词、副词、数词等具有对事物或观念、动作或行为、性质或状态、数量或频次的指称作用。语言要实现其交际功能，必须对自然世界的事物和现象、主观世界的观念和思想、人类活动有关行为动作等进行命名，将混沌的世界进行初步的范畴化。范畴化的结果是在命名的同时，也记录了人类活动与认知的印迹，从而直观地反映不同时代的生活方式。比如弓箭、矢簇等工具的命名反映了人类改造自然的能动行为，仁义礼智信等观念的命名反映了儒家学派对世界秩序的构建与认知，跪坐揖让等行为的命名反映了特定时代人们的行为方式。可以说语词的命名与语词的记录，两种功能是相伴产生的，后世的人们通过语言的语词可以反观前世的生活景象。

语句是表达一个相对完整意义的表述单位，是最基本的交际单位；语篇是语句集合而成的表述单位，能够表达具有逻辑结构的完整意义。从表述性角度讲，语句是最小的语篇，语篇是不定量语句的集合。历史上流传下来的无数口头或书面作品都是语篇，这些作品无不反映丰富多彩的现实生活。

（二）汉语传承与传播中华文化

语言纵向代代相传，语言负载的文化自然也代代传承，语言的习得和

文化的习得是同时进行的。离开了民族语言的传承，民族文化的传承虽然不能说无法实现，但至少是异常困难的。依托于语言传承的文化传承是自然的、全面的、潜移默化的，离开语言传承的文化传承要付出更多的主观努力。

语言的横向传播，也必然伴随文化的横向传播。语言就像文化的翅膀，语言到哪里，语言负载的文化就飞到哪里。

（三） 汉语的各个要素创造特有的汉语文化

从语言作为一个民族特有的文化现象而言，依托语言各个要素而创造的文化常常是最有民族特色的。

汉语的语音、词汇、语法，包括书面语的汉字都有非常鲜明的特点，在这些特点基础上创造出的汉语文化十分丰富。我们这里仅以汉语语音为例谈谈汉语的语音文化。

汉语语音文化的一个重要特征是汉语语音的音乐性。汉语语音的音乐性表现在以下几个方面。（1）汉语语音系统中元音音素占优势。尽管汉语的元音音素只有 10 个，而辅音音素多达 22 个，但汉语的许多音节全有元音组成，是没有辅音的。如"衣、屋、鱼、啊、喔、哦、唉、儿"等单元音音素组成的音节，"爱、奥、欧、呀、也、哇、我、月、要、有、外、为"等多个元音音素组成的音节，如果加上声调变化和同音音节，这个数目是巨大的。汉语语音元音可以连用，而辅音不可以连用，ia、ie、ua、uo、üe、ai、ei、ao、ou、iao、iou、uai、uei 等都是元音音素连用的韵母，汉语的辅音音素在一个音节中不能连用，不会出现英语 black、star、space、result、construction 中 bl、st、sp、lt、str 等辅音连用的现象。元音是音波振动形式规则的音，悦耳动听，是乐音，辅音是音波振动形式不规则的音，因阻碍、摩擦而产生，刺激性强，乐感不足。汉语语音元音占优势，因而汉语优美动听，朗朗上口。（2）汉语是有声调的语言，声调具有区别意义的作用。汉语音节的声调分四种类型，高平调（阴平）、中升调（阳平）、曲折调（上声）和降调（去声），每个音节内部都有高低升降曲直的变化，这些高低升降曲直的变化主要是声音振动频率不同，也就是音高不同，音高和音乐的音阶的性质完全相通。换句话说，汉语的一个语句不同音节的声调变化其实就和音乐的音阶变化是一样的。因此汉语的有声语言形式抑扬顿挫，韵律性强，富有节奏感，听起来像音乐的旋律。（3）汉语每个音节的尾音音素要么是元音，要么是辅音 n 和 ng。元音是不受阻碍的音，可以自由延长；辅音 n 和 ng 是鼻音，只有阻碍，没有摩擦，气流由鼻腔通过，也可以自由延长。也就是说汉语语音的每个音节都是可以延长的。我们知道除了打击乐和 rap 风格的音乐以外，音乐以可延长性为特征，所以用汉语创作或演唱歌曲，歌者可以自由发挥，不受语言的约束。像英语这样的语言，由于经常出现塞音作为词语的尾音，不能自由延长，创作或演唱英文歌曲就会受到语言本身语音特点的约束。我们以著名加拿大民歌《红河谷》的一节来说明，歌词是这样的：

> From this valley they say you're going, I will miss your bright eyes and sweet smile, For they say you're taking the sun-shine, that brighten our path way a while. I've been thinking a long time my darling, of the sweet words you never would say. Now at last must my fond hopes all vanish. For they say you are going away. Come and sit by my side if you love me, Do not hasten to bid me adieu, but remember the Red River Valley, and the cow – boy who loved you so true.

其中画线标记的单词都是以不能延长的塞音结尾的，这就与音乐的可延长性相矛盾，歌者演唱时只好采用变通的办法来解决这个矛盾，一种办法就是前一音节的尾音与后一音节的起音连读，如歌词中的 bright eyes、loved you 等；另一种办法就是对那些无法连读的直接弃而不唱，如 sweet、that、would、fond、and、sit、side、not、bid、but、red、and 等单词中的塞音。舍弃语言的完整性追求音乐的完美性是演唱英文歌曲无可奈何的办法，演唱汉语歌曲没有这种无奈，音乐可以得到最完美的体现。

此外，汉语语音还有特殊的押韵、平仄、叠音现象以及属于语言共性的快慢、高低、轻重、抑扬等节奏手段，这些都对汉语语音的音乐性起到了重要的作用。由此我们可以说汉语是世界上音乐性最强、最动听的语言之一。

汉语语音文化的第二个重要特征是汉语语音音节界限清晰，音节交际时长基本相等，音节、语素、汉字基本一一对应，这些特征造成了大量特有的汉语言文化现象。

汉语音节界限清晰，这和汉语音节的结构特点是密切相关的。汉语音节最少 1 个音素，最多 4 个音素，其中辅音一般只出现在音节的开头，只有 n 和 ng 两个辅音音素可以出现在音节的结尾，再加上前面提到过的辅音音素不可以连用这一特点，人们判断汉语音节的起始和结束是非常容易的。

汉语音节交际时长是我们自己提出来的一个概念，指的是汉语音节不论包含几个音素，在进入交际的语句中占用的时间长度是基本相同的。音节"依"只有 1 个音素（i），"黄"有 4 个音素（huang），但说话者说出这两个音节的时间长度是一样的。"白日依山尽，黄河入海流"上下两句都有 5 个音节，每个音节包含的音素数量是不同的，但由于每个音节交际时长相同，上下两句总的交际时长也是相同的。也就说，只要音节数目相等，交际时长也相等。这一特点对汉语诗词曲赋等韵文文体的表现形式和表现力所起的作用是巨大的。

汉语音节、语素、汉字基本一一对应，一个音节基本上就是一个音义结合体，即一个语素，每一个语素又对应一个书写单位，即汉字，这样一个音节对应一个语素，也对应一个汉字。音节是语音单位，表现在听觉；语素是语言单位，表现在知觉；汉字是书写单位，表现在视觉。三者对应，实际上就是听觉、知觉与视觉的对应，这是许多汉语韵文体等特有的文化现象产生的语言及文字基础。

汉语语音文化的第三个特征是汉语同音现象异常丰富。同音现象乃语言共性，不唯汉语独有，但就同音的比例而言，恐怕无出汉语之右者。汉语语音同音现象丰富主要原因是汉语音节结构十分简单。汉语音节有声母、韵母和声调三个部分。其中声调是贯穿于整个音节的，主要是音节的音高变化，即声音振动频率的变化，和音节的音质没有关系，所以宽泛意义上的同音可以不考虑声调。这样汉语音节结构就只有声母和韵母两个成分，声母只有 1 个音素，而且许多音节是没有声母的；韵母最多 3 个音素，只有主要元音是必有的，韵头和韵尾都可以没有。也就是说汉语存在大量的 1 个音素、2 个音素、3 个音素组成的音节，一个音节最多只有 4 个音素，而汉语的辅音音素只有 22 个，元音音素只有 10 个。如果不考虑声调，汉语的音节数量只有 414 个①，即使考虑声调因素，理论上的带调音节的数量有 414×4＝1656 个，因为有些音节四种声调不全，实际的带调音节大概在 1200 多个。用这 1200 多个带调音节对应数以万计的语素或汉字，同音字数量可见一斑。综合起来看汉语不可避免地存在大量的同音音节或对应的同音语素。

据马显彬 (2005) 统计，GB2312－805《信息交换用汉字编码字符集·基本集》(1980) 收字 6763 个，没有同音字的汉字只有 16 个，其他汉字都有同音字，其中最多的达 116 个。统计 1994 年版《普通话水平测试大纲》和中国社科院语言所编《现代汉语词典》(第四版，不包括《补编》)。两部分词语共计 23951 个，用字 3957 个，其中单字同音率达 72%，一字词的同音率 48.36%，整个词汇的同音率是 23.3% (不考虑声调)，相较于英语 1% 的同音率，差异巨大②。

大量同音现象的存在构成了汉语谐音文化的语言基础。下面是基于汉语语音的特征而形成的汉语特有的文化现象。

1. 押韵

押韵，又作压韵，是指在韵文的创作中，在某些句子的最后一个字，都使用韵母相同或相近的字，使朗诵或咏唱时，产生铿锵和谐感。这些使用了同一韵母字的地方，称为韵脚。由于古代汉语或现代汉语韵母的数量都是有限的，而且押韵对韵母的韵头不做要求，对韵尾的要求是相同或相近，所以押韵的"韵"的数量是有限的，有"十三辙"和"十八韵"之说。由于有大量的同韵的语素或词可以选择，追求押韵就显得相对容易，汉语的韵文体文学特别发达，形成了中国文学的一大特点，从早期的《诗经》、楚辞、汉赋、汉乐府、民歌到魏晋南北朝时期的骈文、赋体，再到唐诗、宋词、元曲，一直到今天的现代诗歌、古体诗，中国文学的韵文传统绵延不断。总结音韵规律的韵书，指导创作押韵规律的十三辙、十八韵等文献蔚为壮观，甚至普通人也可以随意创作出类似打油诗或顺口溜一类的作品。

---

① 李公宜：《汉字信息词典》，科学出版社，1988，第 25 页。
② 马显彬：《汉语同音现象分析》，《语言研究》2005 年第 2 期。

　　押韵当然有规则，这些规则根据古体诗、近体诗、汉乐府、赋体、戏曲的不同而不同。

　　由于语音变化的关系，今天创作古体诗或近体诗还要考虑古音的问题。

　　2. 平仄

　　汉语每个音节都有声调，古代声调分平上去入四大类，平声大致相当于今天的阴平和阳平，也就是"平仄"的"平"，上声、去声、入声就是"平仄"的"仄"。古诗词中平仄的使用讲究一定的格式，就是所谓的"格律"。平仄要么在同句交替使用，要么在对句中形成对立，"平仄"使得语言抑扬顿挫，读起来朗朗上口，节奏鲜明，富有美感。

　　3. 谐音

　　谐音文化是语言共性的表现之一，但由于汉语同音现象异常丰富，汉语的谐音文化也异常发达，表现形式也多种多样。本音和谐音的双关是谐音现象具有丰富表现力的基础，"东边日出西边雨，道是无晴却有晴（情）"既是自然事象的准确描写，也是男女情愫的含蓄表达，这种现象在汉语中俯拾皆是，构成汉语表达的独特景观。

　　歇后语是汉语特有的表达形式，许多歇后语的构成基础就是谐音双关，"小偷打伞——无发（法）无天""三分面粉七分水——十分糊涂"等语表与语里巧妙结合，相映成趣。

　　谐音是华文文学重要的修辞手段，是语言魅力的体现之一，谐音对文学作品的理解有重要的作用。《红楼梦》是中国文学的经典，大量利用谐音手段屈折表意是其重要特点，人名谐音，诗词谐音，谜语谐音等多彩纷呈，解读《红楼梦》离不开谐音解读。"甄士隐"谐音"真事隐"，"贾雨村"谐音"假语存"，"元春、迎春、探春、惜春"谐音"原应叹息"等，举不胜举。

　　中国绘画、手工艺术品及日常器具上的图案中常有蝙蝠、佛手（谐音"福"）、葫芦（谐音"福禄"）、猫蝴蝶（谐音"耄耋"，寓意"长寿"）、石榴（因其子多，谐音"多子〈嗣〉"）、鱼（谐音"余"）等。这是一种独特的视觉艺术表达形式，是中华民族留给世界文化的独特艺术遗产，中华文化崇尚含蓄、内敛、顿悟，表现形式婉转、多样、雅致，谐音和象征的表达效果正是化直露为含蓄、避粗俗而成典雅的一种方式，吉祥的意味通常功利性较强，直来直去为人所不齿，而通过谐音寓意的手段将其表现于图像之中，则图尽美，意尽善，达到了审美与功利的双重效果。

4. 对偶

对偶是汉语特有的修辞手法，有时又称为对仗或对对子。构成对偶的上下两句结构相同，字数相等，意义对称，严格的对偶还要求平仄相对。对偶因其形式工整，意义精警，短小精悍，韵律协调，易于诵读，便于记忆，深受人们的喜爱。在对偶的基础上发展而成了春节对联习俗，亭台楼阁楹联景观以及文人学士对对子游戏等文化现象。

（四）汉语语言系统对中华文化的隐性体现

汉语除了作为中华文化的主要载体以外，其本身也蕴含着丰富的中华文化信息，汉语语音、词汇、语法、文字各个要素都有对中华文化的隐性体现，这与汉语记录中华文化内容不同。如，父母、父子、夫妻、兄弟、男女、儿女、母子等并列式双音合成词，体现了古代传统的伦理观念。再如，北方的河流多以"河"命名，有黄河、淮河、渭河、永定河等；南方的河流多以"江"命名，有长江、湘江、赣江、闽江、珠江、九龙江等。这体现了两大母亲河——黄河、长江对地名文化的影响。

许多文化语言学学者都谈到汉语语句的意合结构与华夏民族整体思维的关系、汉语词汇的双音化与华夏民族对称美学观念的关系、汉语丰富的隐喻现象与华夏民族具象性思维的关系、汉语历史上的阶层变体与中国古代社会面貌的关系等，实际上就是在论述汉语语言系统对中华文化的隐性体现。

至于汉语的特殊要素——汉字对中华文化的隐性体现就显得更加突出。如，"兵"为斧头的形象，体现了古代兵器的历史；"砲"与"炮"的异体关系，体现了火药的发明对军事的影响。甚至还有人论述过汉语与方块汉字、四合院民居、寺庙建筑的中国化、天圆地方的宇宙观念、天人合一的哲学观念、主体思维模式、以人为本的人文精神等文化元素之间的对应整合关系①。

---

① 申小龙：《汉语与中国文化》，商务印书馆，2013，第 352～355、461～477 页。

四　没有对汉语言文字的认同，就没有对民族身份的认同

英国社会人类学家 B. K. 马林诺夫斯基在《文化论》中把"文化分为物质文化、精神文化、语言和社会组织四个方面"[①]。他认为"语言"是独立的、主要的文化构成要素。

语言文字认同是民族身份认同的重要组成。口语与书面语是人的社会属性的符号化存在，既是一种自身民族身份的对外宣示，也是语言文字本身对其使用者民族身份的超越时间的强化和醒示，这种内外双重的定位和标记显示了语言文字对民族身份认同的价值。语言是民族的重要标志之一，法国作家都德有一句名言："即使亡了国当了奴隶的人民只要牢牢把握住他们的语言，就好像抓住了打开监狱大门的钥匙。"有一则萨尔瓦多谚语说："语言不灭，民族不亡。"在多数情况下，选择和使用民族语言可以看作是语言使用者对其民族身份的自我定位，说明他们对掌握和使用民族语言具有光荣感，愿意表明自己的民族身份，因而具有对外宣示的语言效力；语言本身通过其民族身份的标记性时刻强化其使用者的身份意识。

海外华族对华文教育的坚守，海外华校日益蓬勃的发展，无数华侨华人在华文教育事业上的无私奉献，充分证明了华人社会对华族身份、汉语言文化价值的深度认同。

本章只在第二节和第三节集中讨论汉语词汇教学、汉字教学与中华传承的关系，至于语法教学、语用教学与中华文化传承的关系暂不涉及。汉语语法对中华文化的隐性体现相对比较抽象，各家的认识远远没有达成统一，存在较多的分歧，汉语语法的文化体现也缺乏系统的语言学证据，加之华文教育教学对象理解上的困难，汉语语法教学对中华文化传承的作用远不及汉字和词汇重要。汉语语用现象十分复杂，语用对中华文化的隐性体现主要表现在交际文化范畴，而交际文化完全可以在汉语交际实践中加以培养。语用对中华文化的体现也常常是综合性的，难以进行单一文化要素分析。目前对汉语语用文化的研究也不够深入，大多集中于言语行为中

---

① 〔英〕马林诺夫斯基：《文化论》，费孝通等译，中国民间文艺出版社，1987，第3页。

的礼貌原则、社会距离、伦理关系等话题，没有形成科学、系统、全面的学科成果，因此，相对而言，语用教学对中华文化传承的作用也比较有限。鉴于此，我们下面的讨论重点集中于词汇教学、汉字教学与中华文化传承的关系。

第二节　汉语词汇教学与中华文化传承

一　文化词语的界定

对文化词语的界定可以有不同的角度。有的学者认为文化词语就是在别的语言中无法对译的词语，或者说是在别的语言中无法找到与之完全对应的"非等值词语"。梅立崇、王德春、赵金铭称之为"国俗词语"，属于狭义上的文化词语①。比如"阴阳""五行""文革"等汉语词，"hippies、knightliness、lost generation"等英语词，"相扑""忘年会"等日语词。这个角度定义文化词语对认识文化词语的民族独特性具有积极意义，但学术操作上会遇到一定的问题，比如"儒家"相对于英语而言找不到对应的词语，但相对于日语而言可以找到对应的词语，那"儒家"是否算作文化词呢？如果不算，那就要对所有的候选词语在所有的语言中进行查找搜索，凡是发现有对应现象存在都一概排除在文化词语之外，那文化词语的数量估计是很少的，实际上也不符合华文教育或汉语国际教育的要求；如果算，似乎又不符合"非等值词语"的内涵要求，离开这个内涵，极端地说，每一个词都是文化词语，显然不符合定义者的原意，也失去了概念本身的价值。

有的学者将词语分为普通词语和文化词语，美国翻译家尼达（Nida）将名词分为三类：一类是与其他语言对应的词语，如"树""人""花"等；第二类是功能相似但具有文化差异的词语，如 house（房屋）与 shack（棚屋）；第三类是文化限制词，即只为一个民族所特有的词，如

---

① 赵明：《对外汉语教学中文化词语的教授原则与方法》，《云南师范大学学报》（对外汉语教学与研究版）2012 年第 4 期。

igloo（爱斯基摩人的雪屋），相当于"国俗词语"。尼达认为后两类属于文化词语，属于广义上的文化词语①。1971 年，苏联语言学家维列夏金和科斯托马罗夫合著的《语言与文化》一书对该学科进行了科学与权威的阐述，该书将语言中所反映出的文化因素分为七类：（1）无等值词，（2）有背景意义词，（3）有文化感情色彩词，（4）成语典故，（5）名言警句，（6）客套用语，（7）非有声语言。除了第（7）类，其他都是文化词语，这属于外延最广的文化词语。这种角度的定义由于外延广，能够涵盖华文教育或汉语国际教育所要讲授的文化词语，但由于缺乏必要的下位分类，或下位分类不很科学，不利于华文教育或汉语国际教育的分类对待。

我们支持从广义上界定文化词语，即记录或反映文化现象或文化观念的词语。文化词语分为两类，一类是原生性文化词语，另一类是引申性文化词语。原生性文化词语是指词语的概念意义记录文化现象与文化观念，"青铜器""长城""文革"记录民族文化现象，"和""孝""仁"记录民族文化观念。原生性文化词语比较接近于学者们所谓的"非等值词语"，但定义的角度有所不同。"原生性文化词语"是从词语的概念意义所指的角度界定的，即词语直接记录中华民族独特文化；"非等值词语"是从语言之间的对应性而言的，即"在别的语言中无法对译的词语"。原生性文化词语和非等值词语都强调词语所指文化现象的独特性，但原生性文化词语不强调是否与其他语言等值对应。汉语中的一些原生性文化词语由于历史上文化交流的原因可能在日语、韩语中有等值对应性，但在英语、德语中没有等值对应性，这些词语不应该被排除在文化词语之外。引申性文化词语是指词语的引申义、比喻义、扩展义中反映中华民族独特文化观念的词语。"狗"的概念意义是指一种哺乳动物，在这一概念基础上引申的意义有"走狗""看门狗""狗仗人势"等文化意义，这些文化意义具有民族独特性，与英语的"lucky dog""clever dog"形成跨文化对立，所以"狗"这个词具有文化意义，属于引申性文化词语。英国语义

---

① 赵明：《对外汉语教学中文化词语的教授原则与方法》，《云南师范大学学报》（对外汉语教学与研究版）2012 年第 4 期。

学家利奇将词语的意义分为七个部分：理性意义、内涵意义、社会意义、情感意义、反映意义、搭配意义、主题意义，其中"理性意义"大致相当于我们所说的概念意义，理性意义如果直接记录文化现象，这样的词语就是原生性文化词语；"内涵意义、社会意义、情感意义、反映意义、搭配意义"总称为"联想意义"，是可以用联想理论来说明的，即以经验的相互关联为基础说明思维之间联系，联想意义如果反映文化现象，这样的词语就是引申性文化词语；"主题意义"是"说话者或写文章的人借助组织信息的方式（语序、强调手段、信息焦点安排）来传递的一种意义"①。因此"主题意义"并不是词语的词汇意义，和"文化词语"的界定没有关系。文化词语一般都是名词性词语，名词性词语所指的事物或观念等可以称之为名词的指称义，指称义是名词性词语的概念意义，有了指称义，名词性词语才可以实现主语、宾语等句法功能。名词性词语所指的事物或观念又常常具有一定的属性，比如"女性"一词所指的"女性群体"，常常具有"温柔、娇气、任性、软弱、感情细腻、注重打扮、犹豫不决、外貌漂亮"等潜在属性，这些潜在属性有时在交际中会得到激发，以内涵意义、社会意义、情感意义、反映意义或搭配意义等联想意义的形式在语句中呈现出来。比如"她是个外柔内刚的女人，只是柔和的语气、看上去充分女性化的举止性格，长时间地掩去了内心深处的坚韧。"句中"女人"一词，用的是指称义，"女性"一词激发的是"温柔、软弱"等属性意义，和社会对女性的认知有密切的关系②。体现事物或观念的不同属性特征的联想意义，在不同语言系统中有不同的表现，这和不同民族对事物或观念的属性认知直接相关，也就是说，词语的联想意义体现出民族的文化差异。"梅兰竹菊"四种植物在中华民族的认知中，激发出"傲霜、高洁、正直、清贞"的属性，被称为具有清高品德的四君子，这在其他语言系统中是没有的，具有鲜明的中华文化特色，因而应当归为汉语文化词语。所以我们把通过联想意义反映文化现象或文化观念的文化词语单独列为一类，称之为引申性文化词语。

---

① 〔英〕杰弗里·N. 利奇《语义学》，李瑞华等译，上海外语教育出版社，1987，第27 页。
② 胡培安：《名词的属性意义及其修辞价值》，《信阳师范学院学报》2004 年第 6 期。

区分原生性文化词语和引申性文化词语，是由于这两个类别在华文教育文化教学中的价值不同。原生性文化词语直接记录文化现象或文化观念，因而对学习者认识和掌握中华文化有直接的作用，换句话说，学习者理解和掌握了原生性文化词语等于直接了解或认识了词语所代表的文化现象或文化观念，因此原生性文化词语对中华文化传承的价值是十分重要的。引申性文化词语反映语言群体对这些文化词语所指事物的属性认知的文化特性，由此形成的联想意义对会话含义、语篇理解等十分重要，但它们对文化现象或文化观念的反映是间接的、曲折的、因词而异的，甚至有许多引申性文化词语所具有的文化意义并不具备民族独特性（如"女性"一词所具有的"温柔、软弱、细腻"等联想意义）。引申性文化词语的文化意义常常不是传承价值上的文化意义。相对而言，引申性文化词语对中华文化的传承价值远远没有原生性文化词语重要，但引申性文化词语的交际价值及语用价值要远远胜于原生性文化词语。我们在华文教育实践中要充分认识这两类文化词语的价值对立，区别对待，因类施教。

二　汉语原生性文化词语的选择

汉语原生性文化词语直接记录中华民族独特的文化现象与文化观念，这些文化词语的选择与教学是开展文化教学或通过语言教学渗透文化教学的关键，对教材编写、课堂教学、文化实践等都有重要价值。

华侨大学华文学院 2013 级华语与华文教育专业研究生马琳娜在本书作者之一胡培安的指导下撰写了《华文教育常用文化词表的研制》硕士论文，这是目前为止关于华文教育文化词表开展的唯一的研究，对我们确定汉语原生性文化词语具有较高的参考价值。

马文区分了文化词语与词语的文化意义两个概念，与我们提出的原生性文化词语和引申性文化词语基本一致，马文最后形成的文化词表基本上属于汉语原生性文化词语表。

马文基于民族文化传承理论、跨文化交际理论、语料库语言学理论确定了文化词语选择的七项原则：可控性原则、积极性原则、纲领性原则、民族性原则、系统性原则、知识性与传承性相结合的原则以及话语价值原则。确定具体的词条时还考虑到文化词语的独特性、影响力、代表性和符号性（即可以起到中华文化象征性的作用）。

　　总之，马文确定的华文教育常用文化词表，相对来说比较科学、系统，当然对于具体的入选词条来说一定有见仁见智的看法，但总体来说还是值得我们在编写华文教育教材、进行日常华文教育教学中借鉴的（见附录）。

三　汉语引申性文化词语选择

　　引申性文化词语是基于联想而产生文化意义，如由"八"联想到"发"，由"狼"的概念义联想到"恶毒、勇敢"等内涵意义，由"祖母"联想到的"尊重义"，由"固执"联想到的"贬义"色彩，等等。同一个词语的文化联想可能非常丰富，进入语句中具体体现为哪一个联想意义需要根据语境来判定。比如"上善若水、智者乐水、善心如水、水性杨花、君子之交淡如水、水货、一江春水向东流、高山流水、穷山恶水、女人是水做的、流水无情、水灵、风水"中的"水"都有各自不同的文化意义，强调水内涵属性的不同侧面或不同的社会联想。引申性文化词语的文化意义大多没有形成固定的义项，在词典类的工具书并没有得到体现，一方面是由于这些文化意义难以准确表述，另一方面也与文化意义大多只能在语境中确定有关。文化意义的这一特点给语言及文化学习、语言表达与理解带来了许多实际的困难。

　　文化意义的联想特征决定了引申性文化词语对交际过程中的意义理解起着非常重要的作用，语言禁忌、语言迷信、比喻、象征、言者的主观态度和主观情感、交际双方的定位、言外之意等文化信息或语用信息的表达与接受都建立在文化意义的基础之上。"同房"与"同屋"一字之差，文化意义迥然不同；"光棍"与"单身"概念意义相同，言者的主观态度迥异；"老先生"和"老头子"指称的对象可以相同，但言者身份颇有讲究。文化信息细腻丰富，语言韵味尽在其中，要想真正达到母语者的境界，难度还是很大的。下面语句的理解都与画线词语的文化含义直接相关。

　　　　你为什么不说实话，偏偏要往自己脸上抹黑？
　　　　是金子总会发光的。

　　小东西，是不是家里有人生病了？

　　望子成龙，*望女成凤*，可怜天下父母心。

　　像原生性文化词语一样，研制一个引申性文化词语的词表是十分困难的。第一是因为这类文化词语所对应的文化意义大多没有固定的义项，常常是词语的附加义或社会联想意义，很难找到一个文化框架将这些词语涵盖于一个系统之中；第二是因为许多引申性文化词语的联想意义十分丰富，具有语境生成的特征，难以做到语义分析的科学性和全面性，即使提供一个词表，如果没有文化意义的说明，使用词表的人就很难把握，词表的指导价值也不高；第三是因为引申性文化词语的数量十分庞大，遴选的标准、遴选的方法、等级的确定等还需要进一步研究；第四是因为有时词语的文化意义不是体现于词语的意义上，而是体现于词语的结构形式上或词语之间的关系、词的义项之间的关系上，比如并列结构词语有时体现并列成分社会地位的不同（如"夫妻"），同源词有时体现思维模式（如"支、肢、枝"之间的比喻思维），多义词义项之间有时反映文化现象（如"叔"既可以指爸爸的弟弟，有时指丈夫的弟弟"小叔子"，反映古代的婚姻制度）。

　　目前学界探讨汉语词汇文化的著作大多采用"汉语色彩词与文化、汉语地名与文化、姓名与文化、汉语动植物词与文化、汉语数词与文化、汉语亲属称谓词语文化、象征词语与文化、民俗文化词语、礼俗词语、形象词语与文化"这样的框架。[①] 这一框架逻辑线索不清晰，随意性较强，如有的讨论动物词与文化，有的没有讨论，有的讨论古代官称谓与制度文化，有的没有提及。常敬宇先生甚至把"宗教文化词语、典籍文化词语、饮食文化词语"等原生性文化词语也纳入讨论范围[②]。在每一类别下，讨论哪些词语，某一个词语讨论哪些文化意义，各家也有很大的主观随意性。这实际上也反映了学界对这一类文化词语认识上的模糊性，反映了选

---

① 读者可参考钱玉莲《现代汉语词汇讲义》第八章，北京大学出版社，2006；郭金桴《汉语与中国传统文化》第十一至第十八章，商务印书馆，2012；常敬宇《汉语词汇与文化》，北京大学出版社，2009；胡培安、王飞华《实用对外汉语词汇》，华中科技大学出版社，2014。

② 常敬宇：《汉语词汇与文化》，北京大学出版社，2009，第50~77页。

择引申性文化词语的操作难度。除了上述分类外，梅立崇把文化词语分为"名物词、交际词、熟语、制度语、比喻语"①，曲彦斌把文化词语分为"俗语、隐语、土语、禁忌语、譬语、习语、口头禅、人名、绰号、体态语、行话、咒语、截语、谜语、歌谣等"②。这些分类都有值得商榷之处。

希望学界能关注引申性文化词语的研究，尽早制定一个相对科学的词表或编写一部适应华文教育的《汉语文化词语辞典》，以指导华文教育或汉语国际教育领域的教材编写与课堂教学。

四　汉语文化词语教学

（一）直观教学法

以实物、图片、影像、幻灯、表演等方式直观展示文化词语的文化内涵。文化词语中大多数表示物质文化的词语是直观的、具体可感的，都可以采用直观法来开展教学。有条件的话可以直接用实物来展示，比如"唐装、旗袍、汉服"等服装类词语；没有条件的话，可以用图片来展示，比如"四合院、土楼、园林、寺庙"等建筑类词语。有些文化词语特别适合用影像来展示，比如"京剧、黄梅戏、川剧变脸、木偶戏"等艺术类文化词语，"婚礼、拜年、春运、祝寿"等民俗类文化词语。也有一些文化词语可以用现场表演的方式进行展示，比如"介绍、拜访、告别、赞美、邀请"等交际类文化词语。

需要说明的是，单独使用直观教学法有时不能发挥理想的教学效果，常常需要其他教学法的配合，教师要根据教学内容，机智灵活，不拘一格。比如教学"长城"一词，除了展示图片以外，还可以简单介绍中国古代在防御北方民族入侵的历史中，长城所发挥的巨大作用，进而延伸出长城的象征意义，长城具有中华民族的符号意义，表示团结一心、众志成城的民族精神等。如果只展示图片，学生只会把"长城"当作一个建筑词语去理解，难以领悟这一词语的丰富内涵。

（二）类聚释义法

许多文化词语自身构成一个语义场，呈现类聚特征，文化词语的词义

①　梅立崇：《汉语国浴词语当议，《世界汉语教学》1993 年第 1 期。
②　曲彦斌：《民俗语言学》，辽宁教育出版吐，1989，第 10 页。

互相联系，或上下位包含，或同级并列。如果适当地将这些文化词语综合起来，统一讲授，不仅不会增加学习者的负担，反而可以利用词语之间的特征关联，促进学生理解，增加记忆效果。比如"兄弟、堂兄、堂弟、姐妹、堂姐、堂妹、表兄、表弟、表姐、表妹、堂叔、表叔、表婶、堂嫂、表嫂、姑姑、姨、舅母、婶、内弟（小舅子）"等亲属称谓词，组成一个独立的语义场，教师可以直观地画出一个关系图，利用"直系、旁系、父系、母系、血亲、姻亲"等上位概念系统展示，不仅可以让学生了解中国传统亲属制度，弄清不同亲属称谓之间的关系和区别，还可以使学生在一个整体框架内，掌握所有的亲属称谓词语，起到事半功倍的效果。有时可以利用历史事件建立语义场的关联，将与该事件关联的文化词语统合起来，按照历史事件的时间逻辑和事件发展的因果逻辑系统讲解，使学生将看似不相关的词语有机联系起来，从而强化记忆效果。比如"三国鼎立"这一历史事件，可以建立"刘备、关羽、张飞、诸葛亮、曹操、孙权、周瑜、魏、蜀、吴、东汉、舌战群儒、草船借箭、空城计、赤壁之战……"这样一个可大可小的语义场，教师可以根据学生的语言状况，通过不同详细程度的故事，将需要讲解的文化词语巧妙串接起来，甚至可以穿插诸葛亮的聪明、关羽的义气、张飞的勇猛、曹操的奸诈、周瑜的衬托等历史人物的文化象征意义，相信这样的教学效果比分别介绍不同的文化词语要好很多。有时可以借助一个民俗性的仪式或程序建立语义场关联，类聚相关文化词语，系统讲解。比如可以用婚礼习俗将"新郎、新娘、伴郎、伴娘、拜堂、喝喜酒、早（枣）生贵子、贺礼、双喜、洞房、拜天地、拜高堂、夫妻对拜、司仪、吉时……"关联起来，结合影像等直观教学法，有效讲授相关词语。

建立语义场关联还可以有同义词类聚、反义词类聚、行业类聚、风格类聚、事件类聚等多种方式，教师应发挥创造性，有创意地设置类聚系统。

类聚释义法容易出现不顾学生实际过分扩大语义场词语范围的现象，教师要特别注意根据学生的实际和教学需要，合理选择语义场词语数目。既不增加学生学习负担，又充分利用语义场中词语的关联特征，度的把握十分重要，这需要教师总结经验，灵活掌握。

（三）对比呈现法

第二语言学习者在二语学习的过程中，尤其是在初级阶段学习的过程中，会本能地将目的语与母语进行对比，以求得某种规律和认知，提高自己的学习效果，这是一种无师自通的学习策略，这种学习策略表现于语音、语法、词汇乃至文化等二语习得的各个方面。张德鑫（1990）认为这种对比是"一种隐蔽的、被动地、盲目的对比"，"与其被动地让学生进行可能是错误的比附而导致负迁移，不如主动在教学中给予正确的、科学的对比分析防患于未然"①。

从文化意义的角度讲，两种语言之间的文化词语存在完全不对应、完全对应、不完全对应三种逻辑可能，完全不对应指的是一种语言中存在的文化词语在另一种语言中根本找不到对应的词语，比如汉语的"嫦娥、长城、华表"等在英语中无法找到对应的词语；完全对应指的是一种语言中存在的文化词语可以在另一种语言中找到等值对应的词语，这样的情况应当是很少的，而且大多存在于同一个文化圈的语言中；不完全对应的词语指的是一种语言中存在的文化词语在另一种语言中可以找到对应的词语，但具体的内涵、范围、象征价值、联想空间等有所不同，比如汉语的"天堂"与英语的"heaven"。显而易见，对比教学法特别适合完全对应和不完全对应两种文化词语的教学。

对于在另一种语言中可以找到相关说法的文化词语，可以利用文化间的正迁移带出词语。从两种语言的跨文化比较出发，文化词语所反映的文化意义有可能在不同语际中具有对应性，在词语教学中便可利用这种对应性。比如汉语和日语关于人体词语"头"的文化联想就基本相似，汉语"垂头丧气"表示情绪低落、失望懊丧的神情，日语的"垂頭喪氣"具有同样的比喻意义；汉语的"翘首以待"形容迫不及待的心情，日语的"首を長くして待つ"与汉语等值②；汉语"瓢泼大雨"的意思是像用瓢泼水那样的大雨，形容雨大，"瓢"是中国南方人主要的盛水工具，而俄罗斯地域跨越欧亚两个大洲，其领土大部分处于北温带和北寒带，俄罗斯

---

① 张德鑫：《汉英词语文化上的不对应》，《世界汉语教学》1990 年第 1 期。
② 伊丽曼·艾孜买提：《汉语和日语中人体词之文化联想》，《新疆师范大学学报》2003 年第 4 期。

人盛水的工具是桶，同样的"瓢泼大雨"在俄语中是"如桶泼的大雨"，这两个文化词语虽然取譬物有所不同，但由于具有接近的语义内涵，所以通过合乎逻辑的联想与类比，俄罗斯学生不难领会汉语词语的深层语义①。我们可以利用这种等值关系进行文化词语的对比释义。

对于不完全对应的文化词语，需要认真对待，要通过比较讲清其中的共同点和差异，结合语言实例进行分析，最大程度上避免因这种母语文化的负迁移造成语用偏误和理解偏差。汉语的颜色词"黄"有"腐化堕落，特指色情""指黄帝，我国古代传说中的帝王""事情失败或计划不能实现"等三种文化意义②。其中"腐化堕落，特指色情"意义可以组成"黄色书刊、黄色电影、扫黄、黄色网站、黄色小说"等文化词语，英语没有完全对应的词语，red-light district、blue film 等词语有这方面的影射，yellow book、yellow pages 分别指封面为黄色的政府报告和用黄色纸张印刷的商家分类电话，没有色情的意味。"指黄帝，我国古代传说中的帝王"意义后来也引申为皇帝专用的颜色，可以组成"炎黄子孙、黄袍、黄榜、黄钺、黄马褂、黄门侍卫"等文化词语，而英语常常将颜色词 blue 与贵族、权力联系在一起，如 blue ribbon（授予比赛中赢者的奖励或荣誉）、have blue blood（拥有贵族血统）、the boys in the blue（皇家警察或皇家水手）等，二者之间的对应度并不很高。"事情失败或计划不能实现"意义在英语颜色词中缺乏对应表达。此外，汉语的"黄"还可以组成"黄皮肤、黄种人、黄土地"等文化词语，是华人及其生活地域的代表符号，这在《现代汉语词典》的义项设置中没有得到体现，这种意义更是英语所没有的。这种比较对学生理解两种语言不完全对应的文化词语，认知词语背后的文化现象，正确使用汉语文化词语都是具有积极意义的。对比以后，可以结合语句，教学效果会更好。

不要讲黄色笑话。

后周大将赵匡胤被黄袍加身，成为宋朝的开国皇帝。

---

① 赵明：《对外汉语教学中文化词语的教授原则与方法》，《云南师范大学学报》2012 年第 4 期。
② 中国社会科学院语言研究所词典编辑室：《现代汉语词典》（修订本），商务印书馆，1997，第 554 页。

　　这事儿被别人搅黄了。

　　黑头发、黑眼睛、黄皮肤，永永远远龙的传人。

　　这四句话分别对应上述"黄"的四种文化意义，作为语言实例，可以通过以句带词，帮助学生理解和记忆相关词语和知识，加强学生的运用能力。

（四）多角度阐释法

　　民族文化是一个有着丰富内涵的综合体，它构成了人和语言所赖以生存的庞大文化生态环境。这个环境中的任何一个分子，都有可能在词语中体现出来，形成词语的文化内容。语言的"约定俗成"充满着社会人群意识的作用力，充满着文化环境的渗透①。文化词语在产生和形成的过程中常常具有一定的来源和理据，一般词语在文化意义的引申和发展过程中也具有一定的修辞路径或认知规律。原生性文化词语和文化现象或文化观念的形成相关，引申性文化词语也与民族的生活方式及生活经验密切相关。文化词语的呈现与教学必须结合词语的生成背景和发展逻辑。

　　第一，可以结合词语的来源来解释词语的文化内涵。春秋时期，地理位置相邻的秦国和晋国为了争霸，时常发生战争，出于战略上的考虑和自身利益的需要，这两个国家也采用互相通婚的方式互相联合、互相利用，后人基于两国世代通婚，就把联姻关系称之为"互结秦晋"或"秦晋之好"，弄清了这一来源，"秦晋、互结秦晋、秦晋之好"等文化词语就非常容易理解了，同时还对春秋争霸的历史有初步的感悟。"愚公移山"是一个神话传说，教师可以简单讲述故事梗概，使学生明白"愚公移山"的来源，这对理解该文化词语的内涵具有直接的帮助意义。通过愚公一家世世代代移山，分析阐释华人安土重迁的家乡观念和家族本位观念，通过成功移山的过程讲解阐释华人所特有的自强不息的精神，相信这比单纯的字面解释效果要好得多。

　　第二，可以借助词语的理据分析来解释文化词语。华夏民族习惯把农历十二月叫"腊月"，这个词语的核心是"腊"，古时候农历十二月一般要祭祖，祭品是打猎获得的猎物，叫作"腊"，因此这种祭祖行为就叫作

---

① 苏新春：《文化词语辞典的收词与释义》，《辞书研究》1995 年第 5 期。

"腊祭"，腊祭发生的月份就叫作"腊月"。今天农历新年前华人社会仍然保留着这种习俗。"贱内、内子、内人"是中国古代男人对妻子的称呼，"贱内、内子"今已少见，但仍然有儒雅之士使用"内人"称呼妻子。"内"的理据就是古代男女分工明显，男主外，女主内，女子不能随便抛头露面，所以把自己的妻子称为"内人"，再加上男尊女卑传统观念，有时谦称妻子为"贱内"。理据分析可以帮助学生了解中国古代的社会生活情境，进而使学生从文化角度理解词语。

第三，可以通过分析词义引申的修辞路径或认知规律来解释文化意义的产生和发展。"春天"的"春"本义是春季，属于自然季节称谓，不是文化词语，但汉语里"春"有许多文化表达，诸如"科学的春天、满面春色、少女怀春、春心萌动、春宫、春画、春梦"，等等。中国古代是一个农业社会，春暖花开季节正是万物复苏、莺飞草长之时，春天播种，秋天收获，人们由此繁衍生息，因此由"春"的本义"季节"引申出的第一个文化意义就是"生长"，代表"生机"和"活力"，这是中华先民由农耕文化培养出来的审美情趣。"科学的春天""焕发青春""人生第二春"中"春"的文化含义就不难理解。春季的特性是万物萌动，孕育发芽，苗壮成长，先民由此引发的联想与人们对生命之源的认识有关，因此人类自身的孕育和生产也就与"春天"产生了关联联想，"春心萌动、少女怀春"所蕴含的"情欲"与"情色"就自然产生了，"春宫、春梦、春画、春情、春思、春兴、粉面含春、叫春"等词语都与这一意义相关。从"季节"本义直接引申的另一个意义就是"春色"，就是那种万物萌动、欣欣向荣、生机盎然、充满希望的那种春季特有的景色。对于农耕者来说，没有比它更为美好、更为动人、更为让人振奋的景色了。这样"春色"就有喜庆的意义，"春"就有了幸福的意义，"春风满面、满面春色、青春年华"等文化词语都有幸福、美满、富有活力的积极意义①。

第四，可以分析在事物属性基础上引发的比喻和联想，阐释词语的文

---

① 周光庆：《从认知到哲学：汉语词汇研究新思考》，外语教学与研究出版社，2009，第230~236页。

化含义。"娘"可以指母亲，有时是女性的泛称，依据中国传统社会对女性的认知，女性具有温柔、软弱、善良、多情、娇气、短视、计较等积极或消极的属性特征，这些属性特征的语言表现形式有"娘们儿、娘们气、娘们家"等，常常用来比喻男性不够阳刚、弱不禁风、斤斤计较、优柔寡断、多情善感，所谓"伪娘、娘娘腔、娘们家家的"等。汉语的"油条"本指一种特色食品，本身是一个原生性文化词语，由于油条是炸制的，十分筋道，不易断裂，又富含油脂，这一属性被激发，常常用来"讥称那些处世经验多而又油滑的人"①。每一个事物都有属性特征，指称该事物的词语都有激发属性、发展文化含义的潜在可能，哪些词语能够得到激发，词语所指事物的哪个属性能够得到激发，属性激发所形成意义怎样表现，这些都具有因语言而异、因民族而异、因时代而异的文化特征。汉语的"猪狗狼鼠"等动物词语的文化联想都偏于消极意义，"牛马狮虎"都偏于积极意义，显然具有鲜明的民族特征。前面我们在谈及引申性文化词语的界定时对此已有论述。

（五）语境体验法

在语境中讲解词语的主要作用是通过例证提供词语的语义及其使用的语言环境。由于大量文化词语涵盖了非概念含义之外的文化意义，语境的作用更为重要。一方面语境可以在自然真实的语料中最大限度地锻炼学生在语境中进行猜词的能力，另一方面语境对于教师预防偏误分析原因也是十分有效的②。

给学生提供真实的语料，使学生在情景中体会词语的文化含义，这种自我总结、实践感知的效果比教师的讲解要更好，理解更深刻，记忆更牢固，运用更贴切。这种方法可以用在所有的文化词语的教学中。

语言中有一些文化词语来源不明，理据不清，引申过程也不容易理解，这种情况下，一般的讲解很难取得较好的效果，不如采用语境体验法，发挥学生的能动性，由他们结合情景去体会、去感知。如：

---

① 中国社会科学院语言研究所词典编辑室：《现代汉语词典》（修订本），商务印书馆，1997，第 1524 页。

② 赵明：《对外汉语教学中文化词语的教授原则与方法》，《云南师范大学学报》2012 年第 4 期。

彼得的一个朋友在结婚时，就碰上位前往的二百五，跳着脚地喊："我反对！我反对！"主持婚礼的神父手画十字，说："主啊！请拯救这些孩子们！"当即宣布该婚礼无效。新郎气得想杀了那小子，新娘哭背过了气。再问那二百五时，却说只是开个玩笑，绝无半点儿恶意。(杨立新《结婚》，《作家文摘》1997 年第 3 期)

哪有在别人的婚礼上开这样的玩笑的，通过实例，学生自然可以得出"二百五"喻指人傻的含义。再如：

老八和辛毅是在一个村子里长大的，小时候玩得挺好，只是后来才有了差别，辛毅中专毕业后在城里捧上了铁饭碗，在商务局工作，而老八初中毕业后因为家里穷则回村种田！(《城里人》，《汉语精读》(下) 第四课)

"在商务局工作"是"铁饭碗"语境，学生基本上可以悟出"铁饭碗"的文化含义——区别于农民，由国家发工资的工作。

有时可以采用教师描述文化词语的情景、特征、领域等，发动全班同学猜词，教师避免使用含有文化词语的字符，启发学生思考，直到猜出为止。比如教师说"这是一种具有中华特色食品，纯天然，绿色健康，呈白色方块形状，可以补充钙质成分，是素菜的一种。这种原料加上麻辣成分，经过红绕，成为川菜体系中著名的菜品之一。"说的过程中，学生随时可能猜出"豆腐"，教师就停止描述。这种方法可以活跃课堂气氛，发挥程度较好学生的优势，以强带弱，有效互动。

第三节　汉字教学与中华文化传承

一　汉字文化与文化汉字

汉语词语可分为文化词语和非文化词语，文化词语对文化教学和中华文化传承具有特殊的意义，同样，汉字也可以分文化汉字和非文化汉字，文化汉字对文化教学和中华文化传承也具有特殊的意义。

　　"文化汉字"和"汉字文化"是两个不同的概念，目前学界一般只谈"汉字文化"，没有"文化汉字"的提法，搜索中国知网的文章篇名，没有发现以"文化汉字"命名或含有这一概念的文章。

　　所谓"汉字文化"强调汉字系统与文化的关系。"'汉字与文化'这个命题，实际上属于文化项之间相互关系的范畴，具体说，它是指汉字这种具体文化项与其他文化项之间的关系。"① 汉字与文化的关系不仅表现为汉字与整个中华文化体系的关系，而更多表现在汉字与中华文化体系中除汉字以外的其他中华文化元素的关系。作为文化项的汉字与其他文化项的关系，从宏观角度看，"无非是两个方面：一是文化信息的蕴含，二是文化现象的塑造"②。

　　汉字蕴含文化信息是汉字文化最重要的体现，汉字是文化的载体，表现在汉字的音义关系、形义关系这样的二合关系上和音形义三合关系上。汉字的音义关系蕴涵文化信息指的是汉字作为词或语素的符号所蕴含的文化信息。汉字直接记录的是汉语的词或语素，在汉字创制阶段——上古汉语词汇以单音节形式为主，汉字与词在个体上基本是一一对应的，汉语双音化以后，汉字与语素基本上是一一对应的。词或语素是第一符号，字是第二符号，可以说，在汉字创制以前，词的音义关系、构成理据已经形成。词的创造实际上就是人对客观世界观察认知的结果，反映人的思维成果，词汇系统必然要受到人们实际的生活环境和生活方式的限制，因而具有独特的视界和文化印迹。词的文化蕴含是通过词的音义关系实现的，文字记录了词，也承袭了这种蕴含，但这种蕴含并不依赖文字而独立存在，文字通过词间接地蕴含着文化信息。因此我们认为词的音义关系蕴含的文化信息属于词汇文化或文化词语的范畴，不应纳入汉字文化或文化汉字的范畴来讨论。汉字的形义关系蕴含文化信息指的是汉字的字形与意义之间的关系所反映的造字思维、物质文明的景象以及人们的认知成果。字形与意义的关系分狭义与广义，狭义的包括独体字字形与意义的关系、合体字构件的功能与意义的关系、合体字构件和构件的结构方式与意义之间的关

---

①　王宁：《汉字与文化》，《北京师范大学学报》1991 年第 6 期。
②　刘志基：《汉字文化综论》，广西教育出版社，1996，第 2 页。

系；广义的除了上述三类情况以外，还包括汉字形体的演变和发展与字义的演变和发展的关系、异体字与字义的关系等。汉字的音形义关系蕴含文化信息指的是汉字的语音要素成为造字理据从而和形义要素一起所反映的造字思维、物质文明景象以及人们的认知成果。汉字中的形声字、形声兼会意字、同声符字群等都是通过形音义三合关系来体现文化信息的。

汉字创造文化现象也是汉字文化的重要体现，汉字是文化现象的基础材料，表现在以汉字为主要原材料生产文化产品，形成文化现象。比较常见的如书法、篆刻、印章等艺术形式，此外还有一些现在不太常见的，如文字崇拜、测字算命、拆字、字谜、合文（招财进宝）、字谶等。当然，因汉字的特殊性而产生的文学特点、思维特点、文化气质等也属于汉字创造文化的表现，只是这些较为抽象，相对间接，我们不打算过多论述。

所谓"文化汉字"强调汉字个体的文化属性，即文字要素本身而非它所记录的词可以直接反映文化信息的汉字。从符号的属性角度讲，语言只有音、义两个要素，而汉字却具有音、形、义三个要素，汉字的音、义要素是从语言那里承袭过来的，字形要素才是汉字独有的。字形虽然和音义要素不可分离，但字形具有自己独立的作用和价值，其字形理据、字形单位、字形系统、构形规律自成体系。众所周知，汉字是表意体系的文字，汉字字形与字义有直接的关系。在造字之初，汉字的构形往往是它所记录的词义的形象化，人们利用简单的线条表现字义，而这些近似简笔画的字形大多以当时的社会生活为背景，通过对这种生活场景的描绘建立字形与字义的关系，因此，汉字字形就与古代的社会文化产生了密切而又直接的关系。按照"六书"理论，象形字通过描画事物的形象来实现表意，指事字通过单纯的指事符号或者在象形的基础上添加指事符号来实现表意，会意字通过两个或两个以上的象形符号或指示符号的复合来实现表意，形声字通过形符来提示字义的类属，有时形声字的声旁在表示字音的同时也辅助字义的表达。假借和转注是用字之法，并不产生新的汉字，"四体二用"的"二用"就是指的转注和假借，讨论汉字与文化一般不涉及这两种情况。因此，能够通过汉字的形义二合关系以及形音义三合关系反映文化信息的汉字才是文化汉字。离开字形要素，单纯的音义关系所反映的文化信息属于文化词语的范畴，不属于本节的讨论议题。

二　文化汉字的选择

（一）字形和文化信息是选择文化汉字的标准

确定文化汉字有两个要件。一是字形与字义或字形、字音与字义的关系，离开字形，单纯的音义关系不属于文化汉字的范围，比如"义"是儒家文化核心价值观之一，但"义"为简体字，字形理据不透明，不能反映文化意义，不属于文化汉字。从词语的角度讲，"义"的音义关系指称儒家文化的特有观念，应属于文化词语。另一个要件是汉字反映文化信息，即反映中华民族创造的特有的文化现象或文化观念，比如"山""水"都是象形字，字义是自然的山水，汉语的山水文化是华人通过对山水的自然属性的认识，加以引申扩展而来的，字形与汉语的山水文化没有直接关系，因此"山""水"也不属于文化汉字。

选择文化汉字大致可以从如下几个方面思考。

其一是单独的汉字的字形反映文化信息。如"为"的甲骨文字形是 𤘐，是以手牵大象之形，反映了古代中原地区有大象生存，人们以大象为劳动工具的社会现实。"妻"的甲骨文字形是 𡚷，属于会意字，象一只大手去抓一个女子的长发，这正是对古代抢妻场景的描绘，这种情形发生在母系社会向父系社会过渡的时期，结婚的"婚"字原为黄昏的"昏"也是这一现实的反映。医生的"医"原作"毉"，从巫，殹声，这种字形结构反映了古代社会巫师和医生不分的社会现实。古代有神医巫彭的传说也侧面反映了当时的情况。至少在汉代巫师和医生分离，《汉书·艺文志》将医类归入"方技略"，而把卜巫类归入"术数略"，相应地"医"写作"醫"，从酉，殹声。"酉"是早期的"酒"字，之所以从"酉"是因为当时的医生常用酒给人治病，医学文化的发展促进了"医"字构形的变化①。

其二是汉字的某个个体在某个时期的多种写法、历史上的构形变化或异体字关系反映文化信息。汉字的书写体式和构形在历史上多有变化，甲骨文、金文、篆书、隶书、楷书等书写体式的变化与书写工具及书写材料

---

① 王立军等：《汉字的文化解读》，商务印书馆，2012，第 14～15 页。

密切相关，繁体、简体、异体等汉字构形的变化常常与社会文化、美学追求及求简要求密切相关。大量存在的各种异体字是社会文化变迁的化石，为我们通过字形认识古代文化提供了丰富的材料。比如"牢"字，甲骨文为⬚，上为房屋义，下从牛，甲骨文还有从羊、从马等不同写法，反映当时牛、马、羊都已经被圈养的事实，表明当时家庭畜养文化已经特别发达。再比如"针"字本作"箴"，从竹咸声，说明当时的针是用竹子做成的。青铜器时代以后，针大多为金属制成，故改"箴"为"鍼"，形符变为"金"，反映了制针材料的变化，侧面反映了冶炼与锻造技术的成熟。脚上穿的袜子的"袜"，至少有"韤、韈"等异体写法，实际上说明制作袜子的材料至少包括丝棉质和皮革质两种类型。"炮"有"炰、礮、砲"等异体，其中"炰"的意思是"把带毛的肉用泥包好放在火上烧烤"，一种烹制方法，是"炮"的本义；"礮"是"中国古代一种利用杠杆原理抛掷石弹的战具"，在火炮发明以前一直是战争时攻守的重要兵器；"砲"也反映了火炮发明以前投石攻敌的历史事实。

其三是同一语义域的汉字之间的同源关系或对比关系反映文化信息。王立军等（2012）关于"电、神、申、伸"等字的关系有一段精彩的论述。我们现在所用的雷电的"电"字，是由"申"字演变而来的。而"申"字加上"示"字旁就是"神"。"申"字在甲骨文中的写法是⬚，还有不少变体，这些字形以一个曲折的线条为主体，左右分别有一条曲线蜿蜒伸展而出，线条或长或短，或左或右，正像闪电随意撕裂、伸缩不定的样子，其最初的意义应该就是闪电的"电"字。由于闪电的形状是由电光四处延伸形成，所以又可以表示延伸的伸；又由于人们畏惧闪电，视之为神，所以又可以表示神灵的神。由此可见，"申""电""伸""神"本为一字，后来为了避免混淆，人们根据不同义项分别创造不同的字，表示神灵的意思增加了"示"，表示闪电的意思增加了"雨"，写作"電"，表示延伸的意思增加的"人"字旁，写作"伸"。这些汉字的同源关系表明，起码在造字时代，人们仍然把雷电看作众神的代表，人们称呼神灵和称呼雷电用同一个名称，写作同一个字形，足见雷电之神在当时人们心中的重要地位。雷电作为众神之祖，从汉字字形当中得到很好的证明。如今，生活在四川、云南一代的彝族，仍然把他们的雷电之神奉为"祖神"，就是一个鲜活的例证。[①] 简体字"阴""阳"的对立也很有意思。其实简体字的"阴""阳"很早就出现了，它们的造字法都属于会意字，"阳"是阳光能照到的地方，所以从"日"；"阴"是没有阳光的地方，从"月"正好代表晚上没有阳光。这两个字反映了中国古代"阴阳"观念或学说的原始表现。[②] "牢"字系列与"家"字系列的对比互相印证与强化家畜饲养、定土而居的文明历史。在远古时期，人们主要靠狩猎而生，当捕获的猎物有了剩余，便把其中的一部分圈养起来，这些野兽慢慢地就变成了性情温顺的家畜。从字形上看，被驯养的家畜很多，有豕、牛、羊、马、犬、兔等。家庭饲养逐渐取代了田猎生活，加上农业种植的发展，人们的生活方式便开始由游猎变为定居，因此可以说，人类告别田猎生活进入定居生活的标志之一，就是对牲畜的饲养，家的观念便产生了。[③]

综合上述三个方面的思考，可以粗略地得出文化汉字的大致范围。象形字、指事字、会意字如果记录的是具有文化意义的词或语素，一般都是文化汉字。由于象形字、指事字大多是表现自然现象、天然物质或人类自身形象的，加之象形字、指事字本身的数量也不多，所以象形字、指事字中的文化汉字数量有限；会意字是以象形字、指事字的复合构成的，较多地反映了古人的造字思维和生活现实，因而会意字中的文化汉字比例较大。形声字的形符表示字的义类，声符表示声音，如果形声字的声符单纯表音，这样的形声字中文化汉字的比例不会很高；形声字中相当一部分的声符也与意义相关，即所谓的形声兼会意字，因其造字理据的丰富性和透明性，这些形声字理论上对文化的证明功能较强，成为文化汉字的可能性要大得多；形声字的异体字数量很大，常常反映社会生活的历史变迁，因而也成为文化汉字的重要构成。

基于华文教育文化教学的需要，学界应该组织研究，遴选编制一个文化汉字的字表，但由于这是一项专业性很强的工作，需要协同工作才能完成，我们在此只能呼吁学界重视起来，及早启动这项工作，善莫大焉。

---

① 王立军等：《汉字的文化解读》，商务印书馆，2012，第 59 ~ 63 页。
② 王立军等：《汉字的文化解读》，商务印书馆，2012，第 55 页。
③ 王立军等：《汉字的文化解读》，商务印书馆，2012，第 87 ~ 88 页。

（二）选择文化汉字要注意的问题

汉字是表意文字，汉字和社会文化之间存在着十分密切的关系，从汉字字形的角度阐释文化现象或从文化的角度阐释汉字的构形，既有助于汉字学研究的进一步深入，对华文教育及中华文化传承的教学工作也有积极的意义。但是汉字的文化阐释是一项十分专门化的工作，需要足够的专业知识，需要全面了解汉字构形的基本规律，需要对汉字的形体演变、数量巨大的异体字、艰深难懂的古文字知识有全面深刻的掌握，还要对与汉字构形有关的中华文化的发展历史有广泛地涉猎，稍不小心就会简单化、庸俗化。在文化汉字的选择与教学中，要坚持实事求是的态度，要用科学可靠的方法，避免过分泛化，避免随意猜测，妄加考证。

汉字与中华文化之间固然存在着互证关系，但这种互证关系并不是对等的。文化对汉字的证明功能要远远大于汉字对文化的证明功能，因为汉字毕竟只是一种记录汉语言的符号系统，并不具备细致描写文化的功能，更不具备最终确定文化现象的功能①。这就要求我们在选择文化汉字或开展汉字文化教学时，一定要对文化汉字的有限作用有清醒的认识，不能夸大文化汉字在文化教学中的地位。

文化汉字反映的文化现象大多集中于历史上各个时期人们创造出的物质文化，而对中华文化的制度部分、精神部分的印证相对较少。因此，利用文化汉字开展文化教学的重点主要是物质文明方面，有关制度文化、精神文化等教学还要通过其他渠道或方式来补充，教师要在这个认识的基础上恰当处理文化汉字在教学中的运用。

汉字对文化的印证，汉字的文化阐释都是通过字形来实现的，而汉字的字形分古文字、今文字，简体字、繁体字，本字、异体字，原字、假借字，数量浩繁，构造复杂，即使是专业人士也不能完全掌握，对相关汉字的具体解读意见分歧巨大，因历史悠久也难以确证，这些因素都对文化汉字的选择与教学带来了极大的挑战。华文教育面向的对象多为华裔青少年，语言知识、文化知识尚且十分匮乏，汉字知识尤其是古汉字知识等更是不足，因此文化汉字的选择与教学要慎之又慎，要掌握好一个量度，不

---

① 王立军等：《汉字的文化解读》，商务印书馆，2012，第1~2页。

可占有过大的比例。但文化汉字的选择和教学在引起学生的兴趣，加深学生对汉字构形的理解，促进学生对汉字乃至中华文明的欣赏，进而提升学生对中华文化的自豪感与认同感等方面都有一定的积极意义，制定文化汉字字表，开展汉字文化教学都是非常必要的。

三　基于文化传承的汉字教学

基于汉字与文化的关系，有两个问题值得思考，一是如何通过汉字的文化解读，激发学习者对汉字的兴趣，加深学习者对汉字的构形理解，从而提高汉字的识记效率和汉字教学的效果；二是如何通过分析汉字的文化特性、分析汉字构形的文化蕴涵，激发学习者对中华文化的兴趣，加深对中华文化的理解，从而提高中华文化教学的效果，为实现华文教育对中华文化传承目标服务。二者的起点相同而目标迥异，起点都是汉字的文化解读，目标一个是汉字的识记与教学，一个是中华文化的理解与传承。这两个问题对华文教育而言都有特别重要的意义。目前学界对第一个问题的研究相对集中，取得了值得肯定的成效，主要集中于汉字构形的文化理据分析、形声字形符或声符的文化功能分析、基于文化分析的汉字认读及识记方法研究、汉字认知的文化心理学研究等多个方面。学界对第二个问题的研究相对薄弱，关注不够，研究成果也十分有限，亟待加强。我们的核心议题是华文教育与中华文化传承，关于汉字的文化解读与汉字识记、汉字教学的关系，这里基本不再涉及，我们重点讨论第二个问题，即汉字的文化解读与中华文化传承的问题。

（一）汉字本身就是中华文化的瑰宝，可以以之培养华裔子弟中华文化的自豪感

汉字是世界上最古老的文字系统，和古代苏美尔人创造的楔形文字、古代埃及创造的圣书字、发源于中美洲的玛雅文字一起并称为世界上的最古老的四大文字系统。大约公元前14世纪的殷商后期的甲骨文被认为是汉字的第一阶段，如果把属于仰韶文化的半坡陶符看作汉字的起源阶段，那汉字应有6000年左右的历史。汉字形体经历了甲骨文、金文、篆书、隶书和楷书的演变，大致在汉末基本定型，和今天的汉字形体大体相同。汉字以其悠久历史和独特的构形方式成为中华文化的瑰宝和中华文明的象征，为中华文明的持续发展做出了巨大贡献，也为中华民族的融合与形成及维护国家统一发挥了不可替代的作用。

汉字是表意体系的文字，是古典文字体系中唯一流传并使用至今的自源文字。楔形文字后来被波斯帝国时期腓尼基商人发明的字母文字取代；古埃及的圣书字也没有得到广泛的传播，在公元 7 世纪阿拉伯人入侵埃及后消亡；玛雅文字在四大古文字系统中历史最短，是美洲地区唯一发展到成熟阶段的自源文字，但后来由于殖民统治而消失。今天的汉字依旧焕发着灿烂的光辉，今天的华人阅读古代历史文献不能说没有困难，但这些困难最多是词义句读的问题，这与其他文明所遇到的文字系统的根本改变所造成的困难来说，几乎可以忽略不计。汉字的这种延续性是中华文明延续性的物质保证，使中华文化在历史的积聚与创新中达到今天的辉煌。

汉字不仅为中华文明的发展贡献巨大，也为周边民族和区域的文化发展功不可没。历史上汉字传入朝鲜半岛、日本列岛、琉球群岛和越南，形成汉字文化圈，后来随着华人的迁移，新加坡、马来西亚等国也成为汉字文化圈的范围。今天的韩国、朝鲜、日本的文字体系中仍然有不同比例的汉字或依据汉字改制的书写系统，越南语中也有大量的汉越词的存在，越南的字喃也是汉字衍生出来的文字。伴随着汉字的流播，儒家思想伦理、法政体制、宗教信仰等中华文化元素得以传播，形成了东亚文化圈。

汉字是唯一可以成为书法艺术品的文字。汉字在其漫长的发展过程中，一方面起着记录语言、交流思想的作用，另一方面它又从自身的书写形式中衍化出一种独特的线条造型艺术——书法艺术。任何文字都有书法的好坏，但成为一种独立的艺术门类，只有汉字书法艺术。汉字的方块造型、笔画系统和表意特征成为书法艺术的文字基础，书写的笔法、章法、笔势、墨法、字法构成汉字书法艺术的本体。运笔讲究急缓、轻重、顿挫、转折，字法讲究刚柔、方圆、藏露、提按，章法讲究字间关系、行间关系、整体布局、天地留白、印章款识，墨法讲究浓、淡、干、枯、湿，如此等等，玄妙灿烂。汉字书法既有审美价值，又有思想内涵；既反映了书写者的艺术追求，又反映了书写者的精神品格。汉字书法艺术既衍生了文房四宝等文化现象，又和诗画融合构成了诗书画同体的独特艺术。历朝历代的书法名家、书法或书画作品、书论文献构成了灿烂的书法文化，值得我们去品位、欣赏与传承。

曾几何时，汉字被看作落后文字的代表，难写、难认、难记，不适应时代的需求，阻碍了教育的发展，因此汉字拼音化改革的呼声一直不断。计算机和互联网时代初期，汉字的编码转换、计算机输入遇到的困难也成为汉字的诟病。今天的研究和实践表明，拼音文字主要是音码，在大脑左半球上发生作用，可称为单脑文字，而汉字是意码，意码唤起音码，在大脑左、右两半球上同时起作用，可称为复脑文字。学习汉字这种复脑文字，有利于儿童智商的提高。左脑又称自身脑、理性脑，主要进行以语言和计算为主的抽象思维，有极强的数学概念和逻辑分析能力，善于把复杂的事情条理化。而汉字认知中则是利用"多重编码"方式，语音、字形和语义编码兼用。学习汉字可以开发大脑左、右半球的潜力，有利于发展大脑智力。[①] 实践证明汉字的计算机输入和语音识别的效率并不比拼音文字差，汉字的书写与识记也没有想象中困难。汉字仍然并将继续焕发青春的活力。

汉字作为中华文化的瑰宝，是我们民族的骄傲。华文教育应当积极开展汉字教育，通过汉字书写及书法教学、汉字认知教学、汉字文化教学等多种方式激发学习者汉字兴趣，促进汉字价值理解，培养汉字情感，提升汉字审美，使学习者通过汉字这一窗口认识中华文化的悠久历史和世界贡献，提升中华文化自豪感，强化中华文化认同。

（二）选择代表性文化汉字，分析其文化内涵，在汉字教学中渗透中华文化传承教育

汉字的构形理据、构形演变、异体关系、同源关系、同一形旁类聚、声符表意功能等都蕴含着丰富的文化信息，折射着中华先民的世界观念、思维方式、价值体系、神灵崇拜、生活方式和民俗习惯，因此汉字是承载中华文化的丰富矿藏，是进行中华文化教育与传承的鲜活素材。华文教育工作者应当系统学习汉字知识，了解汉字构形原理和历史发展，提高汉字文化素养，在教学中巧妙运用这些文字素材，科学解读文化汉字的文化内涵，将汉字教学与中华文化教育有效结合，更好地为传承中华文化这一华

---

① 郭可教、杨奇志：《汉字认知的复脑效应的实验研究》，《心理学报》1995 年第 1 期。

文教育目标服务。

第一，汉字的文化解读要与精读或阅读等课文的文本相结合，一般不要孤立地讲解或分析汉字的构形与文化的关系。文化汉字蕴含的文化信息涵盖范围非常广，涉及天文、地理、占卜、祭祀、家庭、婚姻、丧葬、农耕、田猎、建筑、工艺、货币、饮食、战争、法律、图腾、器物等多个方面，古代社会生活的各个方面都可能在文化汉字中得到折射。教师可以根据学生学习的文本题材，有针对性地选择特定的文化汉字，加以分析和解读，以起到汉字文化解读与课文内容互证的作用，这样既可以强化学生对课文的理解，又可以强化学生对文化汉字的领悟，对增加教学的变化性和趣味性也有一定的价值。比如许多汉语教材都有中国建筑的话题，常会谈到家居建筑、宫殿建筑和园林建筑等。教师可以根据课文内容选择"宫、室、堂、房、门、户"等文化汉字，使学生理解中国的建筑文化及其相应的观念。"宫"在甲骨文时代已有，写作⿴，外面的形状表示房屋的轮廓，里面是两个"口"，代表有数个房间，这说明当时"宫"的形制已经比较复杂，比"穴居"方式高级得多。"室"是形声字，从宀，至声，"至"虽为声符，也表达意义，"室"整体表示到达一个地方停留居住的意思。最初"宫""室"都泛指人们居住的房屋。后来随着建筑水平的提高，房屋逐渐形成了一定的格局模式，宫从一般意义的房屋演变为帝王的居所，室逐渐演变为一套住宅内部的一个组成部分。室前是堂，室的左右为房，堂前有阶。堂是一个土台，不住人，通常是行吉凶大礼的地方，平时也是家族孩子们玩耍的地方，这些孩子们的关系就是"堂兄、堂弟、堂姐、堂妹"。通过对"堂"的构形分析，以"堂"构成的亲属称谓就比较容易理解了。一般的客人来访，接待的地方大多在门房（塾），不会在堂或室；重要的客人才会在堂或室见面，所以有"登堂入室"一说，说明达到了一定的级别，今天用来比喻学问或技能达到一定的水平。"门"与"户"相对，门大户小，户只有门的一半，这从字形上就可以看出来，所谓"门当户对"的本义就是如此，后来才比喻社会地位相当。

第二，可以在构形的基础上利用或编写较为上口的短语帮助学生记忆汉字，理解文化意义。比如"人言为信，做人要讲信用""二人为仁，人与人之间要仁爱和谐""不正为歪，为人要行得正"等。当然，这样的短语严肃的不多，戏说的很多，如"色字头上一把刀"等。教师在教学中要特别注意拆字的科学性，要符合汉字正确的构形规律和会意表达，不可一味追求有趣而随意拆解。

第三，可以利用形声字的形旁功能，适当集中解读相关字群的文化意义。比如"奸、妄、妒、妖、妓、婪、佞"等女旁汉字与消极意义反映了古代男尊女卑的社会现实；"宝（寶）、货（貨）、财（財）、贵（貴）"等贝旁汉字与财物意义，反映中国古代曾经以贝壳作为货币的社会现实。

第四，要选择高频汉字、常见汉字进行文化解读，要注意文化汉字反映的文化应具有代表性、积极性、民族性等特征。要注意适量和循序渐进的原则，不可过量，不能超过学生的接受能力。我们在文化词语的选择部分谈过相应的原则，那些原则也适用于文化汉字的选择，读者可参阅相关内容。

（三）重视解析基于汉字的文化现象，培养学生的文化修养

汉字构形本身的文化蕴含丰富多彩，以汉字的形音义要素引发的种种文化现象也是中华文化非常精彩的构成部分。

由于基于汉字而创造的文化现象具有民族语言的独特性，掌握、理解和欣赏这些文化现象对培养学生汉语言运用及理解能力，甚至是培养学生的民族特性等都有积极意义。

汉语的许多词语是以汉字字形为依据而构成的，如古人称钱为"货泉（貨泉）"，"泉"可析为"白水"，"貨"可析为"真人"，于是就用"白水真人"表示钱，"白水真人"就成为一个基于汉字构成的词语。这是汉语独特的构词现象，影响学生汉语言理解与运用。"丘八（兵）""凡鸟（鳳）""言身寸（谢）""卯金刀（劉）"构成的是词，"止戈为武""白水真人"构成的是成语，"王字少一横——有点土""自大一点——念个臭"构成的是歇后语。有时文人利用汉字进行一些个体化创造，使文章诙谐风趣，充满智慧。《红楼梦》王熙凤的判词"一从二令三人木，哭向金陵事更哀"。"二令"为"冷"，"人木"为"休"。暗示贾琏对王熙凤的态度由言听计从转为冷淡，最后则是休妻。鲁迅的一本杂文集名为"且介亭"，"且介"为"租界"的省形。虽然这种特殊的词语对汉字字形的解读与科学的构形分析常常并不一致，但作为一种修辞手法，还是有

积极的表达意义，而且作为一种大量存在的客观现象，已经成为一种文化存在。

汉字的方块字形与音节、语素基本一一对应，这一特点是中国文学韵文体发达的语言基础。古诗词曲赋是中国古代文学的重要体裁，都是以整齐的视听形式存在的。春节的对联、传统的语言游戏——对对子等文化现象也与汉字各个要素的特点有密切关系。许多著名楹联构成了名胜古迹的一部分，成为游客欣赏谈论的话题。北戴河孟姜女祠的楹联：

> 海水朝，朝朝朝，朝朝朝落，
>
> 浮云长，长长长，长长长消。

此联既利用了汉字的同音关系，又利用了汉字的同形关系和异体关系，单调的形式与丰富的内容形成对比，妙趣横生，吸引无数游客驻足观赏。

汉字的字形还有形示意义，如"丁字口、十字口、之形路"等。这种修辞方法有时成为创作手法，令人印象深刻。苏轼有一首《远眺》，只写了"亭、景、画、老、拖、筇、首、雲、暮、江、蘸、峰"十二个字，其中"亭"写得很长，"景"写得很短，"画（畫）"用的是繁体字的别体，去掉了里面的"人"，"老"写得很大，"拖"字横写，"筇"字写得瘦长，"首"字反写，"雲"字上下断开，"暮"字中的"日"歪斜，"江"字中的"工"带有曲折，"蘸"字倒写，"峰"字右边的"山"侧写。全诗读作"长亭短景无人画，老大横拖瘦竹筇。回首断云侧日暮，曲江倒蘸侧山峰。"此诗被称为"神智体"，以形表义，颇有意味。

汉字参与的民俗游艺也非常丰富，民族特色突出。字谜、隐语、酒令、藏词、谶语、联语等，种类繁多，别具风趣。这类资料十分丰富，读者诸君可自行查阅。这些都是汉字所创造的独特文化，直到今天还在日常生活中多有表现，值得传承和发扬。

第七章　旧邦新命：海外华文教育与中华文化现代化

19 世纪中叶以后，在西方列强坚船利炮和西学东渐的冲击下，绵亘数千年的中国文化被迫走上近代化道路。在中西文化交融碰撞过程中，中华文化经历了从"外在冲击"到"内在转化"的演进逻辑，最终走向了现代化转型的历史方向。从洋务运动、戊戌变法到辛亥革命、五四新文化运动一直到社会主义革命和建设，100 多年来中华文化在艰难困境中开启了民主与科学的新境界，奠定了独立富强的现代化国家的基础，同时又延续和发展了民族慧命，为中华民族的伟大复兴确立了精神根基。中华文化的现代化进程是历史的因缘际会，既有西方文明的现实挑激，也有中华文化自身求变的要求，既有近代以来志士仁人的努力探索，也得力于海外华侨社会的支持和推动。海外华侨社会为 100 多年来中华文化的现代化立下了不朽功勋，作为华侨社会之一翼的海外华文教育也为中华文化的现代化重建做出了特殊贡献。

第一节　近代启蒙文化语境中的海外华文教育

一　启蒙与革命：华文教育的近代化转型

与欧洲启蒙主义不同的是，肇始于戊戌变法的近代中国启蒙运动并不旨在通过倡导个体独立和人格自由而反抗神学统治，而是基于中华民族救亡图存之需。甲午战争的失败导致民族生存危机空前严重，这直接刺激了维新启蒙思潮的发生，在这场对近代中国历史进程影响深远的启蒙运动中，以康有为、梁启超为代表的改良派积极宣扬变法图存，提倡科学文化，改革政治、教育制度，发展农工商业。此时日益壮大的海外华侨社会由于深受资本主义文明的影响，对国内的维新变法运动大力支持和配合，一方面捐资办校，广泛传播新式教育，另一方面直接参与维新运动，让流亡海外的维新派开办学校、宣传变法思想。华文教育在近代维新变法运动中扮演了重要角色。

1895 年 4 月，日本逼签《马关条约》，以康有为、梁启超为代表的维新派公车上书，痛陈时弊，著书立说，创办报刊，宣传和组织维新变法活动。在康梁等维新志士的宣传、组织和影响下，全国议论时政的风气逐渐形成。1897 年到 1898 年期间，各地已建立以变法自强为宗旨的学会 50 多个，出版报刊 30 多种[①]。由于戊戌变法受到以慈禧太后为首的封建顽固势力的反对而惨遭失败，变法期间在国内推行的各种新政措施也随之废止。这场遭到严重挫折的政治改良运动也从国内转移到海外，国内遭受重创的新式学堂在海外华社迅速兴起，这种旨在传播新思想新知识的新式华校成为宣传维新变法的主要阵地。此时期的华文教育不但在海外保存和巩固了维新成果，而且也推动了中华文化现代化的历史进程。

康有为、梁启超流亡海外，大力发展维新组织，在美洲、亚洲、澳洲等华侨聚居地创设保皇会，并以开启华侨民智、振奋侨心为鼓吹，戮力推动华埠新式学堂的设立。康梁每至华埠，或直接参与办学，或荐其子弟执掌，使维新思想在海外华社深入人心。1899 年底，康有为抵达新加坡，协助邱菽园、林文庆经营新加坡中华女子学校；1903 年，康有为访问爪哇各华埠，所到之处，竭力鼓吹发展华文教育以弘扬中华文化，强调国民教育对华侨前途殊有密切关系，应启发童蒙，栽培健全之国民，以备将来国家成立，尽国民之责任。或为康氏之所动，爪哇各地中学学堂纷纷建立[②]。梁启超对华文教育用力最勤，贡献也最大。1899 年，梁启超专程到日本神户，在中华会馆演讲，以日本国民教育成功为例，力陈办学之切，

---

①　黎仁凯：《近代中国社会思潮》，河南人民出版社，1996，第 132 页。

②　《（印度尼西亚）岩华五十周年纪念刊》，转引自黄昆章《印度尼西亚华文教育发展史》，马来西亚华校教士会总会，2005。

并与华侨富商麦少彭商议创办学校事宜，神户华侨同文学校也于次年成立于山手三町目。如今的神户中华同文学校已历经百年，现有小学部和中学部，拥有近 50 名教师和约 700 名学生。

关于戊戌维新运动的性质，有学者指出，它不仅是一场资产阶级性质的政治改革运动，也是一次思想启蒙的新文化运动①。作为近代思想启蒙运动，戊戌维新在洋务运动的基础上进一步深化了对世界科学时代的新认识，提出建立新学堂传播科学思想的主张，鼓吹以科学技术发展资本主义商业。与此同时，戊戌维新超越了洋务运动"中学为体、西学为用"的模式，借助传统文化中的思想资源以及吸纳西方资产阶级自由主义的思想理论来为变法进行合理性论证，并触及儒家道统乃至中华文化整体的近代化转化问题。质言之，20 世纪中国科学思想的兴起以及为了应对西方挑激的新儒家的产生均可从戊戌维新找到历史性根基。维新变法运动在海外华社的播迁使中华传统文化的近代化进程得以不断地延续，科学思想日益深入人心，儒家文化的转型也势在必行。海外华侨新学堂的勃兴一方面培育了华侨社会接受新思潮的力量，并将对国内的思想启蒙和文化教育产生深远影响，另一方面由于海外华侨社会处于东西文化激荡异常剧烈的背景，儒家文化如何应对西学挑战的关键性问题在这里获得了前所未有的"在场感"，并对新儒学的催生产生了不可忽视的作用，同时，不断壮大的海外华文教育也对清廷构成了极大的压力，并使之最终于 1905 年废除了延续 1300 多年的科举制度，开放新学堂。总之，19 世纪末 20 世纪初戊戌维新后的海外华文教育无疑是中华文化现代化转型的重要环节，对此应给予充分的重视。

鸦片战争以后，西方资本主义利用不平等条约的特权，在中国建教堂、办学校，开启学校西学教育之先，而后清廷派遣幼童赴美留学。而后，以"自强""求富"为口号的洋务运动设立外国语学堂、军事学堂和技术学堂，促进了西学的接受和传播。与此同时，海外侨民教育也在私塾的基础上主动接纳西学。如在新加坡出现了毓兰书室、培兰书院、养正书院等具有新学性质的华校，1882 年清廷派任新加坡的领事左秉

---

① 陈旭麓：《"戊戌"与启蒙》，《学术月刊》1988 年第 10 期。

隆在华社中倡立"会贤社",举办英文辩论会,常以政治、科学为题展开论辩①。在马来亚,创办于 1888 年的槟城南华义学也开设了算学等实用性课程。加拿大维多利亚的华侨在 1875 年筹办了讲习所,讲授会计、算学等内容。戊戌维新之后,由于康梁等人的积极鼓吹,加上清廷废除教育旧制,世界各地华校开办西学课程,传播新知识新思想更是蔚然成风。对于西学的重视,可从 1905 年荷印巴达维亚中华学堂的小学课程表略见一斑。

表 7 – 1　荷印巴达维亚中华学堂的小学课程表②

科目 \ 每周时数 \ 学年	寻常科小学				高等科小学			
	一	二	三	四	一	二	三	四
修　身	4	4	4	4	2	2	2	2
国　语	12	12	12	12	10	10	10	10
英　语					4	4	4	4
算　术	5	5	5	5	4	4	4	4
中国历史					2	2	2	2
中国地理					2	2	2	2
国　画		2	2	2	2	2	2	2
理　科					2	2	2	2
唱　歌	2	2	2	2	1	1	1	1
体　操	5	5	5	5	2	2	2	2
商　业			2	2	2	2	2	2

从表 7 – 1 可见,传统私塾的课程已不复存在,仅保留相当于"品德"之"修身"一科,"算术""理科"及"英文"等西学课程的时数已超过传统课程,尤其值得一提的是,荷印巴达维亚中华学堂居然为小学生开设了"商业"课程,这充分体现了海外华校对近代商业人才的重视,有针对性地为南洋华侨工商业的发展培养人才。对于这种课程设置,荷印巴达维亚中华学堂章程指出:"教以普通国语,使声气相通,而生爱国感

①　张泉林:《当代中国华侨教育》,广东高等教育出版社,1989,第 2 页。
②　转引自别必亮《承传与创新——近代华侨教育研究》,河北教育出版社,2002,第 79 页。

情；教以普通科学，使智识大开，而成国民资格；教以孔教伦理，使礼教修明，而保中原国粹，不致使神明华胄沦为外族、化为异类，岂非吾国之大幸哉。"[1] 中国近代资本主义观念的形成固然与鸦片战争之后的五口通商有直接关系，但从南洋华侨社会引入的商业意识也是重要因素，闽粤侨乡开资本主义工商业风气之先便是明证。创办于 1899 年的新加坡华文女子学校，更是引进了西方的教材和教学方法，革除旧学之弊，开启了英属海峡殖民地新式华文教育的先河。

"华侨乃革命之母。"海外华侨是革命思想的启蒙者、传播者，是革命组织的重要支柱，是革命经费的重要来源，是武装起义的核心骨干。辛亥革命期间革命党人组织实施了 20 多次反清武装起义和暗杀活动，有十多次的核心骨干是海外华侨。由赵声、黄兴等人领导的著名的黄花岗起义，主要力量来自海外华侨，其中从新加坡和马来西亚等地回国参加起义的华侨不下 500 人。在殉难的黄花岗 86 位烈士中，华侨烈士有 31 位[2]。辛亥革命时期的东南亚华校尽管受到清廷的督导，仍坚持保皇思想，但已初具革命意识。黄花岗烈士中，罗仲霍是在英属海峡殖民地华校成长起来的革命者。他早年入槟榔屿师范学校，接受维新变法思想熏陶，毕业后受聘于吉隆坡尊孔学堂、荷属火水山中华学堂教书，曾任华校校长。1906 年孙中山到南洋宣传革命，在吉隆坡、槟榔屿等地发展革命组织，罗仲霍参加了槟榔屿的中国同盟会，最终从华校学生、华文教师而成为一名革命烈士。1911 年辛亥革命爆发，之后中华民国成立，海外华侨的民族意识空前高涨，世界各地的华侨掀起了兴学的热潮。

海外华校从私塾、新学堂到现代教育机构的蜕变，一方面是国内社会政治演进的结果，另一方面也显示了中华文化在海外不断地进行调适、转化的过程。戊戌维新和辛亥革命尽管推动了海外华校对西方科学思想、民主观念和国家意识的重视，但并未导致海外华文教育的"全盘西化"。中华传统文化不但在华校得以保存和光大，而且更重要的是，其自身也在海

---

① 周廷珍：《南洋英荷属华侨教育实况》，《教育杂志》第 23 卷第 5 号，第 103 页。
② 李海峰：《海外华侨与辛亥革命》，《光明日报》2011 年 9 月 18 日，第 7 版。

外中西文化冲突和交融的历史语境中获得了嬗变和转换。笔者认为，19世纪末20世纪初肇始于东南亚华社（包括华校）的儒学复兴运动及其成果是现代新儒家的重要一脉，它对中华文化现代化做出了独特贡献，对此学界迄今仍习焉不察。

二　辜鸿铭、林文庆和丘菽园：现代新儒家的发轫

洋务运动以降，中国知识分子面对西方文化挑战这"三千年未有之变局"，孜孜探求中华文化的历史性转型。张之洞提出了"中学为体、西学为用"的著名主张，重视西学，兴办新式教育，支持康有为的维新运动。作为近代启蒙思想家，康有为在政治上是保皇派，鼓吹尊孔立教，但对于儒家文化并非死守道统不变，而是通过托古改制来催生近代中国文化，从而开启了现代新儒学的先河，正如论者所言："与'国粹派'相比，现代新儒家与介导孔教运动的康有为之间有着更多的相通之处。从一定的意义上说，中国现代的保守主义思潮正是以康有为肇其端绪，发展至现代新儒家而表现出其成熟形态。"[①] 戊戌变法失败后，康有为流亡海外，积极宣传维新思想，鼓励创办新学堂，以儒学的复兴为号召，在海外华侨教育掀起了尊孔运动，其影响及至东南亚、日本和美洲。此时的东南亚华侨教育界，受洋务派尤其是康有为复兴儒学的思想感染日深，也积极呼应，并产生了对20世纪中国文化尤其是现代新儒学建构有着重要影响的华教人物，他们是：辜鸿铭、林文庆和丘菽园。

辜鸿铭（1857～1928年），字汤生，号立诚，自称慵人、东西南北人，又别署为汉滨读易者、冬烘先生，英文名字Tomson。祖籍福建省惠安县，生于南洋英属马来西亚槟榔屿。辜鸿铭的父亲时任英国人橡胶园主管，精通多种语言，母亲是西洋人。辜鸿铭自幼浸染西洋文学，熟读莎士比亚、爱默生等人的作品，后被送到德国、英国留学，在爱登堡大学获得文学硕士学位，又赴德国莱比锡大学等著名学府研究文学、哲学，精通英文、德文、法文、拉丁文、希腊文。1880年，辜鸿铭结束自己14年的求学历程返回故乡槟城，第二年偶遇赴印度同英国人谈判鸦片专售事宜的著

---

① 李翔海：《康有为与现代新儒家》，《南开大学学报》（哲学社会科学版）1992年第5期。

名洋务派、"学贯中西"的大儒马建忠，深受影响，思想发生了重大变化，遂辞去殖民地之职，在南洋遴聘国学名师，专心致志学习中华文化。辜鸿铭当时在槟榔屿如何学习华文和中华文化的历史已无从考证，但可以确定的是，他接受了中国传统私塾的严格训练（槟榔屿属于英属海峡殖民地，是马来亚华社中心，国学根基深厚，华人多从国内延揽鸿儒为学子课业），从《三字经》《百家姓》《千家诗》发蒙，再进一步读四书五经和《古文观止》，最后治史和小学）。作为海外华人社会传统私塾的受惠者，辜鸿铭后来在北京大学谈及语言文化学习方法时，对古代私塾的背诵法情有独钟："中国私塾教授法，以开蒙未久，即读四书五经，尤须背诵如流水也。"正是这种独特的语言文化习得方法，使辜鸿铭不但掌握了汉语言的基础知识和运用能力，也能窥见中华文化的堂奥，并在跨文化交际的广阔视野下成为文化传播巨擘。1885 年，辜鸿铭前往中国，被湖广总督张之洞委任为"洋文案"（即外文秘书），在其幕府任职达二十年之久。张之洞是清代洋务派的代表人物，兴办洋务，编练新军，也很重视新式教育，曾积极支持维新运动，曾拨款资助梁启超的《时务报》。辜鸿铭一边帮助张之洞处理洋务，一边进一步精研国学，自号"汉滨读易者"。完全有理由相信，辜鸿铭对张之洞也产生一定的影响，其洞察中西文化教育的优势和国际视野必定给予张之洞一种崭新的刺激，促进洋务运动的发展。1896 年，张之洞戮力改革两湖书院，完全仿照西洋学院，每日上堂讲课，教习按日检查学生的学习情况，课程则改为经学、史学、舆地与时务四门，同时设立院长，负责讲明经济，初步构建了中国近代高等教育管理和教学体制的雏形。1893 年，在辜鸿铭的积极推动和谋划下，张之洞上奏光绪皇帝，筹建自强学堂（武汉大学前身），得到钦准。自强学堂开启了中国近代教育史上系统的外国语言教育的先河，开设了英语、法语、德语、俄语和日语等 5 门语言，以作一切西学之阶梯。自强学堂正式成立后，辜鸿铭任方言教习，成为自强学堂一代名师。在中国近代外语高等教育史上，辜鸿铭功莫大焉。纵观辜鸿铭一生，其对中华文化传播有两大贡献：一是文化批评，二是儒家经典的英译。辜鸿铭从 20 世纪初开始，相继发表出版大量英文论述，这些作品以第一次世界大战和列强纷争为语境，展示了东西文明冲突背景下中华文化的历史与命运，并大力鼓吹中华文化的精神价值。这些论著以《中国人的精神》（*The Spirit of the Chinese People*）影响最巨。该书出版于 1915 年，它首先批判了西方强权政治，指出罹经世界大战的西方文明已然衰落，唯有中华文化之王道方能肩起拯世之大任，书中深入阐述中华民族精神和中国文明的价值，虔信中华文化必将成为世界文明的主流，立论可谓高屋建瓴，如今也令人振聋发聩。《中国人的精神》曾由德国学者奥斯卡·A. H. 施密茨译成德文，一时轰动西方。辜鸿铭极为推崇儒学，坚信仁义之道是拯救世界的良方，他以意译阐发的方式把儒家经典《论语》《中庸》《大学》翻译成英文，将其还原为典雅、高贵并充满睿智的思想文本，颠覆了传教士翻译的卑俗文风。1915 年，辜鸿铭受聘北京大学讲授英国文学，在五四新文化运动期间仍坚守文化保守主义立场，相信中华文化的精神力量，以其特立独行的方式傲然于世，有学者认为，辜鸿铭是 20 世纪中国早期反思现代性的重要人物，可见其思想的丰富性和深刻性[1]。作为海外华裔，辜鸿铭援西入中，以深厚的西学之知识基础和广阔的世界视野再接受中国传统私塾教育，深得中华文化精髓，学贯中西，遂成近代思想大儒，实乃马来亚旧式华文教育之功。

林文庆。与辜鸿铭一样的土生华人峇峇身份，林文庆也是海峡殖民地的中国传统私塾培养出来的文化名人。林文庆（1869～1957 年），字梦琴，福建省厦门市海沧区鳌冠村人，出生于新加坡华侨家庭，他的祖父林玛彭 19 世纪初从福建漂洋过海南下槟榔屿，娶当地女子为妻，后移居新加坡。林文庆少年失怙，由祖父抚养成人，祖父将他送到福建会馆附设的传统私塾接受教育。新加坡福建会馆成立于 1860 年左右，借天福宫开办私塾崇文阁。林文庆在此开蒙，诵读四书五经，初步接触中华语言文化，后入官立英文学校接受基础教育，不久考入莱佛士书院强化英文，1887 年，林文庆因学习成绩优异，在英女皇奖学金资助下赴英国爱丁堡大学医学院留学，1892 年获得医学内科学士和外科硕士学位，毕业后即受聘剑桥大学病理学教职，1893 年他回到新加坡行医，由于医术高明，仁心仁术，深受当地政府和华侨社会的爱戴。在新加坡开业行医期间，积极热情

---

[1]　黄兴涛：《20 世纪早期中国的启蒙批评》，《光明日报》2015 年 4 月 8 日，第 14 版。

地研习中华传统文化，对中国古典文学产生了浓厚的兴趣，极为推崇屈原的《离骚》，并将之翻译成英文。他与新加坡著名律师宋旺相合作创办了《海峡华人杂志》，并与《天南新报》创办人邱菽园组织了"好学会"，一方面宣传改良维新，在华侨社会传播西方先进的学术及科学思想，移风易俗，另一方面以传承中华文化为职志，营建孔庙，开设学堂，复兴儒学。1899 年，他与丘菽园、陈合成等人创办新加坡华文女子学校，引进西方的教材和教学方法，推进华侨女子教育。林文庆具有极高的语言天赋，汉语造诣较深，同时精通英语、马来语、泰米尔语、日语，熟谙闽粤方言，被誉为"语言天才"。值得强调的是，林文庆在南洋的华语文教育上还做出了一项重要贡献，就是他最早在海峡殖民地提倡使用国语。清末的"国语运动"始于 1909 年，时任清政府资政院议员江谦提出把"京话"正名为"国语"，并始设"国语编查委员会"，1911 年学部召开"中央教育会议"，通过《统一国语办法案》，决议在京城成立国语调查总会，各省设分会，进行语词、语法、音韵的调查，审定"国语"标准，编辑国语课本、国语辞典和方言对照表等。林文庆在此之前就在新加坡开办了华裔普通话学习班，1906 年访问巴达维亚中华会馆，劝说华侨采用华语"国语"作为共同语言，并负责开办了 5 所学校，对"国语运动"在东南亚推行功劳卓著，此举同时也通过闽粤的华侨社会回返地影响了国内侨乡的"国语运动"。他还积极支持孙中山的民主革命，参加同盟会，同时又在实业上的橡胶业取得巨大成功，金融业也多有建树。1921 年，林文庆被陈嘉庚聘为厦门大学校长，在其主政下厦门大学以"止于至善"为校训，经常组织尊孔、祭孔活动，也与鲁迅、林语堂产生了龃龉，故其此期间的作为争议较多。林文庆一生服膺儒家思想，终生致力于对儒学的研究和宣传，对儒学的发展与传播做出了重要的贡献，其《民国必要孔教大纲》（1914 年）可谓海外华社的现代新儒学理论建构，在 20 世纪中华文化史尤其是儒学发展史上无疑占有一席之地，其学理价值应与熊十力、梁漱溟、钱穆等人的新儒学思想等量齐观①。林文庆以儒家思想为基础，吸

---

① 陈慧娴：《林文庆及其儒家思想研究》，博士学位论文，马来西亚拉曼大学中华研究院，2013，第 61~74 页。

收近代西方大学理念，构建了自己的大学教育模式。在私立厦门大学 16 年的校长任内，他坚持科学与国学并重的办学理念，竭力推动科学教育和重点学科建设，奠定了综合性大学的学科基础和发展方向，坚信教育救国，崇尚儒家价值观，倡导通识教育，促进了专门人才的培养。作为学贯中西的校长和教育家，林文庆的教育理念和办学实践为当今大学教育发展留下了诸多有益的启示①。

　　丘菽园（1873～1914 年），出生于福建省厦门市海沧区新垵村，自号星洲寓公，名炜萲。父亲丘笃信年轻时离乡赴新加坡做苦力，后经营米业取得成功。1875 年，幼小的丘菽园随母亲到澳门，启蒙读书，八岁时到新加坡，父亲专门从国内延揽私塾教师督其课业。1888 年，丘笃信将新加坡的产业交给别人管理，自己携子回到福建家乡，建宗祠、设义塾，聘请名士督促儿子攻读诗书。21 岁时，丘菽园参加乡试，考中举人，并开始以诗扬名。父亲去世后，丘菽园回到新加坡接管产业，同时以"能将文化开南岛"自许，以在新加坡传播中华文化为己任，同林文庆等人一起提出在新加坡建孔庙、设学堂、复兴儒学。在 1896 年和 1897 年"连岁创立丽泽、乐群两社，慨输巨金，月课时务策论，宏奖及于辞赋"，推动了新加坡华文教育的发展和汉学的普及，产生了"群岛风动，雅俗丕变"的效应。丘菽园服膺康有为，大力支持维新运动，资助保皇派的勤王之举，提倡尊孔读经。他 1898 年创办《天南新报》，自任社长兼总主笔，该报采取康有为"托古改制"的孔子纪年，鼓吹维新改良，并大量刊登了在新加坡复兴儒学的言论和宣传儒家思想的文章。《天南新报》创办半个月后，丘逢甲的诗文就开始在《天南新报》陆续刊登，其《星洲宜建孔子庙及大学堂》，以及广东学者王晓沧的《劝星洲粤乡人合建孔子庙及大学堂》两文，一时"造成了颇大的震撼"，在殖民统治下的东南亚掀起一股"儒学热"，激起了复兴中华之学、寻找文化之根的热潮②。

---

①　张亚群：《从西洋文化回归儒家文化——林文庆大学教育思想解析》，《高等教育研究》2010 年第 1 期。

②　陈友冰：《汉文化在新加坡流播的历史进程及相关特征》，国学网，http：//www.guoxue.com/？p＝2970，最后访问日期：2016 年 10 月 8 日。

毫无疑问，辜鸿铭、林文庆、丘菽园这三位人物是早期海外华文教育培养出来的佼佼者，他们既是中华文化现代化的产物，也对现代中华文化的形成产生了重要影响。他们幼时均在南洋接受中国传统私塾教育，具有良好的汉语言文字修养和深厚的国学根基，从小在海外华社耳濡目染了中华文化。他们在海外熟读四书五经，是别有意蕴的："《四书》《五经》是中国封建政府科举取士的标准读本，但在东南亚华族只是把《四书》《五经》作为弘扬孔子的道德观念的一种工具，因此《四书》《五经》的作用只是把儒家的价值观传授给学生，使他们成年后在生活中有所裨益。"① 这三人有的系统地浸淫西学，有的以国学见长，但他们都深受洋务运动及维新思潮影响，在世界列强纷争、海外多元文化碰撞的语境下推崇儒家思想，希冀为华社保存中华文化，传承中华文化慧命。以私塾学习为基本形式的早期东南亚华文教育之所以能出现像辜鸿铭、林文庆、丘菽园这样的文化名人，其原因是相当复杂的，诸如：传统私塾系统严格的教育给他们打下了扎实的国学根底和儒学修养；西学教育背景及海外多元文化激荡的语境使他们形成了自觉的比较文化意识；还有海外华侨社会面临的文化认同危机问题；等等。从外在原因来看，康有为倡导的"孔教运动"尤为重要。学者认为，维新时期"孔教运动"是以康有为、谭嗣同等为代表的儒家知识分子通过儒学的自我变革以对抗西方基督教入侵的文化救亡运动，是儒家知识分子的文化救亡和文化自主运动，它是儒家从后经学时代向现代新儒学演进的重要环节②。因此，20世纪初以辜鸿铭、林文庆、丘菽园为代表的海外华社儒学并不是逆时代潮流而行的复古主义，而是具有深刻动意和先进意识的中华文化自新运动，与国内的熊十力、梁漱溟等人共同构成了现代新儒学的思想资源，其现代性价值是不言自明的。若能以正确的历史态度给予评价，辜鸿铭在北京大学的文化保守态度、林文庆在厦门大学之主张尊孔，都能获得"同情之理解"。

---

① 颜清湟：《东南亚华人之研究》，香港社会科学出版有限公司，2008，第324页。
② 颜炳罡：《孔教运动的由来及其评价》，《齐鲁学刊》2004年第6期。

第二节　五四新文化运动与抗日救亡视野下的
海外华文教育

一　五四新文化运动与华文教育的现代性

五四新文化运动是近代中国一次伟大的思想启蒙运动。胡适、陈独秀、鲁迅、钱玄同、李大钊等先进的知识分子以北京大学和《新青年》为阵地，倡导"民主"与"科学"，反对封建专制和旧道德，反对旧文学，提倡白话文。五四新文化运动对中国现代教育产生了重大而深远的影响，使教育理念、教学内容、人才培养目标、师资队伍、教学方法、教学媒介等诸方面都发生了革命性的巨变，现代意义的科学教育、女子教育、师范教育、体育、美育也应运而生，它对语文教育领域的影响尤为深刻。钱理群在《五四新文化运动与中小学国文教育改革》一文中详细考察了这场思想启蒙运动所引发的中小学国文教育的一系列改革，包括白话文教科书的编写、崭新的国文教育理论的建设以及语法教学的重视[1]。实际上，反帝反封建的五四新文化运动对国文教育的深刻影响远远超过该文所论及的内容，语体变革和教育观念重造固然是重要的，但宣扬科学民主、自由平等、个性主义及理性精神才是这场国文教育改革的核心所在，同时它在学校体制、办学模式、校园文化诸方面的变化也是不可忽视的。

在现代思想启蒙浪潮的推动下，海外华文教育也发生了重大而深刻的变化。海外华校积极响应五四新文化运动，更新办学理念，丰富教学内容，推进教育改革，传播现代思想文化，使华文教育出现了前所未有的新气象。

20世纪20～30年代，由于国民政府对侨务工作的重视，尤其是在五四新文化运动的影响下，世界范围内的华文教育取得了很大发展，华文学校数量大幅度增长。新加坡"1920年到1942年的22年间就兴办学校226

---

[1]　钱理群：《五四新文化运动与中小学国文教育改革》，《中国现代文学研究丛刊》2003年第3期。

所，平均每年 10.3 所"①。根据 1935 年中国政府侨务委员会统计，马来
亚共有华文学校 658 所，荷属东印度有 499 所，缅甸有 258 所，越南有
116 所，菲律宾有 80 所，英属北婆罗洲有 60 所②。1919 年至 1926 年七年
间，印度尼西亚外岛华校就从 8 所增加到 140 所。因受到五四"劳工神
圣"思潮的影响，印度尼西亚各地还出现许多平民学校，如 1924 至 1927
年四年间，各地就有平民学校成百间③。在美国，此时期新建的华文学校
也遍及各主要城市，"在旧金山有 14 所，在夏威夷有 23 所，在加州其他
城市有 12 所，在美国大陆除加州以外的大城市如纽约、华盛顿、芝加哥、
波士顿以及西雅图等地有十多所，合计全美不下 60 所左右"④。包括欧洲
在内的其他华人聚居区，也同样出现华校勃然兴起的局面，兹不赘述。随
着华文学校的快速发展，华侨学生数量自然也迅速增加，华文教育发展的
良好态势促进了中华现代文化在海外的传播。

　　五四新文化运动之后，加上"国语"运动影响所及，海外华校积极采
用国语教学。早在民国成立之初，荷印华侨学务总会在黄炎培等华侨教育
家的倡议下，就开始在爪哇各地华校试行国语教学。1920 年马来西亚华校
的教学媒介语基本上由闽粤客方言改成国语；在菲律宾马尼拉，华校开设
了国语专修科，成立了国语研究社；到 1929 年，除了因师资缺乏的北美外，
海外侨校的国语教学已基本与国内接近。马来西亚还陆续开设中学课程，
新建了一些华文中学，如槟城钟灵中学、尊孔中学。印度尼西亚一些华校
如井里汶中华学堂于 1922 年响应五四时期"男女同校运动"，也开始尝试
男女同校。华校的管理架构也摆脱私塾和早期新式学堂的单一体制，拥有
董事会、教务长、科目主任、辅导人员等现代教育组织人员。华校根据办
学层次分为幼稚园、初小、高小、初中、高等、国民、英文班等；课程则
完全采取现代基础教育的课程体系，包括语数英、音体美、史地、自然常

①　陈平福：《第二次世界大战前新加坡华文教育之发展》，硕士学位论文，台湾师范大学国
　　文系，1977，第 102 页。
②　陈国华：《先驱者的脚印——海外华人教育三百年》，梁英明《东南亚华人研究——新
　　世纪新视野》，香港社会科学出版有限公司，2008，第 134 页。
③　李学民、黄昆章：《印度尼西亚华侨史（古代至 1949 年）》，广东高等教育出版社，
　　2005，第 373 页。
④　耿红卫：《美国华文教育史简论》，《理论界》2007 年第 1 期。

识等科目，开设"三民主义"和"公民"课程；教材大多出版自国内的
中华书局和商务印书馆。兹以印度尼西亚东爪哇岩望（Pasuruan）中华中
学为例。这所华校孕育于1903年康有为南游岩望时的倡议，1904年正式
成立。五四新文化运动之后，中华中学的华文教育发生了质的变化：

> 这一时期的华校教科书，全是上海商务印书馆督印的新式教科
> 书。自然科和英文亚文已经成为每星期的必修科。热爱中华的教育除
> 了通过"国语"教学，也通过"历史"和"地理"科去进行。"公
> 民"科除了保有《孝女黄香》《孔融让梨》《圯上老人》等故事，也
> 开始有了"天下为公""礼义廉耻"等的内容①。

1920年商务印书馆出版了《新体国语教科书》，这是中国第一部小学
教科书，两年后又推出《新学制国语教科书》。最著名的是1932年出版
的《开明小学国语课本》（叶圣陶主编、丰子恺配图），这本教材"容纳
儿童文学及日常生活上需要的各种文体；词、句、语调力求与儿童切近，
同时又和标准语相吻合，适于儿童诵读或吟咏"，选用鲁迅、周作人、冰
心、王统照等著名作家运用典范白话文创作的各类作品，成为当时国语教
材中的翘楚，在国民政府侨民特编教材出版之前，该教材是海外华校首
选。1934年国民政府教育部公布了《修正侨民中小学规程》，提出华校教
材除按照教育部规定的标准外，可以"根据侨民特殊环境"修改或另编，
1935年侨委会成立"侨民教育编辑委员会"。五四新文化运动至抗战期
间，海外华校使用的教材除了以上几种外，兹再列如下（见表7-2）。

表7-2 海外华校教材

序号	教材名称	编 者	出版时间	出版社
1	《南洋华侨国语读本教授书》	朱麟	1932年	上海中华书局
2	《南洋国语教科书》（1~4）	庄适	1933年	上海商务印书馆
3	《南洋华侨国语读本》（1~8）	王祖廉等	1933年	上海新国民图书社
4	《新编南洋华侨高小国语读本》（1~4）	吕伯攸等	1937年	上海中华书局

① 张运秉：《从纪念岩华百年历史看华文教育发展经验教训》，载李卓辉编著《披荆斩棘 拼搏奉献——印华文化教育史话》，印度尼西亚联通书局出版社，2006，第223页。

续表

序号	教材名称	编　者	出版时间	出版社
5	《最新南洋华侨小学国语读本教学法》（1~8）	吕伯攸	1937 年	上海中华书局
6	《新编南洋华侨高小国语读本》	俞焕斗	1939 年	上海中华书局
7	《一千字的基本国语话》	乔砚农	1939 年	北平国语华侨教育社

国民政府 1936 年颁布的小学国语课程标准指出，华校教材编写者应"尽量使教材富有牺牲、互助、奋发、图强的精神。凡含有自私、自利、浪漫、消极、退缩、悲观、封建思想、贵族化、资本主义化等的教材，一律避免"。这些标准符合五四新文化运动以来的价值理念，也在教材编写实践中得以贯彻，如吕伯攸、徐亚倩等主编《新编南洋华侨高小国语读本》的内容既包括了岳飞、宗泽的传统抗敌故事，也有土耳其凯末尔和印度圣雄甘地的英雄事迹；既有表现中华民族认同的神话传说，也有反映本土化的南洋风物，充分体现了编著者对时代精神的领会[①]。

五四新文化运动的思想成果通过各种渠道源源不断地涌入海外华社，《新青年》《每周评论》《晨报》《新潮》等著名刊物成为华校师生了解国内新文化的主要来源，胡适的白话文学主张，陈独秀对专制主义的批判，鲁迅文学作品的"国民性改造"，钱玄同汉字改革的鼓吹以及李大钊的共产主义宣传，加上国内风起云涌的反帝反封建运动，这些都激荡着海外华校师生的心灵。中国社会思潮和文化观念的巨变对此时期海外华侨社会产生了多大影响，其影响的深度、广度和力度有待于学界进一步研究，无论如何，华侨社会的世界观、人生观、文化价值观和审美观都经历了剧烈的嬗变。与中国古代诗文迥然不同的五四新文学作品也纷至沓来，深受新文化运动和文学革命洗礼的海外华校师生认知和理解了科学民主、自由平等、个性主义及理性价值观，也寻找到了崭新的审美话语系统，他们纷纷仿效五四新文学作品，开始进行文学创作。随着大量华侨报刊文艺副刊的创办，以华校生为创作主体的华文新文学作品也接踵而至。华校师生的

[①] 于锦恩：《民国时期华语教材的民族认同导向和当地化进程》，《东南大学学报》（哲学社会科学版）2011 年第 4 期。

新文学创作，以新马最为突出。1919 年创刊于新加坡的《新国民日报》（副刊《新国民杂志》），陈嘉庚于 1923 年创办的《南洋商报》（副刊《商余》）以及 1929 年创刊的《星洲日报》，对新马华文文学的发展起着举足轻重的作用。据李志研究，《新国民日报》在 1919 年到 1924 年共发表 219 篇小说作品，在题材及主题类型上可以分为：反对封建主义，劳资关系的历史演变，内容广泛的问题小说、翻译小说、儿童小说等七个方面，前三个方面占总数的 78%，其中反封建题材小说成就最大①。印度尼西亚华侨学生郑吐飞 1929 年在上海真善美书局出版的小说集《椰子集》以人道主义精神关注华侨底层的苦难生活，显示了五四写实主义文学的印迹。值得重视的是，20～30 年代许杰、郁达夫、胡愈之、洪灵菲、马宁等新文学家来到南洋，创办刊物，发表文章，开设讲座，培养新人，宣传五四新文化和普罗文艺，思想和创作也受到当地的影响，既促进了新马华文文学的发展，也丰富了自己的文学创作。这种五四新文学与南洋文学的双向互动，许杰最为突出。许杰 1928 年到吉隆坡任华侨报纸《益群日报》主编后，即创办《枯岛》文艺副刊，提倡"新兴文学"，为了鼓励华侨师生开展文学创作，他足迹遍及吉隆坡华社，广交华校朋友，指导学生习作，号召华侨青年利用文学，走上改革南洋的革命道路。许杰还将发表的 23 篇文艺短文结集为《新兴文学短论》，并创作了以南洋华工华侨的反帝斗争为题材的短篇小说《锡矿场》、中篇小说《马戏团》及《南洋漫记》，这些作品既属于中国现代文学，也是马来亚华文文学的一部分②。

　　五四新文化运动给中国教育带来了个性化、平民化、实用化、科学化，将培养健全人格和强烈社会责任感作为教育的根本任务，这些教育理念也深刻地影响了海外华校。校刊是体现一所学校办学理念、办学过程和校园风气的载体，许多华校也仿照西方教育机构创办校刊，从新加坡《育英学校校刊》《南洋华侨中学校刊》可以窥见此时期海外华校之校园文化之大概，也可映射出这些华校与国内社会思想文化潮流的密切关系。新加坡《育英学校校刊》在 1925 年 5 月创刊时就表明了这种与国内思潮

① 李志：《漂泊的家园：新马战前华文小说研究》，中国文联出版社，2001，第 80 页。
② 常征：《许杰与新马文学》，硕士学位论文，南京大学中文系，2015，第 3～5 页。

相呼应的姿态："学校之有校刊，不始于今日，而本校之校刊，乃亦应时而产之物品也。良以近来学潮澎涨日新月异，文化运动愈演愈烈，非藉校刊之努力宣传，学生何由而受益？"① 该刊既报道国内社会政治重要新闻，追踪思想文化热点，讨论华侨对国家的责任，也登载师生关于华侨教育的意见，形式活泼多样，语言恳切，其风格与同期国内的校刊如出一辙。新加坡南洋华侨中学是著名华侨领袖陈嘉庚先生于 1919 年 3 月创办的，具有深厚的民族主义和爱国主义传统，如《南洋华侨中学校刊》创刊号登载了学生为祖国赈灾、慰问参加北伐的广西军等方面的内容，华侨与祖国共命运的办刊宗旨跃然纸上。在 20 年代祖国大革命的运动中，特别是在五卅运动掀起的反帝浪潮里，广大海外华校师生奔走呼号，积极声援省港大罢工，抵制洋货，充分展现了华校师生的爱国精神和反帝意识。

作为近代中国伟大的思想启蒙运动，五四新文化运动为海外华文教育革故鼎新，它从根本上改变了海外华文教育的面貌，使华文教育进入中华文化现代化的历史轨道。与此同时，深受五四新文化运动滋养的海外华文教育又为 20 世纪中国波澜壮阔的宏大历史场景培养了一大批优秀人才，为中华民族的独立解放和伟大复兴建立了不朽功勋。

海外华侨回乡捐资办学始于何时已不可考。清道光七年（1827 年）福建省泉州惠安县华侨郭用锡父子捐建文峰书院，一时传为佳话②。有学者认为 1876 年在美国耶鲁大学获得法学博士学位的中国留学生容闳促成清末幼童留美，对推动海外华侨回国捐资兴学有直接的影响③。19 世纪末 20 世纪初，闽粤两地的海外华侨在故乡兴资办学已不足为奇。尽管国民政府 1914 年公布了《修正捐资兴学褒奖条例》其中明确规定"华侨捐资兴学一律由部给奖，以示优异"④，但华侨回乡捐资兴学的真正动力并非来自政府的褒奖，而是源于他们顾念乡土、思情怀人的深沉情结。著名爱国华侨领袖陈嘉庚先生倾资为国兴学育才的光辉事迹已是众所周知，他

---

① 韩碧云：《对于校刊之我见》，《育英学校校刊》（1），转引自赵欣、吴明罡《新加坡华校校刊对华文教育的影响》，《八桂侨刊》2011 年第 3 期。

② 郑宗伟：《近代福建华侨办学再探》，《海峡教育研究》2014 年第 1 期。

③ 万晓宏：《容闳科教兴国思想的萌发与实践——兼论对华侨回乡捐资兴办教育事业的影响》，《上饶师范学院学报》2010 年第 4 期。

④ 福建省档案馆：《福建华侨档案史料》（下），档案出版社，1990，第 1351 页。

1913 年回家乡集美先后创办了集美小学、集美中学、师范、水产、航海、商科、农林等校（统称集美学校）和厦门大学，成为华侨办学的典范，为中国现代教育做出了卓越贡献。鉴于陈嘉庚研究的成果丰硕，兹不赘述①。在此要着重阐述海外华校培养的华侨实业家回乡兴学育才的情况，这方面的资料极多，仅以李光前为例。

李光前（1893～1967 年），福建省泉州南安人，东南亚橡胶大王，著名的教育家、慈善家，陈嘉庚先生的女婿。1903 年，年仅 10 岁的李光前随父离乡赴新加坡谋生，先入养正学堂（道南学堂的前身））就读，随后进入英印学堂（Anglo - Tamil School）学习，利用周末到崇正学堂补习中文。1908 年，李光前 15 岁，由于他生性聪颖过人，乃被中华总商会选派到设于南京的暨南学堂（二年制专科班）学习，专攻自然科学。1911 年毕业后，又曾先后入北京清华高等学堂（二年制大学预科）和唐山路矿专门学堂（西南交通大学前身）进一步深造。返回新加坡后，李光前在陈嘉庚先生的谦益公司任职，后独立创业，成立南益橡胶有限公司，并进军其他行业，成就卓著，成为全球十大华人富商之一。李光前是海内外华校共同培养的华侨杰出代表，他热爱华侨社会，对中华文化一往情深，心系桑梓，同时深受陈嘉庚先生的崇高精神感染，也和陈嘉庚先生一样成为华侨兴学育才的楷模。事业有成的李光前，不忘回报桑梓和当地社会，抱着"取之社会，用之社会"的信念，大力资助厦门大学、集美学村各校、华侨大学，并在其家乡出资捐建幼儿园、小学、中学（南安国光中学）、医院、图书馆等，另一方面，捐助新马地区的南洋大学、马来亚大学、捐建国家图书馆等。1952 年，李光前捐献他大部分财产，设立"李氏基金会"，用以教育慈善事业，造福社会。正如论者所言："李光前作为华人的典范，是推动中国现代化的杰出代表。"②

二 为民族精神而战的华文教育

习近平《在纪念中国人民抗日战争暨世界反法西斯战争胜利 69 周年

---

① 参见刘爱原《陈嘉庚研究数据库》，中国高等教育文献保障体系。
② 胡倩：《中国现代化进程中华侨华人的作用及现实启示》，《福建社会主义学院学报》2014 年第 2 期。

座谈会上的讲话》指出："近代以来，中国人民为争取民族独立和解放进行的一系列抗争，就是中华民族觉醒的历史进程，就是中华民族精神升华的历史进程。这种民族觉醒和民族精神升华，在抗日战争时期达到了全新的高度。""全体中华儿女众志成城、共御外侮，为民族而战，为祖国而战，为尊严而战，汇聚起气势磅礴的力量。中国人民抱定了'我们万众一心，冒着敌人的炮火前进'的决心，抱定了血战到底、抗战到底的信念，谱写了惊天地、泣鬼神的爱国主义篇章。"① 在这场神圣的战争中，世界各地华侨与国内同胞同仇敌忾，共赴国难，开展波澜壮阔的抗日救亡运动，他们或组织救亡团体，捐款献物，或奔赴战场，为国尽责，或投身于侨居地的抗日斗争行列，为祖国抗战和世界反法西斯战争的胜利建立了卓著的功勋。美国华侨成立了 95 个救国团体，欧洲、南美的华侨也建立各种抗战团体开展救亡活动，新加坡 118 个社团联合成立了陈嘉庚为主席的"南洋华侨筹赈祖国难民总会"，3000 多名南洋华侨机工应征回国服务抗日运输，无数英勇的华侨儿女奔赴前线、血洒疆场，书写了中华民族抗战史上可歌可泣的辉煌篇章。世界各地的华校也积极响应抗战号召，开展各种民族救亡运动，海外华文教育也呈现了新的历史特征，成为塑造民族灵魂、启迪民族智慧和振奋民族力量的教育。在教学内容方面，重视对侨生的中华民族意识和爱国主义精神的培养。1940 年，国民党中央通过了战时的《推进侨民教育方案》，强化了中华文化教育和民众教育；1941 年国民政府教育部结合抗战救亡的需要，修订了侨民初级中学教科书，显著增加了反映中华民族精神和中国近代以来反抗外来侵略的爱国主义内容。世界各地华校还通过开设一些有关抗战救亡专题讲座，举办丰富多彩的校园文化活动来激发爱国情怀，有的华校重视体格及军事训练，组织童子军。"美国旧金山华校"（Chinese Central High School）学生组织了"中华救亡歌咏团"，在集会或电台上演唱爱国歌曲。华校学生还以演街头剧的方式宣传抗日，1940 年成立了"芦烽话剧研究社"。在中国面临着民族危亡之际，美国华校的一些学生甚至自费接受飞行训练，学成后归国服务于

---

① 习近平：《在纪念中国人民抗日战争暨世界反法西斯战争胜利 69 周年座谈会上的讲话》，《人民日报》（海外版）2014 年 9 月 4 日，第 2 版。

新组建的中国空军，有的还为抗战献出了年轻的生命。① 许多侨生直接回国参战。广西宜山中央军校第四分校专设华侨抗战训练大队，因申请求训的侨生太多，大队扩充成华侨学生团②。许多侨生奔赴延安，有的直接参加中国共产党领导的抗日队伍。如泰国侨生组成了华侨义勇队，加入了新四军；如由南洋惠州救乡会组织的"东江华侨回乡服务团"（简称"东团"）以广东惠州籍刚刚华校中学毕业的侨生为主体，回家乡参加抗战，后来加入中国共产党领导的东江纵队，成为南方抗日游击斗争的重要力量。太平洋战争爆发后东南亚相继沦陷，华文教育尽管遭受了压制和摧残，但海外华校师生在极端艰苦的环境中坚持斗争、顽强学习，锤炼中华民族精神，维系中华文化于不坠。海外华文教育对抗战的贡献举不胜举，兹不详述，在此仅通过三例华校师生的抗战英雄事迹加以阐述。白雪娇、李月美和李林这三位巾帼英雄是华校师生抗战救亡的典范，体现了海外中华儿女为国赴难、不怕牺牲的崇高气概。（1）白雪娇，福建泉州安溪人，马来亚槟榔屿侨生，早年在当地华校接受中华语言文化教育，后被华社推荐到厦门大学中文系读书，毕业后回到槟榔屿协和学校担任国语教师。槟榔屿协和学校是一所有着深厚爱国主义传统的华校，创办于 1928 年，是年日本军队制造了震惊中外的"济南惨案"，协和学校校史记载："1928年（民国 17 年）5 月 3 日，日本无理出兵我国山东，发生济南惨案，消息传来，全马侨胞无不义愤填膺，爱国情绪达最高潮，槟城侨胞亦风起云涌……以为教育为国家根本大计，创立学校培育后代侨胞，实具爱国最高意义……于是本校创立焉。"③ 白雪娇深受学校爱国主义教育氛围感染，萌发抗日报国之志。抗战爆发后，一千多公里的滇缅公路是海外抗战物资运往国内的主要通道，由于当时国内汽车驾驶员与机修人员奇缺，国民政府于 1939 年通过陈嘉庚先生的"南洋筹赈祖国难民总会"通告侨社，征募华侨机工回国服务抗日运输。白雪娇义无反顾，瞒着家庭，化名施夏圭应征，毅然随机工队回国抗日，她临行前才给父母留下一封告别信，信中说："家是我所恋的，双亲弟妹是我所爱的，但是破碎的祖国，更是我所

① 杨立：《美国侨社华文教育的曲折历程》，《文史天地》2012 年第 9 期。
② 转引自黄小坚《华侨对抗日战争的杰出贡献》，《华侨华人历史研究》1995 年第 3 期。
③ 郑良树：《马来西亚华文教育发展史》，吉隆坡马来西亚教总出版社，1998，第 182 页。

怀念热爱的……"南洋华侨机工总人数 3000 多人，女性仅有 5 名。白雪娇后来由于女性身份暴露，转至文化教育界开展抗战宣传工作。(2) 李月美，广东台山人，马来亚槟榔屿侨生，家庭富裕，自幼在当地华校读书，深受中华文化熏陶，学习成绩优异，能歌善舞。1939 年，李月美穿上弟弟的衣服，男扮女装，应征南侨机工服务团，最终姐弟一起踏上回国抗战的征程。李月美在滇缅公路上浴血奋战，成为抗战报国的现代花木兰，其经历感人肺腑，可歌可泣。(3) 李林，原名李秀若，福建龙溪人，抗日女杰。她出生不久即被父母弃于寺庙，三岁时随养母到荷属印度尼西亚爪哇岛投奔养父，九岁在养父李瑞奇创办的中华学校读书。华校的中华文化教育，培养了她的爱国主义精神；荷兰殖民主义者的反动统治，激发了她强烈的民族反抗精神。1929 年李林回国后，进入陈嘉庚先生创办的集美学校幼师班读书，后又辗转杭州、上海、北平求学，积极参加抗日救亡运动，立下"甘愿征战血染衣，不平倭寇誓不休"的铮铮誓言。1936 年李林加入中国共产党，投笔从戎到山西参加军事训练，开展抗战宣传工作，1938 年担任雁北抗日游击队八支队政治部主任，率部驰骋绥南、雁北一带，屡建战功，令敌人闻风丧胆。1940 年 4 月，日寇对晋绥边区进行了大扫荡，为了掩护专署机关和群众转移，李林率领骑兵营与敌人英勇搏杀、巧妙周旋，终因寡不敌众，壮烈牺牲。晋绥边区为她举行了隆重的追悼大会。中共中央妇女委员会从延安发来唁电，称赞她"不仅是女共产党员的光辉模范，而且是全国同胞所敬爱的女英雄"。

鸦片战争以来，中华民族为争取民族独立和解放进行了艰苦卓绝的斗争。在这波澜壮阔的进程中，抗日战争的胜利是中华民族从危机走向振兴的历史转折点，民族觉醒和民族精神的升华达到了全新的境界。海外华文教育也在抗日战争和反法西斯战争的历史浪潮中凤凰涅槃、淬火重生，广大华校师生与祖国同命运共患难，以振兴民族和传承中华文化为己任，精诚团结，刚毅坚卓，升华了以爱国主义为核心的中华民族精神，将爱国主义提到了历史的新高度。冯友兰在《国立西南联合大学纪念碑碑文》称："我国家以世界之古国，居东亚之天府，本应绍汉唐之遗烈，作并世之先进，将来建国完成，必于世界历史居独特之地位。盖并世列强，虽新而不古；希腊罗马，有古而无今。惟我国家，亘古亘今，亦新亦旧，斯所谓

'周虽旧邦，其命维新'者也！旷代之伟业，八年之抗战已开其规模、立其基础。今日之胜利，于我国家有旋乾转坤之功。"① 抗战胜利大大推进了中华文化现代化的历史进程，锻淬了以爱国主义为核心的中华民族精神，凸显了中华文化的主体自觉，同时开启了以社会主义为前途和发展目标的新方向，在这历史进程中，世界各地的华文教育攻难克险，砥砺前行，成为推动中华文化现代化的重要力量。

第三节　政治、种族及文化交织下的海外华文教育

二战以后至 20 世纪 70 年代中国改革开放前的 30 多年间，世界各地的华文教育由于不同时空背景的政治、种族及语言文化的交织和冲突而呈现极为错综复杂的格局。这些交错纷繁的时代背景包括：中国共产党领导人民建立了中华人民共和国；东西方冷战开始，以美国和苏联为首的两大政治军事集团之间形成了紧张对峙的局面；东南亚各国在寻求民族独立和国家认同过程中掀起了民族归化浪潮；中国在 50～70 年代社会主义探索中遭受了严重挫折，爆发了"文化大革命"；海外华侨社会结构发生了重大变化，海外华裔新生代迅速崛起。海外华文教育正是在这种端绪纷然的世界格局中分化、激荡、交融和重构。大体说来，此时期世界范围里的华文教育表现为以下几个特征。（1）华文教育出现了明显的政治分化，华侨在中国内战、台湾问题等方面的政治态度直接影响了华文教育的政治倾向。（2）华文教育逐渐脱离与中国大陆和台湾学校教育的轨道，凸显了具有鲜明国别色彩的本土化教育特征。（3）华文教育与华侨住在国的国民教育之间矛盾加剧，中华文化传承的形态更为复杂，中华文化显现了与异质文化的融合趋向。20 世纪下半叶华文教育在异域多元文化背景下所呈现的中华文化形态十分丰富多彩，其中提炼出来的历史经验和特征要素必然对中华文化现代化进程具有特别意义，在海外传承和重构的中华文化无疑成为中华文化现代化的一种不可或缺的思想资源。

---

① 《重刊冯友兰国立西南联合大学纪念碑碑文》，《北京大学学报》（哲学社会科学版）2003 年第 4 期。

一　华文教育的政治分野与社会主义新文化的传播

海外华侨对国共两党政治态度存在着一个渐变的过程，从"拥蒋"到"亲共"大致发生于抗战期间的皖南事变前后，华侨社会的"拥共"则出现在 1946 年国民党悍然撕毁《双十协定》、发动全面内战之际。在解放战争时期，华侨"拥共"的立场十分鲜明。新中国的诞生，在国际上产生了巨大的影响，海外华侨扬眉吐气、欢欣鼓舞，积极支持中国共产党领导的祖国建设事业。但同时也应该看到，由于历史、政治等复杂原因，海外华侨的政治分化始终是客观存在的，而且随着世界时局及国内政治形势的变化而消长。华文教育的政治分化也大致如此。

在印度尼西亚，大多数华校的政治立场显然是倾向新中国的。雅加达新华中学、雅加达巴城中学、雅加达中华中学、玛琅中华中学、井里汶中华学校、坤甸华侨中学、棉兰华侨中学、三宝垄新友社等著名的华校均认同社会主义新中国，办学思想进步，支持祖国各项事业。许多华校由进步的爱国人士担任校长，如雅加达新华中学（杨新容）、雅加达巴城中学（司徒赞）、雅加达中华中学（张国基）。成立于 1945 年的三宝垄华侨文化与福利团体"新友社"，以"迎接新时代，广交新朋友，扩大华侨民主爱国统一战线"为号召，兴办了国语讲习班、新友义校、新友中小学，使用的教材有的选自香港《文汇报》或本地《生活报》等进步报刊，有的直接来自国内课本，常识讲义是从马克思主义理论家艾思奇《大众哲学》选编的，鼓励学生阅读苏联文学作品。新友社还组织剧团，演出了歌剧《兄妹开荒》《龙须沟》和歌颂抗美援朝志愿军的《母亲的心》。印度尼西亚其他进步华校的情况大抵类似。如 20 世纪 50 年代初棉兰华侨中学举行新中国建设成就展，组织"十一"国庆游行，放映新中国电影，组织学生给中国人民志愿军写慰问信。雅加达中华中学从 1950 年到 1964 年有 1134 名高中毕业生回祖国学习深造。当然，印度尼西亚华校的政治分化也同样存在，如在三宝垄，也有一家支持国民党的华侨中学，它由中华促进会控制，贯彻反共教育方针，后来由于进步师生组织发起学潮，该校解散改组。50～60 年代印度尼西亚华校在政治立场上倾向社会主义中国的状况一直持续到 1965 年"九三〇"事件为止①。在缅甸从 1949 年到 1965 年将华校收归国有期间，有华校 300 多所，共有学生 3 万多人，其中政治上倾向于新中国的华校占到了 3/4。在美国，尽管台湾国民党当局控制着大多数华侨华人社团，但也涌现许多支持新中国的力量，如纽约中国新文化学会、旧金山华侨和平民主促进会等，这些社团创设的华校也做出了相应的政治选择，麦卡锡主义盛行时才被迫转向。

由于冷战的意识形态对立，东南亚地区原英国殖民地或亲英美的国家，华文教育被迫选择疏离中国大陆的政治立场，欧美地区也是如此。在马来西亚，由于英国殖民当局和马来西亚政府采取民族归化、限制华文的政策，加上马来西亚国内其他政治原因，20 世纪 50 年代中期兴盛一时的华文小学逐渐衰微，华社努力争取的独立中学一直与台湾方面比较密切，从教材、师资培训到学生深造都得到了台湾有关方面的帮助。菲律宾华教的政治倾向也比较明显，50 年代当局以"左倾分子"渗透华校妨碍安全为由监督华校，后来的菲化运动又使许多华校被迫纳入其国民教育轨道，在该过程中台湾当局主导了华校的发展，为之培训师资、提供教材。泰国的情况类似，50 年代銮披汶政府的反共立场，60 年代他侬政府延续压制华文教育的政策，泰国华校不断萎缩，也被迫采取疏离中国大陆的政治立场。

20 世纪 50～60 年代初期，海外华校积极支持新中国，以华文教育媒介，向华侨所在国乃至全世界宣传社会主义中国，这是特殊历史时期现代中华文化传播的有效途径与方式，对于世界认识和了解中国的社会主义新文化具有特别重要的意义。

从新民主主义革命时期到社会主义建设初期，中国新文化经历了从新民主主义文化到中国特色社会主义文化的发展历程。毛泽东在新中国成立前将马克思主义、中国革命实践和中国传统文化有机地结合起来，对新民主主义文化进行了探索，50 年代又立足于社会主义实践提出了"科学文化现代化"②，对中国特色社会主义文化进行了初步的构建，形成了具有先进现代性意义的中国社会主义新文化。然而，朝鲜战争爆发后，华侨主

---

① 参见李卓辉编著《披荆斩棘　拼搏奉献——印华文化教育史话》，印度尼西亚联通书局出版社，2006，第 223 页。

② 《毛泽东文集》第 8 卷，人民出版社，1996，第 116 页。

要居住国有的成为交战的敌对国，有的处于西方列强的控制下，有的尚未和中国建交，海外华侨工作面临许多困难，新中国社会主义文化的海外传播遭受到了严重的阻碍。有鉴于此，1952 年 1 月发布的《中共中央关于海外侨民工作的指示》对侨务工作做出了重要指示：华侨与帝国主义的斗争是长期艰巨的，东南亚各国的革命必须依靠当地民族解放运动的兴起，而不能依靠华侨为主力为先锋队来进行；侨团工作应是公开的合法的，不搞秘密活动，不组织秘密团体；要广泛地运用公开合作的各种群众组织，应从华侨的切身问题出发，启发华侨的爱国主义，经过出版、文艺、新闻等各种活泼形式，广泛的宣传新中国的各种成就，解释和帮助解决侨胞中的问题；侨民报纸不应当干涉当地内政和进行当地政治斗争，而应当以介绍祖国、增进祖国与所在国间的文化贸易关系，促进当地人民与中国人民间的友好为主[①]。海外华侨社团、华校在极端复杂的政治环境中积极宣传新中国的成就，努力引导华社及所在国的政治舆论，传播社会主义新文化，这一方面有利于促进所在国对新中国的认识和了解，另一方面也有利于推进海外华社、华校自身开展祖国认同教育，培养和储备对我友好的海外华侨力量。以印度尼西亚华文教育为例。1954 年 7 月印度尼西亚文教部外侨教育司代司长郑扬禄称，全印度尼西亚外桥学校 1500 所，据此估计华校约 1400 所，学生 30 万人，华校得到空前发展，华校数目为战前的 3 倍，华文教育处于黄金时期[②]。1958 年之后苏加诺对华教进行了限制，但到 1965 年"九三〇"事件前还有 629 所华校。这些华校大多坚持"面向祖国"的办学方向，在宣传新中国的同时强调要以新民主主义的思想教育华侨新一代，建设华侨新文化。雅加达《生活周报》1952 年 4 月发表文章，响应《中共中央关于海外侨民工作的指示》，提出对印度尼西亚华侨教育办学方向的主张："为着培养新中国的后代，实现新民主主义的教育政策，一切不合时代的教学立场、教学态度、教学方法亟须更改……以伟大的毛泽东思想来教育自己、改造自己，站稳为侨胞服务的立

---

①　《中共中央关于海外侨民工作的指示》，国防大学党史党建政工教研室编《中共党史教学参考资料》第 19 册上，1986，第 429 页。

②　曹云华：《战后东南亚华人社会变迁》，中国华侨出版社，1999，第 21 页。

场，实现新民主主义的教学原则，共同推动华侨文化的进步。"① 在印度尼西亚各地华校，新中国出版的各类进步书刊随处可见，如《少年文艺》杂志和薛暮桥的《思想方法与学习方法》等。1956 年雅加达华校组织学生利用春节期间，回原侨居地家乡勿里洞、巨港、苏拉威西等地表演反映祖国新貌的歌舞、话剧，和当地侨社一起大力宣传新中国。对此活动的意义，时任印度尼西亚《生活报》副刊主编的邹访今当即给予赞扬：

> 各地的旅椰学生回到原地演出的节目，无论是歌咏、舞蹈或话剧，大部分都是反映新中国面貌的。新中国几年来的建设成就，人民生活的幸福愉快，就通过演出得以更广泛地传播到各地的印华社会，使各地的华侨更深一层地认识祖国日趋繁荣富强的面貌，从而加强了爱国思想，更加热爱祖国。因此，各地的旅椰学生利用假期回家省亲之便而公演，就成为一件具有双重意义的事②。

根据 1958 年邹访今发表于《生活周报》的总结文章，1957 年印度尼西亚华社文艺活动可谓主题鲜明又丰富多彩：华社（包括华校）的舞蹈作品达百种以上，除了中国和印度尼西亚之外，还有苏联、捷克斯洛伐克、匈牙利等社会主义国家的舞蹈；演出的剧目既有中国传统戏曲如《王昭君》《梁山伯与祝英台》《花木兰》，也有现代文学作品《雷雨》《阿 Q 正传》，演得最多的是如《刘莲英》《新局长到来之前》《家务事》《儿女情长》等反映新中国的话剧作品③。这些 50 年代的中国话剧，大多表现集体主义和个人主义的斗争，抒写新中国青年的崇高理想追求，社会主义不断涌现的新生事物成为印度尼西亚华侨社会寄寓文化乡愁的载体。

从二战结束到 1965 年华文教育全面禁绝的二十年间，印度尼西亚进步华校为华社培养了数十万人才，他们承传了中华传统文化，认识和传播了社会主义新文化，促进了印度尼西亚华社的健康发展和中印度尼西亚文化交流，同时也为后来印度尼西亚华文教育的复兴积聚了有生力量。20 世纪

---

① 雅加达《生活周报》第 7 卷 7 期（1952 年 4 月 12 日），第 19 页。
② 邹建云编《邹访今文选》，中国出版集团，2013，第 69 页。
③ 邹建云编《邹访今文选》，中国出版集团，2013，第 154 页。

90 年代末，印度尼西亚华文教育重现生机，正是这批 50～60 年代的华校教师或毕业生成为复兴期华文教育教学及管理的中坚力量，涌现出如徐静能、符福金等杰出华教领袖，他们早年或任教或求学于华校，印度尼西亚华文教育开放后他们积极为华教奔走呼号，成立华文教育机构，开办华校，推动印度尼西亚华裔学生赴祖籍国留学深造，促进印度尼西亚华教与祖籍国的交流，使新世纪的印度尼西亚华教沿着正确健康的轨道得以蓬勃迅速发展。

二　种族、宗教的冲突与融合：一种"文化新质"

20 世纪 50 年代中叶，世界范围里的华侨社会发生了重大的结构性变化，1955 年万隆会议后印度尼西亚和缅甸华侨的双重国籍问题得以顺利解决，华侨在政治上从"叶落归根"向"落地生根"转变，战后婴儿潮也推动了华裔新生代的迅速崛起，华侨子女与当地人民通婚愈加普遍，土生华人或混血儿数量激增。另一方面，随着冷战格局的形成，东南亚各国发生了民族归化运动，排华风潮不断出现，处于"文革"政治动荡的中国与华侨社会的联系逐渐减少。以上诸种因素导致了海外华文教育出现了新的历史性变化，它开始脱离祖籍国母体，在各自不同的政治、种族、宗教及文化语境中生存与发展。在此过程中，处于历史低潮的华文教育一方面流散于母体之外，在政治、种族的双重压抑下蓄势待发，另一方面发挥着文化创新功能，体现了中华文化与当地文化的融合互动，并由此提炼生成了文化新质。作为中华文化与"他者"文化碰撞交融的结果，这种文化新质构成了中华文化现代化富有活力的部分，对 21 世纪中华文化的建构具有重要的参酌意义。

著名的政治学家、东南亚研究专家本尼迪克特·安德森写出了讨论民族建构问题的《想象的共同体》，之后致力于东南亚华族形成的研究。安德森在近年的演讲中提及泰国华人的民族认同问题，在他看来，泰国拥有从不同时期移居该地的"华人"，他们分属客家人、福建人、海南人、潮州人，他们的政治认同与其祖先在中国的出生地有关，但始终没有上升为对"想象的政治共同体"即民族的认同①。显然，安德森持论是偏颇的，

---

① 汪晖：《"民族主义"的老问题与新困惑》，《读书》2016 年第 7 期。

他仅看到泰国华人在中华民族认同上某种程度的疏离，却忽视了这样一个事实：在东南亚国家中，泰国华人与当地民族通婚的比率最高，不同民族间的文化融合程度最深①，泰国华人的中华民族认同是在民族同化过程中得以实现的。进而言之，泰国政府长期以来通过关闭华校、鼓励泰华联姻的方式对华人进行同化，其结果是越来越多的泰人拥有华人血统，这种被压抑的中华民族认同感待机而发，并将呈现其独特的文化新质。近年来泰国华文教育的空前盛况便是明证，拥有 35 家孔子学院和孔子课堂，绝大多数有条件的泰国学校均已开设华文课程，这与其说是华文的商业实用价值所致，还不如说是源于一种基于文化认同的集体无意识。中华文化与泰国当地文化交融过程中所体现的"文化新质"，需要进一步研究。大小乘佛教与儒家文化、关公信仰、中华礼俗之高度融合所产生的新的文化形态已构成泰国华人社会的共同精神根基，成为中华文化在东南亚生成的支脉，泰国华人新文化无疑是中华文化海外传播及现代化变迁的重要一环。如泰国的"华僧宗"就是一种诞生于泰国本土的华人宗教信仰，具有华人新文化的特质。清末南粤禅僧续行和尚赴暹罗传播大乘教法，营建寺庙，侍奉观音，吸引当地信众，在此基础上形成"华僧宗"，并得到泰国王室的礼敬，"华僧宗"后来又奉神医华佗为菩萨，构建了集宗教和慈善为一体的宗教体系，成为泰国华人和当地社会的共同信仰。正如学者所言："'华僧宗'在适应泰国环境时，对泰国华人文化的'本土化'必然会产生积极作用，从而促进当地华人逐渐融入于居住国社会。正因为中泰两个民族佛教文化形态的相似性，使泰人能以更亲近的态度对待华人，而华人因为相近的文化氛围能很顺利地融合到泰族社会中去。"② 泰国的"华僧宗"是中华文化在海外传播与发展的典型，对于构建华人新文化具有启示意义。

与泰国不同的是，华侨在处于伊斯兰世界的印度尼西亚、马来西亚遭受到较大的文化排斥。英国、荷兰殖民者长期的民族分化政策，中华文化与伊斯兰教文化之间异质性特征的扩大，印度尼西亚、马来西亚华人在融

---

① 曹云华：《从族际通婚看泰国华人与当地民族的关系》，《东南亚研究》2001 年第 2 期。

② 罗喻臻：《泰国的"华僧宗"》，《法音》1999 年第 10 期。

入当地社会过程中出现了剧烈的对峙和冲突。尽管早期在印度尼西亚、马来西亚已有为数众多的土生华人，郑和下西洋的历史影响也在一定程度缓解了中华文化与伊斯兰文化之间的矛盾，但随着这两个伊斯兰教民族国家的兴起，加上 20 世纪政治、种族因素的冲击，印度尼西亚、马来西亚华人一方面肇启了从适应当地文化、逐渐本土化乃至与异族融合的历程，另一方面则更显明地体现了对中华文化的认同和坚守。迄今为止，印度尼西亚、马来西亚华人信仰伊斯兰教的比例不高，也较少进入当地的伊斯兰教学校。1965 年印度尼西亚华校全面禁闭后，许多华人家庭宁可改变传统的佛教或道教信仰而转信基督教，以使子女进入教会学校读书，也不愿让他们到伊斯兰教学校就读，这无疑彰显了中华文化与伊斯兰文化之间内在的紧张冲突关系；马来西亚华人则以数十所独立中学为阵地，与强势的当地伊斯兰文化教育分庭抗礼。然而，这并不意味着印度尼西亚、马来西亚华人不存在与异族文化融合的事实。早在 18 世纪，许多印度尼西亚华侨加入了伊斯兰教，与当地人通婚，并形成了土生华人社会；20 世纪 20 ~ 30 年代土生华人创立了中华会和中华党，主张认同印度尼西亚，推广荷兰语和印度尼西亚语；50 年代有些华校（如雅加达八华学校）也主动提出"面向印度尼西亚"，鼓励通过教育融入印度尼西亚；60 年代少数印度尼西亚土生华人发表了《同化简章》，主动要求自然同化。这些都属于正常的民族融合历史现象，问题是，在 60 年代华人文化融入印度尼西亚社会过程中，苏哈托当局采取歧视和排斥华人并对华人强制同化的措施，导致了族际之间的矛盾加剧，也阻碍了中华文化与印度尼西亚文化、伊斯兰文化的真正和解、融合及升华。整体而言，根据约翰·贝利的文化适应理论，印度尼西亚、马来西亚华人处于同化（assimilation）、分离（separation）、融合（integration）和边缘化（marginalization）等四种类型的纠结交错状态中，其文化适应尚有待时日。然而，近十多年来印度尼西亚华文教育发展迅速，三语学校纷然并起，华裔新生代与友族学生同窗共读，文化融合的趋势愈加明显。中华文化与印度尼西亚文化、伊斯兰文化之间的历史性张力或许长久存在，这种冲突、碰撞、交融过程中建构起来的印度尼西亚华人文化也具有"文化新质"的特征，同样构成中华文化在东南亚的另一支脉，正如学者所言：

印度尼西亚华人文化是中华文化与在印度尼西亚的异族文化之"混合体文化"或"化合体文化"的不断"当地化"与坚持"中华化"之产物与过程，而不断"当地化"与坚持"中华化"又是印度尼西亚华人文化孳生繁衍的机制。印度尼西亚华人文化只要还是印度尼西亚华人的文化，它必定处在既不断"当地化"又坚持"中华化"的对立统一过程与机制中并变动不居。这种变动不居，正是印度尼西亚华人文化充满活力与生机之所在，正是印度尼西亚华人文化与生俱来就是中华文化与在印度尼西亚的异族文化进行对话、相互交流的重要中介，因此，是炎黄子孙和印度尼西亚各民族（部族）的共同财富，是增进中国与印度尼西亚友好关系的重要资源，是中国善邻睦邻友邻、建构和谐亚洲和世界的重要资源，归根结底，是21世纪的中国和平崛起的宝贵资源①。

国内已有学者注意到中国伊斯兰文化对于中华文化现代化的资源创新问题。如果将伊斯兰文化视野扩大到海外华人社会，印度尼西亚、马来西亚华人与伊斯兰世界之间长期的文化交流与对话中所形成的经验和观念价值无疑能为中华文化现代化提供丰富深厚而更有世界意义的伊斯兰文化资源。

欧美地区华文教育能为中华文化现代化贡献出的思想文化资源也十分丰富。如前所述，西学东渐以来中华文化与西方文化的剧烈冲突与碰撞，肇启了中国的近代思想启蒙、民主共和和五四新文化运动，戮力支援抗战救亡，华文教育功莫大焉。与老一代华侨华人相比，欧美华裔群体的文化价值观已经发生重大变化，据调查，美国华裔宗教信仰以基督教为主，其次是佛教，再次是道教、儒教及其他中国传统民间信仰，总体上呈现了多样性特点。二战以后至中国改革开放之前，欧美地区华文教育积极融入西方文化，同时坚持中华文化传承，培养了华裔新生代的文化认同意识。20世纪90年代以来，中国向欧美地区的移民大潮改变了世界华文教育的版图，面向新移民的华文教育呈现了蓬勃生机，欧美华校一方面加强对华侨华人青少年融入当地社会的教育培训，另一方面极为重视中文教学和中华

---

① 杨启光：《试论印度尼西亚华人文化》，《东南亚研究》2006年第4期。

文化熏陶，培养了他们的民族认同、文化认同以及对社会主义祖国的感情。华侨华人在欧美地区经历了基督教、天主教与中华文明激烈冲突的历史进程，西方的科学民主思想、个人主义价值观与中华文化之间产生了碰撞、对话与交融，华人新生代在所在国既接受完整的西方文化教育，又在华社、家庭和"华文周末学校"浸染中华文化，他们将畅游于中华文化与西方文化之间，在历史悠久的欧美华侨文化的基础上，锻造出超越性的新型华人文化，为中华文化现代化提供最富有生机的思想资源。

　　二战以后至20世纪末的30多年间，世界各地的华文教育经历了前所未有的政治、种族及语言文化的交织和冲突，处于诸种文化大激荡大融合的剧烈变迁。随着中国的崛起，进入21世纪的世界华文教育迎来了崭新的历史性机遇，它将伴随着国运昌盛而突飞猛进，也将对实现中华民族伟大复兴的"中国梦"发挥重要作用。有学者认为，"对中华传统文化的继承无疑构成了中国特色社会主义的'特色'内容。如果说中国发展模式在未来人类文明继承中将形成创新价值，那么，中华传统文化的基础性作用是不可忽视的；并且几乎可以肯定地预言：随着社会主义市场经济体制的完善，即随着中国人对西方文化的市场经济成果和马克思主义的理想社会目标整合的成功，中华传统文化将借此实现一次凤凰烈火中再生，而中华民族将因此获得伟大的复兴"[1]。尽管这是针对国内而言的，但中华传统文化的浴火重生也必将给海外华侨华人带来前所未有的文化自信，激发他们弘扬中华文化、实现民族复兴的强大精神。

---

① 余金成：《从宏观上认识中国特色社会主义的50年》，《科学社会主义》2006年第3期。

第八章　百川归海：海外华文
教育与"中国梦"

    2012 年 10 月 5 日，以论著《世界是平的》闻名的美国著名专栏作家
托马斯·弗里德曼在《纽约时报》发表文章，称"中国需要自己的梦想"
（China needs its own dreams），认为这个"中国梦"与追求个人发展的
"美国梦"不同，"将人民的致富憧憬与更可持续发展结合起来"①。中国
共产党十八大后，习近平在参观国家博物馆《复兴之路》展览时阐述了
"中国梦"的深刻内涵："……我以为，实现中华民族伟大复兴，就是中
华民族近代以来最伟大的梦想……"② 习近平在第十二届全国人民代表大
会第一次会议上明确指出："……实现中华民族伟大复兴的中国梦，就是
要实现国家富强、民族振兴、人民幸福……"他同时指出，实现中国梦
必须走中国道路，弘扬中国精神，凝聚中国力量。③ 中华民族伟大复兴的
中国梦的提出，深刻地揭示了近代以来中国历史发展的主线，形象地描绘
了中华民族自强不息、不断探索的历史进程，集中展现了中国特色社会主
义的光明前景。"中国梦"成为激励全体中华民族走向伟大复兴的进军
号角。

    学界对于"中国梦""中华民族复兴"的内涵及其与华侨华人的关系
已有诸多论述。撮其要如下："中国梦"是中国人的现代化追求，是百年

---

①　〔美〕托马斯·弗里德曼：《中国需要自己的梦想》，《纽约时报》中文网，2012 年 8 月
　　10 日，转引自《对外传播》2012 年第 12 期。
②　《习近平在参观〈复兴之路〉展览时的讲话》，《人民日报》2012 年 11 月 30 日，第 1 版。
③　习近平：《在第十二届全国人民代表大会第一次会议上的讲话》，《人民日报》2013 年 3
　　月 17 日，第 1 版。

来的"现代化"梦想；"中国梦"是"国梦"与"家梦"的结合，是整个民族的共同理想和个体理想的统一；"中国梦"是富民梦、强国梦和复兴梦三位一体。"中国梦"是对世界的示范和引领，促进世界共同发展和世界和平。民族复兴是包括政治、经济、文化、军事全面的复兴；民族复兴根本上是文化和文明的复兴，是有根的复兴，有历史之根、文化之根、文明之根；民族复兴是要使中华民族跻身于世界先进民族行列，对人类文明做出更大的贡献①。关于华侨华人与"中国梦"的关系，在 2013 年 7 月国务院侨办和暨南大学联合主办的"华侨华人与'中国梦'学术研讨会"上，100 余位专家学者做出了广泛而深入的探讨。新加坡南洋理工大学南洋公共管理研究生院刘宏教授认为，华侨华人是实现"中国梦"的一支不可或缺的力量，要努力推动华侨华人在实现"中国梦"过程中通过侨务公共外交的方式发挥重要作用，促进华侨华人保持和发展中华文化，介绍中国道路，弘扬中国精神，强化中国力量②。国务院侨办裘援平主任 2014 年在《求是》杂志发表题为《华侨华人与中国梦》署名文章，分别从"华侨华人为开辟中华民族伟大复兴的光明前景""华侨华人中蕴藏着实现中华民族伟大复兴的重大力量""以实现中国梦为历史使命努力开创侨务工作新局面"三方面阐述了华侨华人与中国梦的关系，着重指出华侨华人是"走好中国道路的重要支撑""弘扬中国精神的重要载体""凝聚中国力量的重要源泉"，明确新时期侨务工作要以凝聚侨心侨力、同圆共享中国梦为主题，要以中国梦引领侨务工作，推动国家侨务工作科学发展；"实现中国梦，成为当代中国高昂的主旋律和精神旗帜，是包括华侨华人在内的炎黄子孙共同的愿景与追求，需要海内外中华儿女戮力同心、共创辉煌。"③ 2013 年习近平在访问哈萨克斯坦和东盟国家时提出了建设"丝绸之路经济带"、建设"21 世纪海上丝绸之路"的合作倡议。"一带一路"构想是"中国梦"的合理延伸和必由之道，它拓展经济发展空间、营造国际环境、优化开放格局、构筑安全屏障，从而助推"中

---

① 程美东、张学成：《当前"中国梦"研究评述》，《中国特色社会主义研究》2013 年第 2 期。

② 刘宏：《华侨华人与"中国梦"》，《公共外交季刊》2013 年秋季号第 2 期。

③ 裘援平：《华侨华人与中国梦》，《求是》2014 年第 6 期。

国梦"①。

在实现中华民族伟大复兴的"中国梦"历史进程中，作为华侨华人"留根工程"的华文教育以其语言文化传播的独特优势，在"一带一路"人才培养、侨务公共外交、中华文化传承、中外文化交流等领域各擅胜场，发挥不可替代的作用。

第一节　华文教育与"一带一路"建设的人才培养

一　"一带一路"建设的人才需求

"一带一路"构想是 21 世纪中国秉承"合作互利共赢"的古代丝路精神，在新的世界格局下积极发展与沿线国家的经济合作伙伴关系，共同打造政治互信、经济融合、文化包容的利益共同体、命运共同体和责任共同体。中国的"一带一路"构想得到了沿线国家的热烈响应，截至 2016 年 8 月，已有 70 多个国家和国际、地区组织表达了支持和参与"一带一路"建设的积极意愿，30 多个国家与中方签署了共建"一带一路"合作协议，20 多个国家与中国签署了产能合作协议。"一带一路"将为中国和沿线国家的共同发展带来巨大的历史机遇，它涵盖贸易、产业、投资、金融、能源、文化资源等诸多国际合作领域，最终达致政策沟通、道路联通、贸易畅通、货币流通、民心相通。"一带一路"构想涉及的领域广、规模大、渗透深，中国和沿线国家的相关人才培养和储备面临着极大的挑战。这个构想的实施不但需要大量的政治、经济、产业、文化交流等方面的专业人才，也需要大量具有国际视野、专业素养好又同时精通中文和沿线国家语言的专门人才。就国际语言文化交流方面的人才而论，面临的形势相当严峻。"一带一路"规划覆盖亚洲、欧洲和非洲的世界 60 多个国家，其涉及的语言既包括汉语、英语、法语、俄语、阿拉伯语、印度尼西亚语、马来语、印地斯坦语等大语种，也包括泰语、柬埔寨语、匈牙利

---

① 卢丽刚、魏美玉：《中国梦视阈下的"一带一路"战略》，《华东交通大学学报》2015 年第 3 期。

语、塞尔维亚语、孟加拉语等较小语种，除此之外各国存在着大量的民族语言。资料显示，中国与 "一带一路" 核心区之哈萨克斯坦、吉尔吉斯斯坦、乌兹别克斯坦、塔吉克斯坦及泰国、越南、缅甸、老挝等 8 个国家共有大约 40 种跨境语言[①]。与美国能够提供 380 多种外语的强大国家语言能力相比，中国的国家外语能力十分薄弱：目前国内高校开设的外语 50 多种，还不到世界有文字体系语言总数的 1/40；有所了解的外语不到 100 种，能够较好使用的 20 种左右[②]。中国的英语人才培养状况也令人担忧，尽管有多达 3 亿多人正在学习英语，但高水平的精英却严重匮乏。据《中国经济周刊报道》，中国南车在竞标北欧高铁项目中，因为把 "刮雨器" 翻译成 "抹布" 而痛失北欧大单[③]。国内既掌握专业知识和技能又精通外语的人才相当缺乏，对 "一带一路" 沿线国家的国情也知之甚少，遑论能提供多少具有国际视野和跨文化交际能力、能熟悉地运用当地语言的高级专业技术人才了。对 "一带一路" 沿线国家而言，人才培养十分不平衡，有些国家存在的人才短缺现象极为严重。在华人聚居地且区域商贸活动较为发达的东盟国家，相关人才培养和储备较为充分，而处在中亚、南亚、非洲的沿线国家则由于自身相对落后的经济社会发展和国际交流，其人才培养和储备明显捉襟见肘。"一带一路" 建设的全面推进，人才问题无疑是当务之急，也是制约规划实施的核心要素。"一带一路" 沿线是诸多国家、民族、宗教、语言文化高度聚集的地区，对人才素质、数量、结构和能力提出了很高的要求，由于牵涉到异质性的民族、宗教、语言文化的联系和交流，战略实施所需的人才一方面要掌握专业知识，具备熟练运用汉语和当地国语言的能力，另一方面还要了解对象国的基本国情，具有良好的跨文化交际能力。这样高标准的复合型人才的培养，仅凭各国政府自身的教育培养显然难以满足。在 "一带一路" 建设规划实施的进程中，世界范围里的华文教育无疑将发挥不可替代的独特作用，为实

---

①　黄行：《我国与 "一带一路" 核心区国家跨境语言文字状况》，《云南师范大学学报》（哲学社会科学版）2015 年第 5 期。

②　李宇明：《国家的语言能力问题》，《中国科学报》2013 年 2 月 25 日，第 7 版。

③　曹昌：《高铁出海因翻译错误丢订单：把刮雨器译成抹布》，《中国经济周刊》2014 年第 12 期。

现"中国梦"做出应有的贡献。

二　华文教育与语言人才培养

与中国国内外语语种类型较为单一形成鲜明对照，海外华文教育极大地丰富了中华民族的外语语种资源，为"一带一路"建设提供小语种和稀缺语种的人才储备。目前全世界有华校2万多所，分布在198个国家和地区，这些以中文语言教学为主要任务的华校事实上也是小语种和稀缺语种的最大人才储备库。"一带一路"建设需要的是既掌握中文又具有精通其他语种尤其是小语种、既要掌握对象国的官方语言又要熟悉当地通用语和方言的复合语言人才，海外华校在此方面大有作为。在语种人才的培养上，以印度尼西亚三语学校为例。2005年泗水新中三语学校、茉莉芬茉华三语学校、直葛直华三语学校相继成立，标志着印度尼西亚华人的语言教育进入了新的历史阶段。印度尼西亚三语学校以国民教育体系为基础，三语并重，学生除了学印度尼西亚语文，还要强化华语和英语的学习，毕业后能熟练地运用华语和英语进行交际，成为同时掌握三门语言的人才。三语学校在印度尼西亚迅速得到推广，学生人数剧增。据印度尼西亚三语学校协会（ASTIBI）网站的资料显示，该协会目前已有会员学校24所，分布于爪哇岛、苏门答腊岛、加里曼丹岛、苏拉威西岛、巴厘岛、龙目岛等地[1]。在办学规模上，泗水新中三语学校学生已近3000人，雅加达崇德三语学校学生也达到1400多人。另一方面，三语学校是印度尼西亚诸种民族语言的大熔炉，印度尼西亚有300多个民族，200多种民族语言，华侨华裔、土生华人和友族学生在诸种语言环境里进行长期的语言接触和交融，其良好的语言习得效果是不言而喻的，最终必然使得三语学校成为印度尼西亚华人语言人才的渊薮。印度尼西亚三语学校的办学理念和办学模式也在泰国、缅甸得到成功的仿效，如泰国坤敬公立华侨学校、缅甸曼德勒新世纪国际三语学校都采取这种三语教学。在马来西亚，华社1973年发布《独中建议书》，开始推动华文独中的三语教育，经过数十年的努

---

[1]　印度尼西亚二语学校协会，http://www.sanyuxuexiao.com，最后访问日期：2016年10月18日。

力，马来西亚华文独中系统已成为东南亚地区培养多栖型语言人才的典范，马来西亚华文独中毕业生不但掌握了华文、马来文、英文等语文，大多数人也能说闽南话、粤语、客家话、福州话等方言。特别应该提到的是，海外新疆籍少数民族华侨华人有 100 多万人，分布于哈萨克斯坦、吉尔吉斯斯坦、乌兹别克斯坦及沙特阿拉伯、阿联酋、土耳其等中亚、西亚国家，他们既有良好的汉语基础，也具有少数民族语文的优势，同时又掌握住在国的语文乃至稀缺语种，这些国家的华校所培养的学生接受了中亚、西亚多语种的教育，必将成为“丝绸之路经济带”建设的重要人才。目前，中亚、西亚的华社正掀起华文教育办学热潮，如有 10 万华侨华人的迪拜，正筹划开办一所华校。在南亚，由于华社规模很小（全印度华人仅 5000 多人），加上政治、宗教、外交等原因，华文教育发展缓慢，必然影响到语言人才的培养，但华社也拥有为数不少的印地语、孟加拉语、克什米尔语、泰米尔语等语种的人才。

因此，若将视野扩大到海外华社，中华民族的外语语种资源极为丰富，中国具有强大的国家外语能力。

三　华文教育与跨文化交际人才的培养

华文教育也是“一带一路”建设跨文化交际人才培养的摇篮。“一带一路”构想是在全球化过程中世界经济进入调整期的背景下提出的，“旨在通过基础设施、资源能源、投资贸易等方面的深度融合，促进沿线国家经济发展、产业结构调整，加快构建利益共享的区域资源保障体系和产业分工体系，涵盖能源、金融、铁路、电力、港口等多行业、宽领域的合作，将进一步巩固沿线国家的合作基础，促进彼此的相互支撑和扶持，有利于经济共同体的建设。”[①]据初步估算，“一带一路”规划涉及亚欧非 60 多个国家，总人口约 44 亿，经济总量约 21 万亿美元，这一宏大构想重构了全球产业及经贸格局，既有力地推动了沿线国家的经济社会发展，也给中国发展带来了重大机遇。这个战略构想不但关涉到产能、商务、金融、投资等诸方面的国际合作，也牵连中国与沿线国家的人文交流，因此

---

① 李光辉：《“一带一路”战略对中国经济的重要意义》，《紫光阁》2015 年第 6 期。

需要大量的跨文化交际人才。在"一带一路"建设中，一个优秀的跨文化交际人才需拥有以下素质：（1）掌握和运用中文和相关国家语言的能力，有良好的语法、语篇组织的能力；（2）熟悉中国及相关国国情，对两国的制度文化、行为文化和精神文化有深入的认识，了解中外交流史；（3）尊重文化差异，能有意识地超越本土文化的框架模式，持有主动对话的态度将自己置于另一种文化模式中，达致理解、领悟他者文化的目标；（4）具有良好的策略能力，能有效地处理跨文化交际中出现的问题和障碍。这些跨文化交际人才的培养当然首先必须依靠中国及沿线国家的国民教育体系，通过各国外语类院校（包括海外孔子学院、汉学中心）进行系统而有针对性的培养，产生一批重点服务于"一带一路"建设的跨文化交际人才，但另一方面，这些通过各国外语类院校培养出来的毕业生在跨文化交际能力方面存在着天然缺陷，他们的知识和技能也许能基本满足跨文化交际的需要，然而在文化态度、文化立场、文化移情等方面的不足也是相当突出的问题。跨文化交际实践证明了一个规律，即深层次的文化差异是导致跨文化交际障碍和失败的根本原因。中外合作培养跨文化交际人才是解决问题的重要途径，事实上此项工作也已经启动。2015 年10 月，中国地质大学（武汉）成立了"丝绸之路学院"，印度尼西亚、伊朗、吉尔吉斯斯坦、塔吉克斯坦、澳大利亚等 20 多个国家及地区的大学校长和代表参加了揭牌；"丝绸之路学院"与印度尼西亚大学等"一带一路"沿线国家 17 所大学签订了合作协议，深化人才培养合作，它将通过国际学生教育、国际化人才培养为"一带一路"战略和沿线国家产业发展提供高水平的人才支撑，使之"成为一带一路人才培养的示范区"①。这种合作办学模式无疑将会在更大范围得到推广，其探索和实践对于"一带一路"建设的人才培养具有示范性意义，然而这种模式也存在着国别针对性不高、受益面较窄等问题。因此，世界各国的华文教育对于"一带一路"建设跨文化交际人才的培养有着不可替代的作用。

华侨华人出入于诸种语言文化之间，能掌握和运用华文和所在国家的

---

① 王焰新：《"一带一路"战略引领高等教育国际化》，《光明日报》2015 年 5 月 26 日，第13 版。

语言，既熟悉和了解住在国的政治、经济、文化状况，又通过系统的华文教育和中华文化熏陶，形成了具有中华文化认同意识，具有跨文化适应能力和文化移情能力的双栖型跨文化交际人才。"一带一路"视野下的中国企业树立国际化经营战略理念，人力资源本土化是必由之路，华文教育能为这些中资企业源源不断地输送跨文化管理人才。资料显示，截至2014年底中国与东盟进出口贸易总额为4801.25亿美元，同比增长8.23%，东盟继欧盟、美国之后位居中国的第三大贸易伙伴。其中，中国出口2717.92亿美元、进口2083.32亿美元，同比分别增长11.36%、4.41%。从具体国别来看，中国与缅甸的贸易额实现翻番，进出口同比增长146.03%，与老挝、越南的进出口总额分别增长31.87%、27.54%，大大高于中国与全球贸易增长6.1%的增速。与新加坡、泰国的贸易保持稳定增长，分别为4.92%、1.98%。目前，东盟是中国第二大进口来源地、第四大出口市场。中国企业累计在东盟国家投资总额为352.1亿美元，东盟国家累计来华投资917.4亿美元①。迅速发展壮大的中国—东盟经济贸易，其跨文化交际及其他人才需求巨大。柬埔寨甘再水电站是中国企业在柬最大的投资项目，公司电站运行部实行人力资源本土化，专门聘用掌握柬埔寨语和中文的华裔员工来开展协调工作，取得了良好效益②。中国公司在印度尼西亚的电站项目曾遭遇到比较严重的劳务问题，中方和印度尼西亚方的劳务人员之间因宗教文化习俗问题产生了严重的隔阂和矛盾，最后通过熟知中印度尼西亚语言文化的华裔交流沟通才得以解决③。在老挝，华为公司、中兴通讯、中水公司等著名中资企业已进驻，然而中资企业遇到最大的问题仍是懂汉语的人流失严重，跨文化交际面临较大困难。2011年老挝副总理和人民革命青年团中央书记在接见中国青年企业家代表团时表示："随着两国交流的不断深入，我们急需汉语人才，但目前我们自身的培养很难满足市场需求。"④ 因此，精通中老两国语言文化的华

---

① 《中国与东盟2014年经贸合作简况》，中国—东盟中心网站，http：//www. asean - china - center. org/2015 -03/16/c_ 134071065. htm，最后访问日期：2016 年 10 月 11 日。
② 石全：《浅谈海外项目中人力资源管理风险与应对措施》，《人力资源管理》2013 年第 10 期。
③ 张弓：《印度尼西亚电站项目劳务问题的化解》，《国际工程与劳务》2014 年第 3 期。
④ 《老挝掀起汉语热，学汉语已成青年时尚》，《海外华文教育动态》2011 年第 11 期。

裔人才十分抢手，尤其是华校寮都公学的毕业生极受青睐，正如一位研究者所言："老挝国立大学的汉语毕业生（非华裔、非汉族）去中资企业找工作其竞争力远不及寮都公学的毕业生。"① 在印度尼西亚苏北省，作为一所华人创办的著名私立本科院校，亚洲国际友好学院培养的学生以其扎实的汉语基础和跨文化交际能力受到当地华商及 20 多家中资企业的普遍欢迎。中国在马来西亚的投资快速增长，截至 2013 年累计已达 10 亿美元，马来西亚庞大的华人网络尤其是具有良好中华语言文化背景的华人群体为中资企业提供了大量"具有现代管理经验同时又熟悉马来西亚市场的管理人才"②。马来西亚、印度尼西亚和新加坡无疑是"一带一路"多栖型跨文化交际人才的重镇，多元语言文化的交融以及发达的国际商务有利于这类人才的培养和成长。事实上，东南亚许多华校也开始重视对华人跨文化交际能力的培养。如印度尼西亚雅加达的新雅学院开设了"商务汉语"专业，利用中印度尼西亚教育交流平台，构建熔教学、实践、交流和体验于一炉的语言文化商务教育体系，提高学生文化适应和文化交际能力。泰国华侨崇圣大学是一所由华人全资兴建、管理的大学，学生以华裔为主，2010 年该校成立了泰国首家汉语言文化学院，全部采用汉语教学，尤为注重商务汉语专业的发展，院长邬莱攀说："我们的汉语毕业生可说是十分'热销'的，除一些本科生选择继续留学深造以外，其余都可以很快找到工作，主要是一些有对华业务的公司、华人企业、旅游机构，也有人从事汉语教学及翻译等。"③ 有些海外华校还和中资企业签订了人才培养合作协议：如 2013 年文莱中华中学和中国华为文莱公司共同成立了"电脑资讯企业学会"，双方携手培养高层次的资讯人才；2009年，印度尼西亚中资企业协会与亚洲友好国际学院签署了毕业生就业合作协议，时任中国驻印度尼西亚大使章启月出席仪式并发表了讲话。在南非，成立了为中资企业员工子女和华侨华人子弟入读的新华学校南非中国

---

① 陈志勋：《老挝寮都公学与国立大学汉语教育之比较》，硕士学位论文，苏州大学文学院，2011，第 13 页。

② 周堃等：《2004～2013 年马来西亚中资企业的投资及其影响》，《东南亚纵横》2015 年第 4 期。

③ 《泰国大学创建首家汉语言文化学院》，《海外华文教育动态》2010 年第 8 期。

经贸协会分校。

"一带一路"建设需要各种懂汉语、有跨文化交际能力的专业人才。如何在发展华文教育的框架下，更好地满足"一带一路"建设的人才需求，需要我们解放思想，拓宽视野，探索新路子新机制，将语言教学、文化传承和专业教育结合起来，推动华文教育教学改革，促进华文教育的转型升级。可喜的是，近几年泰国、缅甸华社将华文教育延伸到职业教育领域，使华裔学生获得职业技能，又能接受中华语言文化教育，这些数量巨大的职校毕业生将成为"一带一路"建设的生力军。2015年8月，江苏省教育厅与缅甸教育部签署《中缅职教留学生合作项目（江苏）备忘录》，商定在2016～2018年期间，江苏省高职院校每年将招收100名左右缅甸优秀高中毕业生来江苏留学，首批87名缅甸学生已于2016年入学①；2016年8月，在云南省侨办的支持和帮助下，昆明学院与拥有1000多华人学生的缅甸云华师范学院在曼德勒签署合作协议联合成立职业技术培训中心。这种"华文教育＋职业教育"人才培养模式必将逐渐得到推广，成为培养"一带一路"职业技术队伍的有效途径。

特别应该提到的是，新华侨华人群体具有资金、技术、智力、信息等方面的优势，社会网络发达，中华文化认同深厚，熟谙他国语言文化，重视子女教育，他们将在"一带一路"建设中发挥重要作用。正如国务院侨办裘援平主任在2015年博鳌论坛指出的：华侨华人通晓中外语言文化，熟悉地区风土人情，具有融通中外的独特优势；海外上千所华文学校可以为"一带一路"建设培养更多双语人才；海外各类中华文化载体数不胜数，可以促进不同文明文化和宗教交流对话，营造中外友好交流合作的良好氛围②。

海外华文教育服务于"一带一路"建设，需要顶层设计和资源整合。目前对于区域性的人才培养缺少整体规划，现有人才的结构和层次也不合理。人才培养既要立足于市场需求，也需要国际性、区域性的总体规划；海外的华侨华人高等院校短缺的局面亟须改变，要支持和推动在对象国家

---

① 《首批缅甸职教留学生在江苏入学》，中国—东盟中心，http：//www. asean - china - center. org/2016 - 05/30/c_ 135397940. htm，最后访问日期：2016 年 10 月 12 日。

② 裘援平：《"一带一路"为华商提供无限发展空间》，国务院侨办，http：//www. gqb. gov. cn/news/2015/0330/35410. shtml，最后访问日期：2016 年 10 月 12 日。

创办"一带一路"专门学校，要依托华社大力培养跨文化交际的专门人才；要建立区域人才支援机制，引导专业人才全球流动。

四　华文教育与"华学家"的培养

享誉世界的学术泰斗饶宗颐先生提出以"华学"代替"国学"。所谓"华学"就是中华民族的学问，它是海内外中华民族共同创造的文化成果，既包括中华传统文化，也包括近代以来中华民族在西方文化冲击下不断探索所产生的具有新质的文化成果，同时也涵盖几百年来海外华侨华人的文化创造。"华学"是全体中华民族的新学术体系。"华学"既区别于"儒学""国学"，后者指称的是古代专门领域的封闭式学问，也迥异于用"他者"眼光审视中国学术的"汉学"或"中国学"；"华学"超越了长期以来中华学术固守传统门庭的局限，摆脱了充满偏见的异域学术樊篱，整体性地融汇中华民族的文化成果。"华学"包含了海外华侨华人的思想文化创造，体现了这种学术体系的开阔性和完整性。

在华侨华人中培养"华学家"对于实现中华民族伟大复兴的"中国梦"具有重要意义。"华学家"是华侨华人思想文化成果的概括者、传播者和代言人，其文化创造具有广阔的国际视野和鲜明的华侨华人特征，成为整个中华民族新学术体系的一部分，是华侨华人"中国精神"的集中体现。与"汉学家"和"国学家"迥然不同的是，"华学家"不是立足于西方中心主义的话语霸权，把中华思想文化归结为人类学或东方学上的所谓"知识"，也不是固守中国传统学术，摒绝全球化知识视野，而是站在中华文化的立场上，以中华民族的历史逻辑审视华侨华人的思想文化成就，并凸显中华文化的世界性意义。

海外华文教育发展的新形势为"华学家"的培养提供了有利的条件。在多元文化背景下，由于华语文教学的普及、中华文化教育的深化尤其是海外华侨华人高等院校和研究机构的发展，"华学家"群体的形成指日可待。东南亚国家如马来西亚、新加坡，华语文基础好，有完整的华文教育培养体系，拥有良好的华人学术传统，有利于"华学家"的迅速成长。在具有传统"汉学"优势的欧美地区，新移民群体文化程度较高，熟悉中西语言文化，更是"华学家"成长的摇篮。"华学家"的培养是一项庞大的人才培养计划，它需要中国有关部门与海外华社共同推动，制定战略规划顶层设计，合理设置培养方案，强化多种语言文化的培养环境，构建人才选拔和成长的学术平台，促进学术资源的共享与交流。

　　海外华侨华人中 "华学家" 群体的出现是一种愿景。第一， "华学家" 的培养需要夯实华文教育基础，强化国学教育，完善华文教育培养体系；第二，需要在海外建设一批华侨华人高等院校和研究机构，建立高端人才成长机制，加强学术交流和人才培养；第三，需要进一步整合中国大陆与港、澳、台及海外学术力量，建立 "华学" 学术机构，构建人才联合培养机制，在中华传统文化、异域文化、华侨华人文化之间寻找学术关键点。"中国梦" 召唤 "华学家"，海外华文教育需要提高到一个新的水平，中国大陆与港、澳、台的高等院校也将大有作为。

第二节　华文教育与侨务公共外交

　　在实现中华民族伟大复兴的 "中国梦" 的历史进程中，海外华侨华人作为一个特殊群体在侨务公共外交领域将发挥独特的作用，海外华文教育是侨务公共外交的重要载体和依托。

　　学界对侨务公共外交存在着一定的分歧，关键在于对侨务公共外交主体的不同看法。中国人民大学金正昆教授认为侨务公共外交的实施主体是海外华侨华人，他的界定是："对中国较为了解和友好的海外华侨华人，以信息沟通与传播为基本方式，向其住在国政府与社会公众说明中国、推广中国、展示中国，传播中华文化，进而构建良好的中国国家形象。"[1] 有的学者则认为侨务公共外交的实施主体是中国政府涉侨部门和组织，侨务公共外交是中国政府有关部门利用自身侨务资源，把侨务工作和公共外交有机结合起来，共同服务于政府的官方外交，共同致力于维护和增进自身认知的国家利益[2]。笔者倾向于同意侨务公共外交是多元主体的观点，即中国政府涉侨部门和组织是国家外交的行为主体，而华侨华人作为非国

---

[1]　金正昆、臧红岩：《当代中国侨务公共外交探析》，《广西社会科学》2012 年第 5 期。

[2]　王伟男：《侨务公共外交：理论建构的尝试》，《国际展望》2012 年第 5 期。

家行为主体在侨务公共外交中处于中心地位①。进而言之，侨务公共外交是在中国政府涉侨部门和组织的指导下，华侨华人向所在国政府和公众传达和介绍中国基本国情、价值观念、发展道路、内外政策等信息，以消除误解，增进了解、促进合作，从而维护和实现国家的根本利益②。

华文教育是华侨华人开展侨务公共外交的重要平台和独特途径，它一方面密切了华侨华人与祖籍国的联系，推动了华侨华人住在国与中国的文化交流与合作，另一方面依托其语言文化的教育资源优势在住在国的政府和公众中发挥了积极影响力，从而优化中国的国家形象，提高国家的软实力，助力"中国梦"。

一　华文教育与中国国家形象

提高海外华文教育的办学质量与影响力是塑构和优化中国国家形象的有效途径。国家形象作为一个国家实力的体现，"是国家传统、民族传统与文化传承在当代世界空间的特性化脉动的映像化张力，是国家质量及其信誉的总尺度，更是国家软权力的最高层次"③，从传播学角度看，一个国家的形象是"他者"对其的总体印象和综合评价。20世纪以来，中国在海外的国家形象随着中华民族的命运跌宕起伏，新中国成立尤其是中国的和平崛起从根本上树立了崭新的国家形象，进入21世纪后，一个和谐包容发展的大国形象展现在世人面前，然而与此同时"中国威胁论""中国崩溃论""文明冲突论"也甚嚣尘上。"中国要为国家振兴营造更宽松友好的国际舆论环境，就须更加重视国际社会普遍存在的对华认知问题。"④

华文教育通过华校的办学理念、教育过程以及教育效果，向华侨华人所在国展示了中华民族"以德主教、智德合一"的教育文明，强化了其对中华民族教育之礼仪教化、德育为先、师道尊严以及有教无类、温故知新等教育思想和理念的认知，树立了中华民族尊师重教、追求人格理想的

---

① 隆德新、林逢春：《侨务公共外交：理论内核、本体特征与效用函数》，《东南亚研究》2013年第5期。
② 何亚非：《释放侨务公共外交巨能量》，《人民日报》（海外版）2013年10月16日，第8版。
③ 王家福、徐萍：《国际战略学》，高等教育出版社，2005，第106页。
④ 裘援平：《中国的和平发展与公共外交》，《国际问题研究》2010年第6期。

形象，使华校成为中国文化薪火相传的缩影。不单是德育，华校行之有效的教学方法和优良的学生质量也是一种民族文化形象的体现。英国伊顿公学前校长、知名教育家托尼·利特在接受新华社记者专访时称，尊师重教传统为中国赢得国际美誉；中国教育注重培养合作与集体精神是其一大特色，无论是在体育运动还是在校园生活中，中国学生都表现出良好的团队精神①。马来西亚首相纳吉认为，马来西亚华裔重视子女教育，无私奉献，通过良好的教育为子女建立重要的价值观②。马来西亚前首相马哈蒂尔 2014 年在印度尼西亚接受名誉博士学位时称，中国传统文化是培养圣贤君子的、智慧的教育，我们要向中国学习。马哈蒂尔高度赞扬华校传统的 "珠心算" 教学方法，将其引进普及，并列为马来西亚小学必修课。在马来西亚 "跟我学珠心算教育运动大会" 上，他说中国的算盘是人类最早发明的计算器，倡议马来子弟学习中国优秀文化，造福马来西亚子孙后代③。马来西亚砂州首席部长丹斯里泰益玛目对华文教育赞赏有加，他表示，许多种族学生争相入读华校，证明了华文独中培养的人才具备良好的全球化竞争能力④。目前在东南亚各国，华校大多向当地社会开放，许多非华裔学生纷纷进入华校就读。非华裔学生对华校情有独钟，除了因为华校拥有良好的教学资源外，还由于华校重视学生道德人格的培养与提升。马来西亚非华裔学生争相进入华校读书的现象十分突出，近 60 万的华小学生中有三成非华裔学生，华文独中生超 10% 为非华裔生，当地富裕阶层和家长以孩子入读这些学校为荣。在文莱，具有 90 多年办学历史的中华中学成为首都斯里巴加湾市一道耀眼的文化风景，其办学水平和质量得到当地社会的高度认可，该校本地学生中马来族和其他族群占比近两成，还有来自印度、斯里兰卡等外国侨生，文莱苏丹哈吉·哈桑纳尔·博

---

① 张建华：《托尼·利特赞扬尊师重教传统为中国赢得国际声誉》，中国教育新闻网，http://www.jyb.cn/world/gjsx/201609/t20160911_ 672600.html，最后访问日期：2016 年 10 月 12 日。

② 《马来西亚首相认同及赞扬华社对教育所作贡献》，中新网，http://www.chinanews.com/hr/2011/09 - 26/3352632.shtml，最后访问日期：2016 年 10 月 12 日。

③ 郭向星、孟利宁：《 "珠心算" 再热马来西亚》，《人民日报海外版》2005 年 4 月 7 日第 4 版。

④ 《大马官员赞华文独中教育水平国际化具全球竞争力》，新华网，http://news.xinhuanet.com/overseas/2006 - 08/22/content_ 4991531.htm，最后访问日期：2016 年 10 月 12 日。

尔基亚曾三次到访该校，甚至还微服私访，可见文莱主流社会对中华中学办学的重视和肯定。印度尼西亚的三语学校，异族学生的比例更高，八华学校从幼儿园到高中学生多达 4000 多名，非华裔生有 500 多人，而日惹崇德三语学校和巴厘省文桥三语学校的友族生源则接近一半。在老挝，位于首都万象的寮都公学是一所遐迩皆知的名校，许多老挝高干子弟入读该校，扩大了华校在老挝主流社会的影响。在美国旧金山，德阿维拉华人沉浸学校（Chinese Immersion School at De Avila）办学颇有特色，幼儿园和小学阶段除了规定的课程外，还采用"沉浸式教学"的方式讲授广东话、英语和普通话课程，因其独特的教学特色，该校校长唐若兰获得旧金山市长表彰。同时，华校也利用自身的优势，积极为当地政府和民间社会培植语言文化人才，提高了华校的办学声誉，从而塑造了良好的民族形象。如泰国北部最大的华校崇华新生华立学校受邀为清迈边防军部队培训中文，缅甸仰光东方语言与商业中心为缅甸建设部官员开展汉语培训。

值得一提的是，中国国家汉办在全球开办的孔子学院和孔子课堂，一部分是国内院校与当地主流学校合作的，有些则完全依托华校的力量，后者代表着中国政府向当地传播中华语言文化，直接体现了中国国家形象。如缅甸福星孔子课堂走进仰光大学，合办"中缅青年文化交流节"；缅甸福庆孔子课堂积极推动与曼德勒省旅游部合作办学，与皇家缅甸私立学校共建汉语班。中国领导人出访外国，经常参观当地的华校，对于提高华校的影响力和树立华侨华人形象具有重要作用，如 2008 年胡锦涛主席访问日本时参观了横滨山手中华学校，2013 年和 2016 年李克强总理分别访问泰国、老挝时参观了清迈崇华新生华立学校和老挝寮都公学。

海外华校也利用各种方式和途径参加当地社区活动，在多元文化的语境中展示华侨华人学生的精神风貌，以此凸显中华文化魅力。在中国传统节日，世界各地华社精心组织华校学生开展各种丰富多彩的中华文化活动，引起当地社会的兴趣和关注，扩大了中华文化的影响。如，瑞士苏黎世每年一次的送冬节，就为苏黎世标准中文学校提供了一个很好的向欧洲乃至世界展示中国文化的契机。学校的儿童方队，连续 5 年参加了这一当地人民辞旧迎新的盛大游行活动。孩子们身穿独特的中国民族服装，手拿精巧的工艺品，敲打着中国锣鼓，把中国龙也舞上了苏黎世的街头，在苏黎世市民尤其是儿童中引起了极大的轰动，当地媒体和瑞士电视台争相报道这一盛况①。如，意大利罗马中华语言学校参加了罗马市政府组织的"无国界运动日"活动，该校学生表演了歌舞、武术，受到罗马市民及主流学校师生的欢迎②。新西兰路易·艾黎中文学校的学生积极参与主流社会及当地华人社区的各项文化活动，如区政府主办的"花园盛会"、新西兰政府主办的灯会等一系列活动，促进了当地多元文化的发展③。在这方面，意大利佛罗伦萨中文学校堪称典型。这所 2001 年由旅意温州籍华侨创办的华校立足于意大利多元文化的有利环境，主动与意大利托斯卡纳大区政府、意大利协助发展中国家协会、佛罗伦萨甘地学院、佛罗伦萨中意文化交流协会联手，成立"意大利华文教育集团"，向全境推广教育模式，促进意大利当地社区多元文化发展，被誉为"多元文化教育领域最注重教学质量的学校。④。意大利普拉托华侨华人联谊会中文学校也积极参加多元文化社区的构建，普鲁托省督、移民局长等官员多次访问该校⑤。

由此可见，海外华文教育一方面体现了中华民族之"刚健有为""崇德利用""尊师重教"精神，这些价值观的正面效应提高了华侨华人社会的吸引力和影响力，强化了外界对中国国家形象及其文化软实力的积极评价，另一方面积极参与当地的多元文化建设，展现了中华文明的开放性和包容性，促进两国人民的交流，增强中华文化感召力，有利于深化当地对中国正面形象的认知和理解。

二　从民间外交、公共外交到政府外交

华文教育公共外交是国家"大外交战略"的有机组成部分，是提高中国"软实力"的重要手段和途径。近年来，国家通过华侨华人的力量，

---

① 邵英：《从识字班走来海外中文学校》，《人民日报》（海外版）2012 年 4 月 30 日，第 6 版。

② 《罗马华校积极参加社区活动，促侨二代融入主流社会》，中国新闻网，2011 年 4 月 14 日 http://www.chinanews.com/hwjy/2011/04-14/2973302.shtml，最后访问日期：2016 年 10 月 22 日。

③ 《路易·艾黎中文学校》，中国华文教育网，http://www.hwjyw.com/info/content/2013/09/12/28996.shtml，最后访问日期：2016 年 10 月 22 日。

④ 严晓鹏、包含丽等：《意大利华文教育研究》，浙江大学出版社，2015，第 97 页。

⑤ 严晓鹏、包含丽等：《意大利华文教育研究》，浙江大学出版社，2015，第 97、178 页。

以华文教育为载体和平台开展民间外交和公共外交，并进而审时度势地上升为政府外交，卓有成效。在这方面泰国尤为突出。中泰自 1975 年建交以来，两国关系日趋密切，政治互信深厚，经济合作扎实，人文交往热络，传统友谊巩固，泰国华侨华人积极融入当地社会，与泰国主流社会建立了友好关系，出现了"中泰一家亲"的良好局面。包括泰王室在内的主流社会极为重视中文教育，诗琳通公主迄今已 30 多次访问中国，不但自己身体力行学汉语，还积极促进汉语传播，推动了泰国主流社会各界学习中文的热潮。泰国华文教育成为沟通两国友好交流的桥梁，也是公共外交和政府外交的良好途径。早在 2006 年，华侨大学受泰国普吉市政府邀请，首度派遣中文教师，赴普吉岛举办夏令营，该夏令营项目受到当地政府和民间的热烈欢迎，并逐渐形成每年举办的制度化机制，后来演变成国务院侨办的"中华文化大乐园"活动。华侨大学通过这个夏令营项目，凸显了侨务公共外交的特点和优势。该项目得到普吉市政府的大力支持，如 2015 年泰国普吉市市长许得意、副市长陈福财、普吉市政府副常务次官 Phairoj Kakina，普吉市议员等官员亲自参加了普吉"中华文化大乐园"的开营式，在此积极影响下，普吉市政府领导多次访问厦门，推动厦门与普吉两市的文化交流，2016 年 4 月厦门市长裴金佳接见了来访的泰国普吉府府尹卡梅隆·迪帕亚蓬塔达一行，并代表厦门市与泰国普吉府签订了建立友好城市关系意向书①。华侨大学外国政府官员中文学习班项目无疑是侨务公共外交最典型最成功的范例。这一项目不但起步早、规模大、有特色，而且产生了影响巨大的侨务公共外交效应，有力地促进了中泰两国关系的发展。2005 年，华侨大学在泰国华社精英人士的支持下与泰国的泰中文化经济协会建立了联系，并启动了"泰国政府官员中文学习班"项目，泰中文化经济协会选拔在职公务员到华侨大学华文学院学习一年汉语。该项目创办 11 年来已为泰国国防部、议会、商业部、农业部、警察总署、卫生部等十多个部委培训学员 500 人，有些学员回国后已担任要职，成为泰国社会的中坚力量。2011 年该项目学员国别由泰国扩展到印度尼西亚、菲律宾、马来西亚等海丝沿线国家。泰王国诗琳通公主曾分别

---

① 以上信息来自华侨大学和厦门市人民政府官方网站。

于 2006 年和 2009 年两度访问华侨大学，看望在华文学院学习中文的泰国政府学员。泰国上议院议长、国会主席、外交部次长、驻华大使、驻厦门总领事馆的历任总领事等也先后多次莅临华大看望在校学员。中国外交部、国务院侨办、全国人大华侨委员会、中国驻泰国大使馆领导也多次在不同场合关心、接见学习班学员，勉励他们努力学习。2015 年泰国国王普密蓬·阿杜德授予华侨大学贾益民校长"一等皇冠勋章"，以表彰他及华侨大学在泰国学术交流及人才培养等方面做出的杰出贡献。"泰国政府官员中文学习班"从创办伊始的民间外交升级为政府外交，体现了华文教育在侨务公共外交所发挥的重要作用①。另外，泰国国内的华文教育机构也充分利用其作为华教组织的资源优势，开展侨务公共外交。如泰国华文教师公会和泰国华文民校协会这两家华教机构通过政策咨询、教师培训、教学资源共享和教育展览等方式有效地联通了泰国各级教育部门和中国国家教育部、国内高校的交流，在合作项目实施过程中推动中泰地方政府的互动合作。

第三节　中华文化传承与弘扬中国精神

2014 年 3 月习近平主席访问欧美五国，在联合国教科文组织发表演讲时指出："没有文明的继承和发展，没有文化的弘扬和繁荣，就没有中国梦的实现。"中华文化的传承为实现中华民族伟大复兴的中国梦提供了思想内核和精神支撑，是中国道路、中国精神和中国力量的基石和动力②。当代华文教育一方面肩负着中华文化传承的重任，通过华语教学的基础性工作来培育华裔青少年的中华民族精神和文化认同意识，另一方面承担了具有时代特征的中华文化创新的使命，从而构筑开放、博大的海外中华文化价值体系，并借此传布中国道路、弘扬中国精神、强化中国力量，共筑中国梦。

---

① 以上信息来自华侨大学官方网站。
② 李媛媛、洪向华：《实现中国梦呼唤中华文化的传承与创新》，《红旗文稿》2014 年第 10 期。

一　华语是中华文化存在的家园

德国哲学家赫德尔认为，由历史塑造而成的民族是一个文化共同体，语言是民族最神圣的属性，也是民族之间最重要的区别性特征①。汉语是中华民族的母语，华语自然成为海外华侨华人"最神圣的属性"，是中华文化在海外代代承传的纽带，因此华语教学无疑是海外华文教育的基础和前提。李宇明根据汉语与学习者的文化关系、语言习得的顺序将华语教学分为五种类型：作为第一语言的母语教学；作为第二语言的母语教学；少数民族的国家通用语言教学；东亚型的第二语言教学；纯粹的第二语言教学②。贾益民对海外非母语环境中的华文教学性质进行了分类：第一类是第一语言教学，如马来西亚独小、独中的华文教学；第二类是第二语言教学，如针对泰国、印度尼西亚等国具有华裔语言文化背景的华侨华人子女的教学；第三类是介乎第一语言和第二语言之间的华文教学，如印度尼西亚三语学校中的华文教学③。世界各地的华侨华人社会因其不同的历史经纬（如移民时间、民族归化程度、代际分野、住在国的语言政策等因素）形成了需求结构和层次不同的华语学习群体。即使是同一个华侨华人聚居地，也可能由于移民时间、方言区域、家庭教育等复杂因素而导致了华侨华人子弟迥然有别的华语学习需求。如：在美国旧金山既有一百多年前来自粤语方言区的传统华人，也有中国大陆的新移民，他们对华语学习的需求显然不同；印度尼西亚雅加达和棉兰的华裔也因语言环境的差异而呈现了不同的华语学习需求。毫无疑问，华语教学是让华侨华人子弟守住中华文化之根的基础教育，因此华侨华人社会虽历经劫难，坚持华语教学矢志不移。随着世界汉语热潮的兴起，汉语的国际地位日益提升，华侨华人对华语教学也愈加重视，在诸多合力作用下，世界范围里的华语教学进入了发展的快车道，呈现了多质、开放、多元、共生的良好态势。（1）华校和学生数量迅速增长。目前全世界有华校2万多所，学习华语的人数难以统计，单是马来西亚独立中学就有在校生8万人，柬埔寨端华学校学

---

①　陈平：《语言民族主义：欧洲与中国》，《外语教学与研究》2008年第1期。

②　李宇明：《海外华语教学漫议》，《暨南大学华文学院学报》2009年第4期。

③　贾益民：《海外华文教学的若干问题》，《语言文字应用》2007年第3期。

生达 14000 人。（2）世界范围里的华语教学类型复杂多样，以"作为第一语言的母语教学""作为第二语言的母语教学"和"纯粹的第二语言教学"为主要存在形式。华语教学类型的选择取决于移民时间、民族归化程度、代际分野、家庭语言氛围、住在国的语言政策等综合因素，也涉及复杂的语言社区和学习者个体差异。（3）华语教学层次日趋完善，涵盖了从幼儿园、补习班到硕士、博士研究生各个层次的完整教育体系。（4）华语教师数量快速扩张，教师专业素质及能力不断提升，教师的培养与发展有长足进步。（5）华语教材建设取得突破性进展，《中文》等经典教材得以推广使用，相关教材层出不穷。（6）华语教学方法丰富多样，教学条件愈趋完善，互联网、智慧教室等现代教学技术得以广泛应用。（7）华语研究逐渐成为显学，华语语料库和学术论著层出不穷，华语教学学术交流日益频繁。从世界范围看，21 世纪以来的华语教学可谓是百花齐放、异彩纷呈。在印度尼西亚、泰国、柬埔寨、缅甸等遭受过重创的东南亚国家，华语教学迅速得以恢复和发展。比如在印度尼西亚，华语补习机构遍地开花，三语学校不断出现，被迫关闭的华校陆续复办，亚洲友好国际学院、新雅学院、智民中文学院等华文高等院校接连创办，学习华语的华裔青少年（含留学中国）人数激增，师资队伍迅速壮大，教师本土化进程加快，华语教材丰富多彩，印度尼西亚因而成为目前东南亚华语教学最活跃的地区，仅井里汶一地，2014 年 11 所开设华语课程的学校或补习班，学习华语的华裔学生就达到 5548 人，足见印度尼西亚华语教学风气之盛①。泰国的华语教学也堪称盛况，由于民族融合程度高，泰国汉语教学和华语教学的界限已难以分辨，汉语教学全面开花，曼谷436 所中小学全部开设汉语课程②。马来西亚和菲律宾保持了较完整的华语教学体制，华裔学生人数稳步提高，日本华校如横滨山手中华学校的注册学生也快速增加。在美国，华语教学因移民来源地的不同而有所差别。成立于 1994 年的全美中文学校协会是由中国大陆留学生和新移民创办的学校所构成的华教组织，现已拥有近 500 个会员学校，这些华校采用汉语

---

① 胡霞、林瑞华：《印度尼西亚当地华裔学生的华语学习情况调查研究——以印度尼西亚爪哇岛井里汶市为例》，《东南亚纵横》2014 年第 9 期。
② 于鹏：《泰国青少年汉语教育传播的历史、现状及展望》，《海外华文教育》2015 年第 1 期。

拼音和简化字教学，华侨华裔学生近 10 万人。中国台湾及大中华地区的华校组成"全美中文学校联合总会"，也有近 10 万学生。在一些粤籍老一代华人创办的华校，还有以粤语授课的华语教学；台湾籍移民开办的华语学校，采用注音符号和繁体字开展华语教学。欧美其他地区的华语教学也呈现了持续稳定发展的大好形势。随着中国新移民的增长，澳大利亚和加拿大的华语教学呈现了快速上升的态势，墨尔本新金山中文学校已拥有 10 多所分校，学生多达 5000 多人，而温哥华中华文化中心创办的学校教师多达 120 人，拥有学华语的学生 4000 多人。在仅有 6000 多华人的肯尼亚，也开办了肯尼亚中国人学校。总之，世界范围内的华语教学盛况空前，"海外'汉语热'的主体其实是'华文热'，因为海外学习汉语的主体人群其实是华侨华人及其子女。""海外大约 4000 万的汉语学习者中，70% 即大约 2800 万是华裔"①。近年有学者提出，鉴于东南亚地区华侨华人数量众多、华社生存环境的改善以及华校长期坚持的母语教育传统，东南亚地区的华语教学不应只当作第二语言教学来对待，而应该成为一种新型的母语教育，华社必须为实现母语教育目标积极争取应有的权利和地位②。

然而，海外华语教学发展相当不平衡，也存在着一些问题，在某些国家甚至出现了华语教学危机，需要引起高度重视。东南亚地区的华语教学总体上呈良好态势，但在马来西亚、新加坡和菲律宾这些国家，华语传承也受到一些外在因素的制约，影响了华语教学与传播的正常发展。半个世纪来，马来西亚政府的语言文化教育政策从未放弃贯彻所谓的"最后的目标"，即国家最后只有一种源流的学校——国民学校，以马来语（国语）作为主要的教学媒介语，其他族群的语文如华语和泰米尔语只能作为一种外语来学习，马来语之外的民族语文学校最终必须并入国民学校。2000 年马来西亚政府推出"宏源学校计划"，要求把三种源流的学校放置于同一个校园，以逐步实现"最后目标"，2003 年又突然宣布各源流学校从一年级起必须以英语为教学媒介语教授数学和科学课程③。这两项严重

① 贾益民主编《华文教育概论》，暨南大学出版社，2012，第 2 页。
② 李军、刘峰：《东南亚地区华文教育的模式与性质分析》，《东南亚研究》2006 年第 3 期。
③ 莫泰熙：《英文教育回流对马来西亚华文教育的挑战》，《暨南大学华文学院学报》2003 年第 4 期。

损害马来西亚华校利益的措施尽管因遭到各方的强烈反对而被迫搁浅，但马来西亚政府归化华校、限制华语教学的语言教育政策始终是一把 "达摩克利斯之剑"，导致了马来西亚华语教学的危机境地。在新加坡，华语教学也同样存在着困境，英语在 20 世纪 60 年代被确立为官方语言，尽管政府后来鼓励和支持民族语言教育，但华语的社会地位逐渐式微，华语教学沦为英语教育的附庸，整个华人社会的民族语言水平大幅降低，这种情况并没有根本好转。菲律宾的华语教学也同样面临着深重的危机，由于许多华校所依赖的华人经济逐渐衰弱，学校的办学条件日趋艰难，倒闭的华校越来越多，华语教学日益边缘化。欧美地区的华语教学，资源匮乏问题也普遍存在，周末学校租金不断提高，办学入不敷出，况且学生学习动机和兴趣不足，学习华语的时间有限，最终制约了华语教学质量。值得重视的是，华语传承的语言环境也出现了不利的因素。随着海外华人社会的代际变迁，近年来汉语方言在华人社区和家庭交际中逐渐弱化以至消失，使基于方言背景的 "含有母语基因的非母语教学" 这种华语教学方式随之走向没落[①]。印度尼西亚除了棉兰、坤甸、邦加、勿里洞、廖岛等地外，雅加达、泗水等大城市的华人方言社区已濒临绝迹。菲律宾的华裔青少年主要交际语言是英语和菲语，一份对基立学院 143 名 14 ~ 18 岁华裔学生的调查显示：在家庭使用英语和菲语交际的有 48 人，用闽南话的是 33 人；与同学朋友交流用语则基本上是英语和菲语，没有一人使用闽南话[②]。根据加拿大人类学家 C.卡斯通的研究，如果移民在家庭中不再使用母语交流，而完全使用当地官方语言交流，则属于民族语言的 "完全迁移"，最终必然丧失民族语言能力；如果他们在家庭中同时使用母语和其中任何一种官方语言交流，则属于民族语言的 "部分迁移"，尚能维持部分民族语言能力[③]。方言不但对于华语教学具有正迁移作用，而且关系到学习者的文化传承和民族认同，因而海外华社方言交际的退化必然增加了华

---

① 李方：《含有母语基因的非母语教学——海外华文教育管见》，《语言文字应用》1998 年第 3 期。

② 高爱军：《菲律宾华裔中学生文化背景及语言环境现状调查——以基立学院为例》，硕士学位论文，河北师范大学文学院，2013，第 14 页。

③ Jedwab J., *Ethnic Identification and Heritage Language in Canada* (Montreal： Images, 2000)，p. 19.

语传承的难度，也影响到中华文化传承的效果。

有鉴于此，应建立世界华语教学危机预警机制，通过对各国各地区华语教学状况及危机风险源的信息收集和识别，准确把握华语教学的危机诱因、未来发展趋势和演变规律，并构建综合性、整体性的危机治理体系。应该充分发挥中国的地缘政治和外交影响力，促使华侨华人所在国政府尊重华人学习民族语言的合法权益；鼓励和支持海外华社发展华语教学，重点扶持一批华校，为华校提供教学资源的帮助；鼓励和支持海外华社保护方言和优化华语学习环境。华语教学是华侨华人子弟确立华语身份的基础，只有具备良好的学习环境和条件，华语传承才能顺利实现。

二 华文教育与文化中国体验

学界关于语言与文化的关系，历来有"包含关系""反映与工具关系""决定关系"等不同见解，但无论如何，语言作为一种社会文化现象，它具有原文化性质，保存着全部文化的信息，语言是文化的凝聚体①，因此华语教学本身就是中华文化传播的一部分，这一点是确切无疑的。然而，语言教学并不等同于文化教学，与文化传承更是相去甚远。作为海外华侨华人留根工程的华文教育不能仅止于华语教学，也不能只满足于课堂的文化教学，而应该把培养华裔青少年的中华文化认同作为终极目标。海外华侨华人子弟的中华文化传承是一项系统工程，它不但涉及华语的习得和中华文化知识的认知，更重要的是关涉了中华文化价值观的认同与接受。中华文化传承意味着对中华民族的思维方式、价值取向、伦理观念、心理状态、理想人格和审美情趣的肯定性体认，以及在此基础上的接纳乃至践行，这是整个华文教育事业的根基。正如马来西亚教总前主席沈慕羽所言："华校除了传授知识和谋生技能外，最注重人格教育。更以华人的传统道德为训练目标。"②

对外汉语教学中文化教学的内容一般包括知识文化和交际文化，同时也包含一定的文化技能。在跨文化交际语境下，知识文化指的是两种不同

---

① 杜道明：《语言与文化关系新论》，《中国文化研究》2008 年冬之卷。
② 《教总 33 年——马来西亚华校教师会总会庆祝成立 33 周年纪念特刊（1951. 12. 25 ~ 1985. 4. 8）》，1987，第 202 页。

文化的背景知识，交际文化指的是来自不同文化背景的人进行交际时言语中所包含的文化知识，文化技能则是对某些文化行为的掌握并运用。无论是知识文化、交际文化还是文化技能，都属于文化教学内容中的知识系统，都诉诸认知学习领域。讲授知识文化、交际文化和文化技能是中华文化教学的核心内容，也是中华文化传承的基础性工作。事实上，无论是华文教育的组织者、参与者还是实施者，对中华文化知识和技能教学都极为重视，在教学内容、教材选择、教学方法诸方面做了大量工作，取得了良好的教学效果。

中华文化知识和技能的教学始终是华文教育的核心内容，无论是华文教育发轫期之注重四书五经、琴棋书画，还是民国时期文化教学之灌输儒家思想、传统伦理，都体现了华文教学的文化性特质。进入 21 世纪，海外华文教育一如既往地强化中华文化知识和技能的教学，并在不同时空背景下呈现出丰富多彩的中华文化教学景观。在中华文化教学内容和教材选择方面，世界各地的华文教育组织者可谓因地制宜、各显神通。马来西亚华文教学研讨工委会编纂的本土教材《华文》贯穿了中华民族的伦理道德，新加坡专门编写《华人礼俗节日手册》作为华族小学生的辅助读物，许多华校把诵读传统蒙学教材《三字经》《弟子规》作为中华文化知识的入门。美国加州华文教师王双双结合自己多年的华文教学经验，与人合作编写了《双双中文教材》20 册，这部教材除了华语教学内容外，还设专册介绍中国地理、历史、哲学、文学、科技等方面的丰富内容，体例精要，好教易学，深受北美华校欢迎。美国旧金山新意中文学校校长陈健主编的《新意中文》24 册，课程设置为十年，全套教材涵盖文学、地理、历史、哲学等中国文化知识，集知识性、趣味性为一体，特色鲜明。荷兰丹华文化教育中心则引进国内的《中华字经》让学生诵读，把汉字识读和文化认知结合起来，该中心同时又开设了荷兰第一个国学课堂，引进国内 "诗书礼乐""四菜一汤" 的国学教学体系，注重书法教学，让学生们深入浅出地学习和吸收中华民族优秀传统文化[1]。在马来西亚、菲律宾及

---

[1] 《一字一天地，丹华高年级学生初探汉字书写之美》，中国华文教育网，2015 年 11 月 23 日，http://www.hwjyw.com/info/content/2015/11/23/32308.shtml，最后访问日期：2016 年 10 月 22 日。

欧美地区的华校，普遍开设了中华武术、书法、国画等中华文化技能课程，有些学校甚至达到了专业水平。在文化教材方面，贾益民主编的《中文》和国务院侨办主编的《中国历史常识》《中国地理常识》和《中国文化常识》（简称"三常"）丛书发挥了重要作用。《中文》教材根据海外华文教育的目标和要求，结合华裔青少年的特点，不但科学合理地安排字词句及篇章内容，使华裔青少年由浅入深、循序渐进地学习华语，而且始终贯穿着中华文化的核心价值观，使海外华裔青少年得以在熏习中体认中华文化。这部教材自 1996 年在柬埔寨试用以来，迄今已发行上千万套，成为海外发行量最大的华文教材，深受海外华校欢迎，为复兴期的华文教育提供了宝贵的教学资源。国务院侨办主编的"三常"丛书采用中英对照，印刷精致，图片丰美，为海外华裔青少年认识和了解祖（籍）国的历史、地理和文化提供较为完整的普及教材。

在中华文化知识教学内容和教材方面，长期存在着经验主义和主观随意性的倾向，目前有两大突出问题尚未解决。一是向海外华裔青少年传播的中华文化，其性质、功能、基本内涵、目标方向和价值取向何在？以何标准扬弃中华传统文化？中华文化现代化的成果如何继承？笔者认为，解决问题之道在于，要以族缘、地缘、语言、文字、文化的认同为基础，充分发挥海内外专家学者的作用，广泛利用中国大陆与港澳台及海外华人群体的学术资源，结合海外华社的文化需求，构建适合于新形势下华文教育需要的"中华文化"知识系统和标准。二是中华文化教学内容和价值观与华裔青少年居住国的价值观兼容的问题，即如何以海外华裔青少年可以接受的方式讲中国故事。文化教学内容显然涉及了政治经济制度、民族政策、国家战略、思想文化、宗教信仰、典章制度、习俗礼仪、图腾禁忌等等，在编写教材的过程中如何在这些价值观与中华文化之间寻求一种恰到好处的和解、契合和融通，必然只有身处其中的海外华文教育界才能真正做到。本土化文化教材由各地华文教育界编写，这样既具有教学针对性，也有利于确立本土化教材的合法性地位。

华裔青少年的中华文化传承当然不能仅仅依靠文化知识和技能的教学，华裔青少年的文化知识学习属于认知范畴，尚不能真正进入中华文化认同的层面。美国教育心理学家布鲁姆提出的"教育目标分类学"有助于我们把握华裔青少年在接受华文教育过程中从文化知识的吸纳到中华文化传承之间的理论和实践路径。布鲁姆将教育目标划分为 "认知领域" "情感领域" 和 "操作领域"，"认知领域" 是后两者的前提和基础，这三个依次自低到高的领域构成了整个教育目标体系。揆之于华文教育，对于受教育者的华裔青少年而言，中华文化知识和技能的学习属于认知领域，培养中华文化认同感属于情感领域，而自觉地践行中华文化价值观则属于操作领域。中华文化知识和技能的学习遵循 "记忆—领会—应用—分析—综合—评价" 的认知程序，掌握中华文化的基础知识和基本技能，并具有一定的归纳、比较和评判的能力。然而，华裔青少年要真正实现传承中华文化的教育目标，显然不能局限于认知领域，而是必须在认知领域的基础上进入情感领域，培养中华文化认同感。布鲁姆根据价值内化的程度将情感领域的目标分为五个层次。（1）接受。学习者愿意接受某种特定情境并敏锐地选择注意的对象。（2）反应。学习者产生兴趣并具有满足感，愿意为之承担责任。（3）价值化。学习者将特殊的对象、现象或行为与一定的价值标准相联系，并较为稳定地呈现出对这种价值标准的偏爱和欣赏。（4）组织。学习者将各种不同的价值标准组合在一起，通过比较和选择，克服它们之间的矛盾冲突，并开始建立内在一致的价值体系。（5）价值与价值体系的性格化。学习者将各种价值观置于内在和谐的框架中，观念、信仰和态度融为一体，形成了个人的世界观、价值观和人生观，自此之后个人的思想与行为是可以预测的[①]。笔者认为，布鲁姆关于情感领域的目标层次有效地阐释了华文教育之培养中华文化认同感的整个过程及程序：华裔青少年在系统学习中华文化知识的基础上主动地进行选择和接受，通过对中华文化的感受、体悟、共鸣和激赏进而形成一种积极的文化态度，并经过诸种价值观的参酌、对话和融合，最终达致对中华文化的肯定性体认。因此，华裔青少年中华文化认同的培育，除了在课堂上强化文化知识和技能的教学外，还要依靠其他方式和途径来促进其情感领域的发展，从而达到华文教育的目标，这些方式和途径包括校园文化

[①]　安德森，L. W.：《布鲁姆教育目标分类学——40 年的回顾》，华东师范大学出版社，1998，第 78 ~ 88 页。

建设、华社和家庭文化氛围的营造、风俗习惯的传播以及文化实践活动诸方面，其中文化实践活动对于华裔青少年中华文化认同的培育至关重要。

　　旨在培育华裔青少年中华文化认同的文化实践活动内容丰富、形式多样，在这些文化实践活动中，华裔青少年冬/夏令营由于主题明确、组织有序、时间统一、形式灵活而受到普遍欢迎。从教育哲学和教育心理学角度看，对于每一个华裔青少年而言，冬/夏令营文化实践活动是一种"生命体验"，是一种震撼心灵、体悟生命的魅力化育模式。在德国哲学家狄尔泰看来，"体验"与"经验"或"经历"截然不同，它包括行为体验和内心体验，指的是源于人的个体生命深层的对人生重大事件的深切领悟，是用自己的生命去验证事实、感悟心灵。"体验"不是理性的、逻辑的，而是诉诸感性直觉的心理过程[1]。体验具有情感性、意义性和亲历性的特点。所谓体验的情感性，指的是体验产生情感，"体验的出发点是情感，主体总是从自己的命运与遭遇，从内心的全部情感积累和先在感受出发去体验和揭示生命的意蕴；而体验的最后归结点也是情感，体验的结果常常是一种新的更深刻的把握了生命活动的情感的生成。"[2] 主体在体验过程中全身心投入，进而产生情感、认同甚至精神皈依。所谓体验的意义性，是指主体在体验过程中所产生的意义的瞬间生成，是主体以意义为指归而臻达悦志悦神境界的一种心理历程。生命在体验中产生瞬息感悟，以对生命意义的把握而超越时空的阈限，从而以本真之心触摸到生命的真谛，体验与意义的相遇，是个体生命挣脱无意义纠缠的一种形而上的表达形式，这种表达形式的完美状态即是高峰体验[3]。所谓体验的亲历性就是主体对某一事物的亲身亲临亲证，是诉诸个体自我精神世界的感受和感悟。总而言之，体验是主体生命过程中的精神事件，对主体的情感倾向、文化认同甚至信仰体系均能产生重要影响。"体验"是华裔青少年冬/夏令营的本质特征，也是培育他们中华文化认同的有效方式。

　　华裔青少年冬/夏令营的组织者一般是海外华社、华校，或者中国各级政府、民间组织和高等院校，根据活动地点可分为"在地冬/夏令营"

---

① 王一川：《生命意义的瞬间生成》，山东文艺出版社，1988，第110页。

② 童庆炳：《现代心理美学》，中国社会科学出版社，1993，第51页。

③ 杨四耕：《体验，一种生命化的学习方式》，《当代教育论坛》2007年第1期。

和"出境冬/夏令营"两种形式。20世纪90年代以来，随着海外华文教育事业的复兴，华裔青少年冬/夏令营逐渐成为除课堂教学之外的华文教育的一种主要方式。世界各地华社和华校根据自身情况因地制宜地开展冬/夏令营活动，通过各种精心设计的活动，着重让华裔青少年亲历中华文化情境，使之触动、惊奇、感悟以至升华，进而产生了中华文化认同感，从而实现中华文化传承的教育目标。进入21世纪，中国各级政府及民间组织、高等院校高度重视华文教育事业，将华裔青少年冬/夏令营活动作为华文教育核心工作来抓，采取各种方式、利用各种途径开展各种类型的华裔青少年冬/夏令营活动，其受益面之广、品类之众、效果之显、影响之深，真乃蔚为大观，实属前所未有。

由海外华社组织的华裔青少年冬/夏令营，最著名当推"菲律宾华裔学生学中文夏令营"，该项目2001年由菲律宾菲华商联总会永远名誉理事长陈永栽先生发起并资助，每年利用暑假组织菲律宾华校学生到福建省各类学校（如华侨大学、集美大学、泉州师范学院、厦门外国语学校、泉州南少林武术学校等）学习和体验中华语言文化。此项目后来得到国务院侨办和福建省侨办的支持和帮助，它自开办以来已连续举办16届，参加夏令营的菲华学生已达12164人。陈永栽先生倾心华教，泽被侨胞，为菲律宾华文教育做出了独特的贡献。以下是"菲律宾华裔学生学中文夏令营"在华侨大学华文学院一个多月的文化体验情况（见表8-1）。

表8-1　在华侨大学华文学院的菲律宾华裔学生学中文夏令营文化体验一览

序号	文化体验内容	教育目标
1	参观陈嘉庚故居、陈嘉庚纪念馆，参观鳌园和集美学村	缅怀陈嘉庚丰功伟绩，激发学生领会嘉庚精神，爱国主义、民族精神和道德品质教育
2	乘坐动车游览武夷山，观看"印象武夷"，参观朱子文化遗迹，参观武夷岩茶制作和茶艺表演	激发学生对祖国美好山水的热爱，感悟儒家智慧，体验中国茶文化和歌舞艺术，感受祖国的现代化
3	游览南靖土楼	感知中国建筑文化，领悟中华民族智慧，认知士族南迁的历史
4	游览鼓浪屿、胡里山炮台、环岛路和中山路	感知近代西方列强入侵的历史，感受厦门现代化建设，体会城市和谐的美景

续表

序号	文化体验内容	教育目标
5	参观华侨历史博物馆	华侨史的知识和个体生命体验相结合，情感的共鸣与思想的领悟
6	参观古龙酱文化园	感知传统技艺的魅力，萌生敬重文化、保存文化之心

　　海外华社或华校组织的冬/夏令营学员在祖（籍）国得到了精神洗礼和升华，他们不但进一步提高了华语水平，更重要的是体验了博大精深的中华文化，感受了中华民族曾经的苦难与抗争，从而获得了对民族精神新的感悟。如 2015 年澳洲墨尔本新金山中文学校组织华裔学生到上海，体味中国戏曲、木兰扇、武术、书法、国画、剪纸等文化，走访了上海博物馆、外滩、豫园、城隍庙等景点，还特地到晋元高级中学探寻中国抗战史，使营员们得到了丰富的审美和情感体验，增强了中华文化认同感①。

　　目前国内除了中国地方各级涉侨部门、民间组织、高等院校组织的各类丰富多彩的华裔青少年冬/夏令营之外，国务院侨办打造了一些具有深远影响力的品牌项目，包括：海外华裔青少年"中国寻根之旅"夏令营、中华文化大乐园、汉语文化营、专题特色营、领养中国儿童外国家庭夏令营。由国务院侨办创设于 1999 年的"中国寻根之旅"夏（春、秋、冬）令营活动已成为海外华裔青少年回祖（籍）国进行中华文化体验的著名品牌，这项大型综合性活动每年吸引数千名华裔青少年来祖国内地游览参观、学习交流、寻根问祖，营员通过寓教于乐、寓教于游的学习体验，领悟中华优秀传统文化，感受当今中国蓬勃发展，增强同为炎黄子孙的民族认同感和自豪感。该项目近年采取类似分层授权的方式，由各省市自治区侨务部门负责组织实施；各地因地制宜，充分发挥其地理、历史、人文和教育的优势，精心策划，着力创新，承办了一场场精彩纷呈、各具特色的文化体验活动。

---

① 《澳洲新金山中文学校华裔学生在沪探寻抗战史》，凤凰资讯，2015 年 4 月 3 日，http://news.ifeng.com/a/20150403/43482206_ 0. shtml，最后访问日期：2016 年 10 月 22 日。

表 8 – 2　2016 年各地开展“中国寻根之旅”活动简况

办营地	华裔青少年来源国别	文化参访及体验活动内容
四川营	美国、英国、波兰、刚果民主共和国	参观蜀锦织绣博物馆，游览武侯祠、都江堰、乐山大佛，体验陶艺、亲近大熊猫
湖南营	美国	参观张家界国家森林公园、凤凰古城，体验湘绣
重庆营	泰国、印度尼西亚	参观世界文化遗产大足石刻和千年古镇磁器口，体验制作重庆綦江农民版画和荣昌陶艺
安徽营	澳大利亚	游览黄山、宏村，感受徽州文化，体验黄梅戏、编织、五禽戏
福建营	英国、法国、缅甸、德国、意大利等 21 个国家和地区	分团游览福建自然历史人文胜地，体验海丝文化、茶文化
山西营	德国、西班牙、比利时	游观和体验佛教文化、晋商文化和根祖文化
北京营	菲律宾	参观颐和园、观看升旗仪式、游览天安门广场、看人民英雄纪念碑、登八达岭长城、探中国科技馆
天津营	加拿大、西班牙、蒙古国、匈牙利	游览黄崖关长城、古文化街、中医药植物园，体验京剧、手工风筝

　　中华文化大乐园是一种“走出去”的华文教育，它以中华才艺的教学与表演来创设沉浸式文化体验情境，该项目自 2011 年推出以来，国内已先后派出 600 多名中华才艺教师，在五大洲 30 多个国家、40 多个城市举办夏（冬）令营活动，吸引了近 2 万名营员参加，受到广大华裔青少年的热烈欢迎。专题特色营包括民族舞蹈营、中华武术营、优秀华裔青少年营、中华文化大赛优胜者营等，这些冬/夏令营主题鲜明、目标明确、体验深入，效果更加显著。如 2014 年国务院侨办主办的“中国寻根之旅”夏令营——“中华国学营”在北京开营，“国学文化课”占了举足轻重的地位，同时结合国学课程知识开展文化游教体验，取得了良好的效果。领养中国儿童外国家庭夏令营则是为满足外国家庭领养中国儿童回中国寻根的强烈愿望而创办的特色营，该项目连接亲情与文化，帮助这些中国儿童感知体会文化寻根的真义。

　　事实上，每年在世界范围内举办的华裔青少年冬/夏令营不计其数，对于活动的目标设定、课程设置尤其是文化体验的安排，组织者可谓殚精竭虑。对于华裔青少年而言，传承中华文化是一项长期的甚至是贯穿一生的志业，需要从娃娃抓起，需要从基础做起，经由家庭熏陶、华语教学、知识认知、情感体验、价值体认、身体力行等漫长复杂的过程，其中提高文化体验的质量和效果尤为至关重要。华裔青少年充满敏锐的感受力和好奇心，他们在冬/夏令营所营造的独特情境中容易对祖（籍）国的一切产生浓厚兴趣和心灵触动，在文化体验过程中全身心投入，进而产生情感、认同甚至精神皈依，最终成为中华文化坚定的传承者和实践者。总之，要让华裔青少年在体验中认知学习，更要在体验中感受、领悟和升华。然而毋庸讳言，华裔青少年冬/夏令营也存在着诸多需要解决的问题，希望引起有关方面的重视。第一，对华裔青少年冬/夏令营的理论和实践研究明显不足。华裔青少年冬/夏令营具有游观特质，又涉及人格成长及人生启悟，冬/夏令营的组织和实施本身又关系到人财物的有效配置，因此它不仅属于教育学范畴，而且应放置于社会学、哲学、人类学、旅游学、心理学、管理学等诸多学术视野中进行理论与实践方面的深入研究。目前能为华裔青少年冬/夏令营活动提供理论支持的学术成果相当欠缺，实践操作层面的研究也为数不多，这很大程度上影响了华裔青少年冬/夏令营的办营质量。第二，华裔青少年冬/夏令营实施过程中存在着较为严重的经验主义倾向。如何根据学员具体的语言文化背景及知识结构，充分发挥办营所在地的独特优势，有的放矢地设置课程、安排文化体验活动；如何避免碎片化的知识性游观，有效地扩展文化体验的功能和效果，构建具有可检验的教育目标系统。这些都是克服经验主义、规范华裔青少年冬/夏令营活动所必须面对的问题。第三，华裔青少年冬/夏令营活动在文化体验方面过于偏重物质形态及民俗礼仪，对于精神文化层面的认知和感悟明显不足。如何将中华民族的思维方式、价值取向、伦理观念、理想人格和审美情趣以最恰当的方式呈现给华裔青少年，使之身临其境、悦志悦神、心怀彻悟，这无疑也是一个重要课题。因此华裔青少年冬/夏令营活动既需要热情、活泼的年轻教师，也需要配备具有比较文化意识、知识渊博、循循善诱的学者型教师，同时也应该研究如何利用华裔青少年喜闻乐见的动漫、新媒体、移动互联网等先进方式和技术来开展华文教育，使华裔青少年的中华文化熏陶有的放矢又生动活泼。第四，华裔青少年冬/夏令营活动的课程设置和文化教育对近代以来中华文化的发展变迁相对较为忽视，对中国道路、中国精神和中国力量的阐释显然不够，中国特色社会主义的认知教育明显不足。当然，华裔青少年与 "中国梦" 的关系亦有亲有疏，关涉了政治认同、国家认同和民族认同等复杂方面，不应一概而论，对于不同群体的华裔青少年在教育内容方面确实应区别对待（如对于中国新移民子女和第三四代华裔青少年，其文化教育内容和要求应有所区别），但另一方面，如何将中国特色社会主义的道路自信、理论自信、制度自信和文化自信传递给华裔青少年，使他们不但在文化上认同中华民族，而且也能从中华民族伟大复兴的历史进程中认识和理解中国的道路选择、理论选择和制度选择。讲中国故事的华文教育当然也应该讲政治，关键是何时何地讲、向谁讲、如何讲的问题。中华民族精神是中华民族在长期的历史发展中形成了以爱国主义为核心的团结统一、爱好和平、勤劳勇敢、自强不息的伟大精神，既包括古代中华民族精神，也涵盖现当代的井冈山精神、长征精神、延安精神、雷锋精神，这些体现中华民族与时俱进、开拓创新的精神也应该通过适当的方式向华裔青少年宣扬和传达。这是锦上添花，但也是新时代华文教育题中应有之义。

第四节 关于华文教育工作的几点建议

近年来，基于世界 "汉语热" 和华侨华人中华文化传承需要的汉语国际传播和华文教育取得了很大的发展。世界各国赴华留学生数量持续增长，孔子学院和孔子课堂遍地开花，海外华文教育日新月异，中外文化交流不断深入，随着 "一带一路" 构想的实施，中华语言文化在海外的传播和接受盛况空前。2016 年上半年，中国政府出台了《关于做好新时期教育对外开放工作的若干意见》，教育对外开放质量和水平将得到进一步提升，汉语国际传播和华文教育无疑将迎来更为光明的前景。然而，现今的世界局势仍然波诡云谲，地缘政治危机起伏不定，全球经济失衡日趋严重，反全球化浪潮此起彼伏，"中国威胁论" 和 "中国扩张论" 在某些国家甚嚣尘上，方兴未艾的汉语国际传播与华文教育面临着前所未有的挑战。有鉴于此，新形势下由中国国家支持和推动的汉语国际传播与华文教育应立足于中国作为发展中国家的基本国情，以 "和平" 与 "发展" 为战略核心，用全球视野和情怀致力于与国家外交导向相一致的中华语言文化传播，既要主动出击、积极作为，又要审慎稳妥、量力而为，而对于由世界各国政府、民间或海外华侨华人社会支持和推动的汉语国际传播与华文教育则要因势利导，顺势而为。笔者兹结合汉语国际传播与华文教育的历史经验和现实问题，提几点建议。

一　站在当代中国外交的高度，建立孔子学院的风险预警和应对机制

实践表明，孔子学院秉承儒家"和为贵""和而不同"的理念，推动中国文化与世界各国文化的交流与融合，以建设一个持久和平、共同繁荣的和谐世界为宗旨，成为各国学习汉语言文化、了解当代中国的重要场所，受到当地社会各界的普遍欢迎，然而由于世界各国政治制度、经济水平、民族传统、宗教文化及语言教育政策等方面的复杂性，加上变动不居的地缘政治的深刻影响，孔子学院体系业已累积了一定的风险，需要认真分析，积极防范和应对。孔子学院面临的诸种风险包括：在所谓"中国威胁论"影响下，当地政府及社会以孔子学院"输出价值观"、妨碍学术自主性为由对其进行政治意识形态的限制或排斥；在一些政局动荡的国家里，孔子学院面临了当地社会的政治倾向及宗教种族等敏感问题，容易陷入冲突的旋涡；孔子学院的办学体系与当地的语言教育体系之间存在着生源、师资等方面的结构性竞争关系，一些矛盾容易激化；由于文化差异和办学理念的分野，孔子学院中外方人员之间存在着矛盾，影响了学院的正常运作，甚至破坏了孔子学院的形象；有些孔子学院因生源、办学水平及管理等方面原因而处于停滞状态。这些风险有的属于外交问题，有的则属于体制性风险，需要调动各方面力量认真研究和应对。

建立孔子学院的风险预警和应对机制刻不容缓。孔子学院的全球布局已基本成形，目前应该站在当代中国外交的高度，建立全球孔子学院的风险管理体系。在外交部和中国驻外使馆的指导下，成立有关机构，建立孔子学院风险预警系统，对世界各国孔子学院进行风险管理，制订风险管理计划，开展风险识别、风险定性分析和定量分析，有的放矢地实施风险响应和风险监控。该系统应具有收集相关的资料信息，监控风险因素的变动

趋势，并评价各种风险状态偏离预警线的强弱程度，向决策层发出预警信号并提前采取预控对策等功能。对于一些西方国家的孔子学院，尤其是涉及政治外交、宗教种族等敏感问题时，风险预警系统应及时响应并采取防范应对措施。要充分发挥当地政府及主流社会、合作院校和华侨华人的作用，共同预警和管控孔子学院所面临的系统性风险。对于体制性和管理性风险，也要及时预警，积极协调，防微杜渐，甚至实行关停并转。国家汉办/孔子学院总部应该对全球孔子学院逐一地进行微观的评估，在管控风险的前提下鼓励和支持各国孔子学院因地制宜，根据各地的具体情况适时调整办学方式和手段，灵活地处置突发性风险。

二 加强孔子学院对华文教育的支持力度，合理有效地配置资源

孔子学院与华教机构并行不悖、共同发展是世界范围里汉语国际传播和华文教育的基本常态，在一些国家这两种教育机构常常呈现了互相交融的现象，然而由于它们在办学目标和办学对象确实有所差异，因而又往往出现孔子学院与华教机构之间"井水不犯河水"的局面，导致教育资源配置不平衡。以孔子学院为平台的汉语国际传播拥有较为充裕的生源、资金、师资、教材等教育资源，而相形之下同一地区的华教机构本来就因资源不足而步履维艰，这种结构性矛盾必然引起华教机构的生源和师资的流失，从而引发"马太效应"，显然不利于汉语国际传播的健康发展，更有可能损害海外华文教育事业。尽管一些国家的孔子学院已采取各种方式支持当地华文教育，甚至某些孔子学院或孔子课堂设在华校，但从整体上看，孔子学院系统显然与华文教育机构有较大的割裂和疏离。因此，应该构建一种系统性的支援机制，在制度上加强孔子学院对华文教育的支持力度，合理有效地配置资源。建议由国家汉办/孔子学院总部牵头，建立有国务院侨办、中国驻外使馆和海外华侨华人社团参加的常态性协商机制，充分了解孔子学院所在地华社和华校需求，协调合作院校和海外华社的关系，以灵活的方式如在华校下设孔子课堂或合作开展活动来支持孔子学院向当地华教机构提供教育资源，鼓励和引导孔子学院制订涵盖当地华文教育的工作方案，在生源、师资、教材及语言文化活动等方面给予帮助和扶持。孔子学院对当地华文教育的支持，需处理好以下两种关系。（1）国

民教育与民族语言教育的关系，当地主流学校与华校的关系。可充分发挥中国驻外使馆和华侨华人社团的作用，协调各方面的利益关系，促进当地政府、主流社会及合作院校对华侨华人开展华文教育的信任、理解和支持，避免出现不必要的利益冲突甚至民族矛盾。（2）孔子学院与华校的关系。应该充分考虑华校的历史传统和办学特点，尊重华校的办学自主性，给予孔子学院办学的灵活性和特殊性，使华校既能获得有利的教学资源，又能守其中华语言文化教育的根本。加强孔子学院对当地华文教育的支持，不但有利于增进华文教育的实力、提高华文教育的水平，对于推动侨务公共外交、促进华社与当地主流社会的交流也大有裨益。

三　各方协力，加强华文教师队伍建设，提高华文师资水平

支持和鼓励海外华社积极推进华文教师培养工程，构建家庭、学校和华社三位一体的培育机制，营造华裔青少年成长的良好环境，从小培养华裔青少年的中华文化意识，为师资遴选打下扎实的基础；在师资紧缺的东南亚国家，设立以华校优秀初中毕业生为主要生源的华文师范班，通过中华语言文化的强化教育，培养一大批初级汉语教师人才，同时建立各种学历层次的师资培养体系，通过在地深造、赴华留学等方式有计划、有步骤地培养华文师资。海外华社应着眼于华文教育大局，拓宽思路，高瞻远瞩，为华文教育的发展创造各种有利条件，在资金、办学场地、办学经费等方面给予大力支持，改善办学环境，切实提高华文教师的经济待遇和社会地位；应该争取在当地开办华文高等师范教育，建立华文教师培养的内生性机制；积极鼓励和支持华文教师开展社会实践和培训。

近年来中国政府也为华文教师培养做了许多有益的工作。在学历教育方面，开办了"华文教育"本科和汉语国际教育硕士、"华语与华文教育"硕士等专业，为教师培养提供各种奖助学金；在培训方面，国务院侨办在海内外举办了为数众多的各种类型短期培训班，数以万计的海外华文教师因此受益。今后应重点做好以下工作：（1）开展全球华文教师情况普查，了解世界各国及华人聚居地华文教师结构状况，按国别和地区有针对性地制订师资培养方案；（2）推动海外华社开办各种层次的华文师范教育，在重点国家推动成立华文高等师范学院，并为此提供必要的教学

资源、学术支持和业务指导；（3）开展对华文教师培训理论和实践的研究，完善华文教师培训体系，建立科学严格的培训规程，确立明确的培训目标，构建培训效果评估系统；（4）组织编写适合于不同国家或地区的华文教师培养和培训系列教材，建立华文教师语言文化实践基地；（5）重视华文教师的基础知识和基本技能，重视华文教师中华文化素养的培育，提高文化体验的精准性和针对性，建立华文教师中华语言文化素养的梯次培育体系；（6）促进华校和华媒的交融，支持和鼓励华文教师撰写新闻报道，发表华文文学创作，尝试编写以国别华文文学作品为语料的辅助教材；（7）建立全球华文教学教育智库，在海外华文教师中培育华文教育教学专家，组织他们开展巡回讲学和培训；（8）举办全球华文教师队伍建设研讨会，成立全球华文教师学术研究机构，创办华文教师学术刊物。

四　对接 "一带一路" 建设，加强急需人才的培养

为了有效地利用和管理海外华人的语言资源，使之更好地服务 "一带一路" 建设，兹建议如下：（1）应在世界各国尤其是 "一带一路" 沿线国家的华社开展华侨华人的语言资源普查，绘制小语种和稀缺语种分布图；（2）应高度重视和大力支持中亚、西亚和南亚国家开展华文教育，把帮助当地华社培养 "一带一路" 建设的语言人才作为一项中心工作；海外新疆籍少数民族华侨华人由于宗教信仰的原因，大多已加入当地国籍，需要积极引导，增强其对汉语言和中华文化的认同感；（3）充分利用我国少数民族的跨境语言资源，科学构建小语种人才选拔和培养体系；（4）"一带一路" 语言服务建设从华侨华人抓起，要统筹规划；要做好各种层次语言服务的人才培育，要培养语言与历史文化并重的人才；要开发基于新媒体技术的各类语言服务资源。

鉴于目前 "一带一路" 沿线国家缺少华侨华人高等院校，今后 "一带一路" 建设高端专业人才的培养，可采取 "两条腿走路" 方式：一是华校与所在国或中国高校合作，共同培养 "华文教育＋专业" 的人才，二是中国国内高校独立承担 "华文教育＋专业" 的一条龙培养任务。"一带一路" 建设给华文教育带来了前所未有的历史性机遇，我们应该抓住

机遇，树立两种思维、加强两种建设，促进华文教育转型升级。（1）用大华文教育思维加强学科融合建设。"华文教育＋专业"是华文教育与专业深度融合的办学模式，华文教育贯穿于专业教育过程，专业教育也延伸到华文教育过程，两者相互依存，你中有我，我中有你，这就需要对学科融合进行理论研究和实践探索。（2）用创新思维加强培养模式建设。"华文教育＋专业"人才培养既要立足于华侨华人学生的中华语言文化学习，又要考虑"一带一路"建设的实际需要，因此要有针对性地加强培养模式的探讨和实践。要建立校企合作机制，搭建校企合作平台，整合校企之间的中华语言文化和专业教育资源，探索跨界联合、无缝对接的培养模式。

参考文献

一 著作类

庞朴:《中国文化十一讲》,中华书局,2008。

赵敏:《试论 60 年代以来美国墨西哥裔的身份认同》,硕士学位论文,复旦大学历史系,2006。

《教总 33 年——马来西亚华校教师会总会庆祝成立 33 周年纪念特刊(1951.12.25~1985.4.8)》,马来西亚教总,1987。

贾益民主编《华文教育概论》,暨南大学出版社,2012。

别必亮:《承传与创新——近代华侨教育研究》,河北教育出版社,2002。

刘伯骥:《美国华侨史》,台北黎明文化事业公司,1976。

毛起雄、林晓东编著《中国侨务政策概述》,中国华侨出版社,1993。

黄昆章:《印度尼西亚华侨华人史(1950 年至 2004 年)》,广东高等教育出版社,2005。

赵昌木:《教师成长研究》,西北师范大学出版社,2003。

黎仁凯:《近代中国社会思潮》,河南人民出版社,1996。

张泉林:《当代中国华侨教育》,广东高等教育出版社,1989。

陈慧娴:《林文庆及其儒家思想研究》,博士学位论文,马来西亚拉曼大学中华研究院,2013。

颜清湟:《东南亚华人之研究》,香港社会科学出版有限公司,2008。

梁英明:《东南亚华人研究——新世纪新视野》,香港社会科学出版有限公司,2008。

福建省档案馆《福建华侨档案史料》,档案出版社,1990。

郑良树：《马来西亚华文教育发展史》，吉隆坡马来西亚教总出版社，1998。

李卓辉编著《披荆斩棘　拼搏奉献——印华文化教育史话》，印度尼西亚联通书局出版社，2006。

曹云华：《战后东南亚华人社会变迁》，北京中国华侨出版社，1999。

严晓鹏、包含丽等：《意大利华文教育研究》，浙江大学出版社，2015。

〔美〕L. W. 安德森、L. A. 索斯尼克主编《布鲁姆教育目标分类学——40 年回顾》，谭晓玉、袁文辉等译，华东师范大学出版社，1998。

童庆炳：《现代心理美学》，中国社会科学出版社，1993。

胡春燕：《抗争与妥协：马来西亚华社对华族母语教育政策制定的影响》，暨南大学出版社，2012。

许树安、贾烈英：《中华文化常识》，北京语言大学出版社，2011。

国家汉语国际推广领导小组办公室《国际汉语教学通用课程大纲》，外语教学与研究出版社，2008。

国家汉语国际推广领导小组办公室《国际汉语教师标准》，外语教学与研究出版社，2007。

高金岭、谢登斌等：《文化学观照下的教育变革》，广西师范大学出版社，2007。

丁钢主编《文化的传递与嬗变：中国文化与教育》，广西师范大学出版社，2009。

郭熙：《华文教学概论》，商务印书馆，2007。

李素梅：《中国乡土教材的百年嬗变及其文化功能考察》，民族出版社，2010。

〔美〕N. Ken Shimshsra, Ivan Z. Holowinsky, Saundra Tomlinson - Clare 主编《全球视野：教育领域中的族群性、种族和民族性》，滕星、马效义等译，民族出版社，2010。

刁培萼：《教育文化学》，江苏教育出版社，2000。

郑锦洲：《教育文化学》，人民教育出版社，2000。

谭建川：《日本文化传承的历史透视——明治前启蒙教材研究》，商务印书馆，2010。

金志远等：《民族文化传承与民族基础教育课程改革》，民族出版社，2008。

曹能秀等：《民族文化传承与教育——以云南省寻甸回族彝族自治县六哨乡为个案》，人民出版社，2012。

陈新仁主编《全球化语境下的外语教育与民族认同》，高等教育出版社，2008。

曹明海、陈秀春：《语文教育文化学》，山东教育出版社，2005。

张岱年、方克立主编《中国文化概论》，北京师范大学出版社，2013。

祖晓梅：《跨文化交际》，外语教学与研究出版社，2015。

〔美〕丹尼尔·U.莱文、瑞依娜·F.莱文：《教育社会学》，郭峰、黄雯、郭菲译，中国人民大学出版社，2010。

申小龙：《汉语与中国文化》（修订本），复旦大学出版社，2013。

常敬宇：《汉语词汇与文化》，北京大学出版社，1995。

郭金桴：《汉语与中国传统文化》（修订本），商务印书馆，2012。

〔德〕威廉·冯·洪堡特：《语言与人类精神》，钱敏汝译，北京师范大学出版社，1997。

〔德〕威廉·冯·洪堡特：《论人类语言结构的差异及其对人类精神发展的影响》，姚小平译，商务印书馆，1999。

张岱年、程宜山：《中国文化精神》，北京大学出版社，2015。

王立军等：《汉字的文化解读》，商务印书馆，2012。

何金松：《汉字文化解读》，湖北人民出版社，2004。

刘志成：《文化文字学》，巴蜀书社，2003。

刘志基：《汉字文化综论》，广西教育出版社，1996，第2页。

曲彦斌：《民俗语言学》，辽宁教育出版吐，1989。

〔英〕杰弗里·N.利奇：《语义学》，李瑞华等译，上海外语教育出版社，1987，第27页。

甄供：《华教春雷——林晃升》，董总出版，2006。

二　论文类

刘奇葆：《多措并举推动中华文化走出去》，《光明日报》2014年5

月 22 日，第 3 版。

庄国土：《世界华侨华人数量和分布的历史变化》，《世界历史》2011年第 5 期。

洪丽芬：《马来西亚印度人社群研究——以印度人社群语言状况为例》，《南洋问题研究》2011 年第 4 期。

姚兰：《六十年台湾海外侨民教育之沿革》，《海外华文教育》2015年第 2 期。

贾益民：《华文教育学学科建设刍议——再论华文教育学是一门科学》，《暨南学报》（哲学社会科学版）1998 年第 4 期。

李方：《海外华文教育管见》，《语言文字应用》1998 年第 3 期。

丘进：《认清特点把握机遇》，《海外华文教育》2000 年第 1 期。

李嘉郁：《论华文教育的定位及其发展趋势》，《华侨华人历史研究》2004 年第 4 期。

赵世林：《论民族文化传承的本质》，《北京大学学报》2002 年第 3 期。

周明朗：《语言认同与华语传承语教育》，《华文教学与研究》2014年第 1 期。

许琳：《充分发挥孔子学院综合文化交流平台，助推中国梦走向世界》，《华文教学与研究》2013 年第 2 期。

赖松龄：《建国初期廖承志对海外侨务工作的理论贡献》，《东南亚研究》2011 年第 6 期。

李玉年：《泰国华文学校的世纪沧桑》，《东南文化》2007 年第 1 期。

齐春红：《影响缅甸华文教育师资发展的因素及相关对策研究》，《东南亚纵横》2015 年第 11 期。

张丽敏：《教师使命的内涵及特征探讨》，《教师教育研究》2012 年第 24 卷第 6 期。

梁英明：《从中华学堂到三语学校——论印度尼西亚现代华文学校的发展与演变》，《华侨华人历史研究》2013 年第 2 期。

崔新建：《文化认同及其根源》，《北京师范大学学报》2004 年第 4 期。

林奕高：《印度尼西亚华文教师现状调查研究》，《华文教学与研究》

2011 年第 2 期。

董丽：《教师专业发展的影响因素探析——基于学校文化的思考》，《中国教师》2008 年第 4 期。

李翔海：《康有为与现代新儒家》，《南开大学学报》（哲学社会科学版）1992 年第 5 期。

张亚群：《从西洋文化回归儒家文化——林文庆大学教育思想解析》，《高等教育研究》2010 年第 1 期。

颜炳罡：《孔教运动的由来及其评价》，《齐鲁学刊》2004 年第 6 期。

耿红卫：《美国华文教育史简论》，《理论界》2007 年第 1 期。

于锦恩：《民国时期华语教材的民族认同导向和当地化进程》，《东南大学学报》（哲学社会科学版）2011 年第 4 期。

郑宗伟：《近代福建华侨办学再探》，《海峡教育研究》2014 年第 1 期。

杨立：《美国侨社华文教育的曲折历程》，《文史天地》2012 年第 9 期。

曹云华：《从族际通婚看泰国华人与当地民族的关系》，《东南亚研究》2001 年第 2 期。

杨启光：《试论印度尼西亚华人文化》，《东南亚研究》2006 年第 4 期。

程美东、张学成：《当前"中国梦"研究评述》，《中国特色社会主义研究》2013 年第 2 期。

刘宏：《华侨华人与"中国梦"》，《公共外交季刊》2013 年秋季号第 2 期。

裘援平：《华侨华人与中国梦》，《求是》2014 年第 6 期。

黄行：《我国与"一带一路"核心区国家跨境语言文字状况》，《云南师范大学学报》（哲学社会科学版）2015 年第 5 期。

金正昆、臧红岩：《当代中国侨务公共外交探析》，《广西社会科学》2012 年第 5 期。

王伟男：《侨务公共外交：理论建构的尝试》，《国际展望》2012 年第 5 期。

隆德新、林逢春：《侨务公共外交：理论内核、本体特征与效用函数》，《东南亚研究》2013 年第 5 期。

何亚非：《释放侨务公共外交巨能量》，《人民日报》（海外版）2013年10月16日第8版。

杜道明：《语言与文化关系新论》，《中国文化研究》2008年冬之卷。

贾益民：《海外华文教学的若干问题》，《语言文字应用》2007年第3期。

王宁：《汉字与文化》，《北京师范大学学报》1991年第6期。

赵明：《对外汉语教学中文化词语的教授原则与方法》，《云南师范大学学报》2012年第4期。

苏新春：《文化词语辞典的收词与释义》，《辞书研究》1995年第5期。

张德鑫：《汉英词语文化上的不对应》，《世界汉语教学》1990年第1期。

梅立崇：《汉语国浴词语当议》，《世界汉语教学》1993年第1期。

马琳娜：《华文教育常用文化词表的研制》，硕士论文，华侨大学，2016。

罗建生、吴晓蓉、刘淑贞：《教师在学生文化中的新型角色定位探析》，《现代教育科学》2008年第1期。

白芸：《引导和接纳学生文化：班级文化建设的核心内容》，《现代中小学教育》2006年第2期。

白芸：《解读学生文化》，《上海教育》（双周刊）2002年9月。

白芸：《国外学生文化研究的述评》，《外国中小学教育》2006年第2期。

张家军：《论学生同辈群体的作用及其实现机制》，《当代教育科学》2009年第11期。

郑东阳：《华文教育的"苦行僧"沈慕羽》，《凤凰周刊》2009年第7期。

李伟胜：《学校精神文化自觉生成的路径、方向和措施》，《教育发展研究》2011年第18期。

程利：《试论大学制度文化建设的价值取向和现实路径》，《南京社会科学》2013年第11期。

曾小华：《文化、制度和制度文化》，《中共浙江省委党校学报》2001

年第 2 期。

陈水胜等：《关于海外华文教育组织的研究报告》，2010 年 10 月，未刊版。

吴晓露：《论语言文化教材中的文化体现问题》，《语言教学与研究》1993 年第 4 期。

廖蓓：《阿拉伯文化对青花瓷的影响》，《中国陶瓷工业》2008 年第 6 期。

李云龙：《〈语言自迩集〉的文化接受、干预与对外汉语教材的编写》，《课程教材教法》2009 年第 5 期。

吴应辉：《关于国际汉语教学"本土化"与"普适性"教材的理论探讨》，《语言文字应用》2013 年第 3 期。

张占一：《试议交际文化和知识文化》，《语言教学与研究》1990 年第 3 期。

姚舜霞：《浅析英汉请求言语行为策略类型》，《河南科技大学学报》2003 年第 3 期。

费正清：《新教传教士著作在中国文化史上的地位》，转引自张西平《欧美汉学研究的历史与现状》，大象出版社，2006，第 96 页。

李欣蓓：《从对外汉语教材话题的选择看编写者文化态度——基于三部对外汉语教材话题的分析》，《云南师大学报》2014 年第 5 期。

李泉：《文化内容呈现方式与呈现心态》，《世界汉语教学》2011 年第 3 期。

周小兵、罗宇、张丽：《基于中外对比的汉语文化教材系统考察》，《语言教学与研究》2010 年第 5 期。

周清海：《从全球化的角度思考语文教学里的文化问题》，《华文教学与研究》2014 年第 1 期。

贾益民：《世界华文教学的文化立场——在第二届世界华语文教学研究生论坛上的讲话》，《华文教学与研究》2009 年第 1 期。

刘擎：《重建全球想象：从"天下"理想走向新世界主义》，《学术月刊》2015 年第 8 期。

陈赟：《"文明论"视野中的大陆儒学复兴及其问题》，《天涯》2015

年第 5 期。

黄玉顺：《自由主义儒家何以可能》，浙江大学 2015 年 5 月 20 日讲座录音，文见共识网：http：//www. aisixiang. com/data/89808. html。

徐佩瑛、王晓鸣：《中华文化传承创新的路径建构》，《中央社会主义学院学报》2013 年第 3 期。

左飚、谭慧敏：《新加坡建国以后中华语言与文化升沉荣枯的启示》，《西安外国语大学学报》2009 年第 1 期。

庄锡福：《新加坡华文教育省思》，《华侨华人历史研究》1996 年第 4 期。

郭熙：《多元语言文化背景下母语维持的若干问题：新加坡个案》，《语言文字应用》2008 年第 4 期。

附录一　华文教育中华文化常用词汇表

（按音序排列）*

A

爱国主义　庵　安徽　安土重迁　澳门

B

八股　八卦　八路军　八旗　八仙　八仙桌　八字　八一建军节
巴蜀文化　白娘子　白话　白马寺　白瓷　白露　白茶　把脉　拔河
罢黜百家，独尊儒术　百岁　百家姓　百家争鸣　半坡遗址　包办　包子
拜堂　拜天地　拜寿　拜年　拜佛　榜眼　爆竹　抱拳　渤海　帛
帛画　帛书　本命年　本草纲目（书名）　北京　北京人　北京烤鸭
北海　北宋　碑林　壁画　匕首　辟邪　编年体　编钟　避讳　碧螺春
兵马俑　兵家　卜辞　避暑山庄　丙（天干之一）　布达拉宫　鞭炮

C

茶　茶道　茶艺　茶馆　刹　蚕　钗　禅　草书　长命锁　长城
嫦娥　朝廷　朝服　禅定　禅宗　菜系　长征　曹操　长安　长春　长江
长沙　炒（烹饪方式）　重阳　绸　丑（地支之一）　重庆　沧浪亭
仓颉　春秋（朝代）　春秋（书名）　楚辞　丞相　城隍庙　辰
（地支之一）　成都　成吉思汗　刺绣　词牌　祠堂　瓷　彩瓷　辞岁
春联　春分　春晚　春运　春节　川菜　窗花　蹴鞠　除夕　传宗接代
出家　串亲戚

D

大臣　大年三十　大杂院　旦角　道　道家　道学　道士　道袍

---

* 马琳娜：《华文教育常用文化词表的研制》，华侨大学 2016 年硕士论文。

道教 大同 大篆 党委 大兴安岭 打坐 大寒 大学（书名）
道德经（书名） 道观 大雄宝殿 道法自然 大乘 刀马旦 豆腐
东汉 东海 冬至 东坡肉 洞庭湖 德 德治 灯会 灯笼 灯谜
灯节 邓小平 邓小平理论 登高 殿 殿试 笛子 嫡系 鼎 订婚
洞房 顶戴花翎 丁（天干之一） 定窑 雕版印刷 地支 对联
端午 对偶 缎 敦煌 独立自主 杜甫 顿首 端砚

E

二十四节气 二胡 二人转 二十四史 二锅头 二郎神 峨眉山
尔雅（书名） 阿房宫

F

法家 法治 法（术、势） 繁体 法事 佛 佛教 佛经 佛珠
佛学 佛号 佛法 佛跳墙 飞檐 飞天 非攻 妃 汾酒 份子钱
风水 风筝 凤凰 凤冠 复姓 赋 福建 福州 妇道 伏羲
福（禄、寿）

G

高考 高跷 改革开放 功夫 工夫茶（功夫茶） 公有制 宫
宫廷 宫灯 宫女 宫保鸡丁 共产主义青年团 供品 供养 贡院
工笔 阁 格律 格格 庚（天干之一） 庚帖 格物致知 过年
古筝 鼓 鼓楼 故宫 刮痧 规范 跪拜 国企 国务院 国子监
国号 冠礼 广州 广东 广西 贵州 鬼 桂林 谷雨 官窑 郭沫若
观音 关帝

H

哈达 寒食 亥（地支之一） 翰林 号（姓名文化） 杭州
海南 汉（朝代） 汉武帝 哈尔滨 寒山寺 后宫 红包 红军
红茶 红娘 红楼梦 红山文化 和亲 和尚 贺岁 烩（烹饪方式）
荷包 河南 河北 黑龙江 黑茶 厚德载物 后羿 河姆渡文化 衡山
恒山 和而不同 火药 火把节 笏 花鸟画 花旦 花鼓戏 胡同
回门 皇帝 皇宫 皇家 皇位 皇子 皇权 皇后 火锅 火罐儿
会试 黄包车 黄帝 黄河 黄海 黄金周 黄酒 黄梅戏 黄山 黄鹤楼
黄帝内经 皇历（黄历） 活字印刷 虎符 护城河 护身符 划拳

话本　会意　会馆　淮河　湖南　湖北　湖笔　华表　华山　华盖　华夏
画卷　徽墨　馄饨　画屏　画院　华清宫　徽菜　虎头鞋　花灯　花轿
花烛　花脸　胡服　活佛

J

计划经济　计划生育　集体所有制　集体主义　极乐世界　寄畅园
纪传体　祭祖　祭灶　祭天　己所不欲，勿施于人　教学相长　家谱
家长制　家法　袈裟　假山　嘉峪关　甲骨文　甲（天干之一）
甲午战争　兼爱　己（地支之一）　嫁妆　假借　节（忠、孝、节、义）
九鼎　九族　九州　九章算术（书名）　惊堂木　剑　毽子　简体　简
交杯酒　饺子　教学相长　将军　结拜　经史子集　解放战争　锦旗
经济特区　经书　经络　金文　惊蛰　精卫　京剧　京韵大鼓　绝句
轿子　净角　金銮殿　角楼　煎（烹饪方式）　进士　景泰蓝　卷轴
绢　绢本　绢花　江苏　江西　吉林　井冈山　锦　锦衣卫剪纸
经世致用　敬酒　金陵　建业　敬礼　鞠躬　景德镇　击鼓传花
居安思危　君权神授　绝圣弃智　举人　均窑

K

楷书　炕　抗日战争　康有为　开封　空竹　箜篌　孔孟之道　叩拜
叩头　孔庙　孔子　科举　磕头　科学发展观　克己复礼　快板儿　筷子
昆曲　昆明　昆仑山　夸父　癸（天干之一）

L

腊八　腊八粥　腊月　老旦　老生　老字号　老区　老旦　老子
老白干　劳动模范　廊　澜沧江　兰州　蜡染　龙　龙宫　龙舟　龙袍
龙椅　龙井　弄堂　冷宫　雷锋　礼　礼记（书名）　礼贤下士　礼教
礼器　理学　隶书　六书　六艺　六部　六朝　六礼　立春　立冬　立秋
脸谱　立夏　良心　灵魂　琉璃瓦　辽宁　梁启超　林则徐　李时珍
李白　梁山伯祝英台　绫　临安　灵隐寺　柳体　禄（福、禄、寿）
伦理道德　锣　鲁菜　銮驾　鲁迅　洛阳　庐山　罗　罗汉　罗盘
论语（书名）　轮回　律诗　绿茶

M

毛笔　毛尖　毛泽东　毛泽东思想　茅台　妈祖　麻将　麻　马褂

馒头　卯（地支之一）　满汉全席　马车　满月　蟒袍　芒种　麻婆豆腐
膜拜　墨　墨家　末角　门神　蒙古包　蒙馆　孟子　孟子（书名）
梦溪笔谈（书名）　面人儿　面塑　面条　庙会　庙　庙号　民族党派
民族区域自治　民国　民贵君亲　铭文　闽菜　明（朝代）　明经
弥勒佛　米酒　木偶戏　木鱼　木屐

N

南宋　南京　南北朝　南昌　南海　纳彩　纳吉　纳征　男尊女卑
农历　农家　内蒙古　内省　尼姑　泥人儿　泥塑　年号　年画
年货　年夜饭　牛郎织女　年　年糕　奶酒　那达慕　辇　宁夏　女娲
暖寿

O

欧体

P

牌匾　牌楼　盘古　袍　鄱阳湖　泼水节　陪葬　陪嫁　蓬莱阁
琵琶　披麻戴孝　皮影戏　貔貅　偏方　骈体　嫔　聘礼　评剧　评弹
评书　屏风　菩萨　菩提　朴学　普洱　烹（烹饪方式）

Q

七七事变　七一　七夕　七言诗　七巧板　七弦琴　七仙女　千层底
求签　妾　钦差大臣　齐民要术　请期　请安　亲迎　清净自正
秦（朝代）　清（朝代）　旗袍　乞巧　清明（节气、节日）　秦始皇
秦岭　祁连山　青岛　青藏高原　青瓷　青花瓷　青衣　青铜　秋分
钱塘江　麒麟　绮　稽首　气功　秦始皇陵　秋千　曲牌　劝酒
鹊桥　阙　屈原　泉州

R

人民币　人民代表大会　人民大会堂　人民日报　壬（天干之一）
仁　闰　仁道　仁政　儒家　儒学　儒教　儒生　阮　汝窑　日月潭
让（恕、勇、让）　如来佛

S

三从四德　三伏　三纲五常　三皇五帝　三个代表　三国　三峡
三字经　三国演义　三省　扫墓　散曲　骚体　瑟　纱　禅让　笙　楷书

上元节　烧香　商（朝代）　上供　尚书（官职）　尚书（书名）

社会主义　山水画　山水诗　山东　山西　山海关　山顶洞人　单姓

上海　上朝　陕西　少林寺　伤寒杂病论　尚贤　赏菊　赏月　宋词

宋（朝代）　守节　守孝　守岁　寿礼　寿面　寿（福、禄、寿）

松花江　嵩山　省　生肖　神农　神　神州　神农本草经　舍利　圣旨

慎独　沈阳　深圳　申（地支之一）　寺　巳（地支之一）　四大发明

四书　四合院　四化　四川　侍郎　石窟　十三经　十一　势（法、术、势）

十八罗汉　丝　丝绸之路　私塾　司南　司马迁　石狮子　世袭　侍卫

事业单位　诗经（书名）　史记（书名）　实事求是　书法　数九

说媒　恕（恕、勇、让）　术（法、术、势）　属相　书记　书院

水墨画　水袖　说书　霜降　苏菜　苏州　苏绣　苏轼　算卦　算命

算盘　孙中山　孙悟空　孙子兵法　舜　隋（朝代）　水经注（书名）

水浒传　说文解字

　　　T

　　　塔　踏青　太极　太庙　太极拳　太师椅　太医　太子　太监　太学

太后　太师　太尉　太原　太湖　太行山　太上老君　太平天国　泰山

探花　汤圆　唐（朝代）　唐三彩　唐装　唐诗　糖人　糖葫芦　唐太宗

陶　陶艺　台北　台湾　桃符　童养媳　铜钱　特别行政区　滕王阁

天坛　悌　提亲　天道　天帝　天干　天井　天宫　天理　天子　天山

天津　天人合一　天安门　天下一家　天下为公　天地君亲师　铁画

田园诗　铁观音　亭　跳绳　土楼　土地庙　团扇　团圆节

　　　W

　　　娃娃亲　王道　王法　王母娘娘　握手　围棋　围屏　文房四宝

文言　文庙　文字狱　乌纱帽　五伦　五星红旗　五行　五岳　五子棋

五音　五谷　五代　五讲四美　五粮液　五四青年节　五四运动　五月节

五经　武术　武庙　武旦　武生　武汉　午（地支之一）　戊（天干之一）

未（地支之一）　问名　温州　温故而知新　魏晋　无为　戊戌变法

乌龙茶　乌鲁木齐　武夷山　舞龙　舞狮

　　　X

　　　县　仙女　仙乡　行书　象棋　戏园　戏装　霞帔　喜酒　喜糖

箫 信 下元节 下跪 先秦 相声 相术 小寒 小年 小满 小雪
小篆 小生 写意 孝 熊猫 孝服 玄学 榭 夏（朝代） 厦门
夏至 西汉 西藏 西安 西安碑林 西湖 西施 西双版纳 西游记
喜马拉雅山 辛（天干之一） 新文化运动 绣球 辛亥革命 乡试
秀才 相生相克 香炉 宣纸 学士（官职） 湘菜 湘绣 心学
香港 行酒令 修齐治平 穴位 旬 巡抚 徐悲鸿 虚岁 荀子
戌（地支之一） 性善论 性恶论 小乘 新四军

Y

压岁钱 鸦片战争 衙门 雅言 胭脂 烟花 炎帝 炎黄 阎王
颜体 砚台 秧歌 越剧 豫剧 尧 禹 窑洞 窑 药方 油条
乙（天干之一） 印章 一国两制 阴阳 义 勇（恕、勇、让）
腰鼓 扬州 雅鲁藏布江 雁门关 仰韶文化 阳历 釉 有教无类
酉（地支之一） 园林 元气 元（朝代） 元宵 元宵节 月饼
院 寅 因果 因缘 颐和园 易经（书名） 印刷术 阴历 以民为本
因材施教 玉 玉佩 玉玺 玉门关 玉皇大帝 御史 云南 岳飞
岳庙 愚公 圆明园 鸳鸯 雨水 乐府 余杭 元谋人 元曲 元宝
岳阳楼 岳麓书院 粤绣 粤菜 鱼香肉丝

Z

杂剧 杂技 造纸术 赵体 簪子 宰相 灶神 章回体 占卜
占星 占卦 战国 炸（烹饪方式） 奏折 忠 中国共产党 中国菜
中华 中国画 中国结 中国人民解放军 中国科学院 中国人民银行
中秋 中山装 中医 中药 中庸 中庸（书名） 中和 中元节
中南海 中央电视台 中山陵 钟鼎文 总督 宗祠 宗庙 宗法
宗族 粽子 重农抑商 周岁 周礼（书名） 周（朝代） 周恩来
蒸（烹饪方式） 浙菜 浙江 针灸 正月 政治协商会议 镇 折扇
智 纸钱 指南针 指事 直辖市 自治区 自强不息 自力更生子
（地支之一） 字（姓名文化） 字谜 紫禁城 资治通鉴（书名）
知行合一 知县 主席 作揖 诸子百家 诸侯 诸葛亮 镯子 转注
篆书 篆刻 状元 捉迷藏 竹子 竹叶青 祝酒 煮（烹饪方式）
坐月子 做七 珠算 珠江 庄子 拙政园 醉翁亭

附录二　华文教师中华文化素养测试卷（样卷）

一、填空题（共30空，每空1分，共30分）

1. "路漫漫其修远兮，吾将上下而求索"是屈原《_____》中的诗句，"蒹葭苍苍，白露为霜。所谓伊人，在水一方"是《_____》中的诗句。

2. 古代所称"不惑之年"是_____岁，"古稀之年"是_____岁。

3. 根据天干地支纪年法，1984年是_____年，1989年是_____。

4. 在二十四节气中，芒种属于_____季，寒露属于_____季。

5. 根据五行相生，木生火，火生土，土生金，金生_____。

6. "雪地又冰天，穷愁十九年。渴饮雪，饥吞毡，牧羊北海边。"这是歌颂汉代忠臣_____的歌词。

7. "是以人主处匡床之上，听丝竹之声，而天下治。""丝竹之声"是指_____。

8. "一片空山石，数茎幽谷草。写寄风尘人，莫忘林泉好。"这是一首抒写_____花的禅诗。

9. 《易经》中有八个单卦，其中_____卦和_____卦分别代表天和地。

10. "千门万户曈曈日，总把新桃换旧符。"这是描写中国传统节日_____的诗句。

11. "岱宗夫如何？齐鲁青未了。"这是杜甫《望岳》的诗句。"岱宗"是古代对_____山的尊称。

12. 公元8世纪是中国的_____朝。

13. "敦煌太守才且贤，郡中无事高枕眠。"敦煌在中国的_____省。

14. "有朋自远方来，不亦乐乎？"是《＿＿＿＿＿＿》里的名句。

15. "先天下之忧而忧，后天下之乐而乐"出自宋代范仲淹散文名篇＿＿＿＿＿＿。

16. "令嫒"指称的是＿＿＿＿＿＿。

17. "甘瓜剖绿出寒泉，碧瓯浮花酌春茗。"诗中的"春茗"指的是＿＿＿＿＿＿。

18. "风停雨过后，彩虹高悬，有二只硕大的蝴蝶，蹁跹起舞，传为两人之精灵所化，情侣依依，形影不离，比翼双飞于天地之间。"这是描写＿＿＿＿＿＿＿＿＿＿的爱情故事。

19. "黛玉一见，便吃一大惊，心下想道：'好生奇怪，倒像在哪里见过一般，何等眼熟到如此！'"这是《红楼梦》中描写林黛玉初见＿＿＿＿＿＿的情景。

20. "水乡成一市，罗绮走中原。""罗绮"是指＿＿＿＿＿＿产品。

21. "身长九尺，髯长二尺；面如重枣，唇如涂脂；丹凤眼，卧蚕眉，相貌堂堂，威风凛凛。"这是《三国演义》中描写＿＿＿＿＿＿的句子。

22. 孟浩然《春晓》："春眠不觉晓，处处闻啼鸟。夜来风雨声，＿＿＿＿＿＿＿＿。"

23. 李商隐《夜雨寄北》："君问归期未有期，巴山夜雨涨秋池。何当共剪西窗烛，＿＿＿＿＿＿＿＿。"

24. "有一年的春天，他醉醺醺的在街上走，在墙根的日光下，看见王胡在那里赤着膊捉虱子，他忽然觉得身上也痒起来了。"这是鲁迅小说《＿＿＿＿＿＿》里的句子。

25. "独立寒秋，湘江北去，橘子洲头。看万山红遍，层林尽染；漫江碧透，百舸争流。"这是毛泽东《沁园春·长沙》里的句子。"长沙"在中国的＿＿＿＿＿＿省。

二、简答题（共4题，每题10分，共40分）

1. 你最喜欢中国哪个朝代的文化？为什么？

2. 你最敬仰哪位中国古代人物？结合其事迹，说出你的理由。

3. 你最喜欢哪个中国地名？试描述其历史、地理和人文。

4. 中国古诗，有的描摹山水，有的抒写友情，有的讽刺现实，你最喜欢哪一类？试举例说明。

三、翻译题（共 1 题，每题 10 分，共 10 分）

岳飞，字鹏举，相州汤阴人。世为农。父和，能节食以济饥者。有耕侵其地，割而与之；贳其财者不责偿。飞生时，有大禽若鹄，飞鸣室上，因以为名。未弥月，河决内黄，水暴至，母姚抱飞坐瓮中，冲涛及岸得免，人异之。少负气节，沈厚寡言，家贫力学，尤好《左氏春秋》、孙吴兵法。——《宋史·岳飞传》

四、写作题（共 2 题，任选 1 题，每题 20 分，共 20 分）

1. 以"明天，我就要踏上中国的土地"或"我和我的中华"为题，写一篇文章。

2. 以"我的学生和华文"为题，写一篇文章。

要求：（1）结合自己家族、家庭和个人（包括华文教学）的经历，自选角度；（2）内容具体，感情真挚，表达自己的独特感受；（3）文体不限（诗歌除外）；（4）不少于 1000 字；（5）不得抄袭，不得套作。

"华文教师中华文化素养测试卷"编制说明：

1. 中华文化素养是集"知""思""行"为一体的文化综合素质，因此测试卷着重考核华文教师对中华文化的感觉经验、理性认知和情感体验，尤其是其领悟、体认、践行中华文化精神的气质和品行。

2. 在认知测试方面，尽量降低识记性知识的比重，注重考核华文教师综合运用中华文化知识的能力，鼓励华文教师长期积累、厚积薄发。

3. 在情感体验方面，设置大量主观题型，引导华文教师根据自己的人生经验进入中华文化情境，或抒情表意，或议论说理，增强共鸣效应，激发华文教师的民族文化情感。

4. 在文化认同方面，根据华文教师对中国历史文化的关注点和喜好臧否，以及对华侨华人社会的理解和体认，从而判断华文教师的中华文化价值取向。

5. 写作题实际上是一种教师叙事，涉及反思型华文教师的培养问题。

后 记

　　海外华文教育与中华文化传承的关系是一个重大课题，其中关涉了华侨华人的历史变迁、中国海外移民的语言文化认同、中华文化的海外传播乃至地缘的政治经济文化及中外关系等宏大叙事，同时也涉及海外华文教育的组织机构、教师、学生、教材与中华文化之传承关系等诸多重要的具体问题。在长期的海外华文教育实践中，我们深感有必要对这些涉及海外华文教育与中华文化传承的历史、理论与方法进行探讨和研究，以期进一步厘清华文教育的性质和特点，揭橥华文教育诸环节过程与中华文化传承之间的内在联系与运行机制，为海内外有关部门实现华文教育目标、开展汉语国际传播及传承中华文化提供一点参考。

　　本书写作中的具体分工如下：第一章第四节、第二章、第四章、第五章、第六章由胡培安撰稿，第一章之第一节至第三节、第三章、第七章和第八章由陈旋波撰稿，全书最后的调整和梳理工作由胡培安完成。

　　我们深知，对于海外华文教育与中华文化传承问题的研究，本书只能算是一个绪论。仅就我们目前的学力所及，便存在着大量需要深入探讨的问题，例如，如何确定合适的中华文化传承的核心内容，如何针对不同地区的华文教育提出行之有效的文化传承方案，如何把握海外华文教师中华文化素养的培育过程，等等。由于我们学识的局限，加上资料、能力等诸方面的制约，书中难免有疏漏或失误，尚望大方之家予以指正。

作　者

2017 年 4 月

图书在版编目（CIP）数据

华文教育与中华文化传承／胡培安，陈旋波著．--
北京：社会科学文献出版社，2018.1
（华侨华人与中国梦研究）
ISBN 978 - 7 - 5201 - 1268 - 0

Ⅰ.①华…　Ⅱ.①胡…　②陈…　Ⅲ.①华文教育 - 研
究 ②中华文化 - 研究　Ⅳ.①G749 ②K203

中国版本图书馆 CIP 数据核字（2017）第 202442 号

·华侨华人与中国梦研究·

华文教育与中华文化传承

著　　者／胡培安　陈旋波

出 版 人／谢寿光
项目统筹／王　绯
责任编辑／张建中

出　　版／社会科学文献出版社·社会政法分社（010）59367156
　　　　　地址：北京市北三环中路甲 29 号院华龙大厦　邮编：100029
　　　　　网址：www.ssap.com.cn
发　　行／市场营销中心（010）59367081　59367018
印　　装／北京季蜂印刷有限公司

规　　格／开本：787mm×1092mm　1/16
　　　　　印张：20.75　字数：325 千字
版　　次／2018 年 1 月第 1 版　2018 年 1 月第 1 次印刷
书　　号／ISBN 978 - 7 - 5201 - 1268 - 0
定　　价／86.00 元